2021年度四川省重点出版项目专项补助资金资助

大国信用

国家信用体系建设与信用大数据应用

实践篇

寇 纲　李友元　陈星潼　徐　敏　熊　健

邱甲贤　唐静静　赵奕奕　杨　培　陈　佳

田晓丽　罗潇潇　高　洁

著

西南财经大学出版社

中国·成都

图书在版编目(CIP)数据

大国信用:国家信用体系建设与信用大数据应用.实践篇/寇纲等著.—成都:
西南财经大学出版社,2022.6
ISBN 978-7-5504-5152-0

Ⅰ.①大… Ⅱ.①寇… Ⅲ.①信用制度—建设—研究—中国
Ⅳ.①F832.4

中国版本图书馆 CIP 数据核字(2021)第 237101 号

大国信用:国家信用体系建设与信用大数据应用(实践篇)

DAGUO XINYONG:GUOJIA XINYONG TIXI JIANSHE YU XINYONG DASHUJU YINGYONG(SHIJIAN PIAN)

寇纲 李友元 陈星潼 徐敏 熊健 邱甲贤 唐静静 著
赵奕奕 杨培 陈佳 田晓丽 罗潇潇 高洁

策划编辑:孙婧
责任编辑:王利
责任校对:植苗
封面设计:墨创文化
责任印制:朱曼丽

出版发行	西南财经大学出版社(四川省成都市光华村街 55 号)
网 址	http://cbs.swufe.edu.cn
电子邮件	bookcj@swufe.edu.cn
邮政编码	610074
电 话	028-87353785
照 排	四川胜翔数码印务设计有限公司
印 刷	四川五洲彩印有限责任公司
成品尺寸	170mm×240mm
印 张	23.25
字 数	428 千字
版 次	2022 年 6 月第 1 版
印 次	2022 年 6 月第 1 次印刷
书 号	ISBN 978-7-5504-5152-0
定 价	98.00 元

总序

古语有云："人而无信，不知其可也。"信用，既是中华民族传承千年的道德风尚，也是影响整个社会金融、经济发展的基础设施。总结和提炼欧美发达国家的信用体系建设经验，可以发现征信体系已经成为现代经济运行的重要基石。在我国，被称为国家信用管理体系的社会信用体系是社会主义市场经济体系的重要组成部分，对于促进达成市场交易、降低交易成本、稳定市场预期、优化资源配置具有重要意义。近年来，以信用为核心支撑的共享经济蓬勃发展，成为引领"双创"的最活跃领域，基于信用的共享经济、互联网金融、知识付费、网络直播、共享单车呈现出爆发式增长趋势，推动了经济的发展。2020年，在新冠肺炎疫情肆虐的情况下，信用信息在个人信用监管、市场经营秩序监管、民生服务保障监管等领域都发挥了重要作用，显示出其不可或缺的重要作用。

改革开放40多年来，我国经济建设取得了举世瞩目的成就。2010年，中国的国内生产总值（GDP）超越日本，中国一跃成为全球第二大经济体，被誉为"中国奇迹"。中国成长为一个经济大国，离不开中国特色社会主义道路和社会主义市场经济改革的伟大实践，而市场经济的良好运转，离不开社会信用体系建设的支撑。在实施计划经济时期，国家几乎不存在市场竞争，各企业主体的生产、销售、融资等经营活动均按照政府的行政命令进行，个人也被限制了借贷消费，信用资源完全由政府分配，信用活动直接受到国家管理。从党的十二大提出"计划经济为主，市场调节为辅"到党的十四大确立建立社会主义市场经济体制的改革目标，从党的十六大宣告我国社会主义市场经济体制初步建立到党的十八大和党的十九大共同强调"加快完善社会主义市场经济体制"，体现了党对市场在资源配置中的重大作用的认识不断深化，反映了社会主义市场经济理论和实践取得了重大突破。2020年5月，中共中央、国务院发布《关于新时代加快完善社会主义市场经济体制的意见》，明确提出"更加尊重市场经济一般规律，最大限度减少政府对市场资源的直接配置和对微观经济活动的直接干预，充分发挥市场在资源配置中的决定性作用"。坚持和完善社会主义市场经济体制，中国经济将在高质量发展的道路上行稳致远。

市场经济是契约经济，信用又是市场经济的基石，社会信用体系则是现代市场经济健康运行的重要制度条件。因此，国家信用体系建设是我国社会主义市场经济建设的重要一环，对于进一步优化资源配置、降低信用风险、深化国际信用合作具有重要意义。长期以来，党中央、国务院高度重视我国社会信用体系建设。习近平总书记强调：对突出的诚信缺失问题，既要抓紧建立覆盖全社会的征信系统，又要完善守法诚信褒奖机制和违法失信机制，使人不敢失信、不能失信。党的十六届三中全会明确提出，构建以"道德为支撑、产权为基础、法律为保障"的信用制度和社会信用体系；党的十七大报告将建设社会主义信用体系作为"完善经济制度，健全现代市场体系"的重要举措；党的十八大报告再次将社会信用体系建设问题作为核心问题提出，总计四处六次提到社会诚信问题，并要求"深入开展道德领域突出问题专项教育和治理，加强政务诚信、商务诚信、社会诚信和司法公信建设"。

我国信用体系建设从起步至2020年大约有18年的历史。从2003年党的十六届三中全会明确了社会信用体系建设的方向和目标起，国务院陆续颁布了多项指导意见，指出要使社会信用体系建设成为社会治理创新和经济体制改革的支撑性工作。2014年6月，国务院印发了《社会信用体系建设规划纲要（2014—2020年）》。这是信用体系建设领域首部国家级规划，也是当前和今后一个时期社会信用体系建设的指导性、纲领性文件。近几年，我国积极探索建设社会信用制度与社会信用体系，逐步形成了一系列社会信用法律法规、管理制度、评价技术、建设标准等，信用体系建设水平有了大幅度提升。

在席卷全球的新一轮工业革命中，大数据、云计算、人工智能和区块链等新技术快速发展，又为信用体系的建设提供了新的发展动力。从2009年起，"大数据"成为互联网行业的热门词汇，大数据理论与实践创新迅速成为世界各大国研究的重要课题。英、美等国加大了对大数据研究和应用的科研支持力度，日本更是将其视为核心竞争力的关键。2016年，党的十八届五中全会首次将大数据战略上升为国家战略。随着谷歌研发的阿尔法围棋（AlphaGo）战胜人类顶尖职业围棋选手，人工智能进入了普通大众的视野。2017年，国家发布《新一代人工智能发展规划》，提到要在2030年内使中国人工智能理论、技术与应用总体达到世界领先水平，成为世界主要人工智能创新中心，这反映出人工智能在我国国家发展战略中的重要地位。2019年，习近平总书记在中央政治局第十八次集体学习时强调，要把区块链作为核心技术自主创新的重要突破口，明确主攻方向，加大投入力度，着力攻克一批关键核心技术，加快推动区块链技术和产业创新发展。目前，区块链技术已经在数字金融、物联网、智能制造、供应链管理、数字资产交易等多个领域得到了实践应用，其"不可篡改"的天然属性，也使得其能够在信用体系建设中起到基础性、颠覆性的作用。当前，企业和个人的信用数据呈现出体量大、来源渠道丰富、单位价值低等特点，传统的处理方法难以获得高质量的信用信息，而大数据、区块链、人工智能等技术在信用数据的获取、存储、分析和应用等方面表现出优良的特性，对新技术的使用有助于建设一个高质量的社会信用体系。

当然，不容忽视的是，在新时代中国特色社会主义发展道路上，我们还面临着内外部的诸多困难和挑战。从外部来看，受国际金融危机和欧洲主权债务危机的影响，我国各行业的信用问题频发。此外，发达国家反全球化、"去中国化"的声音愈来愈大，中美贸易摩擦不断升级，欧盟至今不承认我国的市场经济地位。从内部来看，我国社会信用制度建设还存在形成时间短、政府推动性较强和市场经济主体信用意识淡薄等问题。这些都凸显了我国社会信用体系的弊端和以契约化交易为主体的社会信用制度的缺失，尤其是经济和金融领域存在着各种严重失信问题。这些问题的爆发，不仅提高了市场交易成本，妨碍了市场功能的正常发挥，也给国家和人民利益以及经济建设带来重大损失，延缓了市场化改革的进程，制约了中国经济的健康持续稳定发展。

本套丛书旨在深入分析我国国家信用体系理论框架与关键问题，进而研究适合中国国情的国家信用体系建设模式与实现机制，并针对我国信用建设关键性领域探索信用大数据的应用及实践，为国家信用体系建设提供一些思路和帮助，为国家建设适应于中国特色社会主义市场经济和面向新时代的社会信用体系进行有益的探索。准确把握我国国情，是确定我国信用体系建设的基本思路和工作重点的前提。具体来说，我国社会信用体系建设与信用大数据应用在社会实践中存在的问题表现在以下方面：第一，在大数据时代，合格信用数据严重缺失，对我国信用体系的监管制度、关键技术等带来挑战；第二，信用监管制度和法律法规建设不完善，导致市场主体与征信相关的行为得不到足够监管，信用奖惩机制无法发挥作用；第三，信用服务市场化程度较低，特别表现在个人隐私信息保护不力、信用信息共享不充分、市场信用服务需求不足等方面；第四，信用大数据的基础标准、技术标准、应用标准和管理标准尚未统一，不同部门和行业的信用信息系统彼此独立分割，信用信息难以实现流通共享。因此，在我国经济转型时期和新技术不断涌现的背景下，迫切需要建立具有共识的社会信用体系理论框架和信用大数据应用规范。

本套丛书共分为上、下两册，分别从国家信用体系建设和信用大数据应用的理论和实践两方面进行构架。在上册"理论篇"中，我们主要厘清了信用与信用体系的概念和历史，并放眼全球，系统地介绍了世界主流大国的信用模式，随后就信用分析中的统计与优化技术，基于大数据、区块链和人工智能与机器学习的信用关键技术，以及信用评级及其关键技术进行介绍，最后总结了社会信用体系研究的前沿热点和瓶颈难点，展望了社会信用体系的研究发展和关键技术的发展。在下册"实践篇"中，我们首先回顾了我国社会信用体系的建设历程，随后结合信用在服务市场、共享经济、普惠金融、互联网金融、金融监管、社交网络用户征信中的具体应用，探索了应用实践的场景和创新，最后审视和反思了我国信用体系的建设历程并提出了"大国信用"建设的政策建议。

本套丛书综合运用了建模分析、实证分析、比较分析等多种研究方法，在内容安排和编写上体现了如下特点：

（1）内容安排合理。本套丛书分为上册"理论篇"和下册"实践篇"。"理论篇"侧重叙述社会信用建设和信用大数据的理论基础，"实践篇"侧重阐述信用体系建设和信用大数据的实践应用，突出了理论研究向现实应用的推进，有助于读者整体把握信用体系建设理论和应用的框架。

（2）直击前沿热点。本套丛书围绕信用体系建设和信用大数据应用，介绍了当下流行的大数据技术、区块链技术、人工智能和机器学习等新兴技术，科学系统地介绍了信用体系建设和信用数据应用中不同技术的内涵及特点，帮助读者了解信用数据搜集、存储、分析以及应用等方面的前沿技术。在实践中，撰写人员结合与企业、银行的合作研究，原创性地构建了银行卡交易风险评估模型，以识别异常的交易行为和不同等级的交易风险，并提出了基于专家评分的数据决策模型，以完成对申请用户的实时预授信。

（3）立足全球视野。本套丛书系统研究和对比了市场化征信模式、公共征信模式及会员制模式下美国、法国、德国、西班牙、瑞典、意大利和日本、印度、韩国等国家的信用体系，总结和比较了不同的信用体系建设模式的优劣，为读者提供了较为全面、详实的资料参考。

（4）扎根中国实践。在本套丛书的撰写工作中，撰写人员走访了上海、重庆、浙江、广州、四川等省市，深入政府、企业、农村、高校进行调研，详细了解和研究我国社会信用体系发展现状以及实践机制情况，并在写作中融入信用体系建设和应用方面的最新成果。如调查成都信用市场服务机构、从业人员的发展现状，分析成都信用市场需求、存在的问题及其应对策略；通过分析山东省城市商业银行在信用风险智能管控上的实践探索，研究了基于信用的区域系统性金融风险智能监测与预警机制等。

在撰写本套丛书的过程中，西南财经大学寇纲教授拟定了丛书的写作大纲，组织写作团队撰写各个章节，并对全书进行审定。写作团队经过初期合理分工、精心计划，中期认真写作、反复交流，后期细致修改、仔细订正，秉持着认真负责的态度参与并完成了该套丛书的撰写，使得成果最后得以顺利付梓。

由于时间仓促以及撰写人员的研究能力和实践水平有限，书中难免存在错误和疏漏，真诚希望广大读者不吝赐教，以便我们改进和完善。

寇　纲

2022 年 3 月

实践篇前言

我国正处于经济社会转型的关键时期，"大国信用"建设对于我国经济持续稳定增长和发展具有重要的战略意义。国家信用体系建设与信用大数据应用需要以中国基本国情与规划目标为依据，综合考虑我国具体的经济、金融、政治、文化及法律环境等各种因素，形成符合中国国情的社会信用体系及信用大数据应用模式。

考虑到这一现实的迫切需要和重大意义，本书在实践篇中结合我国信用建设的现状和国情，调查和分析了中国信用体系建设中的关键问题。通过阅读文献、调研走访、建立模型等多种方法，本书对新时代信用体系建设与信用大数据应用进行深入研究，描绘出一幅中国信用体系建设发展的全景图，并给出了宏观与微观层面的政策建议，期望为我国建设大国信用体系贡献一份力量。

具体而言，本书第1章详细介绍了我国社会信用体系建设的历史变迁、建设框架。第2~4章分别就社会信用体系相关的法律法规与信用信息系统建设情况、我国信用服务市场发展现状、社会公德体系与社会信用监管与预警体系发展现状以及我国信用主体诚信建设现状等情况做了详细的阐述，为全面而深入地了解我国当今信用体系发展现状提供了翔实的资料和信息。

针对迅速发展的新兴经济形态，本书第5~9章系统阐述和分析了共享经济、普惠金融、互联网金融、区域系统性风险监测、社交网络用户征信等领域的信用问题和困境。书中结合诸多翔实案例进行分析和研究。如以四川省为例，分析并探讨了互联网环境下新金融的发展；以山东城市商业银行为例，探究了地方中小金融机构信用风险智能管控；以金鹰系统为例，介绍了金融风险监测与预警在广东省的应用示范；等等。

最后，本书第 10 章总结了我国社会信用体系建设中存在的问题，并从顶层设计、信用立法、信息共享、信用服务市场、诚信教育、联合奖惩等方面提出有针对性的政策建议。

本书所选取案例样本及研究数据皆是基于 2020 年以前的情况，研究语境也在此基础上，所以文中谈及了贫困问题及精准扶贫施策等问题。

本书的目标读者覆盖范围较广，包括但不限于：从事信用体系建设和信用评估技术研究的专业科研人员，大中专院校的教师和学生，银行、券商和信用评估机构的从业人员、行业研究员和管理人员，商业资讯公司和行业研究机构的咨询师，金融监管机构的监管人员，政府和企事业单位的工作人员、行政领导。此外，本书也适合于想要了解信用行业和我国信用体系建设等相关内容的普通读者阅读。

本书的完成，得益于同行及行业外多位专家的帮助，在此一并致谢。由于撰写者水平和能力有限，本书难免还存在疏漏和不足，诚望各位读者不吝指正。

寇纲

2022 年 3 月

目录

1　我国社会信用体系建设概述

　　信用体系的产生是人类社会实践活动认识发展的结果。信用作为社会经济活动的基础，是遵守诺言、实践成约、获得他人信任、保障经济活动顺利进行、保护双方利益的工具。随着信用活动的增加，信用的主体不断变化，现代信用服务不断扩展，逐渐形成了具有一定秩序和复杂的内部联系的体系。人类经济发展史证明，信用是宝贵的无形资产，为讲信用守信用的人带来了难得的机遇与财富。我国自古有"一诺千金"之说，流传着"季布重诺"、商鞅"立木为信"等故事，其实质就是指一个人乃至一个社会的信用问题。中国社会信用体系的顺利建立和发展离不开其在各个历史阶段的不断演进，在社会信用体系演进的过程中，人们不自觉地受到约束，信用逐渐成为社会活动顺利进行的保障。

　　早期信用的形成过程是道德化的过程。信用与人类文明相伴而生，最初的信用是指诚实守信。商周时期形成了带有宗教色彩的"诚信"道德概念，如"信"的一个初始含义就是祭祀时对上天和先祖所说的诚实不欺之语。先秦时期，经过多位思想家的不断深化，诚信逐渐成为具有深厚思想基础的道德规范，成为人们彼此信任的基石。因此，早期社会逐渐产生了大于熟人信任的社会信任，社会主体之间的相互信任萌生了社会信用。本章主要阐述近代以来我国社会信用体系的发展情况、信用体系建设在社会发展中的作用与意义以及我国社会信用体系建设的总体框架。

1.1　近代和计划经济时期的社会信用体系

1.1.1　近代信用体系的发展

1840—1949 年 10 月前是中国历史的近代时期，经历了晚清、中华民国临时政府、中华民国北洋政府和国民政府四个阶段，历时 100 多年。鸦片战争开启了中华民族艰难而又屈辱的近代历程，中国自给自足的封建（自然）经济遭到破坏，多次遭受外国侵略者的肆意践踏。在此"千古未有之变局"下，人们的价值观念和生活习惯也逐渐发生了变化。在古代，我国一直把诚信作为个人的道德标尺。在自然经济状态下，人与人之间的交往存在有限性和经常性，在经济交易时双方通常以自己的名誉作为约束，因此每个人的身份和人品就是"担保"。中国清末思想家曾国藩，作为地主阶级的代表人物，极为推崇"诚信"。如他提倡所谓"忠诚之道"，残酷镇压农民起义以保卫以清王朝为代表的封建地主政权，体现了维护封建统治者的主流意志。近代时期社会信用有了很大发展，信用机构逐渐多样化，人们越来越重视社会信用的构建，对诚信原则有了更高的要求。

1.1.1.1　信用机构

19 世纪中期，中国自给自足的自然经济崩塌，社会动荡，信用形式开始多样化。清朝时期，钱庄、票号等信用机构广泛发展，它们适应社会要求，调拨资金，起着促进商品流通的作用。到了晚清，绝大多数钱庄的资本较之前有所扩充，并逐步摆脱了单一的货币兑换业务，专注于信贷活动，办理存款、放款、汇划、签发庄票等业务。其中，钱庄的信用放款最受商人欢迎，商人可以凭借其自身信用向钱庄借贷，而非进行物资抵押，无法偿还债务经常被商人们认为是"有损体面"。票号则是以经营汇兑业务为主同时经营存放款的信用机构，其中最有名的是山西票号。有人在著述中说："山西钱票，一家辄分十余铺，散步各省，汇票出入，处处可通。"当时，山西票号在全国已有深远的影响。票号是最早出现的专门从事汇兑的信用组织，初始时替商人办理异地汇款，后来发展到为官府汇兑，人们常常把它作为我国早期的银行信用来予以考察。钱庄与票号除吸收私人存款外，还办理政府存款，并发行"钱票""银票"两种兑换券，可以兑换铜钱和纹银作为货币流通，为近代新式银行业的产生做了组织上、业务上的准备。但它们依赖于封建统治者，没有直接发展成新式银行，最终随着封建统治者的腐朽而没落。

随着封建社会逐渐进入解体阶段，商品经济有了广泛的发展。甲午中日战争之后，中国的资本主义在发展工业的同时，开始发展金融业，办起了近代银行。中国近代银行的产生，主要是为适应封建政府的财政需要和帝国主义扩大在华贸易的需要而发展起来的。当时，外国在华银行牟取的高额利润，刺激了社会上的货币所有者，也让国内舆论一致希望能创办银行以挽回权利。为了把分散的资金集中起来，不让利益流到外国人手中，1897 年，由盛宣怀发起，中国的第一家银行——中国通商银行成立。此后十多年中，中国共成立了十多家银行，其中规模较大、资本较多的是中国通商银行、大清户部银行和交通银行三家。1905年，清政府成立的大清户部银行改称"大清银行"。作为中国近代银行的缩影，大清银行也命运多舛。到了中华民国南京临时政府时期，大清银行被改组为中国银行，由官商合办，但只是充当中央政府的账房，以存款等方式筹集货币资金为政府部门服务，几经努力才能独立运作。中华民国北洋政府统治结束后，中国银行的总部从北京搬到了上海。1928年，国民政府另立中央银行，并将中国银行改组为国际汇兑银行，通过借鉴国际先进银行业的发展经验，不断完善组织架构，改革管理制度，加强人才培养，中国银行成为民族金融业革新的范例。全面抗战爆发后，中国银行总部西迁，积极支持抗战；抗战胜利后，中国银行总部又返迁上海，成为壮大官僚资本的工具。随着国民党政权的覆灭，中华人民共和国成立，中国银行被人民政府接管。

1.1.1.2 征信活动

信息是人类社会赖以生存和发展的基本条件之一。无论在哪一个时代，信息都被作为一种重要的经济手段和巨大的潜在资源而广泛存在，是推动人类生产活动和社会发展的重要条件。"实事求是，无征不信"是清朝多数学者研究学问的态度。1920年起，有人陆续发表有关介绍西方信用调查、信用理论和征信机构的文章。随着中国自办银行的不断壮大，人们的信用情况受到重视，部分华资银行受到西方银行业务模式的影响，开始设立调查部门，对客户信用信息进行调查和搜集，并建立起银行客户的信用档案。1932年3月，在浙江实业银行、中国银行、新华银行、上海商业储蓄银行、浙江兴业银行的几位高级管理人员的策划下，中国兴信社顺利建立。中国兴信社主要专注于信用服务活动。同年6月6日，中国兴信社成立了中国征信所，专门从事征信业务。直到上海解放前夕，它才停止办理在大陆的业务。

1.1.1.3 与信用相关的法律法规

诚实信用原则是我国民法中一项重要的基本原则，其最早确立于晚清时期的《大清民律草案》。《大清民律草案》的第二条规定"行使权利履行义务，依诚实及信用方法"，这是我国历史上第一次将诚实信用原则明文规定于民法中并且确立了其作为民法基本原则的地位。在本条后所附立法理由为"谨按诚实及信用为社会生活之基础，兼为助成交易发达之根本也，悖于道德上法律上诚实及信用之举动，原不可为，故滥用权利者，法律不保护之，此本条所由设也"。由此可知，《大清民律草案》中诚实信用原则的约束主要是为了制裁滥用权利者。在清初对《大清民律草案》的释义中，对于本条的解释则更明确了这一目的："诚实及信用，为社会上良好之习惯。本条规定，乃维持社会之道德，而法律加以保护之，使行使权利者与履行义务者，皆有确实之保障。违背此规定时，法律即当加制裁，使享有权利者，不得滥用其权利；负担义务者，不能不尽履行之责。"诚实信用原则成为约束人们行为习惯的重要条例。中华民国成立后，民法典的修订工作进展缓慢，大理院 1915 年上字第 23 号判例要旨曰"行使权利履行义务，依诚实及信用方法"，从而传承了诚实信用原则。1919 年上字第 1111 号判例要旨曰："订约续租者，虽未定续租期间，可随时声明解约，而自续租日起，究应经相当期间，俾租户受续约之实益，始与交易上信用诚实不违。"在《民国民律草案》中，诚实信用原则被删除。在中国第一部正式的民法典《民国民法典》中也没有将诚实信用原则规定于法例章程中，而是规定于债编之中。其第二百一十九条规定："行使债权，履行债务，应依诚实及信用方法。"诚实信用原则本应适用于所有的权利与义务的履行，《民国民法典》里仅在债务规定中有所体现，限制了其作用，因此很多学者认为诚信原则的适用局限于债法的做法落后于时代潮流。

在不断变化的社会生活中，民法是最为贴近百姓生活的法律，但是只凭单纯的法条并不能穷尽规范，需要原则性的规定来补充漏洞。而诚信原则所具有的"法具体化机能、正义衡平机能、法修正机能和法创设机能"正可弥补有限法律条例的不足。诚信原则使僵硬的民法能够变通，作为契约自由的正义尺度，有其存在的重要价值。

1.1.2　计划经济时期的社会信用

1949 年 10 月中华人民共和国成立后，借鉴苏联的计划经济体制和经济发展模式，以集中机制代替市场来实现全社会的物资分配。计划经济是非商品化的，在计划经济中不存在真正意义上的企业，政府承担了经济运行中几乎全部的信用。由于政治体制的发展变化，各类传统的民间信用形式虽然仍有留存，但是不断衰落，在政府采取整顿、改造乃至取缔措施后，它们基本消亡。

中华人民共和国成立初期，出现了一种新的民间信用形式——农村信用合作组织，并在政府的推动下迅速成长。据记载，我国最早的信用合作组织是土地革命时期湖北黄冈农民协会建立的信用合作社。1927 年 3 月，毛泽东同志在《湖南农民运动考察报告》中写道："合作社，特别是消费、贩卖、信用三种合作社，确是农民所需要的。他们买进货物要受商人的剥削，卖出农产品要受商人的勒抑，钱米借贷要受重利盘剥者的剥削，他们很迫切地要解决这三个问题。"中华人民共和国成立后，农村土地改革运动大大解放了生产力，调动了广大农民的积极性，但农民仍面临着生产生活中的资金困难。1949年底，中国人民银行总行和全国合作总社开展了农村信用合作试点项目，使农村自由借贷走上政府预想的轨道，并积极打击高利贷活动。1950年3月，第一届全国金融工作会议提出农村信用社的基本任务和农业贷款工作要点：大力组织与开展私人借贷，帮助信用社开展信用业务。1950—1955年，全国范围内信用社数量急速增加，如图1-1所示。

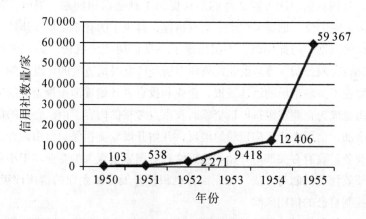

图1-1　信用社数量

在计划经济时期，社会资源的分配以政府计划为中心，政府对信用社资金的来源和使用具有垄断性的控制，信用社成为政府行政推动的产物。在意识形态上，一切信用集中于国家，集中于国有银行，建立了高度垄断的国家金融体系。当时，银行只有中国人民银行一家，商业信用和其他信用形式都被取消。传统的计划经济体制几乎不存在真正意义上的市场信用关系，仅存在着公民（居民，后同）与国家银行之间的储蓄关系。几乎所有形式的信贷都在公有产权结构的框架下以"公对公"的形式实现，商业信用、银行信用等则是在国家计划管理下实现信用资产使用权的再分配。经过民营工商业的社会主义改造和农业合作社化，特别是进行"大跃进"之后，公有制取得了绝对地位，私营经济几乎被完全消灭了。人们被组织到各种集体的、国有的或行政的组织中，几乎所有的活动都是集体行为，个人自发性的经济交往很少，这使得民间信用的基础被大大削弱。较低的收入与消费水平使民间信用的供给和需求几乎为零，只有在出现紧急情况时，邻居间才偶尔发生小额友情借贷。

1.2　市场经济主导下社会信用体系的提出与发展

自改革开放以来，社会信用状况受到广泛关注。1985 年 9 月 23 日，邓小平同志在中国共产党全国代表大会上的讲话中强调：“一切企业单位，一切经济活动和行政司法工作都必须实行信誉高于一切，严格禁止坑害勒索群众。”20 世纪 90 年代初期，在《关于在全国范围内开展清理“三角债”工作的通知》中，我国首次以国务院文件的形式提出了社会信用问题。当时，各级政府根据国务院的统一部署采取了一系列措施，解决了国有企业债务违约、产品质量不佳的问题。与此同时，中国出现了一批信用评级机构，如“中诚信国际信用评级有限公司”等与企业发债和市场经济发展相适应的评级机构。信用的存在促进了金融市场的迅速发展，企业和投资者开始逐渐重视企业的信用情况，信用也成为企业在银行申请贷款时被重点考察的内容。由于企业的信用服务需求增加，信用中介机构也纷纷涌现，开始开展专业担保、信用调查、讨债追债等业务。政府有关部门开始积极探索针对国家重点大型企业和中小企业的信贷和绩效评估机制与方法，商业银行也积极开展贷款企业的信用评级评估，目的是控制自己的信用风险。

我国的信用体系建设开始得较晚，在 2003 年以前主要是探索阶段，并未形成规模。2003 年以后，国务院批准中国人民银行成立征信管理局。2004 年，我国统一的信用信息数据库开始形成。经过 10 多年的发展，到 2015 年初步形成以政府为主导的信用体系。截至 2019 年 6 月底，在中国人民银行的信用信息数据库中，已收录 9.9 亿个自然人的信息、2 591 万户企业和其他组织的相关信息。这些信息是我国传统征信业的信用数据基础和信用体系的基础。自1999 年底我国首次提出社会信用制度这一概念至今已有 20 多年的历史，各地社会信用体系建设步伐不断加快。与此同时，以政府部门为主体的信用信息披露制度和以社会中介机构为主体的信用联合征集体系也在不断向前推进。

我国社会信用体系建设的成就如下：

（1）社会信用法律法规和标准体系不断健全。良好的法制环境是社会信用体系正常运作的保障。由中国人民银行与国家发展和改革委员会牵头，证监会、银监会、教育部、财政部等多部门共同创建了信用体系的法制环境。目前，在社会信用体系框架下有五类标准，主要包括信用基础、信用数据、信用信息、评价指标和表示规范，以及信用报告和信用档案共计 45 个国家标准。

征信机构的信用评估活动不断推动着国家标准体系的完善，标准体系的不断完善又推动着信用法制环境的改善。2013 年 3 月 15 日，《征信业管理条例》开始实施，对征信机构、征信业务、信用信息数据库的使用、异议、投诉与监管都做了明确的规定。该条例的出台并正式实施是我国征信业发展史上的一个里程碑，它为信用中介机构的发展奠定了制度框架。同年，党的十八届三中全会做出的《关于全面深化改革若干重大问题的决定》又提出"建立健全社会征信体系，褒扬诚信，惩戒失信"，把信用问题放在了重要的地位上。2015 年中央精神文明建设指导委员会印发《关于推进诚信建设制度化的意见》。此后，国务院出台《政府信息公开条例》《企业信息公示暂行条例》，明确了政府和企业信息公开、公示的路径和要求。2015 年 3 月，国家发展和改革委员会、中国人民银行印发了《社会信用体系建设 2015 年工作要点》，进一步强调了信用体系的建设问题。

（2）征信业市场呈现多元化发展趋势。我国征信业从 20 世纪 90 年代真正起步，经过多年发展和努力，已初步形成了以市场为导向，各类征信机构优势互补，信用信息基础服务和增值服务相辅相成、互为补充的征信业市场。中国人民银行发布的《中国征信业发展报告（2003—2013）》显示，我国征信机构通常分为三类。第一类信用信息服务机构以政府为背景，共 20 多家，包括中国人民银行征信中心、上海资信、深圳鹏元等。第二类是社会征信服务机构，约 50 家；若包括 2014—2016 年已经取得企业征信备案的公司，我国社会信用服务机构应在 100 家以上。第三类是评级公司，约 70 家，其中业务规模相对较大的八家机构主要从事债券市场评级业务；其余机构从事信贷市场中借款企业评级和担保公司评级等工作，主要服务于银行等传统金融机构和部分小额贷款公司。上述机构已初步形成了以征信为核心、各征信机构相辅相成、以市场为导向的多层次中国征信市场。

（3）诚信建设取得显著成果。我国社会信用体系建设具体工作全面部署，在政务诚信、商务诚信、社会诚信和司法公信的重点领域工作已向纵深开展并取得进展。在政务诚信建设方面，"放管服"改革促进了政府职能的深刻转变，市场活力和社会创造力得到显著提升。截至 2018 年 3 月底，国务院各部门已取消近 44%行政审批事项且非行政许可审批完全终止，企业的申请开办时间缩短 1/3 以上，为企业和群众大大减负。在商业诚信建设方面，中国的金融和税收领域在信用建设方面取得了显著成就，并正朝着信用大数据智能化应用的方向发展。证监会坚持使用大数据、云计算、智能化提升科技化执法水平，构建实时关注、分析、反馈、核查的快速反应机制，对重点股票、交易行为、账户进行实时监控和预警预测。在社会诚信建设方面，医药卫生和计划生育、劳动用工、科研、环保等领域的信用工作取得了较大进展。例如，在医疗服务领域，医疗机构和员工的信用记录正在建立，并被纳入国家信用信息共享平台和企业信用信息公示系统，形成了监管信息规范化技术体系。在司法公信建设方面，已基本形成开放、透明、便民的阳光司法机制，深入推进智慧法院建设，与此同时，全国法院系统实行信用联合惩戒，为解决"执行难"问题提供了有力的制度保障。

1.3 信用体系建设在社会发展中的作用及意义

1.3.1 社会信用体系的建设解决了交易双方信息不对称问题

信用交易的开展在社会信用体系的建设下更具有可操作性。只有开放的公共信息和数据共享才能增加社会经济交易的透明度，提高交易的公平性、公正性。在统一的信息平台上，每个人都可以了解他们的供需和信用状况，获取真实的交易信息，以便决定是否交易和如何交易。如果一方在交易过程中无法完成对对方相关资信信息的获取，不能及时识别对方的特征和行为，则只能在交易完成之后才能检测确认，遭遇欺诈的概率必然增加。此外，没有完善的社会信用体系，受损失的一方即使事后发觉受到欺骗，也无法对另一方的欺骗行为进行约束和惩罚。长此以往，就会形成欺诈→逃脱→再欺诈→又逃脱的恶性循环，致使信用交易效率低下甚至停滞，使经济发展遭到巨大损失。因此，建立自动履约守信的制度体系，即建立社会信用体系中公开交易主体的信用信息和约束交易主体的交易行为，使各个经济主体在经济活动中诚实守信，公平交易，自觉维护自身信用形象，保证与交易对方的信用关系，使欺诈行为无处可藏，交易才能顺利展开，社会经济才能实现良性循环。

1.3.2 社会信用体系的建设有利于降低交易成本，提高交易成功率

社会信用被普遍认知后，人们的交易会更加透明化。在经济交易中，交易成本包含很多方面，如信息成本、生产成本、管理成本、机会成本等。有了社会信用体系的保障，交易双方信息更透明，可以更放心地在诚信的基础上展开合作，在选择合作伙伴上也可以清楚地评估对方的信用情况，应收账款等管理成本降低，违约诉讼费用减少，交易效率提高，节约了时间成本，有利于经济增长。而且，在社会信用体系的制约和规范下，交易主体的行为趋于规范，自

觉遵守交易规则和诚信原则的意识增强，彼此敢于也乐于运用信用交易方式，提高了信用交易的使用率和成功率，为社会经济的进步和发展提供了保障。

1.3.3 社会信用体系的建设有利于扩大对外开放

在 21 世纪的新时代，社会信用体系作为经济建设的重点之一非常关键。在经济全球化的背景下，信用被视为国家、企业、个人的所有经济活动所必备的"通行证"，如果没有信用这张"通行证"，那么"走出去"就会"寸步难行"，"引进来"也更加困难。在社会信用体系建设落后的地区，信用风险大，很难吸引国际资本、高层次人才和先进技术。而且，缺失信用的地区也不可能具备真正的竞争力，其对外贸易和对外经济技术合作也不可能一直持续健康发展。完善的社会信用系统可以提供"国家信用评级"，对我国宏观决策和企业的外贸、对外投资、对外承包工程等商业决策提供科学的依据。

1.3.4 加强社会信用体系建设是促进资源优化配置、规范市场经济秩序的根本之策

市场经济主要通过市场机制实现资源配置，并使资源配置达到最佳的合理化、有效化水平，而市场机制的核心就是信用。同时，社会信用体系建设对 P2P（点对点）网贷行业的可持续发展具有重大的意义。一方面可节约 P2P 平台对借款人的审核成本；另一方面社会信用体系的完善提高了借款人的违约成本，使 P2P 平台的优质借款人增加，出借人逾期情况将大大减少，根治"劣币驱逐良币"的现象，整肃市场参与环境。为了更好地反映征信对象的信用状况，使社会资源配置对中小微企业更加公平，必须建立健全社会信用体系，规范市场秩序，降低交易成本，激发市场活力和创新动力。

1.3.5 加强社会信用体系建设是促进社会互信、减少社会矛盾的有效手段

社会信用状况直接关系到社会的公平与正义。中国社会失信尤其是企业失信状况，是长期观念落后、组织体系不健全、技术手段单一等诸因素的综合结果，更需要政府、市场和社会形成"三位一体"的协同共建格局。

1.4　新时代社会信用体系建设的发展

近几年，按照社会主义市场经济的要求，社会信用体系建设取得了重要进展，统一社会信用代码基本实现全覆盖，守信联合激励和失信联合惩戒机制初步显示威力。2018年，我国统一社会信用代码制度改革基本完成，全面推进统一社会信用代码在各部门各单位办理业务时被广泛应用，基本实现了"一照一码走天下"的目标。持续推进全国信用信息共享平台建设，推进"信用中国"网站建设，信用信息共享公开能力不断增强，其公信力不断提升。全国信用信息共享平台不断扩大联通范围，行业、城市、校园、个人，实现了信息查询、异议处理和联合奖惩等功能。在招投标、政府采购、市场交易等活动中，使用"信用中国"网站查询相关信用信息日益成为公众的习惯。联合奖惩备忘录不断扩大覆盖重点领域。限制乘坐火车/飞机人员名单在"信用中国"网站公示，包括税务、证券期货、民航、铁路等领域的严重违法失信行为人，将在一定期限内被禁止乘坐火车和飞机。一系列守信激励项目充分提升了人们的守信获得感。依托全国信用信息共享平台归集的各类信用信息，在"信易贷""信易租""信易行""信易游"等各个领域为人们提供了便利服务。

2018年，约130家企业征信机构和约100家信用评级机构获批备案，百行征信公司获个人征信业务许可。国家发展和改革委员会引入信用服务机构参与行业信用建设与信用监管，促进了信用服务市场加快发展。在国家层面，信用法、公共信用信息管理条例、统一社会信用代码管理办法已形成初稿；在地方层面，陕西、湖北、上海、河北、浙江等多个地方已出台地方信用立法。

党的十九大报告为新时代社会信用体系建设工作指明了方向，强调了信用是实现国家治理体系和治理能力现代化的重要手段，是社会主义核心价值观、文化自信的重要组成部分，是解决新时代社会主要矛盾的迫切需求。国家和社会要按照新时代的要求管理信用，公民和企业要按照新时代的特点打造信用，信用中介机构要按照新时代的需求服务信用，这已经是一个不以人的意志为转移的客观事实。谁跟上了新时代的脚步，谁就会在激烈的市场竞争中立于不败之地。

1.5 我国社会信用体系建设总体框架的探索与确立

1.5.1 社会信用体系建设框架的探索阶段

我国社会信用体系建设的总体框架，在漫长的历史时期中不断完善，反映了我国在社会信用体系建设方面的思想转变和不断进步。2011 年之前，中央和地方政府普遍以政府、企业和个人三大经济主体来划分信用体系。2011 年10 月，党的十七届六中全会首次采用按照政治、经济、社会生活的领域来划分信用体系的方法。2014 年 1 月，我国颁布了第一个信用体系建设的专项规划《社会信用体系建设规划纲要（2014—2020 年）》。

20 世纪 30 年代，中国第一家征信机构——中华征信所成立，标志着我国征信行业发展的起步。中华征信所主要对 30 余家会员金融机构提供服务，内容涉及对企业、金融机构现实发展情况和历史信用状况的调查。后来社会整体信用体系和服务的建设因为时代背景而受到重创，停滞不前。直到改革开放后，我国社会征信体系建设才又重新启动，并逐渐步入正轨，进一步推动了我国社会经济的大发展。

20 世纪末，改革开放硕果不断，经济发展不断进步，对社会信用的需求也随之增加，这为我国征信体系的构建和完善奠定了坚实的基础。在这一时期，全国各地如雨后春笋般相继出现了种类繁多的信用中介机构，我国的信用体系建设逐渐突破了地域层面的限制。这些信用中介机构主要由一些国有商业银行和部分事业单位主导建立，为企业提供信用资讯和信用评估业务。在当时，个人信贷活动还相对较少，因此中介机构的服务存在严重的单一性特点。

20 世纪 90 年代，随着我国改革开放的不断深化，市场起到了越来越大的作用，信用意识逐步被企业、投资者接受和重视。1997 年，中国人民银行将贷款证信息电子化，并在 2000 年实现了跨省份的联网查询，2002 年实现了全国联网查询。该系统以地市、省份、总行三级分布式数据库联网运行为特征，在企业征信领域发挥了重要作用。

1999 年 7 月，中国人民银行批准建立上海资信有限公司试点个人征信，我国的个人征信体系建设由此开始。上海资信有限公司主要从事个人信用信息服务，把分散在各商业银行和社会各个方面的个人信用信息统一搜集起来。在对这些信息进行采集、储存和分析的基础上，上海资信有限公司建立了个人信用档案信息数据库，提供个人信用报告查询服务。2000 年 6 月，其建成上海个人信用联合征信服务系统，出具了新中国成立以来内地第一份个人信用报告，成为上海市社会信用体系基础平台的运作载体，并于 2002 年推出了内地首个个人信用风险评分平台。

2002—2003 年，党的十六大和十六届三中全会先后明确提出，"整顿和规范市场经济秩序，健全现代市场经济的社会信用体系""建立健全社会信用体系，形成以道德为支撑、产权为基础、法律为保障的社会信用制度，是建设现代市场体系的必要条件，也是规范市场经济秩序的治本之策"。2005 年，党中央又提出"以完善信贷、纳税、合同履约、产品质量的信用记录为重点，加快建设社会信用体系，健全失信惩戒制度"。

2007 年，国务院办公厅印发了《关于社会信用体系建设的若干意见》，其中指出，"建设社会信用体系，是完善我国社会主义市场经济体制的客观需要，是整顿和规范市场经济秩序的治本之策"。2011 年，党的十七届六中全会将全社会诚信建设摆在信用体系建设的突出位置，强调"大力推进政务诚信、商务诚信、社会诚信和司法公信建设，抓紧建立健全覆盖全社会的征信系统，加大对失信行为惩戒力度，在全社会广泛形成守信光荣、失信可耻的氛围"。同时指出，要建立和完善覆盖全社会的征信系统，记录和整合全体社会成员的信用信息，从而更快更好地推进我国社会信用体系全面建设。

2013 年，我国征信行业的业务准则得到了进一步规范，并提出了我国在建设全社会信用信息数据库方面的重要举措。包括国家发展和改革委员会、中国人民银行在内的多部门联合发声，要求有效发挥信用记录和信用报告在行政事务中的运用作用，探索和完善行政事务中信用记录和信用报告的使用方式，补充和完善社会信用主体的信用记录。

2014 年，李克强总理主持国务院常务会议，通过了《社会信用体系建设规划纲要（2014—2020 年）》，要求加快社会信用体系建设，营造诚实守信的经济和社会环境，并且明确提出了建设社会信用体系的指导思想、目标原则和具体建设方向。这是我国针对社会信用体系建设的第一部国家级专项规划，同时也标志着我国已将社会信用体系建设提升到国家战略的高度。

1.5.2　我国信用体系建设框架的确立

《社会信用体系建设规划纲要（2014—2020 年）》基本确立了我国社会信用体系建设框架。如图 1-2 所示。其中，全面概括了行政机关、司法机关、经济主体、社会成员等主体，能够较好地适应我国信用体系建设的实践发展。

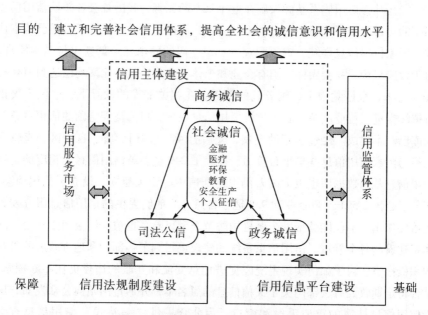

图1-2 我国社会信用体系建设框架

推动社会信用体系建设，必须坚持贯彻、实施落实党中央和国务院的相关文件精神，学习领悟"十四五"规划纲要精神，健全完善信用法律法规和标准，构建覆盖全社会的信用信息系统。我们认为，应抓住几个方面主要内容的建设，包括提升政府诚信、司法公信、企业和社会诚信等，同时加大诚信文化建设力度，弘扬和发展诚信文化，提高全体社会主体的诚信意识，改善全社会经济运行环境，促进建设地方信用市场等。

在规划纲要的引导下，我国社会信用体系建设已经过了多年的发展，现阶段取得的主要成就包括以下几点：

一是社会信用法律法规和标准体系不断健全。2013年《征信业管理条例》的实施，标志着信用产业发展的法律体系框架基本建成，已经确立了征信经营活动统一遵守的制度规范和监管基础，有利于加强对信用信息的合法合规管理，保障信息主体的合法权益。与此同时，其他配套制度也在逐步建立和完善，并与现有法律法规和制度体系相结合，构成促进中国征信业健康发展的信用法律制度体系。2015年，中央精神文明建设指导委员会就关于推进诚信建设制度化等问题，召开座谈会，并发布了《关于推进廉政建设制度化的意见》。2015年，国家发展和改革委员会、中国人民银行出台工作要点，进一步落实和完善社会信用体系建设。

二是社会信用体系基础设施在近年来不断完善，我国社会各领域信用信息系统的建设工作得到稳步推进和不断完善，取得了一系列成果，目前已基本建成了国家信用信息系统。资源配置、一户一码的要求在全部新单位基本实现，对于政府机构、社会团体、国有企业和个体工商户，其转化率均已达到100%。20世纪末，根据党中央、国务院的部署，在相关部委的领导下，中国人民银行持续推进银行业改革，着手建设信用信息系统，目前覆盖全国的信用信息数据库已基本建成。经过多年的发展，先后有44个部门、省、自治区、直辖市已经与国家信用信息共享平台接通，搜集了249亿多条信用信息。相应的金融信用信息基础数据库也由中国人民银行征信中心牵头建立，设立了信用档案，服务于全国2 591万户企业和9.9亿个自然人。他们提供的信用信息服务发挥着重要作用，不仅能够帮助金融机构防范金融风险，也被广泛应用于社会信用体系建设的各个领域。信用信息系统的建设也得到了各部门和地方政府的重视和积极推进，对于如何实现系统间促进信息交流和互联的途径仍在不断探索。平台将定期收到有关部门关于失信信息的黑名单，并通过网站向公众发布，成为信用信息披露的重要手段和窗口，为公众提供"一站式"信用信息查询服务。

三是社会信用监管机制得到丰富。多种监管机制并立共存，多管齐下，促进形成健全的信息披露、信用承诺、信用分类和监督、事后信用奖惩等全流程多角度监管。其中多角度主要体现在企业、行业协会、政府等方面。一系列监管制度如约谈、整改、修复、公示、追责、共享等得到整理、整顿并实行，终身信用管理的大方向基本实现。奖惩备忘录制度逐步推进实施，获得多个部门联合签署和持续推进，推动了更多部门加快建立红黑名单制度及其相应的管理流程。目前，红黑名单管理系统已在各个领域引入，红黑名单已做到及时更新、动态管理。全社会的信用体系建设意识明显提高。

四是征信业市场呈现多元化发展趋势。我国的信用信息产业发展真正开始于20世纪90年代，经过多年的发展和努力，以市场为导向、各种信用机构协同合作、信用信息各项服务应用交叉互补的多层次信用体系已经初步形成。在经济运行的资源配置过程中，信用资本已经大量参与并发挥着越来越重要的作用。信用定价已经开始得到公司和个人的广泛使用。根据中国人民银行发布的发展报告，我国信用报告机构具有丰富的行业背景和众多的信用报告方式，以市场为导向，以信用为核心，多种类型征信机构相互补充，初步形成了多层次的中国信用信息市场。

五是征信服务范围不断拓展。为了满足日益发展的信用信息需求，征信机构加快了其服务创新的脚步，开发了一系列信用信息服务产品。在提供信用评级报告的基础上，一些征信机构还进行咨询、培训和销售。除信用调查工作外，进行信用风险管理咨询、企业会计管理、信用管理培训和开发信用风险管理软件也成为一些信用调查机构的主营业务。更重要的是，信用作为我国社会治理的核心标准，正逐步得到全社会的认可和培育，积极建立信用标准尤为重要。

近年来，面向个人、企业、商业银行、非银行金融机构、专业服务机构和政府部门等多类市场主体，越来越多的征信机构提供了多样的信用信息服务，帮助其进行贷款前审查和贷款后监测。目前，其信用服务产品包括个人信用报告、公司信用报告、债券债务评级报告等，少数信用调查机构已进入境外市场，对外提供服务。

2 我国社会信用体系法律法规与信用系统建设

2.1 我国信用体系法律法规建设

我国的社会信用体系是社会主义市场经济体制和社会治理体制的重要组成部分，它以法律、法规、标准和契约为依据。在新的时代背景下，我国的社会信用法律体系建设进入了新的阶段，特别是国务院 2014 年 6 月颁布的《社会信用体系建设规划纲要（2014—2020 年）》，明确指出了我国社会信用体系的建设以健全信用法律法规和标准体系、形成覆盖全社会的征信系统为基础。因此，相关的法律法规是我国社会信用体系建设的基石，是信用行业健康发展的保障，起着尤为重要的作用。

本章首先介绍了我国社会信用体系相关的法律法规出台的背景，分析了其重要意义。然后对社会信用体系法律法规的概念进行了说明，并系统回顾了我国信用体系的法律法规建设历程。接着从政府、企业和个人三个层面分析了我国社会信用体系在法律法规方面的现状。在此基础上，对我国社会信用体系法律法规建设过程中存在的问题做了剖析，并给出了建议。最后以成都市为例，介绍了地方社会信用法规建设现状并做了剖析。

2.1.1 时代背景和意义

近年来，国家对于社会信用体系建设的重视程度日益提高，2013 年《征信业管理条例》的发布和实施，解决了征信业发展中无法可依的问题，确立了征信行业的法律制度框架，为征信业经营活动提供了监管的依据。2014 年国务院下发《社会信用体系建设规划纲要（2014—2020 年）》，以此为契机，我国社会信用体系建设进入了新的发展阶段，在新的时代背景下呈现出三个鲜明特征：一是我国经济已由高速增长阶段转向高质量发展阶段，呈现出稳中向好的态势，社会主义市场经济体制的不断健全对建立良好信用关系的要求日益强烈，在社会信用方面集中表现为信用市场的各类主体对信用的管理和规范化的诉求不断增加。二是随着社会整体诚实守信意识的逐步提高，公众对于建立比较完善的社会信用法律和系统化标准体系的要求日益增加，这主要表现为人民群众对政务诚信、商务诚信、社会诚信和司法公信等社会各方面公信水平不断提升的期待日益迫切。三是随着中国互联网行业的兴起和发展，信用活动与数据挖掘、机器学习、云计算等新兴技术的融合日渐深入，点对点金融和大数据金融等技术的快速发展都对中国社会信用体系特别是法律制度方面的建设提出了新的要求。

法律法规和相关的制度体系是社会信用的基石和保障，它为人们的信用活动提供了普遍适用性的准则和规范，是社会信用的重要约束和监督机制，社会信用体系的建设和完善必须以一个具有完整结构的信用法律体系为基础。我国正处于深化经济体制改革和完善社会主义市场经济体制的攻坚期，正处于加快转变发展方式、实现科学发展的战略机遇期，正处于经济社会转型的关键期，正处在更大范围、更宽领域、更深层次上提高开放型经济水平的拓展期。我国的社会信用体系作为保障社会经济持续、稳定、高效发展的一种长效管理机制，发挥着日益重要的作用。加强社会信用体系建设，既是健全与完善社会主义市场经济体制和社会治理体制的重要基础，也是发展社会主义市场经济的内在要求和优化市场秩序、提高经济社会运行效率的必然之举。社会信用法律法规作为信用行业的上层设计和规范框架，是社会信用活动的指导和约束体系，对于信用服务行业的健康发展具有十分重要的作用和意义。

2.1.2 我国信用体系法律法规建设现状

我国信用体系法律法规在信用体系的建设过程中不断得到完善，大致可以划分为信用法律体系的萌芽、起步、发展、全面建设四个不同的阶段。经过多年的探索和发展，我国社会信用法律法规建设取得了一系列重要的成果。《征信业管理条例》的发布和实施确立了征信行业的法律制度框架，与其他配套制度和法律法规共同构筑了征信行业的法律体系，为征信业经营活动提供了监管的依据。国务院《社会信用体系建设规划纲要（2014—2020 年）》对我国社会信用体系建设做了全方位的部署，加快了构筑诚实守信的经济社会环境的步伐。而我国目前还没有形成统一、专门的社会信用立法体系。在互联网金融背景下，社会信用的发展也呈现出信息化和海量数据等特点，迫切需要更具专业性的法律法规和制度进行管理和规范。

本节对我国社会信用体系在法律法规方面的发展和现状做了介绍。首先介绍社会信用体系法律法规有关的概念，在此基础上总结了我国社会信用体系法律法规建设的发展阶段，然后分别从政府、企业和个人三个层面分析了我国社会信用体系在法律法规方面的现状，最后对存在的问题进行分析，并且提出了相应对策。

2.1.2.1　社会信用体系法律法规相关概念

社会信用体系法律法规是社会信用的规范准则和保障机制，信用体系是在法律法规和相关政策的指导下，凭借对信用活动的主体（个人、企业和政府）的信用活动信息和信誉记录进行搜集、整理和分析，引导信用主体履行诚信行为，并对失信行为进行惩罚和处理的机制。社会信用体系系统是一个构建在道德规范、法律法规和产权机制上的一种社会机制，是一个国家的基础制度和基础设施。

从经济学角度看，信用是以契约或协议为保障的不同时间间隔下的经济交易关系，这种关系主要受到正式制度的约束。因此，为了确保信用活动有序进行，需要制定和实施相关的法律法规作为规范和约束。社会信用法律法规涉及政府、企业和个人三个层面的制度建设，其功能是引导社会信用体系的发展方向，规范社会信用体系的运行。要建设好社会信用体系，除了建立健全社会信用体系法律法规之外，还需要刑法、行政法等其他法律法规的协同配合。

2.1.2.2　我国信用体系法律法规建设进程

我国信用体系的法律法规建设，实际上始于20世纪80年代，建设起步相对比较晚，其进程可分为四个阶段：

（1）萌芽阶段（1980—1995年）

以改革开放为起始点，我国由高度集中的计划经济制度转变为社会主义市场经济体制，市场上出现了对信用的初始需求，同时也具备了社会信用体系建设的经济基础和环境。20世纪80年代中后期，伴随着企业之间赊销赊购规模和银行信贷投放规模的壮大，我国信用交易形成了一定的规模和需求。这一阶段出现的信用风险问题，特别是企业和单位之间互相的贷款拖欠和前清后欠等情况，严重影响了社会生产，损害了社会信用。针对这类问题，国务院下发《关于在全国范围内开展清理"三角债"工作的通知》文件，并在全国范围内开展清理"三角债"工作。此后，1993年，中国人民银行致原国家工商行政管理总局《中国人民银行关于企业资信、证券评估机构审批管理问题的函》和 1993 年 8 月国务院颁布的《企业债券管理条例》，对企业资信、证券评估机构和债券管理等问题做了规范，我国社会信用法律体系的萌芽开始出现。

（2）起步阶段（1996—2001 年）

20 世纪 90 年代，随着市场经济在社会生产中发挥出日益重要的作用，我国经济体制改革得到进一步发展。这一阶段经济体制改革中传统的信用制度与社会主义市场经济之间的矛盾比较突出，信用意识开始逐步被企业和投资者接受，客观上产生了对现有信用制度变革的内在要求。根据党中央、国务院的指示和部署，为解决信贷信息共享问题，加强信贷管理，中国人民银行深圳分行首创了贷款证制度，银行在贷款证上如实登记企业贷款发放和归还信息。随着市场经济的发展，我国政府主导制定并相继出台了相关的政策性文件。例如，1996 年 4 月中国人民银行颁布实施的《贷款证管理办法》、1996 年 8 月颁布实施的《贷款通则》、1997 年 12 月发布的《关于中国诚信证券评估有限公司等机构从事企业债券信用评级业务资格的通知》，2001 年 3 月财政部发布《中小企业融资担保机构风险管理暂行办法》，2001 年 4 月国家经济贸易委员会等十部门联合发出《关于加强中小企业信用管理工作的若干意见》等。这些政策性文件对当时相关的社会信用活动做了规范和约束，一定程度上缓解了信用建设中的突出问题和矛盾。这一阶段的信用体系法律法规建设过程中较为显著的特点是以中小企业为主体的社会信用体系建设初步启动，并对社会信用服务中相关中介机构的活动有了一定的规范措施，这些政策性文件的下发有利于中小企业建立比较完善的信用制度。这是我国信用体系法律法规建设的起步阶段。

（3）发展阶段（2002—2013 年）

2002 年 11 月，党的十六大确立了全面建设小康社会的奋斗目标，并在经济建设和经济体制改革方面提出："整顿和规范市场经济秩序，健全现代市场经济的社会信用体系。"这一阶段，中国人民银行充分发挥了促进征信业发展的职能，征信管理局被批准设立，地方性征信机构得到迅速发展，国际知名信用评级机构先后进入中国市场。2005 年 8 月，中国人民银行发布了《个人信用信息基础数据库管理暂行办法》，该管理办法决定中国人民银行负责组织商业银行建立个人信用信息基础数据库，并负责设立征信服务中心，同时对个人信用信息基础数据库的采集、保存、报送、查询、异议处理和安全管理指标等内容做了规范。2006 年，国务院印发了关于实施《国家中长期科学和技术发展规划纲要（2006—2020 年）》若干配套政策的通知，提出"加快建设企业和个人征信体系，促进各类征信机构发展，为商业银行改善对科技型中小企业的金融服务提供支持"。从此，我国信用体系法律法规建设进入了快速发展时期，特别是2007年4月国务院办公厅下发《关于建立国务院社会信用体系建设部际联席会议制度的通知》，建立了国务院社会信用体系建设部际联席会议制度。联席会议办公室设在国务院办公厅，负责统筹协调社会信用体系建设工作，并协调解决推进社会信用体系建设工作中的重大问题，指导、督促、检查有关政策措施的落实。国务院社会信用体系建设部际联席会议制度的出台极大地促进了我国信用体系的制度规范和进一步发展，一系列有关的国家信用体系法律法规出台，在国家层面，比如《征信业管理条例》《最高人民法院关于公布失信被执行人名单信息的若干规定》《征信机构管理办法》《中国人民银行信用评级管理指导意见》《关于促进市场公平竞争和维护市场正常秩序的若干意见》《金融信用信息基础数据库用户管理规范》《征信机构管理办法》等。在地方层面，比如《深圳市企业信用征信和评估管理办法》《成都市企业信用信息管理办法》《上海市企业信用征信管理试行办法》《上海市个人信用征信管理试行办法》等。

（4）全面建设阶段（2014年至今）

2014年6月，国务院发布《社会信用体系建设规划纲要（2014—2020年）》，部署加快建设社会信用体系、构筑诚实守信的经济社会环境的工作。该纲要强调，到2020年，实现信用基础性法律法规和标准体系基本建立，以信用信息资源共享为基础的覆盖全社会的征信系统基本建成，信用监管体制基本健全，信用服务市场体系比较完善，守信激励和失信惩戒机制全面发挥作用。随着该政策的出台，我国社会信用体系建设进入全面推进时期。2015年1月，中国人民银行印发《关于做好个人征信业务准备工作的通知》，要求芝麻信用管理有限公司、腾讯征信有限公司等八家机构做好个人征信业务的准备工作，准备时间为六个月。中国人民银行此举意味着以上八家机构将成为中国首批获得个人征信牌照的商业征信机构。与此同时，包括百度、京东金融、快钱、北京安融征信在内的互联网企业、传统征信公司和P2P平台等三类机构也跃跃欲试，力争获得第二批个人征信牌照。2015年11月，国务院《关于积极发挥新消费引领作用 加快培育形成新供给新动力的指导意见》提出加快构建守信激励和失信惩戒机制，实施企业经营异常名录、失信企业"黑名单"、强制退出等制度，推进跨地区、跨部门信用奖惩联动。2015年12月，原国家工商行政管理总局公布了《严重违法失信企业名单管理暂行办法》，该办法作为国务院部门第一部关于"黑名单"管理的部门规章，对于违反工商行政管理法律、法规、规章且情节严重的企业，工商行政管理部门有权将其列入严重违法失信企业名单，对其实施信用约束、部门联合惩戒，并通过企业信用信息公示系统予以公示。2016 年 5 月，中国人民银行《征信业务管理办法（草稿）》对征信机构在信息采集、整理、保存、使用和信息安全等方面做了规范，并对征信产品异议及投诉、征信机构的监管、法律责任、跨境信息流动等方面内容做了规定。2016 年 6 月，国务院《关于建立完善守信联合激励和失信联合惩戒制度、加快推进社会诚信建设的指导意见》提出构建守信联合激励和失信联合惩戒协同机制，加强法规制度和诚信文化建设。2017 年 11 月，原国家工商行政管理总局发布《网络交易违法失信惩戒暂行办法（征求意见稿）》。该办法对违法失信惩戒的认定和实施程序进行了具体规定，在明确了严重违法失信行为和一般违法失信行为的认定标准和对应的惩戒措施的基础上，设置了各个环节的程序性规定，包括管辖权设置、决定程序、异议处理程序等，确保了违法失信名单管理和惩戒措施实施的明确性、指向性。

2.1.2.3 我国社会信用体系立法现状

社会信用体系立法建设是一个复杂的大工程，从信用主体的角度可以划分为政府信用体系、企业信用体系和个人信用体系三个方面。这三个方面的法制约束机制"一个都不能少"，必须相辅相成、相得益彰。下面分别从这三个方面介绍我国信用法律体系建设的现状。

（1）政府信用法律体系

我国目前关于政府信用的法律制度主要有《政府信息公开条例》《行政许可法》《行政强制法》等。《政府信息公开条例》是 2008 年 5 月 1 日发布的，目的是保护我国公民对于政府工作中获得的可以公开的信息的知情权。该法首次将政府信息公开作为政府必尽的义务，使政府信息更容易被大众知晓，使人们对政府行为拥有知情权及监督政府的能力。《行政许可法》是 2003 年 8 月27 日通过的，2004 年 7 月 1 日正式实施，是对政府行政许可中行为进行约束的法律，是我国较早将政府权力下放给民众的法律之一。《行政强制法》是2011 年 6 月 30 日通过的，2012 年 1 月 1 日正式实施，是对政府进行行政强制中的行为进行约束的法律。该法规定了行政强制的种类和设定、行政强制措施实施程序、行政机关强制执行程序、申请人民法院强制执行等内容。除此之外，《国家赔偿法》《行政法规制作程序条例》都是对政府行为进行约束，将权利下放给普通民众的法律制度。现阶段，虽然我国涉及政务诚信的立法越来越多，但是存在内容抽象、处罚力度不大、缺乏守信激励与失信惩戒等方面的问题。具体而言，问题包括以下三个方面：第一是行政问责机制不够完善。问责机制是政府行为中出现对责任和义务履行不当时进行责任追究的机制。我国现有政府信用立法在问责方式、主体、程序及后果方面没有明确的规定，部分官员在出现政务失信情况后不能受到应有的惩罚，进而导致了现有政府信用立法对政府信用的约束力极其有限的情况。第二是政府监督机制过于乏力。现有的监督机制主要是上级对下级进行监督的机制，这种监督机制存在过于中心化的问题，当上级到下级的中间某个环节存在问题时，上下级之间的监督链就会中断，进而导致监督机制形同虚设。第三是政务信息不对称，民众对政府信用的监督力度极其有限。虽然现有法律不断放开政务工作中的信息公开程度与范围，但民众长期习惯于在政务工作中处于弱势地位，主动申请获得政府工作信息的公众数量不多，在政府不主动公布信息的情况下，公众对于政务工作的了解仍然非常有限，使得公众在政务工作中的监督作用难以发挥，这会助长政府失信行为的产生。

（2）企业信用法律制度

我国与企业信用相关的立法数量较多，到目前为止已经有几十部。与信用体系直接相关的法律法规包括《企业信息公示暂行条例》《纳税信用管理办法（试行）》《征信业管理条例》《严重违法失信企业名单管理暂行办法》等，其他法律如合同法、反不正当竞争法对于企业行为进行约束及违法行为的处罚也可以算作企业信用法律制度的一部分。其中，《企业信息公示暂行条例》是2014年8月7日发布的，同年10月1日起正式执行，是有关企业信用体系建设中信用信息公示制度的立法。在此基础上，产生了一些配套立法，如《企业公示信息抽查暂行办法》《企业经营异常名录管理暂行办法》等。《企业信息公示暂行条例》中规定企业需要公示的信用信息的内容，主要内容包含需要公布信用信息的主体、需要公示的信息的范围、信用约束与信用修复等，反映了企业在履行行政职责和生产经营活动中产生的信用水平的信息。《纳税信用管理办法（试行）》是我国制定的推动信用体系建设的非常重要的一部立法，是针对企业纳税人制定的规范纳税信用管理，促进纳税人诚信自律的法律。《征信业管理条例》是2013年1月21日发布的，同年3月15日起实施，是规范信用服务机构行为和保护信用信息主体的合法权益的立法，企业作为被信用评级的主要对象之一，也受到该条例的保护。除此之外，一些立法如合同法、侵权责任法等法律中，对于企业出现失信行为也进行了必要的约束，是我国信用体系快速发展之前比较有效的失信惩戒机制。总体来看，虽然我国信用体系建设开始时间较晚，但一些较早的法律已经对企业的失信行为进行了一定的约束，再加上我国近两年推进信用法治化建设，我国企业信用法律制度建设取得了一定成效。但仍存在以下问题：第一，纲领性文件比较缺乏。我国在信用体系建设中的纲领性文件仅有《社会信用体系建设规划纲要（2014—2020年）》，将政府、企业和个人这三个方面的信用体系建设都考虑了进去，但没有反映出三者之间的差异，没有出台面向企业信用体系的专有的纲领性文件。第二，缺乏促进企业信用产品使用的立法。虽然我国征信业已经开始发展，并在《征信业管理条例》中涉及企业信用信息的使用，但更多的属于约束性的立法，对于如何开发企业信用信息产品并没有更多的立法。第三，企业公共信用信息共享制度尚未形成。企业公共信用信息散落在不同的管理部门，而我国虽然制定了《企业信息公示暂行条例》，但主要针对企业在信息公示中所应该提供的信用信息，对于分散于不同管理部门的信用信息，如何打通信息壁垒，实现信息互通的立法尚未出现，企业公共信用信息共享程度较低。第四，针对企业的系统化守信激励和失信惩戒机制体系尚未形成。现有对企业守信激励与失信惩戒机制主要存在于《纳税信用管理办法（试行）》与一些传统企业法规如合同法之中，前者主要针对企业纳税信用中的守信激励与失信惩戒，后者主要面向合同法中违规行为的约束。在《社会信用体系建设规划纲要（2014—2020年）》出台之后，还没有法律进一步规定统一的守信激励与失信惩戒机制。

（3）个人信用法律制度

我国个人征信业务开展时间较晚，早期主要是中国人民银行建立的个人信用信息数据库，直到 2015 年中国人民银行批准 8 家具有资质的机构参与个人征信业务，个人征信才开始发展起来，因而在立法方面，个人信用法律制度比较欠缺。除了 2005 年中国人民银行制定的《个人信用信息基础数据库管理暂行办法》《征信业管理条例》和《征信机构管理办法》以外，缺乏面向全国的个人信用立法，只在部分信用服务市场比较发达的城市，如上海和深圳出台的地方性个人信用法律制度，如《上海市个人信用征信管理试行办法》，以及在传统立法中与信用相挂钩的部分内容，如合同法、民法通则对于个人的失信行为的处罚。其中，《个人信用信息基础数据库管理暂行办法》是由中国人民银行制定，2005 年 6 月 16 日通过，同年 10 月 1 日起实施的规范个人征信业的第一部全国性立法。该法案规定了个人信用信息数据报送整理、查询、异议处理、用户管理、安全管理和罚则等内容，有效地防范和降低了商业银行的信用风险，促进了个人信贷业务的发展，保障了个人信用信息的安全和合法使用。《上海市个人信用征信管理试行办法》是我国最早的地方性个人信用体系建设的立法之一，于 2003 年 12 月 22 日发布，2004 年 2 月 1 日起正式实施。总体上看，我国个人征信业发展长期处在政府主导的情况下，个人信用体系发展缓慢，在 2015 年以前，只有少量立法可依据，对个人信用信息安全，个人隐私保护，征信机构在信息采集、处理、公开和保密及违法后的处理方面都做出了规定。而 2015 年之后政府允许企业开展个人征信业以来，配套立法尚未形成，各大个人征信巨头通过自己现有资源搜集用户信息，维度上不统一，信息共享渠道没有打通，信用报告缺乏广泛的应用场景，都是我国个人信用立法中存在的问题。具体而言，包括：第一，缺少全国统一的立法。我国现有针对个人信用体系的立法主要存在于各个地方政府，缺少全国统一的立法标准，各地政府立法的不一致性使得个人信用报告和评级业务的适用范围只能局限于本地。第二，缺少促进信用产品使用的立法。我国个人信用服务产品目前仍主要集中在信贷领域，虽然 8 家个人征信业务巨头自发地开发新的信用服务场景，但鉴于我国公民生活习惯，个人极少涉及信用服务的使用，需要立法牵头将公众对信用产品的需求带动起来，进而推动个人征信体系的发展。第三，没有制定针对个人信用体系建设的立法。考虑到我国庞大的人口基数，个人信用发展空间巨大，但现有立法多是将政府、企业和个人信用都涵盖的立法，而个人信用体系与其他信用体系建设存在较大差异，需要单独制定立法。

2.1.2.4 我国信用法律法规建设存在的问题和对策

当前，我国的信用法律法规建设已步入快车道，我国公共信用法律法规建设近年来取得了较大进展，但市场信用机制仍处在自然发展阶段，目前还没有形成统一、专门的社会信用立法体系。

第一，我国专门的社会信用立法体系较少，配套制度需要完善。国家层面涉及信用体系建设的法律法规比较少，其中比较重要的法律法规包括《征信业管理条例》《征信机构管理办法》《企业信息公示暂行条例》等，在大方向上涵盖了对信用信息拥有者权益的保护和信用信息使用者的监管内容，但在具体细节上如不同环节信用信息使用的规定还存在不足，且没有涵盖信用服务市场的激励机制如信用产品的适用范围。

第二，我国现有的信用奖惩机制存在一些问题，主要表现为守信者得不到适当的鼓励，失信者不能受到足够的惩罚。一方面，缺少激励机制。现有立法在惩戒机制上已经比较完备，但对守信者却缺少足够的激励，信用主体没有维持较高信用的动力。另一方面，惩戒机制范围狭窄。我国现有的惩戒机制主要集中在行政与刑事层面，对于失信行为进行民事、行政乃至刑事处罚，却没有从道德或者社会层面去考虑。此外，惩戒不具备连带效应。如一个多元化的企业生产多种产品，若其中一个产品生产线出现失信问题，只是该产品会受到失信惩戒，而不影响该企业的其他产品，失信企业的其他业务没有受到影响。

第三，信用信息共享的机制尚不完善。在信息共享方面，一方面我国信用信息立法没有强制规定公民应该义务公开的不涉及隐私的信息；另一方面我国互联网巨头掌握大量的网络信用数据，也没有规定强制公开共享的机制，我国的信用信息共享程度较低。

第四，随着中国互联网行业的兴起和发展，信用活动与数据挖掘、机器学习、云计算等新兴技术的融合日渐深入，互联网金融领域发生了新的变革。点对点金融和大数据金融等技术的快速发展对我国信用体系，特别是法律制度方面的建设提出了新的要求，迫切需要适应互联网金融的具有针对性的法律制度来进行规范和约束。

加快和完善我国社会信用体系相关法律法规和配套制度建设可以从以下几个方面考虑：一是从国家立法的角度对社会信用体系建设进行布局和统筹，合理平衡信息主体权益保护和征信业发展的关系。二是在部门规章层面，国务院可以以决定、命令等形式，授权有关金融监管机构制定关于征信服务行为规范、征信标准的规章，完善企业信用和个人信用方面相关权利与义务的范围，抓紧出台相关的政策。三是地方性法规，各省、自治区、直辖市可以借鉴一些发展较快较好的大城市已取得的相关经验，根据当地的具体情况灵活制定地方性信用法规。

针对我国信用奖惩机制存在的一些问题，可以从以下三个方面制定相关法律法规：一是行政层面的守信激励与失信惩戒机制。任何企业和个人根据其不同的信用水平，提供差异化的行政服务，完善奖惩机制。二是商务层面的守信激励与失信惩戒机制。企业和个人在参与银行、证券、保险等金融活动中，根据其信用水平的不同享受差异化的服务，如对高信用者给予更高的贷款额度、更低的利息、更低的保费费率，而对低信用者则与之相反。在其他经营活动中也应该做到高信用者处处受益，低信用者处处受制，如企业间的收购价格、个人参与社会活动的资格等。三是社会层面的守信激励与失信惩戒机制。信用信息公示部门在信息披露方面应该加大对典型守信者和失信者的披露力度，真正让社会大众能够全面、及时地获取不同企业的信用信息，守信者会得到更好的社会口碑而增加经济效益，失信者则会失去顾客，难以盈利乃至破产。

应制定相关的法律法规明确信用信息采集的维度，规范信用信息归集与提高信息共享水平。在信用信息采集的维度上，除了覆盖信贷信息以外，还应覆盖互联网行为、工商经营行为、社会关系网络等多维数据，明确这些信息中可以不经过同意强制采集的、需要经过同意才能采集的、不能采集的信息，及这些信息中心应该公开的、需要经过允许才能公开的与不能公开的数据范围。在信息归集方面，应明确规定不同维度的数据的提供部门。在信息共享方面，信用信息应该在不侵犯信息主体权益的情况下强制规定必须在部门之间实现共享的信用信息。此外，应尽快针对互联网金融领域发生的新变革，特别是点对点金融和大数据金融等技术的发展与应用，制定相应的法律制度来加以规范和约束。

2.1.3 地方社会信用法规建设现状

上海市在21世纪初就开始制定信用服务市场相关地方立法，经过这些年的发展，其立法日趋完善，完善的立法为上海信用服务市场的发展提供了制度保障。浙江省高度重视信用体系建设工作，从2002年就开始了"信用浙江"建设，并以省政府办公厅名义印发信用专项规划，有力地支撑了其信用建设走在全国前列。深圳市是国内较早开展社会信用体系建设的城市，遵循"法制是保障、征信是基础、用信是支撑"的工作思路，在制度建设、体系构建等方面取得了一定的进展。此外，重庆市和江苏省也在信用法律法规体系建设上取得了一些成就。成都市在信用法律法规体系建设中取得了一定的进展，但是涉及个人、企业和社会公共方面的信息较少，在信用信息的征集和使用等管理方面的法律法规需要完善，且有关信用主体权益保护方面和针对信用市场监管等面缺少相应的法律法规文件，在一定程度上制约了成都市信用体系建设的进程。我们认为可以借鉴一些发展较快较好的大城市已取得的相关经验，根据成都市的实际情况和信用相关法律法规完善的需要，制定地方性法规。

本节首先分析了我国地方社会信用法律法规建设的情况，对比较典型的几个城市基本的情况做阐述。然后以成都市为例子，对地方社会信用法规建设状况进行具体的剖析。

2.1.3.1 我国地方社会信用法规建设概况

上海市在21世纪初就开始制定信用服务市场相关立法，经过这些年的发展，其立法日趋完善。早在2005年，上海就制定了《上海市企业信用征信管理试行办法》和《上海市个人信用征信管理试行办法》。这两部办法涉及信用服务市场的大部分主体，包括个人、企业、政府和信用服务机构，涵盖了信用信息采集、加工、异议处理和监督等多项内容，在当时是非常先进的立法。随着时间的推移，上海又推出了《上海市企业信用档案管理办法》《上海市统计信用信息管理办法（试行）》《上海市公共信用信息归集和使用管理办法》等办法，一方面强化了对政府的监督，另一方面规范了信用信息管理，进一步完善了信用服务市场制度。各部门、各区县共出台规范性文件200余项。2017

年 6 月 28 日，上海市出台全国首部地方综合性信用法规《上海市社会信用条例》。《上海市社会信用条例》首次明晰了"社会信用"的概念，规范了信用信息的采集、归集流程，强化了信用联动奖惩，规范了严重失信名单的纳入程序和条件、完善名单救济和退出机制。该条例的出台对上海市社会信用体系建设做了规范和指导，提供了法律保障和依据。上海市社会信用体系建设组织体制和框架比较完善，其中《上海市社会信用条例》是上海出台的全国首个综合性地方信用立法，是对国家信用改革战略性任务的落实，也是上海信用体系建设的重要组成部分，是上海社会信用体系建设的重要上位法。上海市经济和信息化委员会、上海市征信管理办公室会同相关部门编制形成《上海市社会信用体系建设"十三五"规划》，从而形成以上位法为依据，以专项规划为前提进行社会信用体系建设的特点。

浙江省政府高度重视信用体系建设工作。2016 年，浙江省发布并实施了《浙江省社会信用体系建设"十三五"规划》，这是以浙江省政府办公厅名义印发的信用专项规划，是"十三五"时期浙江省社会信用体系建设的政策性、指导性文件，为浙江省贯彻落实国务院《社会信用体系建设规划纲要（2014—2020 年）》提供了有力支撑。《浙江省公共信用信息管理条例》于 2017 年 9 月底发布，2018 年 1 月 1 日起实施，是浙江省公共信用信息领域的第一部地方性法规，对信息归集与披露、激励与惩戒、信息主体的权益保护、法律责任和施行时间均做出了规定，为社会信用建设提供了有力的依据。浙江省还陆续出台了社会信用联合奖惩制度文件，如浙江省民政厅关于印发《浙江省社会组织失信"黑名单"管理办法（试行）》的通知。此外，浙江省积极探索信用大数据开发，助推改革创新。相关的规范性文件《五类主体公共信用评价指引（2017 版）》正式印发，从五个维度对企业、自然人、社会组织、事业单位和政府机构五类主体进行公共信用画像，相应的公共信用评价系统已于 2017 年 7 月相继上线试运行。浙江成为全国首个开展公共信用评价的省份。

深圳地处我国改革开放的前沿，是国内较早开展社会信用体系建设的城市，遵循"法制是保障、征信是基础、用信是支撑"的工作思路，在制度建设、体系构建等方面取得了一定的进展。深圳市在已出台个人和企业信用管理办法的基础上，制定了深圳市首部综合性信用法规《深圳市公共信用信息管理办法》，为深圳市公共信用信息的归集、管理、使用以及信用监管等工作提供更为全面的制度保障。此外，为部署落实各领域、各行业信用信息的征集、管理及应用，各相关部门根据自身的监管需求，围绕税务、安全生产、网络交易、房地产、社保医疗、司法等与人民群众日常生活和切身利益密切相关的重点领域，出台了一系列信用建设专项制度文件，并对税务、市场监管、进出口管理等关键领域签署了一批联合奖惩的合作备忘录，形成了系统性、全方位的信用制度体系。为健全信用信息的归集管理规范，在此前印发的六批《深圳市企业信用信息系统成员单位信息目录》的基础上，深圳市进一步出台了《深圳市公共信用信息资源目录》，统一明确深圳市 74 家信源单位报送信用信息的范围、传输方式、更新时限及信息保密等规定，并将公共信用信息报送工作纳入政府绩效考核，着力保障工作落实。深圳市出台的《深圳市人民政府关于印发深圳市贯彻落实守信联合激励和失信联合惩戒制度实施方案的通知》，在加快健全信用法制和标准规范体系，大力促进诚信行为褒扬激励，着力加强失信行为约束惩戒，全面强化信用联合奖惩，严格保护信用主体合法权益，广泛开展诚信文化建设等方面做出了明确的部署要求。

重庆市在制度建设方面取得了积极进展，为"诚信重庆"建设奠定了基础。近 10 年来，市政府及有关部门先后制定了《重庆市社会信用体系建设方案》《重庆市 2013—2015 企业信用体系建设工作实施方案》《重庆市企业信用信息征集和公开管理办法》《重庆市企业信用信息征集目录》等文件，搭建起了基本框架。同时，部分行业部门也相继制定了一系列信用管理办法。江苏出台了自然人及法人失信惩戒办法，明确一般失信行为信息保留 3 年，严重失信行为信息保留 5 年，对失信主体首先是约谈教育，后提出整改要求，对于整改达到条件的，予以信用修复。健全的法规体系为社会信用体系建设奠定了坚实的基础。

2.1.3.2 成都市社会信用法律法规建设现状

近几年来，成都市在市委、市政府的统一部署下，按照"法规先行、搭建平台、逐步完善"的建设思路积极推进全市社会信用体系建设，信用体系建设不断完善，信用信息系统基础初步形成，信用服务市场稳步发展。为了推进企业信用体系建设，营造良好的企业信用环境，成都市出台了一系列规章制度和政策文件，如《成都市企业信用信息管理办法》和《成都市企业信用信息征集和使用管理办法》等，对成都市企业信用信息的征集、记录、发布、使用等活动做出了相关规定。成都市还编制了《成都市企业信用信息目录（2015 版）》，并梳理形成了《信用信息资源平台数据元》和《信用信息资源平台数据规范》两个项目建设标准，为成都市企业信用体系建设制定了标准。

同时，成都市印发了《成都市公民信息管理系统总体建设方案》（成办发〔2011〕90 号），归集了全市相关部门和企事业单位涉及的公民信息，构建了公民信息数据库。此外，成都市还制定了《成都市工商行政管理局市场主体信用分类、监管分级指标体系和评价标准》《成都市工商行政管理局企业信用预警暂行管理办法》《成都市社会信用体系建设规划》《成都市企业公共信用等级划分》《成都市中介机构信用信息管理规定》等。这些法规的出台明确了企业信用制度，提供信用信息的企业，信用信息所需要的指标，企业信用信息采集、使用、管理、储存等内容。

成都市各行业主管部门也出台了行业相关规范性文件，强化本行业企业信用意识，促进行业健康发展。成都市还制定并发布了《对生产销售假冒伪劣产品违法者实行"黑名单"制度的办法》（2013 年），建立了企业信用奖惩机制。2014 年，成都市文明办、市法院等 8 部门签订了《"构建诚信、惩戒失信"合作备忘录》；2015 年，市法院、市检察院、市公安局、市环保局联合制定印发了《关于进一步加强环境行政执法与刑事司法衔接建立联动执法机制的意见》，对建立联合奖惩机制进行了积极的探索。

另外，成都市对中小企业的信用体系建设非常重视，制定了《中小企业融资信用信息库建设实施意见》《关于推进中小企业信用制度建设的意见》《中小企业信用评级管理暂行办法》《中小企业担保体系建设实施意见》《加快中小企业信用、担保和服务三大体系建设的意见》等 10 多个专门文件。

按照信用服务市场的主体划分，成都市社会信用法律法规现状包括以下内容：

（1）企业

成都市制定的针对企业的相关信用制度主要包括企业信用信息征集标准、企业信用体系建设办法、企业信用等级分类方法、企业信用奖惩机制等内容。

《成都市企业信用信息管理办法》是成都市企业信用信息管理的总体指导性文件，规定了企业信用信息的搜集、使用和发布等相关规范。根据《成都市企业公共信用等级划分》的规定，成都市制定了企业信用等级的 5 个一级指标和 26 个二级指标，每个二级指标规定了其满分，并将企业信用等级从高到低划分为 A、B、C、D 四类，共八级，分别为 AAA 级、AA 级、A 级、BBB 级、BB 级、B 级、C 级以及 D 级。另外，《成都市工商行政管理局市场主体信用分类、监管分级指标体系和评价标准》也制定了一套企业信用等级划分标准，依据信用指标所反映的信用状况，将市场主体信用等级分为 A（A+，A）、B、C、D 四类。《成都市中小企业信用评级管理暂行办法》将中小企业信用水平总共划分为 9 个等级，并且使用"+"和"－"对每个等级进行微调。成都市还编制了《成都市企业信用信息目录（2015 版）》，并梳理形成了《信用信息资源平台数据元》和《信用信息资源平台数据规范》两个项目建设标准，为成都市企业信用体系建设制定了标准。2014年，成都市文明办、市法院等8部门签订了《"构建诚信、惩戒失信"合作备忘录》；2015年，市法院、市检察院、市公安局、市环保局联合制定印发了《关于进一步加强环境行政执法与刑事司法衔接建立联动执法机制的意见》，对建立联合奖惩机制进行了积极的探索。此外，成都市各行业主管部门也出台了行业相关规范性文件，强化本行业企业信用意识，促进行业健康发展。

（2）政府

与政府相关的信用制度主要包括信息管理相关制度、信用服务机构监管制度、信息披露制度等。

按照《成都市企业信用信息管理办法》的规定，成都市人民政府建立了统一的企业信用信息系统，进行信用数据的征集和共享企业信用信息。按照《成都市中小企业信用评级管理暂行办法》的要求，市政府中小企业管理部门为中小企业信用评级工作监管部门，主要负责全市中小企业信用评级统筹、协调、指导和监督；区（市）县政府中小企业管理部门负责本区域中小企业信用评级的监督管理。《成都市中小企业信用评级管理暂行办法》同时也对评级监督部门做了规定：评级监督部门对评级机构严重失信和违规行为，根据具体情况采取警告、准入限制或按规定将失信事实通过网站、会议、书刊等媒体曝光并给予相应处罚。评级监管机构根据受评企业的违规情况给予相应处罚，包括记录、公示、警告、取消有关扶持政策等。评级监管机构每年对受评企业和评级机构进行一次综合评价，对获得认可的优秀诚信企业（单位）给予公示和褒奖。

（3）信用服务机构

与信用服务机构相关的信用制度主要包括信用服务机构的资质要求、信用评级的步骤等。

在《成都市中小企业信用评级管理暂行办法》中，规定了对中小企业信用评级机构的要求，除了具备四项资质：①须经工商行政管理部门核准登记；②具有与从事企业信用评级业务相适应的财务、风险、信用管理等方面的专业人员；③有严格的信息档案管理制度、保密措施和安全防范措施；④经中小企业信用评级监管部门资格认可外，还需要在"合法、客观、公正、科学"的原则下，对企业做出不损害其商业机密、竞争地位和其他合法利益的前提下的信用评级。该办法也规定了信用评级机构在出现违规后所应接受的惩罚。在《成都市人民政府关于推进中小企业信用制度建设的意见》中，提到鼓励有一定资质能力的社会中介机构开展信用评级服务，支持建立专业化的信用评估机构；引进国内外优秀信用评估机构来成都市开展业务，扩大信用评估服务机构规模。在《成都市中介机构信用信息管理规定》中，规定了提供信用服务的中介机构在信用信息的搜集、录入、发布、责任方面的相关规定。《成都市中小企业信用评级管理暂行办法》规定了评级机构对企业进行信用评级的九个步骤。

总结成都制定的相关的信用规章制度，内容涵盖了信用服务市场的多个主体，包括企业、政府部门、信用服务机构以及社会团体，对企业规定了信用信息的征集和使用要求及评价标准，对政府部门规定了监管目标及责任，对信用服务机构的建立提出了资质要求，并且制定了激励机制及违规后的惩戒措施。这些法规涵盖信息的征集、发布、使用和责任等内容，遵循了"政府引导、市场运作、中介评价、社会监督"的原则，也包含了企业信用等级评判标准，实现了对企业和个体工商户的信用监管、评级的制度建设等。

2.1.3.3 成都市信用法律法规建设剖析

虽然成都市在信用法律法规建设方面取得了一定的进展，但是在信用服务市场立法上仍然存在较多滞后的地方。本节从信用服务市场中各个主要参与主体的角度对信用服务市场的立法滞后性进行剖析和分析，包括以下三个方面：

（1）对企业征信上的立法制度滞后

成都市对于企业的信用建设非常重视，制定了总体层面的企业信用政策和针对特定行业的信用信息管理办法，但仍存在制度不健全、不统一的现象。

第一，对企业的信用信息规定不统一，包括规定信息的种类不统一、有效期不统一等。例如，从信息种类上看，《成都市企业信用信息管理办法》与《成都市房地产行业信用信息管理办法》对信用信息的要求大体相同，但与《成都市中小企业信用评级管理暂行办法》存在较大差距；从有效期上看，几种办法规定的信息发布期限也存在差异。

第二，信用评级立法混乱、内容不全。首先，各项规定中对于企业信用评级的方式不统一，例如《成都市企业公共信用等级划分》《成都市工商行政管理局市场主体信用分类、监管分级指标体系和评价标准》以及《成都市中小企业信用评级管理暂行办法》制定的评级方式不同；其次，缺乏针对第三方信用评级机构制定的信用评级参考办法，大多数规定仅仅考虑了政府部门作为评级机构，只有少数如《中小企业信用评级管理暂行办法》考虑了第三方评级机构的评级办法；最后，成都市各项规定的评级对象大多针对企业，缺乏针对个人信用评级的相关内容。

第三，缺乏守信激励和失信惩戒的规定。在《成都市企业信用信息管理办法》中，对企业只制定了失信惩戒机制。在《成都市房地产行业信用信息管理办法》中，虽然对企业制定了一定的守信激励与失信惩戒机制，但是过于简略，缺乏可操作性。在《成都市中小企业信用评级管理暂行办法》中，则只制定了激励机制而没有惩戒机制。总体上看，一方面，各项法规或者重视激励或者重视惩戒，或者两者都缺失；另一方面，没有统一的激励与惩戒的规定，也使得各部门在制定激励与惩戒机制上没有参考办法，相关措施混乱。

第四，缺乏针对特定行业的企业征信立法。除了《成都市房地产行业信用信息管理办法》和《成都市房地产行业信用评估管理细则》这两个涉及房地产行业的征信立法将房地产行业信用信息管理与信用评估进行了细致立法以外，没有其他针对特定行业的企业征信立法。

（2）对个人征信上的立法制度滞后

除了部分单位自定的规定以外，成都市在个人征信上的立法较少，例如《中国人民银行成都分行企业和个人信用信息查询管理规定》。这些规定主要存在于银行等金融机构中，没有政府制定的统一的针对个人的征信立法。目前成都市对于个人征信业上的制度主要还是参考国家制定的有关规定，包括《个人征信管理条例》及《征信业管理条例》等。因此，在个人征信上的立法较企业征信上的立法滞后更大。具体而言，包括以下几点：

第一，缺乏对征信信息的立法制度。虽然国家在《个人征信管理条例》中对个人征信信息做出了基本规定，但成都市并没有对征信信息进行比较详尽的立法，很容易导致银行及第三方征信公司在进行个人征信时信息采集不统一，不利于信息管理。

第二，缺乏信用评级制度。国家在《个人征信管理条例》及《征信业管理条例》中更强调征信机构所应遵守的规章制度，但并没有提到信用评级参考方案，而成都市对个人征信的地方性立法本就稀少，更没有对个人的评级制度。

第三，缺乏守信激励与失信惩戒机制。国家在两个条例中都没有制定守信激励制度，只有在谈到征信机构保留不良记录的时间限制上面间接提到了失信惩戒制度，除了披露以外，并没有其他惩戒机制，因而守信激励与失信惩戒机制严重缺乏，成都市也没有制定相关法规。成都市在银行业方面虽然有一定的惩戒法规制度，但仅仅针对借贷人。国务院已下发《国务院关于建立完善守信联合激励和失信联合惩戒制度 加快推进社会诚信建设的指导意见》（国发〔2016〕33号），对守信激励与失信惩戒做出了规定，但成都市在实施该规定并制定地方制度上仍处于探索阶段。

（3）对征信机构上的立法制度滞后

虽然国家对征信机构的立法比较详尽，例如在《个人征信管理条例》和《征信业管理条例》中都对征信机构的资质、信息的保密、征信机构的监管与惩戒等做出了比较详细的规定，但成都市除了《成都市中小企业信用评级管理暂行办法》以外很难找到针对征信机构的相关立法，在对征信机构的立法上仍然存在较大的滞后性。具体而言，包括以下几点：

第一，缺乏征信机构资质立法。除了《成都市中小企业信用评级管理暂行办法》对信用评级机构的资质做出了要求以外，没有其他立法对征信机构的资质做出要求，且该办法仅针对中小企业的征信机构，对其他企业没有相关立法。虽然国家的两项条例对征信机构的资质都做出了要求，但是国家的要求对征信机构设立了比较高的门槛，导致民间很难设立征信机构，不符合成都市信用服务市场不活跃，应该鼓励更多征信机构建立的初衷。相对而言，上海市对于信用服务机构的设立门槛较低，只需要备案不需要审批，而在成都市，信用服务机构的设立既要备案也要审批。

第二，缺乏信用服务机构设立的鼓励措施。正如第一点所说，仅仅按照国家制定的资质要求，征信机构设立门槛较高。而按照成都市的要求，征信机构的设立需要备案与审批，也为信用服务机构成立设定了一定的障碍。而上海市对于鼓励信用服务机构的设立不遗余力，征信机构的设立只需要备案而不需要审批。

第三，缺乏征信机构监管部门及措施。《成都市中小企业信用评级管理暂行办法》虽然规定了评级机构严重失信和违规行为，但该办法对于评级机构的失信和违规行为的规定过于笼统，在出现非法获取信息、利用个人信息牟利、损害信息主体的安全和隐私等问题的时候，并没有详细的处理办法；该办法仅针对中小企业，监管部门也仅仅是中小企业信用评级工作监管部门，对其他企业的信用评级机构的监管部门及监管办法都没有相关的立法。

第四，缺乏对征信业其他领域的立法。征信业需要对企业和事业单位等组织（以下统称企业）的信用信息和个人的信用信息进行获取、整理和存储，并提供给信息使用者进行查询。而信用评级只是征信业中的一种业务，除了信用评级制度以外，成都市并没有制定针对其他信用服务业务的规定。

除了以上提到的滞后性以外，各种新技术的出现也为信用服务市场的立法带来了新的挑战。例如，信用活动与数据挖掘、机器学习、云计算等新兴技术的融合所带来的互联网金融领域的创新和变革，P2P和消费金融等细分领域的快速发展，对成都市社会信用体系的建设提出了新的要求，迫切需要综合性法规和更具针对性的法律法规来加以管理和规范。

目前，成都市在信用法律体系建设方面涉及个人、企业和社会公共方面的规定较少，在信用信息的征集和使用等管理方面的法律需要完善，且在有关信用主体权益保护方面和信用市场监管等方面缺少相应的法律法规文件，制约着成都市信用体系建设的进程。针对这些问题，我们提出相应的对策，可以归纳为以下几点：

一是要注重上位法的建设。应尽快出台相应的社会信用体系建设法律法规。如尽快立法规范社会信用信息发布制度和共享机制、推进信用信息标准的制定、加快信用信息技术规范建设、出台详细的信用信息管理与考核办法等相关文件，并制定推进方案、目标任务分解表和三年行动纲领。

二是建立健全信用服务市场标准体系。应尽快出台具体的信用信息应用流程和通用标准，完善信用信息服务相关的地方性法规。在信息征集方面，健全地方性法规和管理办法，明确信息征集组织、征集内容及标准；加强信用服务机构正规化和专业化建设，提高从业人员的职业素养和技能水平；在信用信息使用标准方面，制定各行政机关、司法机关、公用事业单位等组织安全使用信息办法，明确信用信息应用规范。

三是推进信用市场法规建设，加强制度保障。完善成都市企业、机构、个人信用信息管理办法，对信用服务机构的设立条件和退出标准、企业和个人信用奖惩制度、信用从业人员职业标准、信用服务市场行业规范等进行规定，为信用服务市场的规范运作提供制度保障。

四是建立行政、司法、社会舆论多角度奖惩机制法律法规体系。建立守信激励、失信惩戒以及异议处理机制，对守信和失信行为及时进行建档和管理。建立健全信用惩戒机制，加强执法联动机制建设，对于比较严重的失信违法行为，及时交由司法部门依法追究责任，建立与失信惩戒要求相互配合的司法体系，从而不断完善健全联合奖惩机制，构建起一个包含规范征信活动、信息标准、共享与披露、信用奖惩、市场监管、促进信用服务业发展等内容在内的信用法规体系。

五是加强网络信用法规建设。成都市网民互联网应用水平比较高，且互联网应用使用率增长快速。目前，成都市社会信用体系建设主要侧重于政府、企业或个人等单一主体，在混合以上主体的网络信用体系建设方面相对滞后。为此，亟须加强成都市网络信用法律法规建设，建立较为全面和系统的网络信用投诉和管理机制，加大对网络失信行为的惩戒力度，营造良好的网络信用环境。

2.2　我国社会信用信息系统建设情况

2.2.1　对我国社会信用信息系统建设的要求

2.2.1.1　行业信用信息系统建设

我国的行业信用信息系统建设可分为两方面内容。

一个方面是对各行业企业的信用信息数据进行处理，完善缺失数据，预处理各类数据特征，建立健全数据库。在数据预处理上，首先应该对其进行标准化以便使用；其次是整合各单位各机构的信用数据及资源，形成自动化存储功能，目的在于自动化查询信用档案；再次是信用信息的互相联通与共享，只有各行业对数据与信息流进行共享与互通，才能够提高征信效率与准确率，为征信带来便捷；最后，各部门或机构应该规范自己的信用信息系统，可用来公布各类信用信息或提供查询途径等内容。

另一个方面是对信用记录档案进行完善，尤其是针对重点行业领域，加强信用记录的覆盖范围。如商业、税务、对外贸易、安全生产、服务质量、资源环境、商品医药、医疗健康、物流、房屋建造、电子商务、运输服务、合约、社保、科学研究等领域都可作为重点领域，针对各行业的征信内容进行规范，完善信用报告或档案制度。

2.2.1.2　地方信用信息系统建设

本小节将地方信用信息系统建设分为两方面内容。

一个方面是对政务信用的注重与加强，整合规范信用信息内容。若要形成统一规范的信用信息平台，且能够使得各部门机构进行信息共享，应整合并完善各地区、机构或单位在履行各项职能过程中产生的信用记录，为政务信用信息的查询提供便利，使得查询主体能够根据需要高效快捷地完成信用查询。

另一个方面是要建立健全信息公开的监管机制。各地区或部门必须做到公正公开规定的政务信用信息的相关目录。不仅如此，还应加大推进信用信息共享力度，落实各部门机构的政务信用信息互联互通，落实政务信用信息系统在公共管理中的应用，并提高职员履行职责的效率，做到真正将信用信息落到实处。

2.2.1.3　征信系统建设

征信系统建设的内容主要有两点。

首先，应加快征信系统的建设进程。在处理征信相关的业务或任务时，征信机构应该建设准确的征信系统，以企业、单位、机构或社会组织、个体为对象，并依法依规搜集、整合、储存、处理这些对象的信用信息。为保证该信用信息的准确，需要依情况采取一定措施与解决办法。

其次，需要为客户主体提供相应的信用服务产品，产品应该具备专业性、准确性及高效性等基本特点。根据市场变化多端的需求，征信机构需要做出一定对应措施，需要提供对外的且专业化的信用服务产品，使得信用服务产品能够增强创新性，并推进这些产品的落实。在此基础上，也必须落实建立健全信息安全的法律法规，必须严格执行相应的规章制度，这样才可以有效防范信用机构内部风险，才能够避免利害冲突且能够保证信息安全，既可以达到向客户提供依法依规、便捷高效的信用服务产品的效果，又能够令客户感受到满意的征信服务。征信机构还应拓展信用服务产品的应用范围，尤其是在金融领域特别是银行单位、证券行业、保险行业以及政府职能部门。

2.2.1.4 金融业统一征信平台建设

首先是对信用数据库进行加强与完善，做到金融信息等基本内容健全完整。对金融信用信息数据库的建设不可懈怠，应不断推进数据库的建设与使用，尤其是对金融信用信息数据库的建设。需要做到的是提高数据库中数据的质量，对信用信息系统进行加强与完善，对系统的安全性进行管控加强，拓展信用服务产品的覆盖范围，提高信用信息系统服务水平。

其次是加强推进统一的金融行业信用信息平台建设。加快推进传统银行行业、金融证券行业、保险行业、对外投资等金融行业部门之间信用信息的互联互通，以此来推进统一的金融行业的信用信息系统平台的建设，并落实推动监管部门对信用信息互联互通的督促力度。

2.2.1.5 推进信用信息的交换与共享

在信用信息系统建设以及整体信用体系建设完成之后，需要互通必要的信用信息数据，所以对于信用信息交换与共享的环节必须加快推进。在推进信用信息的交换与共享的过程中，不可侵犯个人隐私，要保证数据的准确性与及时性，确保责任分工明确，遵守不能将风险集中的原则，充分利用信用信息系统现有的基础设施，构建一套完整的信用信息网络，使得该网络能够全面包含所有的信用类别与主体，并且范围可以达到基本覆盖全国所有地区。各大信用信息系统的互通与互联需要依法进行。不仅如此，各行各业的信用信息有关部门或机构都必须分级分层管理相应的信用信息，各主管部门也要对信用信息进行分类分级的管理，构建确实有效的查询规则，并明确查询权限。在处理有关特殊的查询需求时，必须遵循规范的流程进行申请并说明特殊原因，从而建立健康的信用信息交换共享机制。

在此需要特别强调政务信用信息系统与征信系统之间的信用信息交换与共享。由于中国社会多层次多样化与专业化的征信服务需求，因此需要社会征信机构面向不同的服务个体提供对应的信用服务产品，还必须完善信用信息资料的整合，尤其是对公开的政务信用信息而言。

2.2.2 我国社会信用信息系统的发展历程与现状

我国第一家社会专业信用评级机构于 1988 年 3 月成立，名为"上海远东资信评估有限公司"，该公司独立于银行系统。1997 年上海开展企业信贷资信评级，中国人民银行批准上海市进行个人征信试点，中国人民银行开始筹建银行信贷登记咨询系统。1999 年全国首家个人征信业务机构成立，名为上海资信有限公司。2000 年 6 月上海个人信用联合征信服务系统成立。2002 年 3 月，中国人民银行建立的银行信贷登记咨询系统实现全国联网。2003 年 11 月中国人民银行征信管理局成立。与此同时，社会征信业发展试点的地区分别有上海、北京、广东等地。在所有的征信机构拓展新的信用评级服务领域之前，尤其是拓展银行之间债券市场或其他新的信用服务领域之前，一批地方性信用评级机构得到建设并且发展迅速。2005 年，中国人民银行宣布全国统一的信用信息基础数据库正式建立，它由以前的银行信贷系统改进而来。2006 年，中国人民银行成立了中国人民银行征信中心。2011 年，中国人民银行征信中心开始建设第二代征信系统。2014 年，中国人民银行发布《金融信用信息基础数据库用户管理规范》，规定了信用信息系统的保密安全要求等内容。

我国的公共征信系统主要有两种形态：一种是以中国人民银行征信中心为主的金融征信系统。金融信用信息基础数据库由中国人民银行征信中心负责建设、运行和维护。征信系统是最重要的金融基础设施之一，它是保障金融生态系统正常运行的必要条件，也是社会信用体系建设最重要的组成部分。另一种是由国家发展和改革委员会以及其他部门、地方政府推进的政务征信系统。例如，由国家发展和改革委员会主导的信用信息交换平台，工商（市场监管）、税务、海关等政府职能部门推进的行业信用信息体系。

我国市场征信基本由金融企业、电商平台和互联网这三类实体组成的征信机构构成。在互联网或电商企业背景下的征信系统或征信机构，其先天条件是用户行为信息，征信机构利用获取的用户数据对外提供征信服务。金融企业背景下的征信机构大多依靠金融综合牌照、业务系统内全局风控优势，将综合资产负债和交易信息等数据集中等方法来把握风险。行业协会主导的发展模式近来也在我国逐渐兴起。我国行业多、地域广，以至于不同地区拥有同一行业诸多协会，工作内容雷同。例如上海资信有限公司的网络金融征信系统主要覆盖上海等南方区域，而安融惠众的小额信贷行业信用信息共享服务平台则主要覆盖北京等北方区域，实际工作内容则比较相似。

信用信息系统的技术与数据是信用系统乃至整个信用行业与体系的核心。计算机学科中的云计算和数据挖掘等技术的进步，能够推动传统征信服务与产品升级并且可以扩大信用信息的应用范围。互联网尤其是移动互联网的流行，使得个体和企业的行为数据已经在互联网上大量沉淀，因为现阶段我国的衣、食、住、行、用等日常行为都已经实现了数据化。在现代社会，信用变得尤为重要，征信产品已经涉及人民生活的方方面面。在个人征信方面，它不仅可以被用于个人贷款、信用卡申请、保险、就业、社交、出国、租房，还能够被用于网络买卖交易等其他一些金融服务、社会活动、网络电子交易等领域。每一个新应用场景的出现，都进一步扩大了个人征信的市场空间，也提高了用户体验和使用黏性。例如，芝麻信用评分在人们的正常生活中已经不可或缺，它的应用场景已经延伸至神州租车、一嗨租车等租车网站，全国 6 千多家酒店，签证服务，甚至婚恋网站。考拉征信也联合了许多企业进行信用活动，如滴滴打车、爱大厨等企业，该公司希望把考拉分全面覆盖到人们的衣食出行、居家养生与爱车保养等各方面。在企业征信方面，企业征信系统已经被应用在企业信贷、企业投资、贸易往来、市场营销、招标、租赁、保险等领域。企业征信系统的应用范围也在不断扩大，逐步形成规范完整的一套体系。

中国信用信息系统的整体框架和基本流程如图 2-1 所示，这是征信机构或政府部门对个人或企业进行信用采集的基本流程，也是近年来中国普遍采用的信用信息系统框架。在技术层面，建模过程中对信用风险模型的选取十分重要。图 2-2 为信用风险分类模型所采取的主要方法，常用的方法大致有 5 类，分别是人工智能模型、现代信用风险量化管理模型、主观分析法、传统数理计量方法和混合系统模型。

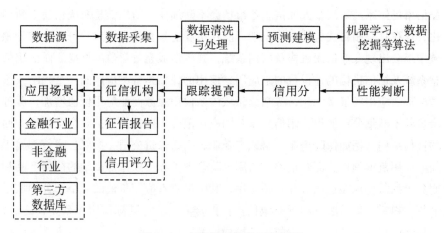

图 2-1　中国信用信息系统框架

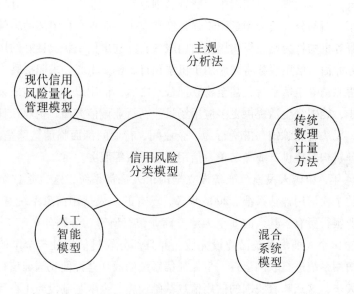

图 2-2　信用风险分类模型方法

2.2.3　我国个人信用信息系统建设现状

2.2.3.1　我国个人信用信息系统建设现状概述

根据发达国家的发展经验，要想建立一个包罗万象且十分完美的社会信用信息系统是不可能的，但构建一套相对成熟的征信体系是可实现的。在成熟的征信市场体系中，各类征信机构应发挥自己的优势，在擅长的行业深度耕耘，创新征信产品与征信服务，形成市场竞争关系，补充市场不足，这才是健康的征信市场体系。未来个人征信服务市场会不断细化，信用信息系统也会不断细化，现在具有相对优势的机构未来可能在市场上具有较大优势，每一个细分领域中都会出现专业信用机构及信用系统，并将形成充分竞争的格局。而信用信息系统及征信机构的建设目的是应用，信用的评估是各类应用的一个判断或参考标准。应用场景多元化，各细分领域体系信用服务商业应用价值增加，服务市场的不断细分将使得信用信息系统的应用范围不断被扩大。在金融领域方面的授信机构，例如保险企业、房地产企业、网络借贷公司、担保公司等都属于新的应用范围领域；而营销类、信用风险管理类和反欺诈等高端的征信产品和服务根据需要现在也已被开发并应用，其中最具有应用价值的 4 个细分领域是借贷、租赁、生活服务和行业诚信。在借贷方面，在基础信用体系完善之后，市场将出现几家具有公信力的征信机构，为银行、小贷机构、网贷机构等授信机构提供决策辅助服务，应用于消费贷、创业贷、产业链借贷等细分场景。在租赁方面，因部分人员信用意识不强，经常发生共享单车被毁坏的事件，而专业信用服务机构将为租赁机构提供信用服务，筛选出信用状况良好的用户。在生活服务方面，信用服务将被应用于机票预订、婚介中心、求职招聘、慈善机构、零售赊销等生活平台，甚至物联网普及之后，信用服务在数据采集端有更大的进步，能围绕生活提供更多应用场景。在行业诚信方面，企业在日常经营的时候，无法避免赊销、借贷行为，企业间、行业间都面临信息壁垒的问题，信用服务机构能提供产业黑名单、信用招标投资等服务。

2004 年，中国人民银行准备设立全国个人征信系统，这也是首个全国集中统一的个人信用评估系统。2004 年底，已有的个人信用信息系统有 15 个为全国商业银行所有，其余的 8 个为地方商业银行所有，分别分布于 7 个城市。2005 年全国个人征信系统已建设完成，并且部分农村信用社与全国的商业银行可与信用系统进行联网运行。个人征信系统的成功建设使我国征信行业向前迈了一大步，这意味着我国的信用信息基础设施与金融基础设施正在逐步走向更完善更健全的方向。

个人信用信息系统信息数据的采集不仅覆盖了个人贷款、信用卡、担保等信贷数据，也在逐步覆盖个人住房公积金缴存信息、社保购买及下发的数据、车辆买卖、租赁抵押数据、税收数据、通信信息、个人低保救助信息和奖惩信息等各类型的公共信息。个人信用报告是个人信用信息系统提供的核心基础产品。在我国，个人信用报告可根据服务对象与使用目的分为四类：个人信用报告银行版和银行异议版，主要为以银行为代表的授信机构服务；个人版和个人明细版主要满足消费者本人查询需求；社会版主要为其他社会主体服务；征信中心版主要供征信系统管理使用。个人信用报告的具体明细为：报告头、基本信息、个人信贷交易记录、公共信息、声明信息、查询记录和报告说明。不同版本的信用报告对上述内容各有侧重。此外，还推出了一些个人信息基础产品，如上述的个人信用信息概要等；还有一些增值产品，主要侧重于个人重要信息与个人信用报告数字解读等数据。

从 2014 年中期的统计数据可知，中国人民银行征信系统是国内最全面的征信数据库，收录信息的自然人数量达 8.6 亿、企业及其他组织约两千多万户。中国人民银行的个人标准信用信息基础数据库不断更新的方式与渠道主要有两种：首先，信用信息基础数据库会自动搜集客户的个人信息，这种信息是通过客户办理相关信用业务的时候自动上报实现的；其次，与政府和事业单位的系统对接来搜集信用信息，这种信息是通过公民在公安机关、劳动保障机构办理非银行信用业务时自动上报实现的。总体来看，银行的信贷信息是信用基础数据库建立的核心数据，包括两大部分，分别是公共信息数据，如社保、公积金、税收、环保和民事裁决等信息；与放贷机构来往数据，如农村信用社、信托企业、财务公司、商业银行与贷款公司等信息。

下文将对我国的个人征信机构进行详细叙述。各个信用机构在数据技术与客户业务理解能力等方面各有所长，我们根据披露的信息将我国首批八家个人征信机构分为三大类。

第一类是经典类征信机构，代表企业有鹏元、中诚信、中智诚三家机构。这些企业主要是学习了境外成熟的市场个人征信行业的经典理念，从自身的业务需求出发，逐步扎根于金融领域。其主要服务范围有金融反欺诈、个人信贷及个人信贷衍生物等，数据主要采用传统的征信数据、特色行业数据以及区域或公共数据等，采用的技术都为传统经典且成熟的大数据模型和技术。虽然这些企业或机构还未采用大规模的多源异构数据与一些先进的创新技术，但是相比于其他从业者，它们已经在信用领域进行了相当深入的研究与探索。此外，尽管这些征信机构都拥有良好的行业口碑与绩效，但其定位也导致了一些问题。它们是完全独立的第三方，因此不能够获得更直接、更广泛的数据源，其覆盖的人群存在局限性，在数据和系统能力以及应用场景建设等方面存在发展约束。

第二类是新创生态聚合类征信企业或机构，代表性的企业有芝麻信用、腾讯征信、前海征信等。这些企业在三个层面上看与其他企业或机构均有不同。首先是数据情况。这类公司除了传统征信数据以外，还搜集了大量的多源异构数据，比如支付数据、社交收据、互联网电商数据、电信服务或公共服务数据等各类数据。其次是信用评价所采用的技术。这类公司利用了大数据技术、机器学习或数据挖掘等技术对传统的经典征信模型进行了改进，使得信用系统模型得到很大程度的完善。最后是产品的应用场景。这类企业不仅对金融领域的应用进行研究，而且更加注重一些非金融领域应用的开发与创新，研究并探索传统信贷应用与创新生活场景兼顾应用的发展。

第三类是拥有数据资源的新兴公司，包括拉卡拉和华道征信。拉卡拉信用管理有限公司由拉卡拉网络技术有限公司以及蓝色光标、拓尔思、梅泰诺和旋极信息四家上市公司共同设立。公司涉足个人和企业电子支付、小贷、保理、P2P（点对点）交易平台、O2O（线上对线下）社区电商平台等多个领域，支付交易额超 1.8 万亿元，拥有近 1 亿个人用户和超过 300 万企业用户，并与中国银联等上百家金融机构建立了战略合作伙伴关系。目前，华道征信已与多家P2P 贷款平台、小额贷款公司及部分城市商业银行建立了同业征信联盟，共享借款人的负面信息。

2.2.3.2　中国个人信用信息系统建设实例

蚂蚁金服是中国个人信用信息系统的一个典型案例，也是中国现阶段较大的个人信用信息系统之一。蚂蚁金服的数据库十分丰富，该企业的数据库与资金流动性是其他普通银行征信系统无法企及的，其利用大数据对用户进行信用评级。芝麻信用是阿里巴巴的征信机构产品之一，其利用"芝麻信用分"来衡量个人的信用水平。到目前为止，"芝麻信用分"是通过计算五大类目数据得出的，这五大类目分别为个体的信用历史、行为偏好、是否信守约定、个体身份以及人脉网络。在模型上，该企业学习 FICO（美国个人消费信用评估公司）的评分模式，评分主要依据阿里巴巴企业网站上人们产生的交易行为数据与个人信息。阿里巴巴是中国较大的电商之一，拥有庞大的用户网上数据，这些数据包括电商数据、支付宝的交易数据以及用户留下的其他网上行为数据等。另外，除了网上数据外，还有公共机构和相关合作机构所拥有的数据，比如公安、工商（市场监管）、金融管理数据，学历学籍管理等政府部门的数据。不仅如此，阿里巴巴的服务产品已经深入人民生活各个场景，因此可以轻易地将派生的生活场景电子结算化，比如芝麻信用评分可以纳入水电和煤气等缴费数据或公用事业单位数据作为评分属性，这样，芝麻信用评分的数据来源多元化，评分更加准确便捷。所以综合该企业的特点，可以认为它在数据的积累上有着巨大的优势，也具有强大的垄断性。该企业涵盖数据十分广泛，如银行卡与支付宝交易数据、还款数据、网购转账、理财、租房信息、社交关系等。该企业具体操作为，蚂蚁金服企业通过兄弟企业阿里巴巴集团一系列公司、支付宝等平台进行数据搜集，采集的信息包括个体自身注册时认证的基本内容、个体交易记录、个体交互行为、卖家销售数据、银行流水与一些公共服务信息等。采集数据后就进行定量分析，分析汇总后进入模型进行信用评估，评估用户的还款意愿与还款能力，之后可以为用户提供一些相应的服务，如现金分期还款服务或快速授信服务。不仅如此，该类企业还囊括了许多生活消费场景的信用应用。因此，芝麻信用分已被应用在租房、租车、签证、酒店等诸多生活消费场景中。

蚂蚁金服的大数据业务体系主要为数据化运营、业务安全、智能客服、生活服务、信用、保险理财等。芝麻信用是首批被中国人民银行允许涉足个人征信领域的8家机构之一。芝麻信用具有独立性，其具体分为主体、系统、数据、人员、组织架构、其他等，能够有效保证公司的独立性以及与关联公司间进行有效隔离。其优势在于数据、产品、场景以及打造信用闭环。截至2018年4月底，该公司数据涵盖6.2亿以上实名用户；管理人民币资金2.2万亿元；数据源量巨大，拥有超强云计算能力，实时并稳定；能够提升审批率30%以上，降低坏账率约25%，节约人工成本10%左右；提供生活、金融、政府服务的全场景服务，200家以上合作机构，其中80家以上金融机构；累计授信人数1 000万以上，累计授信额度280亿元以上；由于信用信息的披露与惩罚机制相辅相成，使得违约行为被提高了成本，可以直接提升还款率。芝麻信用的数据来源广泛，维度众多，不仅涉及企业内的数据，还有其他合作企业或政府信息数据等。信息广谱多维，传统信贷数据与互联网数据，有成千上万个特征。数据实时鲜活，实时互动，线上和线下融合，场景数据具象化。采集方法多元，并有政府合作、商业合作与业务反馈。芝麻信用的产品和服务有多个，应用范围也有所不同，比如芝麻信用分、芝麻信用报告、芝麻信用评级、芝麻信用认证、风险名单库等信用产品。

芝麻个人信用系统具体结构为个人信息数据的验证、各行业的重点关注名单以及反欺诈技术；最后进行贷中预警、失联信息修复、负面信息服务。芝麻评分是芝麻信用企业旗下的信用服务产品，其主要内容是根据个人的行为与数据进行信用评分，分数范围值为350分到950分，高的分数代表高信用低风险。信用评分模型以信用记录、违约记录、偏好属性、个体信息、人脉网络等5类数据作为芝麻信用分评分卡的基础，再进行分群调整后得出最终的芝麻信用分。

如今，社交网络所产生的数据是十分庞大的，也是十分有价值的。根据社交平台建立信用系统的企业在我国并不是很多，最具有代表性且规模最大的信用机构是腾讯征信，该企业是根据同集团的腾讯社交软件发展而来的。因为它们拥有海量的互联网数据，拥有近 8 亿多活跃社交用户，数据资源优势明显。其中，QQ 通信的月用户就能够达到 8 亿以上，微信通信的月用户达到 5 亿以上，在门户及娱乐等领域都有大量用户，投资、理财等金融领域及生活等领域也有大规模用户。其信用产品众多，分别分布于金融产品的应用、商务产品的应用、生活产品的应用及风险预警应用等。腾讯互联网征信服务对象主要有两类，分别是金融机构和普通用户。互联网征信服务从金融机构的角度来看主要是降低金融风险；而普通用户反过来可以通过互联网征信服务获得更多的金融服务，这是由于互联网征信系统帮助他们建立了一套完整的个人信用报告，可以被用于多类服务场景。可以看出它与中国人民银行征信体系或政府信用机构有着较大的区别，腾讯信用服务主要是基于社交网络的。腾讯企业的众多产品可获得大量的社交网络信息，如 QQ、微信、财付通、QQ 空间、腾讯网、QQ 邮箱等腾讯产品。这些产品数据包含登录行为、在线时长、虚拟财产、支付频率、购物习惯、社交行为等，利用其大数据平台 TDBank（腾讯数字银行），在不同数据源中，采集并处理包括实时通信、SNS（社交网络服务）、电商交易、消费行为、关系网、游戏与媒体行为等数据。它使用的模型与方法为统计学与机器学习等，根据模型计算出用户信用得分，在此之后即可获取个人信用报告。在中国人民银行的信用数据库中，也有不少人不存在信用数据信息或信用数据信息很少，而在腾讯企业的产品中存有不少有价值的且唯一的数据信息。所以说腾讯企业能够利用数据挖掘技术及机器学习技术预测用户信用与风险表现，最终为每个用户建立信用评分。腾讯的信用评分主要以星级的方式展现，最高 7 颗星，用星级来直接反映用户现在的信用水平。星级的多少是通过信用评分模型评估得出的，星级越多代表信用水平越高。该企业的做法是，信用的评估分数根据个体自身的财富状况、交易情况、安全、履约行为这四大类目综合得到。每一指数的变化都会影响信用星级评分，大致分为 4 个等级，分别为"优秀、良好、中等、一般"，评分越高，代表用户的信用越好，并且可以根据不同用户的信用情况来给出不同的信用特权。腾讯信用在大量的社交数据基础上，使用自主研发的评估模型并且利用大数据技术，不仅能够构建数亿用户的画像，还能够提高商业机构的风险防范能力，挖掘发现一些有价值的用户。该企业与其他企业相比有着巨大的优势，因为旗下的微信公司拥有强大的用户活跃度与垄断性的社交关系平台，并且能够对生活各个场景完成深度嵌入。虽然该企业的交易数据不足，与阿里集团有着明显差距，但是其用户有着超强活跃度与强大的爆发能力，不仅如此，微信支付也已成为人们常用的支付方式之一，所以相信腾讯企业的信用平台能够得到进一步的提升。

另外一个信用信息服务企业为前海征信。前海征信是中国平安集团全资子公司，是平安集团综合金融战略的重要一环。中国平安为全牌照巨型金融集团，拥有近30年金融风控经验，提供金融级信息安全保障。其数据资源优势为平安集团自身亿级金融客户、数亿互联网用户数据；此外，还与银行、消费金融、P2P等外部机构等合作，增加了更多的金融数据。其中，60%是传统金融数据，40%是互联网新型数据。该机构信用产品有四大类：反欺诈产品、信用风险产品、数据开放产品、综合报告。其覆盖贷前、贷中、贷后全流程，可在租赁、借贷、购物、酒店、餐饮、交通、公益事业等多个领域场景下使用；明星产品如好信分、好信盔甲、好信常贷客；合作金融机构客户近2 000家，查询量过亿。其信用产品有个人信用报告、"鹏元800"个人信用综合评价、信用卡风险评分、小额贷款风险评分、申请欺诈评分、催收评分、中小企业小额贷款申请评分。中诚信之前被称为中国诚信信用管理股份有限公司，于2005年正式注册成立。该企业的数据库是利用自己独立的人民征信数据与电子商务数据建立的。个人信用评分、个人信用报告、个人信用信息认证、互联网征信联盟、互联网大数据征信整体解决方案是该企业的主要信用产品。中智诚企业是民营的第三方征信公司，该企业的个人征信评分内容包含信贷偿还记录、是否欠款及额度、信用等级、个人账户数量、已用时间、新申请账户、近期信用查询次数等。其信用产品有个人信用评估服务、反欺诈相关服务、全国公民身份信息认证服务、征信监控服务。考拉征信的用户已超过8 000万，服务用户已超过8亿人，全国约300个城市运营，其中超过50万商户、80%以上社区已经被覆盖。其信用产品有考拉信用分与考拉商户分。华道征信由银之杰、北京创恒鼎盛、清控三联、新奥资本持股，比例分别为40%、30%、15%、15%。亿美软通为超过45万家企业提供移动数据采集，覆盖5亿多手机用户，其信用产品有同业征信联盟，共享黑名单、华道租房信用报告、华道个人信用报告。

中国个人信用信息系统的另一个案例是算话征信有限公司。它成立于2014年，是提供风险管理控制方面服务的专业性企业，公司的主要员工是个人信用、数据分析与风险管控这方面的人才，主要内容是关注信用评级的模型及原理、信用信息系统先进的标准使用模型、防欺诈的申请与防范早期风险、互通债务等不良信息共享等范围。公司为客户提供完善的风险评估与风险管理防范的服务产品，并根据风险或信用问题提供解决方案，这大大降低了单位企业合作的坏账率。该公司的信用信息系统平台分别有债务信息共享平台、征信分、智能风控服务平台、算话反欺诈云、算话速查这几个模块。债务信息共享平台面向金融、网贷、个人融资租赁等零售信贷机构提供信用信息共享服务；征信分基于算话征信的跨机构信贷数据、外部数据，开发个人征信分，帮助机构控制审批阶段的风险；智能风控服务平台利用算话多年实战风险防控经验，结合算话独特征信数据资源，帮助有意开展线上信贷业务的机构快速孵化风控能力；算话反欺诈云面向全信贷行业提供服务，利用神经网络等深度学习算法，实现多维度布控，高效识别集中攻击欺诈行为和早期风险特征；算话速查支持贷款客户风控常用数据在客户授权下的实时抓取与后台数据推送，API（应用程序编程接口）、H5（呈现形式）、SDK（软件开发工具包）完美解决各种信贷场景的快速部署。信用信息系统的主要核心在于利用算法或技术进行信用评估，因此，高效且准确的算法或模型在信用信息系统中至关重要。而欺诈行为也愈加复杂，为此，算话征信凭借前沿技术提供了专业解决方案。近年来，线上贷款申请量迅速上升，欺诈团伙作案成本逐渐降低，代办中介被批量攻击的情况日趋严重，信贷机构面临多重挑战。该公司的解决方案是利用底层数据进行反欺诈运用。底层数据有跨机构完整客户申请数据、互联网行为数据、设备数据；团伙欺诈预警通过发掘出申请人在 7 天或 30 天内的多机构申请情况，以此评估该申请人的还款能力以及还款意愿。多头借贷评估提供包括 IOS（苹果手机操作系统）及 APP（手机应用程序）客户端的设备指纹应用，涵盖了全场景（借款、注册、登录）的解决方案，基于海量数据和知识图谱，可以有效识别设备中介、设备异常、设备多次申请等欺诈情况。关系网络洞察通过构建客户关系网络，划分业务类型之后，基于策略驱动原理，同时在部分分支结合随机森林、逻辑回归等算法来得到相应的欺诈分数以及欺诈评级。该公司的算法领先，如机器学习算法、知识图谱等；技术前沿，有设备指纹、自然语言处理、互联网行为探针、亿级关系节点、LBS（手机定位相关服务）信息挖掘、毫秒级响应等；并与多方合作。算话反欺诈云服务上线以来，已为 200 余家合作机构每日处理超过百万次欺诈侦测，为客户防堵潜在欺诈损失超过亿元。算话反欺诈云服务已经被广泛应用于信用卡、消费分期、传统线下信用贷款、线上现金贷、车贷及互联网保险等领域。算话征信的债务信息共享平台对构建信用共享体系有很好的启示作用。大数据种类多样且复杂，短期难以获得有效的方法来完善各类数据共享方式，不仅建立仅包含基础数据和债务数据的数据共享平台，基础征信系统完善之后还要再寻求方式接入其他互联网信用服务机构。互惠与公平是推动债务信息共享平台发展的动力，共享机制必须保障授信机构不会因为数据共享而损失已有客户，所以推动权益对等也是发展共享平台的必要因素。从西方征信机构的发展史来看，都是中小型授信机构率先建立信息共享模式，最后再倒逼大型授信机构参与，数据孤岛一般只存在于行业发展的探索期，这同样适用于中国现在的诸多市场。

在深度挖掘违约率关联数据、专注风控服务上，天翼征信甜橙信用公司也做得较好。甜橙信用机构提供专业的企业征信和个人大数据风控服务。中国使用手机设备的约有14亿人，且已实现实名制，天翼征信结合通信数据与大数据分析，提供了一系列具有特色的风控产品，并在2015年荣获"年度互联网金融创新奖"。其产品有企业征信、甜橙欺诈盾、身份核验产品、个人通信评分。甜橙欺诈盾主要有账户风险评估、营销风险评估、环境风险评估，身份核验产品中八大核心要素校验能力全面覆盖，产品个性化组合可定制，涵盖运营商认证、银行要素认证等子产品。个人通信评分针对互联网金融、持牌类消费金融、银行等小微小额信贷业务提供深度内嵌业务场景的定制化风控服务。天翼征信提供多种解决方案，有效降低电商、金融流程中的欺诈风险。

闪银APP提供便民信用服务，用户黏性持续增大。闪银APP依托大数据分析，对信贷申请者提交的信息进行识别，并进行在线评分，用户3分钟即可完成评估，得到信用额度。额度可以提现、分期消费，令原本没有传统金融机构信用服务覆盖的"信用白丁"得到信用服务，并为之提供信用档案和信用商城服务。闪银APP信用档案中个人可以查中国人民银行征信报告、社保、公积金及全国法院被执行人信息等；同时接入多个便民查询入口。闪贷提供借贷、信用卡等服务；申请流程简单，无须抵押和担保，只要信用分达到要求，就能轻松贷款。信用商城凭借闪银个人信用档案在投资理财、保险、衣食住行等场景中可享受不同程度的优惠，以体现"守信激励"。

从上述的个人信用信息系统中，我们可以总结出新兴的信用信息系统的一些特点：①数据采集内容和范围将进一步拓宽。其中包括扩充了信息采集内容。在互联网金融征信中，传统的信用数据（银行信贷数据）的运用比重仅占到40%，甚至有机构完全不用传统的信贷信用数据进行风险评估。如美国的ZestFinance公司仅将借款人的交纳房租交易、典当行交易、网络公开或私密数据、该个体的行为习惯信息、在ZestFinance网站停留时间等极边缘的信息作为信用等级评价的考量因素。边缘数据有相当大的价值，能够从中挖掘出不少有用的信息。边缘数据更能够反映一些用户的特征，如消费特征与习惯，进而从中挖掘出用户的财务状况，能够作为征信体系的强力补充，弥补传统征信数据的不足。②增加了对动态信息、非结构化信息的采集。传统征信体系中的数据往往是定期更新的静态数据，而在如今的竞争市场中，互联网上信息日新月异，静态的数据明显已经不能满足当前的环境需要。在互联网技术背景下，征信机构采集数据具有较强的实时性，不仅采集结构化数据，而且还对图片、视频、音频等非结构化数据进行采集和处理。并且对信息的存储、处理和加工更加深层次、更加细致。海量的多源异构数据包含更多的信息，先进的、自动化的模型与方法可以使得信用信息系统发生质的飞跃，这样的进步使得用户的信用状况能够被更加真实地反映出来。

在数据存储方面，传统的征信机构存储征信数据的方式十分单一，仅仅利用建立数据库的方式进行。而互联网技术则有所不同，运用该技术令征信机构或企业有能力整合服务器、网络等，并且该技术高效便捷，能够实时采集数据、实时分析数据和进行实时服务，这是传统征信机构很难做到的。

在数据处理方面，利用大数据技术和云计算技术，互联网企业能够从中挖掘出不同的大量数据的关联性，挖掘出有价值的信用信息，最后有效地为征信机构提供丰富的数据信息。而由于社会与科技的发展，数据量越来越大，维度也越来越广，模型也需要不断优化，使得大数据技术或云计算技术成为打破信用信息系统发展瓶颈的关键手段。

在产品加工或分析方面，可对从互联网上采集的海量征信数据进行进一步的深化挖掘和深度分析。为了满足客户各种各样的需求，就需要根据不同的需求研发出不同的征信产品，征信产品的种类就会更加丰富，产品更加个性化。

2.2.4　我国企业信用信息系统建设现状

2.2.4.1　我国企业信用信息系统建设现状概述

企业征信系统最早起源于中国人民银行 1997 年建设的银行信贷登记咨询系统。该系统在 1999 年实现以城市为单位的联网查询，在 2000 年实现以省份为单位的联网查询，在 2002 年实现全国联网查询。该系统以地市、省份、总行三级分布式数据库联网运行为特征，在企业征信领域发挥了重要作用。2004年，中国人民银行筹划建设全国统一的企业征信系统，该系统计划囊括全国337 个城市的三级分布式数据库，标志着信贷登记咨询系统的跨越式升级，实现数据在全国的大集中，统一对外提供服务。到 2005 年，随着信息技术应用水平的提升，中国人民银行正式启动面向全国的企业信用信息基础数据库，实现了信贷登记咨询系统的升级改造；同年 12 月 15 日，该数据库在浙江、福建、上海以及天津等省市试运营。2006 年，该数据库开始正式联网运营，仅仅半年就覆盖了全国范围内所有有条件的商业银行以及信用社，并且实现了全国范围内与银行信贷登记咨询系统的切换工作。企业征信系统在功能和效率上比银行信贷登记咨询系统有了大幅提高。

企业信用信息系统数据库包含的数据项众多，公开信息显示，数据项多达200多个，主要来源于金融机构的对公授信业务以及与之相关的其他业务。其中，对公授信业务主要是信贷业务，如贷款、保函、保理、贸易融资、银行承兑汇票等数据项，其他相关业务包括担保、资产处置、保险等数据项。

大部分个人和企业的信用评估内容都可以在银行或者合法合规的信用机构中查询到。

2.2.4.2 我国企业信用信息系统建设实例

企业也在积极开展信用信息系统建设工作，比较有代表性的是芝麻信用推出的"灵芝"企业征信系统，其目的是让小微企业信息更加透明。通过链接银行和小微企业，该企业的"灵芝"系统从五大方面对小微企业进行全面的信息监控。企业的数据来源于司法、海关、工商（市场监管）以及运营商等官方机构以及芝麻信用母公司的网上商城、支付软件等信用数据。芝麻企业信用评分应用较为广泛。具体系统结构为获取用户企业基本信息，企业关注名单；审核芝麻企业信用评分，企业深度信息，企业风险云图；最后进行贷中监控。企业征信产品体系众多，大致有信用评估报告、风险云图报告、"老赖"名单或关注名单、风险实时监控等内容。这些信用服务产品都有各自的特点，根据每种不同的产品进行不同的信用服务，因此所用数据来源以及技术模型都有所不同。这些信用产品可以满足客户不同的需求，能够使得客户对企业有全方位的了解与认识，正确评估企业的信用。

芝麻企业信用的信用产品获得了较好的效果，基本能够准确识别风险用户，并且可以有效地区分信用优良的主体与信用风险高的主体，为银行等金融机构提供了高价值的参考数据，并且有效降低了该类机构的违约率及成本。芝麻信用评分的创新方法有逻辑回归、梯度提升决策树、随机森林、神经网络等。不仅如此，芝麻信用评分的核心分处理技术也利用到了深度神经网络算法；创新技术有分群调整技术、增量学习技术、平滑处理技术等，用于处理增量信息、处理稀疏信息、高效更新评分、提高用户体验等。

传统征信系统与现代互联网大数据征信系统有一定的区别。传统征信系统以财务数据为核心的小数据定向征信，来源于授信机构、供应链或交易对手；其产品服务方面，产品种类少、即时性较差、获取不够便利；技术方法为单维度搜集整理、人工为主，分析以财务数据风控为核心；企业应用场景较少，个人应用非常少。而现代互联网大数据征信系统是非定向的全网获取，数据海量化、维度广；其产品更为丰富，提供更为即时、有效，能够获取更多便利；其技术方法为多维度分析、互联网大数据分析；应用场景更加广泛，用户更加多元，需求也更加多元。

我国相对较大较为权威的企业信用信息系统是 11315 中国企业征信系统，建立于 2004 年。该系统包含企业营运、政府及公共部门的监督管理、媒体机构的评论报道、银行信用贷款、行业的评估和鉴定以及市场的反应和回馈等六大类信息。该企业征信系统汇集了全国范围各种类别的监管信息，为各个省、市、州、县各个级别政府提供信息发布渠道。通过政府及公共部门将企业信用信息进行评估与分类，并且将其信息免费公开，为大众提供官方的企业信用评估，这就是公开在线征信平台。

从用途上来看，该平台的信用系统可以作为消费者维权的有力保障。自消费者实名制实施以来，企业的信用信息也处于公众的监督之下。这样的做法能够为企业与消费者建立专门的在线沟通渠道。不论是企业为树立良好的社会形象，还是迫于信用评价的压力，或是从履行社会责任的角度来看，信用信息的公开都驱使企业为解决纠纷做出积极的努力，从而使得相关的纠纷得到妥善解决。除了保证消费者维权以外，该系统还可以为企业进行信用评级，其中，消费者实名的评价、投诉以及纠纷都能够影响到相关机构对系统中企业信用状况的评级，这种企业的信用评级是动态的机制，根据一定的信用评价规则，对相关评价进行科学合理的计算，最终得出企业实时的信用现状。

几百家分支机构历经 10 年的信用信息采集、加工、录入，该系统已经成为全国最大的企业信用信息平台，包含全国范围内超过两千万家企业的信用数据，数据的时间跨度最长达 8 年，总数据量超过 1 亿条。该系统包含的六大不同类型的信息（企业营运、政府及公共部门的监督管理、媒体机构的评论报道、银行信用贷款、行业的评估和鉴定以及市场的反应和回馈）。其中，企业营运信息主要是企业层面的信息，包括财务和企业评估信息；政府及公共部门的监督管理主要是政府作为主体针对企业产生的某种互动的信息，比如为企业提供的经营资质鉴定、对企业进行的行政奖赏和处罚、许可企业注册的商标、专利以及软件著作权等信息；媒体机构的评论报道信息包括媒体机构对企业信用方面的报道和评价的信息；银行信用贷款信息包括中国人民银行、各商业银行以及其他贷款金融机构的信用贷款评价信息；行业的评估和鉴定信息包括每个行业专有的行业协会等组织对企业的相关评价信息；市场的反应和回馈信息主要包括实名制下的消费者以及其他利益相关者对企业产品的反馈和评价信息。

该数据库收录了国内大部分企业的信息，同时还收录了部分境外跨国大型企业的信息。该数据库的数据十分庞大，该系统的使用体验也广受好评。得益于先进的数据检索技术，该数据库的信息搜索延迟可以达到毫秒级。关于数据库企业的真实性，可以从三个方面来进行保证。首先，从企业的角度来看，该数据库为企业提供档案管理系统，企业可以上传本企业的信用信息，在通过平台工作人员的审查和证实后，逐条录入数据库，这样可以不断丰富和完善企业的信用信息。其次，为保证企业信息真实有效，该系统从企业信息录入时就录入每一条信息的记录，而且，每一条记录都是联网公开的，随时接受公众的公开督察，以保护企业的正当利益。最后，从平台的审查方面来看，数据库中的信息会有专门的信用工作人员进行维护，对于没有认领的企业信息进行删除，而对于已经认领的企业信息，工作人员只能进行检查和监督，修改和其他权限保留给相关的企业。

为准确地识别每一条企业信用信息，该系统引入了智能识别搜索引擎。该搜索引擎的引入，使得信用信息的准确性得到大大提升。对于企业的信用信息，该引擎能够为用户提供更好的信用信息识别和判断的依据。比如用户在搜索某个企业的时候，如果企业的所有产品和服务都是合格的，即没有发现不良或者不合格的产品和服务，则该企业为守信企业，反之则为失信企业。对于用户的评价信息，智能识别搜索引擎会对用户的评价进行分类，如将用户的评价信息归为"产品质量"相关的评价、"售后服务"相关的评价或者是"纠纷"相关的评价，以此为企业的经营和管理提供借鉴和参考。

目前，我国的民间企业信用信息系统也得到了较大力度的发展，信用机制已经在中国逐渐成熟并且发挥着与日俱增的作用。

2.2.5　我国政务信用信息系统建设现状
——以成都市信用信息系统建设为例

政府部门信用信息的共享、总结和应用是我国健全社会信用体系的重要环节。政务信息是利用一定形式记录并保存的文件资料或数据的信息资源，在履行职责过程中制作或获取，这些信息资源，包含了政务部门直接采集的或第三方采集或依法授权管理的政务信息资源等。目前，由国家发展和改革委员会、中国人民银行会同各部门机构与各地区建设了全国统一的信用信息共享交换平台。信息共享交换平台是开展信用信息互联互通、归纳整理信用信息的基础，并且该平台也对我国社会信用信息系统的建设起着至关重要的作用。政务信用信息系统是政务征信的核心与实现手段。

政务征信信息系统建设是我国独有的一种信用模式，这是其他国家所没有的。因为我国公共信用信息数据量十分巨大，而地方政府又是我国社会信用系统建设的主要承担者，所以必须加强地方公共联合征信系统建设，这是我国社会征信体系建设的重要基础。我国政务征信系统的发展大致可分为：公共征信平台与数据库的搭建期（1999—2003 年）、征信互联互通与共享的推进期（2004—2007 年）、全面推进期（2008—2011 年）、提速发展期（2012 年至今）。

为了加快各部门或各系统间的数据资源共享交换并实现系统的互联互通，需要通过互联网数据技术打破条块分割、数据割裂等缺陷。2015 年 2 月，国家信息中心在电子政务外网上搭建并开通了信用信息共享交换网站，实现了10 余个部门通过平台发布信用信息共享目录或文件。为了使社会成员都能够了解我国社会信用体系建设工作动态、信用知识及法律法规等，"信用中国"网站已于 2015 年 6 月 1 日上线运行，方便了公众使用和查询信用信息等。不久后，统一的信用信息共享系统正式运行，提供了极大的便利，系统的运营使得相关机构能够高效获取相关的信用信息数据，也为今后的信用信息技术的发展提供了支撑。

全国信用信息共享平台主要有三个功能，分别为交换功能、查询功能和基于共享平台开发的一个专门用于实施奖惩机制的功能。交换功能指的是通过平台实现部门机构之间的信用信息共享互通。查询功能指的是将各个不同地方、不同机构或部门的信用数据予以采集整合后，进行数据清洗等预处理，将处理后的数据纳入该个体名下，那么征信报告的生成就可通过平台系统根据需要进行，查询该个体或主体的征信报告与基本情况就能通过访问该系统完成。在此基础上还能够建设奖惩机制功能，根据守信则联合激励、失信则联合惩戒的标准，进行开发研究，最终形成一个专用于信用奖惩机制的平台。通过该平台实施奖惩的相关机制或条例，可以引发全社会的广泛关注。截至 2016 年 9 月初，全国信用信息共享平台已归集公共信用信息近 5 亿条，这些信息内容包含范围广、真实度高，为我国信用体系建设奠定了基础。

政府公共信息平台与中国人民银行征信系统具有各自的特点与作用。在内涵维度上，政府公共信息平台是政府依法为履行职责而进行的信息整理、保存和公布；而中国人民银行征信系统则对信用信息予以采集、整理、保存、加工，并对外提供。在数据方面，政府公共信息平台是行政管理中的四类信息。这四类分别是主体登记类、行政许可和行政执法类、信息主体履行法定义务类和司法类四大类。中国人民银行征信系统则以信用商品（金融信用和商业信用）在金融市场和商品市场价值实现过程中形成的合同履约信息为主，政府信息公开中有关的泛信用信息为辅。在系统方面，政府公共信息平台是公共信息系统，即行政管理信息系统和跨部门公共信息平台；中国人民银行征信系统是征信系统，含金融征信和商业征信。在产品方面，政府公共信息平台是信息报告，依法共享、对外统一公开；中国人民银行征信系统是信用报告，仅向特定对象和共享用户开放。在作用层面，政府公共信息平台为政府和利益相关方提供信息支持；中国人民银行征信系统是一种激励约束机制。在属性方面，政府公共信息平台是政府行为，服务于政府监管和市场交易；中国人民银行征信系统是征信机构市场行为，服务于金融市场。

随着"互联网+"时代的到来和社会的快速发展，成都市的社会治理数据将越来越庞大，应利用云计算和大数据技术，适时建立统一的公共信用信息平台。一是继续完善成都市企业信用信息系统、公民信用信息管理系统和金融信用信息系统，加强重点领域和关键环节信用信息系统建设，督促各个部门做好信用数据的报送工作。二是在此基础上，整合成都市的行政数据和企业数据，尽快推动建立基于云架构和大数据技术的全市统一的公共信用信息管理系统，目的是使得各单位各机构之间可以进行有效的信息共享与互通。三是运用大数据技术深入挖掘政府信息资源，用大数据驱动社会治理，实现社会管理和服务机制的创新，提高政府工作效率和服务水平。四是通过搭建大数据信用社会管理平台，建设大数据信用监管体系，了解区域内各行业的信用情况及变化，并在此基础上，提供信用融资、风险监控、金融监管等延伸服务。

根据现代社会的发展，成都市信用信息系统的建设也在不断进步。近几年来，成都市在市委、市政府的统一部署下，按照"法规先行、搭建平台、逐步完善"的建设思路，积极结合实际探索创新，推进社会信用体系建设，取得了一定的成效。其主要表现在以下几个方面：

（1）持续完善工作机制。成都市于2004年建立了成都市企业信用信息管理中心，主要任务是根据需要对企业信用信息系统进行完善。2011年，成都市成立了工作领导小组，该领导小组所负责的主要任务是对公民信息管理系统进行完善，并且负责协调促进建设并完善公民信息管理系统。2015年，成立了成都市社会信用体系建设领导小组，目的是加强全市社会信用体系建设，并进行组织领导。

（2）建立健全制度体系。一是加强顶层设计，明确成都市社会信用体系建设的基本原则、目标任务、关键环节与时间步骤。二是出台一系列规范文件。这些文件分别为《成都市企业信用信息目录（2017版）》《成都市公共信用信息管理暂行办法》等。上述文件已为成都市信用信息的具体内容做出规定，比如规定信息数据的采集、处理与公布、合法合理使用等。

（3）有序推进公共信用信息系统建设。一是初步建设成都市公共信用信息平台。运用"大数据"思维，基于成都市已有的公民信息管理系统和各部门数据交换机制、政务信息资源共享交换平台、企业信用信息系统，结合"互联网+"和大数据应用，建立并完善规范、公开、透明的公共信用信息系统。目前，已采集了成都市 50 个部门及相关机构的信用数据，这中间有 33 个单位可实现自动采集交换，还能与全国企业信用信息公示系统自动对接，归集企业经营异常名录等信息，同时实现向"信用中国"报送行政许可、行政处罚信息。截至 2016 年底，共搜集了成都市 240 余万户法人主体 4 000 万条左右和 41 304 条重点人群的信用数据。二是成都市公民信息管理系统逐步完善。成都市公民信息管理系统由大数据与电子政务办公室负责管理。目前，成都市已经建立了全国首家以公民信息数据为核心的大数据综合平台，搜集公民信息数据 5.4 亿条，大数据应用服务领先于其他城市，支撑 12 家单位业务协同应用，共享数据 2 300 多万条。三是建立有关政府投资项目的监管网络、房地产行业专业的信用信息管理系统、市建设领域市场主体及从业人员信用管理系统、食品行业信用信息管理系统等具体行业的信用信息平台，包含的范围与领域应该广泛且具体，如工业、金融、建设、电子信息、卫生医疗等。

（4）强化信用信息应用。一是运用"互联网+"的思维，建立"成都信用网"，为社会公众提供信用信息查询。目前，"成都信用网"日均访问量达 1.2 万余次，移动微门户、微信和手机 App 查询量 44 万余次，为推进社会信用体系建设提供了有力支撑，也是金融信用信息基础数据库。二是中国人民银行成都分行不断完善金融信用基础数据库，并落实使用信用信息系统，为成都市企业、个人和政府部门提供征信服务。2016 年，成都市全辖 26 个征信对外查询网点累计对社会公众提供个人征信查询服务 53 万余人次。三是在行政管理和公共服务领域大力推进信用产品和信用服务的应用。成都市率先在"西部地区鼓励类产业确认""企业产品质量认定"等政府部门履行行政审批和公共服务职能的办事流程中嵌入了信用承诺。成都市旅游局、国税局、原地税局、卫计委等 10 多家部门在各自行业领域设立了信用监管指标体系，实施信用分类监管。

（5）全面推进联合奖惩机制建设。一是推进重点领域联合奖惩制度建设，出台了《成都市社会信用体系建设领导小组关于印发〈成都市关于对重大税收违法案件当事人实施联合惩戒措施的合作备忘录〉〈成都市关于对纳税信用 A 级纳税人实施联合激励措施的合作备忘录〉的通知》《成都市司法、税务领域信用联合奖惩合作备忘录》等文件，在司法、税务等重点领域率先建立奖惩机制。二是全面落实国家联合奖惩文件，出台了《成都市信用联合奖惩目录清单》等一系列文件，落实各项联合奖惩措施。三是建立跨区域联合奖惩机制。成都市已与杭州市、宁波市、无锡市、湖州市、嘉兴市、绍兴市、泸州市、德阳市8个城市签署了《信用城市联盟合作框架协议》，重点在财政资金使用、政府采购、招投标等领域加强联合奖惩跨区域合作。成都市已在税务、金融、教育等领域建立了守信联合奖励机制，在司法、旅游、生产、工程建设等领域建立了失信联合惩戒机制。同时，成都市在惩戒"老赖"、税务监管、食品药品监管、环境保护等领域正进一步完善本领域信用联合奖惩机制。

（6）加强培育信用服务市场。一是要加强信用服务市场的理论研究，与第三方研究机构合作，开展"培育和规范成都市信用服务市场的对策研究"项目研究，对成都市信用服务市场现状、存在的问题进行了深入研究，并提出了可行的建议。二是鼓励和支持信用服务机构发展。目前，成都市有兴中诚、金智通等6家备案的法人企业征信机构。成都金控征信公司正在加快申请企业征信资质；中国人民银行成都分行营业管理部将"使用备案机构的征信产品"纳入对金融机构综合评价的加分项，督促指导备案企业征信机构完善征信产品，提供专业化征信服务，在防范和化解金融风险、促进信用交易方面发挥了积极的作用。成都市政府出台了《成都市工程建设招标投标从业单位信用信息管理实施办法》，鼓励和支持市级行政监督部门在招投标活动中采信第三方信用评级机构出具的信用评价报告。

成都市企业信用信息系统现状如下：自2002年起，成都市提出了"诚信成都"的战略发展方案，以企业信用体系建设为突破口，摸索出一条"政府主导、多方参与、服务监管、服务社会"的建设路子。为了打造"诚信成都"，推进成都市社会信用体系建设，2004年，市委、市政府决定成立成都市企业征信管理中心，作为企业征信系统专业管理和维护机构。成都市企业信用信息系统于2010年升级为成都信用信息系统，在此之后将"成都企业信用信息网"正式更名为"成都信用网"。网站充分整合了全市工商（市场监管）部门掌握的市场主体信用数据，实现全市范围内跨地区企业信用信息共享和公开。自2015年起，原成都市工商行政管理局积极开展了利用数据挖掘技术加强对市场主体的事中、事后监察，尤其是利用"成都信用网"平台，完善企业、法人和公民的信用记录，强化信用信息公示服务，为建设社会信用体系建设示范城市打好基础。2016年6月6日，成都市本级及22个区（市）县发改系统范围内正式启用"成都市发改系统企业信用信息报送平台"，并与"成都信用网"实现对接。

成都市企业信用信息平台以电子政务云中心为载体，设立系统门户网站，网站名为"成都信用网"。该门户网站利用统一的数据交换平台，并分别设立"企业""个体工商户""重点人群""中介机构"四个子系统，形成了"一中心一平台一门户四子系统"的企业信用信息网络体系，实现了195万户市场主体全覆盖，征集各类信用信息3 000余万条。平台整合了工商（市场监管）、质监、税务、法院、银保监、水电气等47家市级职能部门和公共企事业单位掌握的企业及重点人群的各种身份、业绩、提示、警示及企业自主申报信用记录，并按照各成员单位的需求，为成员单位有针对性地推送共享信息1 000余万条。通过此平台，市民可以查询了解企业是否进入经营异常名录、是否遭受举报投诉，为企业寻找市场合作伙伴进行参考。目前"成都信用网"日均查询量达1万余次。信用信息平台目前设置有"信用新闻""信用公告""政策法规""红黑榜""区（市）县专区""重点人群""核查标识""友情提示"等主要栏目。该平台不仅对接了四川省企业信用信息公示系统，还实现了与深圳、宁波、德阳、资阳等其他城市的互动核查。2015年，成都的信用门户网站已完成了与全国企业信用信息公示系统（四川）的联网与对接。如今，网站已将企业注册记录数据信息、备案内容、投资人个体数据、颁发许可内容、异常经营历史记录、严重违法企业名单、业绩信息、警示信息以及企业年报等信息纳入征集范围并依法向社会公示，扩大信用信息覆盖面，现在自动搜集数据的企业已达到了13家。网站建立了信息共享平台。利用"成都信息网"建立信息交换机制，可向成都市质监局、国税局、原地税局等机关单位实时推送完成注册且合法的企业数据，可推送它们的信用代码以及基础数据等内容，称为"三证合一、一照一码"。企业征信系统平台正在进行完善与改进，进一步完善信息互联互通，提升模型功能等。

成都市公民信息管理系统逐步完善，已经形成了集中统一的公民信息数据基础库和各类应用服务库，整理出了数据共享需求的数据目录，明确了各类数据的更新周期和质量要求。目前已经初步建立了数据目录动态调整机制，根据归集数据类的增加和更新周期的缩短实时调整数据目录。截至2015年10月26日，公民信息数据基础库已经归集公民个人信息共66类582项3.68亿条。而且，公民信息数据基础库与成都市企业信用信息系统建立了信息共享机制，为企业信用评级等方面的工作提供支持。公民信息数据基础库与正在建设的金融信息综合监管服务系统展开对接工作，与政府各部门实现跨部门信息共享。截至2015年10月底，公民信息管理系统已经为成都市人社局、民政局、卫计委等部门提供跨部门数据共享服务968万次，反馈数据914万条。

金融信用信息系统的核心——金融信用信息基础数据库主要由中国人民银行建设，搜集从事信贷业务的全部金融机构的金融信用信息数据。中国人民银行成都分行不断完善金融信用信息基础数据库，并积极运用征信系统，为成都市企业、个人和政府部门提供征信服务，在防范信用风险、提高信贷市场效率方面起到了积极的作用。截至2017年底，四川累计查询个人信用报告1 407.9万次，日均查询38 571笔。

接下来对建立在信用信息系统基础上的成都市信用服务机构发展现状进行分析研究。该类机构是指提供信息咨询和征信服务的机构，社会主体的信用活动是信用服务机构的产生原因。信用服务机构是信用体系建设的基础，也是不可或缺的一部分，该类机构可以独立客观地分析经济活动中信用行为的可靠性和安全性，并且提供风险程度的信息，对信用信息和信用服务产品进行经营销售，为个人或集体提供专业化、社会化的信用服务，它们的客户主要是公共部门、企业、个人等经济主体。成都市提供公共信用服务的主要机构是中国人民银行成都分行营业管理部和成都市企业信用信息管理中心。截至2013年7月底，在成都登记注册从事信用管理和资信评级的社会服务机构共有28家，其中12家是全国综合性公司在成都设立的分支机构，地方信用服务机构有16家。

国务院于2013年1月21日出台了《征信业管理条例》（中华人民共和国国务院令第631号），要求征信必须由第三方机构经营。信用评级被称为市场经济的"身份证"。在现代社会，包括世界500强在内的任何一家企业，如果不进行信用评级，就无法在市场中立足。在我国，社会信用评级体系是由政府主导建设的，定期公布企业信用评级结果的体制正逐步建立起来，企业参加信用评级将成为通过中国人民银行贷款卡年审的必要条件之一。截至2016年6月底，全国共有140多家征信机构、110多家评级机构。在四川，共有10家信贷市场备案评级机构、6家备案企业征信机构。

我国征信体系建设是从信贷征信开始的，其核心是中国人民银行征信系统，其他市场化征信机构为辅助。目前个人信用报告应用最广泛的就是金融领域。各家金融机构或合作的机构将整合的数据发往中国人民银行，由中国人民银行征信管理处统一管理。当居民向银行申请各类贷款或是申办信用卡时，金融机构都会在获得授权后查询他的个人信用报告，该信用内容已成为金融机构评估业务等内容的参考指标之一。

目前，成都市个体信用信息系统的查询内容主要包含三类，分别是信用信息提示查询、概要信息查询和信用报告查询，其具体细节有个人基本信息、贷款交易信息、公共信息等。除金融领域外，个体信用报告的使用已越来越广泛，在政府和社会管理的领域也已被成熟应用，在人事管理、优秀评选、出入境、司法公务调查等方面发挥着越来越重要的作用。2013年全年，中国人民银行成都分行政务大厅为社会公众提供查询18.6万次，同比增长119%，日均查询800多笔，峰值达到1 300笔每天。而在2013年开通的网络查询平台上，截至2013年12月底，四川已累计注册19.02万名用户，公众通过平台查询70.5万次。个人信用报告的作用在生活中的体现尤为明显。

3 我国信用服务市场发展现状

3.1 信用服务市场基础理论研究

3.1.1 信用服务市场的概念与界定

在古代，人类为了提高买卖双方之间交换成功的概率，在人类活动范围内的固定时间段和地点进行交易，该交易的场所被称为集场、集会或集市，也就是今天所谓的市场。市场不但有传统的交易场所的意义，如证券市场、期货市场等，还包含了所有参与主体的交易行为，如政府针对市场行为的法律政策及约束、买卖双方的交易行为等。因此，可以说市场是包含了政府、企业、消费者等参与交换的个体、机构、程序、规则、法律等的集合。与此相对应，信用服务市场是指以信用产品为交易对象，以信用产品的供给方和需求方为主体形成的交易行为及其关系的总和。

信用是市场经济的基石，良好的社会信用会明显地降低市场交易成本，提高社会资源的优化配置。社会信用体系的正常运行要求形成发育良好的信用服务市场，因此，信用服务市场的发展是市场经济的保障，也是社会信用实现良性运行的基础。《广州市社会信用体系建设规划（2014—2020 年）》中指出："加快建设法制健全、体系完善、监管有力、竞争有序的社会信用服务市场，是打击失信行为、防范和化解经济金融风险、整顿和规范市场经济秩序、完善社会主义市场经济体制的迫切要求和根本举措。"就目前我国信用服务市场的发展状况而言，形成完善合理的供求机制是信用服务市场得以顺利发展的前提和基础，其具体内容主要包含政府引导和示范、信用服务机构市场的建立和市场主体社会信用意识及行为的建立三个方面。

（1）政府引导和示范。政府通过鼓励企业重视建立企业信用、失信惩戒方法等方面的机制和措施，引导社会公众对信用进行深刻认识，并形成信用意识，从教育培训、政策制度等各方面引导、鼓励、培育社会的信用意识，创建良好的信用机制环境。

（2）信用服务机构市场的建立。信用服务机构在符合法律要求的条件下，正当利用和加工公开的社会信用信息形成信用产品并提供给社会，形成较为完善的信用服务市场的供给体系。

（3）市场主体社会信用意识及行为的建立。市场主体应树立良好的社会信用意识，在市场交易中能自主通过信用市场各种途径，如政府提供的征信信息、信用服务机构的信用产品等，辅助做出理性的交易决策，规避交易中可能存在的信用风险，降低交易成本。

这几个方面相辅相成、相互影响：政府的政策引导和信用服务机构市场的不断完善，提高了信用产品的供给能力；市场主体的信用意识提高也会扩大信用产品市场的需求，刺激市场供给；市场的发展又促使政府的政策不断完善，促进信用服务市场良性发展。

3.1.2 信用服务市场的构成要素、要素内涵及各要素间的内在联系

信用服务市场的构成要素主要有主体、客体、机制、载体、活动等。下面对主体、客体、机制、载体等几个要素的具体内容、含义及相互之间的关系进行详细叙述。

3.1.2.1 信用服务市场的主体

信用服务市场主体是指参与信用服务市场活动的所有个体、单位或团体，是信用关系和活动的承载者和行为者。现代经济信用形式根据行为主体的不同，可划分为企业（包括银行）、个人、政府相关部门和信用服务机构等几大类，各自在社会信用体系中具备不同的社会经济角色和功能。

（1）企业

企业是信用体系最基本、最重要的行为主体。第一，随着市场经济的发展，企业是社会经济中各类产品和服务的主要供给方，代表了市场经济竞争的主要主体，也代表了社会经济信用的主体。第二，正是由于企业在社会经济中的角色，因此企业之间的关系及经济活动行为是最主要的商业信用行为，很大程度上代表了经济社会的信用关系。因此，企业的信用在社会信用体系中起着最关键和核心的作用，是社会信用体系中的主要和基本组成成分与内容。

（2）个人

尽管在社会经济中往往将市场的主体分为政府、企业、个人等独立的具有各自经济活动特点的经济主体，承担着各自的权利、义务及法律职责，但相较

于个人，政府、企业等各类经济主体，均是由作为经济人的个人所组成的。因此，相较于个人信用，从社会信用角度看，虽然政府信用和企业信用在社会经济中的侧重点、功能等存在差异，但政府、企业信用均与个人信用息息相关。个人是一切经济主体的构成基础，个人信用也是社会其他信用主体的基础，个人信用是社会信用体系的基础和核心。

（3）政府

政府作为独立的社会经济主体，其信用就是政府及其部门作为公众权力机构或代理者守信重诺的实践行为，往往反映在公众对其能力、行为的评价中。政府作为国家行政机构，代表着国家权力，并通过对社会经济及各方面制定政策、法律法规、社会职责等方面体现出来。因此，如杨太康等人（2005）所说，其行为不但具有一定的强制性，也对社会公众产生引导作用。对于整个社会信用体系，政府信用涵盖的范围包括了制定信用规则等相关政策，且需要保障所制定政策公平公正地运作和实施，并能够鼓励和引导信用市场良好发展，实现政策在市场中的宏观调控目的。正是由于政府在社会经济中的特殊角色和作用，政府信用代表了国家信用，是国家信用体系的保障。

（4）信用服务机构

信用服务机构是信用信息服务的提供者，主要包含政府相关信用服务部门，以及社会信用服务机构。信用服务机构的主要工作内容是对各种信用数据进行加工、存储、管理、使用、报告，对信用行业从业人员的综合素质有着较高的要求。信用服务机构按其业务类型划分，大致可以分为个人信用服务机构、企业信用服务机构和资本市场评级机构三类。征信机构是第三方依法设立的专门从事搜集、加工和分析信用信息资料的独立机构，形成信用信息数据库系统，通过对所掌握的较为全面的企业、个人市场行为特征信息及其反映出的信用信息形成信用数据，并根据这些信用数据出具相应的信用证明或信用报告，以帮助各方面在交易过程中判断对方交易风险，协助其做出理性的交易决策，降低社会交易成本。

3.1.2.2　信用服务市场的客体

信用服务市场客体是指市场中被交易的对象，主要是有关企业和个人的信用信息，及由此而引发的各项具体信用产品和服务，包括商品、货币和服务。因此，信用服务市场的客体可以以商品或货币这种有形的形式存在，也可以以服务这种无形的形式存在。按照借贷的对象来划分，信用的客体被分为实物（商品）和货币。其中实物（商品）是以实物为标准进行的信用交易活动，借者在归还时，以实物偿还本金和利息，是自然经济的一种普遍形式。货币则是指在信用活动中，以货币作为客体的借贷活动，贷款者贷出货币，借款者以货币的形式还本付息。

3.1.2.3 信用服务市场机制

信用服务市场机制是指保障和规范信用服务市场有序运行的相关管理制度和法律法规，主要包括市场日常运行、信用服务机构市场准入和退出、守信激励和失信惩戒等方面。

（1）市场日常运行机制

信用服务市场主体包括企业、个人、政府及信用服务机构等。信用服务市场日常运行也是围绕着这几个市场主体来进行的。政府部门作为主要的监管机构，负责范围较广，具体如制定信息征集和使用管理的规范标准、信用服务机构的资质条件、信息披露法规、信用服务人员的管理准则、信用产品或服务的规范及质量标准等。同时，政府机构既是信用数据信息最重要的提供者之一，也是信用产品和服务的主要应用者。信用服务机构是在政府机构监管下提供信用服务的主要市场主体，是信用服务市场的主要参与者和信用产品的主要提供者，其主要职责包括搜集信用数据、进行数据整合分析、建立信用数据模型、开发新的信用产品等。

（2）信用服务机构市场准入和退出机制

关于信用服务机构市场准入和退出机制，各个国家和地区的情况有所不同。建立信用服务机构市场准入和退出机制，都是为了规范信用服务机构的市场行为，保障信用服务市场健康持续发展。其主要措施包括建立信用服务机构信用档案、制定行业约束机制和信用守则、强化社会监督、建立严格的评级机构监管法案等。以美国为例，1975年，证券交易委员会（SEC）就开始实施评级机构认可制度，并颁布了《对注册为NRSRO的信用评级机构监督》的法案，初步确定了以核定评级机构的资格和自律监管作为主导模式。2007年，SEC发布了《对注册为NRSRO的信用评级机构的监管：最终规章》，明确了信用评级机构申请注册要求、利益冲突、不公平竞争和信息滥用等方面的规定。2009年，SEC修订了《信用评级机构改革法案》，以加强信用评级机构的管理。目前我国现有评级行业监管架构呈现出多头监管的格局，尚未建立相关的征信立法以明确信用机构的资质、市场准入、监管方式及退出机制等。

（3）守信激励和失信惩戒机制

关于守信激励机制，广州市人民政府认为是指对于市场上守信的企业或个人在金融服务、市场准入、招投标、政府采购、项目审批和补贴补助等领域依法提供优先办理、简化程序、绿色通道和重点支持等激励政策。失信惩戒机制则是指对于市场上提供虚假信息、侵犯商业秘密和个人隐私等企业或个人的失信行为进行惩罚的制度，包括行政监管性惩戒、司法性惩戒、行业性惩戒、市场性惩戒、社会性惩戒等。激励与惩戒机制的主要目的在于通过信用信息服务机构客观依法提供的好的信用信息和行为信息及不良信用信息记录和信用评估结果，奖励或惩罚相应的经济个体，并通过信用评估降低具有良好信用个体的交易成本，提高不良信用经济个体的交易成本，从而鼓励良好守信行为，抑制失信行为的发生。

（4）信用服务供给机制

目前，欧美发达国家和地区的信用服务供给机制主要有两种：一是市场主导信用服务供给机制，二是政府主导信用服务供给机制。市场主导信用服务供给的机制是指信用服务完全由私营信用服务机构提供，政府机构不直接提供信用服务。例如，美国就是以市场化信用服务机构为主导的典型，政府部门只提供立法支持和履行监管职责，保护消费者的合法权益和维护信用服务市场的秩序及公平竞争。政府主导信用服务供给的机制，以政府和中央银行成立国家控股的征信机构来提供信用服务为主，以民营征信机构为辅。采用政府主导信用服务供给机制的国家发展信用服务市场的主要目的是保证该国的经济和金融安全，降低金融风险。公共信用服务机构提供的信用产品也主要向金融机构提供，用于防范贷款风险。我国信用服务市场是政府（中国人民银行）主导的，信用政策法规的制定和完善、信息的采集和整合、信用服务平台的建设、信息的应用和披露、信用服务机构的设立和监管等，都是由政府（中国人民银行）主导的。

政府主导信用服务供给机制主要由政府投资信用信息系统，需要持续投入且不以营利为目的，对政府财政资金会形成较大压力；公共信用信息服务机构不需要面对市场竞争，创新动力不足，难以满足市场对信用信息产品和信用信息服务的个性化需求。

（5）信用服务市场监管机制

信用服务市场的服务对象主要是金融保险行业，因为其涉及国家金融和经济安全，需要进行规范有效的监管。当前欧美发达国家和地区的信用服务市场监管机制主要以政府机构监管为主。美国的信用服务市场有着完备的政府监管机构，如联邦贸易委员会、司法部、财政部货币监理局等，采用多个政府部门共同监管的方式；全国信用系统管理协会、国际信用系统协会等行业协会也是美国信用监管的重要组成部分。欧洲信用服务市场则主要由各国中央银行进行监管。

3.1.2.4　信用服务市场服务的载体

信用服务市场服务的载体是指构建信用服务市场中各项活动得以顺利开展

所必需的工具。建立统一高效运转的信用信息数据库是征信的基础，而征信系统应该为政府市场监管部门提供一个有效的工具来"根治"市场上的经济失信，主要包括公共信用信息共享服务平台、个人征信系统和企业征信系统。

（1）公共信用信息共享服务平台

该类平台的公共信用信息是指政府机关、事业单位、企业等法人或自然人在社会经济活动中形成的，反映其身份、经济状况、履约能力、商业信誉等信用能力的数据和资料，如银行信贷信息、工商注册信息、公用事业单位缴费信息等社会公共活动情况等的数据记录。公共信用信息共享服务平台通过整合这些公共事业单位、司法、行政等各部门的数据构建信用信息基础数据库，并生成信用评分、信用报告等各种信用信息服务或产品，为政府各部门、企业、个人等社会经济主体提供信用信息服务，以满足市场主体对信用信息的需求。因此，公共信用信息共享服务平台在国家信用体系中占据着核心地位，是社会信用体系的重要支撑平台，推动着国家及地方信用体系的发展。

（2）个人征信系统

个人征信是对个人信用信息进行采集、整理和保存，并进行信用评分和评级，以及生成信用报告等各种信用信息产品，提供给银行、投资机构、政府、企业等各类社会经济主体，帮助其了解所需了解的经济主体的信用状况并辅助决策。

在我国，个人征信系统是用于记录个人信用信息（如非银行数据信息和商业银行数据信息）的数据库。个人征信系统又称消费者信用信息系统，是由中国人民银行组织各商业银行共同建立的信用信息平台。该数据库主要包括个人信贷交易信息、基本信息及其他反映个人信用状况的信息。为了更加完整、全面、真实地反映个人信用状况，中国人民银行于 2005 年开始把工商（市场监管）、环保、质监、税务、法院等非银行数据信息纳入征信系统，共采集了包括社保缴存和发放、公积金缴存、缴税和欠税、法院判决和执行等16 个部门的 17 类非银行信息。

（3）企业征信系统

与个人征信相类似，企业征信是对企业信用信息予以采集、保存、整理和计算，并出具企业相关的信用记录、信用评级、信用报告的信用信息系统。我国企业征信系统主要由国务院领导，以中国人民银行为代表组织建立，形成全国统一的企业信用信息共享平台。企业征信系统包含企业基本信息、信贷信息和其他信息，主要来源于银行等金融机构数据信息、非银行信用数据信息。银行等金融机构数据信息主要从商业银行等金融机构采集企业的基本信息，在金融机构的借款、担保等信贷信息，以及企业主要的财务指标等，为商业银行、企业、相关政府部门提供企业信用分析产品。目前，我国企业征信系统主要由中国人民银行征信中心进行运行管理。

3.2 我国信用服务市场发展环境

信用环境是在信用体系的保障下，通过信用主体信用行为的实施，在企业、个人、政府等各类市场主体之间形成的。

3.2.1 我国社会经济市场信用服务需求环境

随着我国社会主义市场经济的快速发展，近几年来社会融资规模增量一直处于稳定上升状态。易观报告显示，2017年中国社会融资规模达到194 430亿元，增量同比增长9.2%，较2011年的128 286亿元上涨6万多亿元。具体如图3-1所示。

图3-1 2011—2017年社会融资规模增量变化

在信用消费市场上，大众对于信用消费接受度不断增强，消费贷款规模从2011年的8.9万亿元增长至2015年18.8万亿元，平均增长率达到近20%，信用消费的理念已逐渐普及。具体见图3-2。

以我国金融机构为例，人民币贷款在2010—2016年以接近10%的环比增速稳定增长，2016年金融机构人民币贷款余额达到106万亿元。金融机构所推出的信用卡消费信贷也呈连年增长趋势，发卡量在2015年达到5.2亿张。具体见图3-3的A和B。

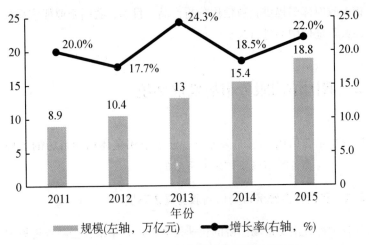

图 3-2 2011—2015 年我国消费贷款规模变化

(A) 2010—2016年金融机构人民币贷款余额

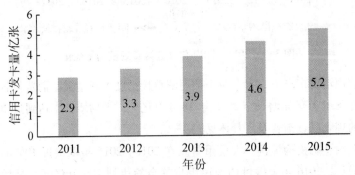

(B) 2011—2015年中国商业银行信用卡累计发卡量

图 3-3 2010—2016 年我国金融机构及非金融机构贷款情况

此外，随着互联网的迅猛发展，包含网贷市场在内的互联网消费金融市场呈现出爆发式增长。数据显示，我国以 P2P 网络贷款市场交易、非金融企业贷款等为代表的非金融机构信贷规模近年来均呈现出快速增长趋势。如图 3-4 所示，P2P 网络贷款交易规模从 2011 年的 96.7 亿元增长至 2015 年的 8 686.2 亿元，年均增长率超过 1 776%。网贷借款人数和贷款人数也飞速增长，2014 年借、贷人数分别为 69 万人次和 127 万人次，到 2015 年，该人数分别增长到 297 万人次和 612 万人次。

(A) 2011—2015年P2P网贷市场交易规模

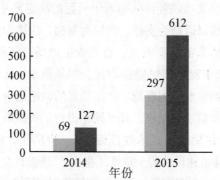

(B) 2014—2015年P2P网贷借款与贷款人数

图 3-4　我国 P2P 网络贷款总体情况

以网络借贷为代表的互联网消费金融的爆发式增长，提高了人们对征信的需求，倒逼地方政府和征信企业加速对征信行业进行转型升级。

3.2.2　我国信用服务市场制度环境

我国信用服务制度体系建设基本被纳入了行政法规体系，进一步完善了服务市场制度体系。

3.2.2.1　我国早期信用服务市场制度环境的发展历程

根据我国早期信用服务市场制度环境的发展历程可见，受国家政治和经济宏观环境的制约，从新中国成立到改革开放前，我国信用信息服务市场的发展处于一个空白期。1978年我国开始实行改革开放后，社会经济活动逐渐转变为市场经济，市场主体之间交易的市场化促成了参与信用交易的必要条件。国家成立了工商管理、质量监督、消费者权益保护等组织和部门，并陆续出台了合同法、担保法等法律法规，为市场信用行为的规范发展奠定了基础。1987年，为适应改革开放的需要和推进市场化进程，产生了我国的资信评级行业。从20世纪90年代末开始，我国经济体制改革进入深化阶段，信用意识逐步被企业、投资者接受和重视，信用服务在社会经济中的作用越来越大，我国的信用服务行业开始新一轮快速发展。中国人民银行开始建设银行信贷登记咨询系统，并逐步实现省级联网。

随着我国社会经济的发展，从21世纪初期开始，党中央就出台了一系列关于国家信用体系建设的政策和推动措施。2003年，党的十六届三中全会提出的《关于完善社会主义市场经济体制若干问题的决定》中就指出，"建立健全社会信用体系，形成以道德为支撑、产权为基础、法律为保障的社会信用制度，是建设现代市场体系的必要条件，也是规范市场经济秩序的治本之策"。2005年，《中共中央关于制定国民经济和社会发展第十一个五年规划的建议》中提出以完善信贷、纳税、合同履约、产品质量的信用记录为重点，加快建设社会信用体系，健全失信惩戒制度，并于同年出台了我国第一部企业信用管理体系标准《商贸企业信用管理技术规范标准》。2007年，国办发〔2007〕17号文《关于社会信用体系建设的若干意见》指出，"建设社会信用体系，是完善我国社会市场经济体制的客观需要，是整顿和规范市场经济秩序的治本之策"。

3.2.2.2　我国近期信用服务市场制度环境的发展历程

征信市场没有法律依据，信用服务市场就无法发展。在早期我国征信市场制度基础上，2013年3月国务院发布的《征信业管理条例》是我国首部征信业法规，为信用服务市场奠定了法律基础。随后针对信用服务市场，国务院、中国人民银行、国家发展和改革委员会等各部门先后印发了《关于在行政管理事项中使用信用记录和信用报告的若干意见》《社会信用体系建设规划纲要

（2014—2020年）》《关于做好个人征信业务准备工作的通知》等制度及推动政策，分别从服务市场整体，到服务市场个人、企业、政府各主体，以及信用信息系统、信用记录规范等各方面进行了较为全面的规定。

3.2.2.3 我国至今为止的信用市场建设重要规章制度

近几年我国社会信用服务市场相关政策陆续出台。《社会信用体系建设规划纲要（2014—2020年）》明确了我国社会信用体系建设的方向、重点领域和关键举措。《征信业管理条例》《关于推进诚信建设制度化的意见》《政府信息公开条例》《企业信息公示暂行条例》等明确了信息公开公示的要求和路径。《关于加强政务诚信建设的指导意见》《关于加快推进失信被执行人信用监督、警示和惩戒机制建设的意见》《国务院关于建立完善守信联合激励和失信联合惩戒制度 加快推进社会诚信建设的指导意见》《关于加强政务诚信建设的指导意见》《关于全面加强电子商务领域诚信建设的指导意见》等文件不断完善信用政策制度。我国出台的信用市场建设相关重要规章制度参见表3-1。

表3-1 我国信用市场建设重要规章制度汇总

时间	规范对象	文件及主要内容
2005年6月16日	征信服务中心、商业银行	中国人民银行制定了《个人信用信息基础数据库管理暂行办法》，明确了征信服务中心、商业银行在个人信用信息基础数据库中的职责，规范了商业银行报送、查询和使用个人信用信息的行为
2006年3月29日	信用评级机构	中国人民银行发布《中国人民银行信用评级管理指导意见》（银发〔2006〕95号），明确了信用评级机构的工作制度和内部管理制度、评级原则、评级内容和评级程序等内容
2013年1月	信用信息服务机构、政府	公布《征信业管理条例》（中华人民共和国国务院令第631号），规定了征信机构的设立条件和程序、征信信息主体权益、征信业务的基本规则等
2013年5月	政府	国家发展和改革委员会、中国人民银行、中央编制办公室印发《关于在行政管理事项中使用信用记录和信用报告的若干意见的通知》
2013年11月	信用信息服务机构	公布《征信机构管理办法》（中国人民银行令〔2013〕第1号），规范征信机构的设立、变更和终止程序
2014年6月	全部主体	国务院印发《社会信用体系建设规划纲要(2014—2020年)》
2014年7月	全部主体	中央精神文明建设委员会发布《关于推进诚信建设制度化的意见》

表3-1(续)

时间	规范对象	文件及主要内容
2015 年 1 月	信用信息服务机构、个人	中国人民银行印发《关于做好个人征信业务准备工作的通知》,批准 8 家机构做好开展个人征信业务的相关准备工作
2016 年 6 月	全部主体	国务院下发《关于建立完善守信联合激励和失信联合惩戒制度 加快推进社会诚信建设的指导意见》(国发〔2016〕33 号)
2016 年 7 月	政府	国家发展和改革委员会等多部门印发《关于对纳税信用 A 级纳税人实施联合激励措施的合作备忘录的通知》
2016 年 11 月	政府	中国人民银行印发《关于加强征信合规管理工作的通知》,要求各相关机构开展征信合规自查自纠工作,加强个人信息保护。同时指出,部分备案企业征信机构存在突出的违规经营问题,严重影响了企业融资的公平环境
2017 年 7 月	政府	国家发展和改革委员会办公厅关于进一步规范"信用中国"网站和地方信用门户网站行政处罚信息公示工作的通知
2017 年 10 月	全部主体	国家发展和改革委员会、中国人民银行《关于加强和规范守信联合激励和失信联合惩戒对象名单管理工作的指导意见》
2018 年 3 月	政府	国家发展改革委办公厅关于在办理相关业务中使用统一社会信用代码的通知
2018 年 7 月	全部主体	国家发展和改革委员会办公厅、中国人民银行办公厅发布《关于对失信主体加强信用监管的通知》
2018 年 7 月	全部主体	中央文明委关于印发《关于集中治理诚信缺失突出问题 提升全社会诚信水平的工作方案》的通知
2019 年 7 月	政府	国务院办公厅关于加快推进社会信用体系建设 构建以信用为基础的新型监管机制的指导意见
2019 年 9 月	政府	国家发展改革委办公厅关于推送并应用市场主体公共信用综合评价结果的通知
2019 年 11 月	全部主体	中国人民银行、国家发展和改革委员会、财政部、证监会发布《信用评级业管理暂行办法》
2020 年 10 月	政府	国务院办公厅印发《关于全面推行证明事项和涉企经营许可事项告知承诺制的指导意见》
2020 年 12 月	政府	国务院办关于进一步完善失信约束制度 构建诚信建设长效机制的指导意见
2021 年 1 月	政府	国家发展和改革委员会办公厅关于印发《公共信用信息报告标准(2021 年版)》的通知

此外，互联网市场上信息泛滥，个人信息安全受到威胁。试点征信机构大量采集线上数据，互联网信用信息市场的发展有待规范。近几年，政府加强了对征信机构的合规管理，要求加大个人隐私保护力度，规范和完善了服务市场信用联合惩戒法规。政府在 2017 年印发了大数据产业发展规划，指导发展互联网信用信息市场。2017 年 2 月，国家发展和改革委员会、原农业部、最高人民法院等 29 个部门联合发布《关于对农资领域严重失信生产经营单位及其有关人员开展联合惩戒的合作备忘录》，对在农资生产经营领域存在严重失信行为的企业提出了 25 项惩戒举措，其中包括依法限制其参与政府采购活动。同月，财政部、国家发展和改革委员会、中国人民银行、交通运输部等 36 个部门联合签署《关于对严重违法失信超限超载运输车辆相关责任主体实施联合惩戒的合作备忘录》（发改财金〔2017〕274 号），提出了对失信当事人实施 3 方面 26 项联合惩戒措施。

2018 年，我国信用市场的政策法规更加具体和全面，如针对能源、交通、家政、会计等各行业出台了《能源行业市场主体信用评价工作管理办法（试行）》《关于对交通运输工程建设领域守信典型企业实施联合激励的合作备忘录》《关于对家政服务领域相关失信责任主体实施联合惩戒的合作备忘录》等。截至 2019 年 4 月底，我国共出台了 51 个信用市场联合惩戒政策法规。其中，联合惩戒备忘录 43 个，联合激励备忘录 5 个，既包括联合激励又包括联合惩戒的备忘录 3 个。具体如表 3-2 所示。

表 3-2　中国信用市场联合惩戒政策法规汇总

序号	名称	文号	发起单位
1	关于对文化市场领域严重违法失信市场主体及有关人员开展联合惩戒的合作备忘录	发改财金〔2018〕1933 号	文化和旅游部
2	关于对统计领域严重失信企业及其有关人员开展联合惩戒的合作备忘录（修订版）	发改财金〔2018〕1862 号	国家统计局
3	关于对会计领域违法失信相关责任主体实施联合惩戒的合作备忘录	发改财金〔2018〕1777 号	财政部
4	关于对社会保险领域严重失信企业及其有关人员实施联合惩戒的合作备忘录	发改财金〔2018〕1704 号	人力资源和社会保障部
5	关于对知识产权（专利）领域严重失信主体开展联合惩戒的合作备忘录	发改财金〔2018〕1702 号	知识产权局
6	关于对政府采购领域严重违法失信主体开展联合惩戒的合作备忘录	发改财金〔2018〕1614 号	财政部
7	关于对科研领域相关失信责任主体实施联合惩戒的合作备忘录	发改财金〔2018〕1600 号	科技部
8	关于对严重危害正常医疗秩序的失信行为责任人实施联合惩戒的合作备忘录	发改财金〔2018〕1399 号	卫生健康委员会

表3-2(续)

序号	名称	文号	发起单位
9	关于对旅游领域严重失信相关责任主体实施联合惩戒的合作备忘录	发改财金〔2018〕737号	文化和旅游部
10	关于对公共资源交易领域严重失信主体开展联合惩戒的合作备忘录	发改法规〔2018〕457号	国家发展和改革委员会
11	关于对家政服务领域相关失信责任主体实施联合惩戒的合作备忘录	发改财金〔2018〕277号	商务部
12	关于在一定期限内适当限制特定严重失信人乘坐火车 推动社会信用体系建设的意见	发改财金〔2018〕384号	国家发展和改革委员会
13	关于在一定期限内适当限制特定严重失信人乘坐民用航空器 推动社会信用体系建设的意见	发改财金〔2018〕385号	国家发展和改革委员会
14	关于对失信被执行人实施限制不动产交易惩戒措施的通知	发改财金〔2018〕370号	国家发展和改革委员会
15	关于对交通运输工程建设领域守信典型企业实施联合激励的合作备忘录	发改财金〔2018〕377号	交通运输部
16	关于对婚姻登记严重失信当事人开展联合惩戒的合作备忘录	发改财金〔2018〕342号	民政部
17	关于对慈善捐赠领域相关主体实施守信联合激励和失信联合惩戒的合作备忘录	发改财金〔2018〕331号	民政部
18	关于对出入境检验检疫企业实施守信联合激励和失信联合惩戒的合作备忘录	发改财金〔2018〕176号	质检总局
19	关于对安全生产领域守信生产经营单位及其有关人员开展联合激励的合作备忘录	发改财金〔2017〕2219号	安全监管总局
20	关于对严重拖欠农民工工资用人单位及其有关人员开展联合惩戒的合作备忘录	发改财金〔2017〕2058号	人力资源和社会保障部
21	关于对国内贸易流通领域严重违法失信主体开展联合惩戒的合作备忘录	发改财金〔2017〕1943号	商务部
22	关于对对外经济合作领域严重失信主体开展联合惩戒的合作备忘录	发改外资〔2017〕1894号	国家发展和改革委员会
23	关于对保险领域违法失信相关责任主体实施联合惩戒的合作备忘录	发改财金〔2017〕1579号	保监会
24	关于对运输物流行业严重违法失信市场主体及其有关人员实施联合惩戒的合作备忘录	发改运行〔2017〕1553号	国家发展和改革委员会
25	关于对石油天然气行业严重违法失信主体实施联合惩戒的合作备忘录	发改运行〔2017〕1455号	国家发展和改革委员会
26	关于对房地产领域相关失信责任主体实施联合惩戒的合作备忘录	发改财金〔2017〕1206号	住房城乡建设部
27	关于对盐行业生产经营严重失信者开展联合惩戒的合作备忘录	发改经体〔2017〕1164号	工业和信息化部、食药监总局
28	关于对电力行业严重违法失信市场主体及其有关人员实施联合惩戒的合作备忘录	发改运行〔2017〕946号	国家发展和改革委员会
29	关于在电子认证服务行业实施守信联合激励和失信联合惩戒的合作备忘录	发改财金〔2017〕844号	工业和信息化部
30	关于对海关失信企业实施联合惩戒的合作备忘录	发改财金〔2017〕427号	海关总署

表3-2(续)

序号	名称	文号	发起单位
31	关于对涉金融严重失信人实施联合惩戒的合作备忘录	发改财金〔2017〕454号	银监会、证监会、保监会、最高人民法院
32	关于对农资领域严重失信生产经营单位及其有关人员开展联合惩戒的合作备忘录	发改财金〔2017〕346号	原农业部
33	关于对严重违法失信超限超载运输车辆相关责任主体实施联合惩戒的合作备忘录	发改财金〔2017〕274号	交通运输部
34	关于在招标投标活动中对失信被执行人实施联合惩戒的通知	法〔2016〕285号	最高人民法院
35	关于对重大税收违法案件当事人实施联合惩戒措施的合作备忘录（2016版）	发改财金〔2016〕2798号	国家税务总局
36	关于对统计领域严重失信企业及其有关人员开展联合惩戒的合作备忘录	发改财金〔2016〕2796号	国家统计局
37	关于对财政性资金管理使用领域相关失信责任主体实施联合惩戒的合作备忘录	发改财金〔2016〕2641号	财政部
38	关于对电子商务及分享经济领域炒信行为相关失信主体实施联合惩戒的行动计划	发改财金〔2016〕2370号	国家发展和改革委员会
39	关于对严重质量违法失信行为当事人实施联合惩戒的合作备忘录	发改财金〔2016〕2202号	质检总局
40	关于对海关高级认证企业实施联合激励的合作备忘录	发改财金〔2016〕2190号	海关总署
41	关于实施优秀青年志愿者守信联合激励 加快推进青年信用体系建设的行动计划	发改财金〔2016〕2012号	共青团中央
42	关于对食品药品生产经营严重失信者开展联合惩戒的合作备忘录的通知	发改财金〔2016〕1962号	食药监总局
43	关于对环境保护领域失信生产经营单位及其有关人员开展联合惩戒的合作备忘录	发改财金〔2016〕1580号	国家环保局
44	关于对纳税信用A级纳税人实施联合激励措施的合作备忘录	发改财金〔2016〕1467号	国家税务总局
45	关于对安全生产领域失信生产经营单位及其有关人员开展联合惩戒的合作备忘录	发改财金〔2016〕1001号	安全监管总局
46	关于印发对失信被执行人实施联合惩戒的合作备忘录的通知	发改财金〔2016〕141号	最高人民法院
47	关于对违法失信上市公司相关责任主体实施联合惩戒的合作备忘录	发改财金〔2015〕3062号	证监会
48	失信企业协同监管和联合惩戒合作备忘录	发改财金〔2015〕2045号	原国家工商行政管理总局
49	关于对重大税收违法案件当事人实施联合惩戒措施的合作备忘录	发改财金〔2014〕3062号	国家税务总局
50	关于人民法院与银行业金融机构开展网络执行查控和联合信用惩戒工作的意见	法〔2014〕266号	最高人民法院\银监会
51	"构建诚信、惩戒失信"合作备忘录	文明办〔2014〕4号	中央文明办

注：数据来源于信用中国网站（WWW.CREDITCHINA.GOV.CN）。

3.2.3 我国信用服务市场环境总体情况

随着社会经济的发展，社会融资、信贷规模持续增长，对信用市场的需求也不断增加。《中国信用服务市场专题分析2018》中数据显示，我国信用服务市场，包括个人征信和企业征信在内的信用服务市场规模在2017年达到了37.3亿元，到2020年增至68.2亿元，年均增长率超过20%，见图3-5。

图3-5 2015—2021年中国信用服务市场规模

然而，相较于美国等信用体系发展较为成熟的市场，我国当前信用市场的发展还需不断健全和完善。《中国信用服务市场专题分析2017》和《中国信用服务市场专题分析2018》中调查结果显示，从市场规模看，我国和美国信用服务市场差距较大。2014年美国个人征信交易总量超过671亿美元。尽管中国人口是美国人口的4.5倍，但同期中国征信市场总交易量仅为20亿元；2017年美国征信服务市场规模达712.6亿美元，中国包括中国人民银行征信和市场化征信机构在内的各类信用服务机构，累计规模为37.3亿元，远远小于美国市场交易量。从数据覆盖的情况看，在15—60岁年龄层中，中国信贷数据覆盖比例为53.5%，而美国达到了94.3%。从我国庞大的人口基数以及正在逐步市场化的征信体系的现状可知，国内个人征信市场有着巨大的潜在发展空间。

3.3　我国信用服务市场发展分析

3.3.1　我国信用服务行业发展概况

我国最早的信用服务机构成立于 1932 年 3 月，张禹九等人邀请银行界著名人士成立了"中国兴信社"，也称为中华征信所。中华征信所采取的是会员制方式，服务范围主要包括了对企业历史发展情况和现实状况的调查，以及对经济金融机构情况的调查等市场调查服务。到 1932 年底，共发展普通会员 39 户。1935 年末，征信所已发展会员近 200 家，每天受理的信用征信业务近 50 笔。受战争的影响，中华征信所于 20 世纪 40 年代末关闭。

从 1949 年 10 月新中国成立至改革开放前，我国信用服务行业的发展处于相对空白时期。1978 年我国实行改革开放后，社会经济活动主体转变为独立核算市场主体，具备了参与信用交易的必要条件。1987 年，外贸部与美国邓白氏公司合作成立了中贸远大商务咨询公司，该公司也是我国首家信用服务调查企业。20 世纪 90 年代后，由于市场经济的需要，逐渐成立了民营的信用服务机构。1992 年，北京新华信商业风险管理有限责任公司成立，该公司是我国第一家民营资本信用服务机构，并于 2001 年更名为"新华信国际信息咨询（北京）有限公司"。随后，华夏国际等信用服务机构陆续成立，更多民营资本的进入推动了我国信用服务行业市场的发展。这些信用服务机构所涉及业务范围主要集中于资信和评估服务方面，服务对象主要为企业。此阶段信用服务市场建设处于萌芽阶段，发展速度快，从业务范围、服务对象等来看，呈现出较为单一的特点，是我国征信市场发展过程中的基础。

与此同时，到 20 世纪 90 年代，市场在经济生活中的作用越来越大，信用服务市场建设需求明显。中国人民银行于 1997 年开始建立银行信贷登记咨询系统，并于 1999 年、2000 年、2002 年分别实现以城市、省份和全国为单位的联网查询。该系统以地级市、省级市、总行三级分布式数据库联网运行，在企业征信领域发挥了重要作用。1999 年 7 月，中国人民银行批准建立上海资信有限公司，从事个人信用信息服务，代表着我国的个人征信体系的建设和发展开端。上海资信有限公司集中商业银行和政府相关部门等各类相关的个人信息，形成个了人信用信息数据库，并通过存储和加工形成个人信用信息，并于 2002 年起开展个人信用评分。

以中国人民银行为代表的政府机构牵头，持续加强建立全国联网的企业和个人信用信息基础数据库，成为当前我国信用信息服务的数据基础，并取得了显著的成效。截至 2017 年 7 月底，我国企业征信机构增加至 133 家，个人征信市场也在探索开放中。对于个人征信市场，中国人民银行于 2015 年 1 月下发《关于做好个人征信业务准备工作的通知》，同意 8 家社会机构（芝麻信用、腾讯征信、鹏元征信、拉卡拉信用、深圳前海征信、中智诚征信、中诚信征信、北京华道征信）开展个人征信业务，企业与个人信用服务市场规模扩大。2018 年，中国人民银行正式发布了个人征信业务的机构许可信息公示表，百行征信有限公司（百行征信）获得了个人征信机构许可。百行征信有限公司是在中国人民银行主导下，由中国互联网金融协会与芝麻信用、腾讯征信等 8 家市场机构组建的个人征信机构，于 2018 年 5 月 23 日正式挂牌成立。百行征信的主要业务是弥补中国人民银行征信中心个人信用在传统金融机构以外领域的不足，在网络借贷等领域开展个人征信服务活动。

3.3.2　我国信用服务行业发展阶段

改革开放前，我国实行高度集中统一的计划经济制度，信用需求缺乏，制度和市场发展环境都不具备建立社会信用体系的条件。我国信用体系建设开始于 20 世纪 80 年代。结合我国征信行业的发展，我国信用信息服务行业发展历程可分为探索、试水、起步、发展 4 个阶段。

3.3.2.1　探索（1980—1995 年）

在 20 世纪 80 年代中后期，中国市场上的信用交易逐渐形成了规模，信用风险问题日趋明显和严重。针对商业信用、票据市场混乱和无序发展的情况，国务院下发了《关于在全国范围内开展清理"三角债"工作的通知》，首次提出社会信用问题。与此同时，上海远东资信评级有限公司、新华信国际信息咨询有限公司等我国首批信用评估机构建立，专门从事信用评级和企业征信服务。经济市场的需求、政府政策、法律体系、专业服务机构的建立等标志着我国社会信用体系建设的萌芽。

3.3.2.2　试水（1996—2002 年）

在 20 世纪 90 年代，随着经济体系改革的深化，市场经济的作用越来越大，但是由于信用体系不完善，市场经济的发展对信用市场的需求逐渐加强。在该阶段，先后出现了中国诚信、远东、大公等一批信用评估机构，企业和投资者的信用意识逐渐增强。为加强信贷管理，解决信贷信用信息共享问题，中国人民银行深圳分行首创了贷款证制度，银行在贷款证上如实登记相关的企业贷款发放和归还信息。贷款证制度的创立，是对企业信贷信息记录和共享机制的探索，是我国现代企业征信制度的试水。在 20 世纪末 21 世纪初，我国信用信息服务机构不断成立，惠誉、邓白氏等国外征信服务机构逐渐进入中国市场，所提供的服务和规模不断扩大，信用调查、评估、担保等种类的信用征信服务机构增多，我国信用征信服务市场得到进一步发展。

3.3.2.3 起步（2003—2014 年）

2003 年，国务院批准设立征信管理局，上海、北京、广东等城市启动征信业试点，区域性征信市场迅速发展。2004 年，我国个人信用信息基础数据库在中国人民银行建成。在企业信用方面，2005 年中国人民银行建成全国企业信息数据库。2013 年《征信业管理条例》正式实施，2014 年国务院发布《社会信用体系建设规划纲要（2014—2020 年）》，全面推进社会信用体系建设。法律制度体系的形成和完善，政府主导的个人和企业公共信用信息平台的建立，以及民营信用服务机构的发展，使得我国社会信用体系在政府引导下进入全面推进阶段。

3.3.2.4 发展（2015 年至今）

2015 年 1 月，中国人民银行印发《关于做好个人征信业务准备工作的通知》，要求腾讯征信、芝麻信用等八家机构做好我国个人征信业务的准备工作。与此同时，百度、京东金融、快钱、北京安融征信等在内的互联网企业、传统征信公司和 P2P 平台等三类机构也力争获得第二批个人征信牌照。2018 年，为解决数据非法采集、交易、滥用等数据乱象问题，在中国人民银行主导下，中国互联网金融协会联合芝麻信用、腾讯征信、前海征信、考拉征信、中诚信征信等 8 家市场机构共同发起组建了百行征信，于 2018 年 1 月 4 日获得中国人民银行征信业务资格许可。我国个人征信行业逐步进入实现互联网金融机构内外部之间互通有无、信息共享阶段。

3.3.3 我国信用服务市场运作模式及产业链

我国征信行业经历 20 余年的发展，形成了公共征信与商业征信并存、以公共征信为主的征信市场体系。中国人民银行征信中心征信系统包含了个人和企业征信系统，是当前我国征信体系的基础。社会第三方征信机构作为中国人民银行征信系统的重要补充，也主要包含企业和个人征信机构，但重点服务于中下游。在征信体系中，以中国人民银行、国家发展和改革委员会为主的监管机构主要负责对市场进行监督和管理并出台相应的政策，国家企业信用信息公示系统、信用中国等政务官方服务窗口整合了各领域信用系统信息，并提供相应的信用查询等服务。

3.3.3.1 我国征信行业模式

从世界征信体系模式看，主要包含了市场主导型、政府主导型和会员制型三种。我国征信业发展偏晚，但在基本模式上也包含了政府公共征信模式、市场征信模式和行业会员制模式三种。

（1）公共征信模式

我国的公共征信模式主要有两种形态。一是以中国人民银行征信中心为主导的金融征信体系。金融信用信息基础数据库（以下简称"征信系统"）由中国人民银行征信中心负责建设、运行和维护，保障着金融生态系统的正常运行，是最重要的社会信用体系组成部分和金融基础设施。二是由国家发展和改革委员会以及其他部门、地方政府推进的政务征信。例如，由国家发展和改革委员会主导的信用信息交换平台，工商（市场监管）、税务、海关等政府职能部门推进的行业信用体系。

（2）市场征信模式

随着互联网的发展，我国征信市场的模式基本包括互联网电商企业成立的征信机构和金融企业成立的征信机构两大类。互联网企业或电商企业背景下的征信机构利用获取的用户交易行为数据分析出用户的信用特征并对外提供征信服务产品和业务。金融企业成立的征信机构则主要基于其通过用户存储、信贷等金融交易所产生的存款、贷款等信息来分析用户的信用情况及交易风险，并用于其金融业务评判和决策中。

（3）行业会员制模式

行业协会主导发展模式近年来也在我国兴起。由于我国行业多、地域广，以至于不同地区拥有同一行业诸多协会。例如，上海资信有限公司的网络金融征信系统（NFCS）主要覆盖上海等南方区域，而安融惠众的小额信贷行业信用信息共享服务平台（MSP）则主要覆盖北京等北方区域。

3.3.3.2 我国信用服务行业产业链

信用市场往往主要有三方参与，即债权人、债务人、征信公司。对债权人来说，信用市场提供信息查询，帮助识别债务人的信用状况；对债务人来说，同意征信后获得公平借贷的机会和充分的信贷便利。征信公司提供了面对市场的有价值的商业服务，是一种接受监管的基础信息服务。征信机构作为信息中介，降低借贷信息不对称程度。目前信用服务移动端应用主要提供企业信息查询服务，满足了市场信用查询需求。

从信用市场行业产业链看，在我国以中国人民银行为核心主体的主体的征信行业产业链中，包含了上游征信数据源、中游以中国人民银行为主的信用服务机构和下游征信服务对象或应用场景三大部分，涵盖了征信数据源、数据处理、征信产品服务以及应用市场几个环节。

（1）上游：数据供应商

信用数据包括了信贷、公共及商务等方面的数据，所以数据供应商往往包含银行、网贷、支付、商务等各个环节和多类型企业。数据供应商通过自有渠道积累大量的用户数据，再将这些数据进行简单的清洗和统一格式，将数据供应给中游的互联网征信机构去进行分析。对于数据供应商而言，除了自有的数据，也可以和别人合作，交换或共享数据，更可搭建数据共享的平台，提高自身竞争力。

（2）中游：征信机构

征信机构针对上游数据分析、挖掘有用信息，制作信用报告，提供决策分析。这是征信产业链中最关键的一环。我国当前信用市场包含了企业征信、个人征信、信用评级等各类型征信机构。随着互联网技术及电子商务的发展，以芝麻信用等为代表的互联网征信机构采用大数据技术对互联网金融、商务、社交等方面的大数据进行挖掘，建立起了创新型的市场信用体系，并应用于各类商务场景。

（3）下游：征信使用者

目前，征信信息已被用于经济市场交易中的各个方面，如消费金融、小额信贷、共享用车、共享住房甚至于相亲、订酒店、租车等。互联网与传统商务、金融的融合不仅使得市场多元化、多样化和创新型发展，与此同时也对征信服务具有多样化的需求，这有助于我国征信市场的多元化发展。

我国现有信用服务市场行业特点：互联网征信机构内嵌于闭环经济，大集团涵盖整个产业链。互联网金融、互联网征信机构目前正处于起步发展阶段，现有市场环境不适合独立的互联网征信机构生存。一些大的集团比如蚂蚁金服布局互联网金融产业链甚至产业网，而互联网征信机构是其中至关重要的一环。

3.3.4 我国征信服务市场分类

从不同的角度看，征信服务市场具有不同的类型，总体来说可以按信用市场征信对象、服务对象、地理范围、征信用途分类，如图3-6所示。

按照征信服务对象分，主要包括个人信用服务市场、企业信用服务市场。

按照服务领域，可分为金融征信、商业征信、政务征信以及其他征信。金融征信，以中国人民银行征信中心为主导，由其负责建设的全国企业和个人征信系统在金融基础设施建设中发挥了重要的作用。金融征信的服务对象主要是以银行为代表的金融机构和以网络借贷为主的非金融机构。商业征信的服务对象主要是批发商或零售商，主要开展信用登记、信用调查、信用评级业务，为其赊销决策提供支持。商业征信机构包括100多家社会征信机构（如鹏元征信等）和80多家信用评级机构（如大公国际、中诚信等）。政务征信，比如工商（市场监管）、税务、海关等部门，这些部门所共享的政府信用信息同样是中国征信市场重要的组成部分。其他征信包括债券处理、市场调查、不动产鉴定等。

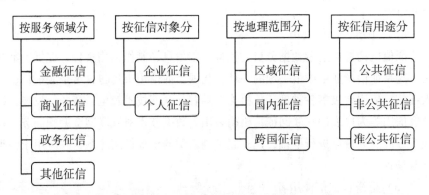

图3-6　中国征信服务市场分类

按照地理范围，可分为国家范围内某区域、国内和跨境征信。区域征信一般规模小，且只是针对某一特定地理区域提供征信服务。国内征信是指国家范围内的征信机构，是目前各个国家（地区）普遍采取的形式之一。跨国征信是为顺应国际化趋势和拓展业务所开设的针对多个国家（地区）市场的征信服务。随着经济全球化的发展，跨国征信发展迅速。

按照征信用途，可分为公共征信、准公共征信和非公共征信。公共征信是指政府职能部门、行业协会等开展的征信；非公共征信是指其征信过程不公开，仅用于自己授信和业务管理，如银行信贷授信；准公共征信是指独立的第三方信用服务机构开展的征信，社会大众可查询其征信结果。

3.4　个人征信发展现状

我国个人征信服务市场包含了中国人民银行征信中心的个人征信服务，以及芝麻信用等个人征信服务企业。

3.4.1 政府个人征信——中国人民银行征信中心

为适应全国集中统一的个人信贷市场发展的需要，防范住房、消费等贷款业务信用风险，中国人民银行推动建立了全国集中统一的个人征信系统。中国人民银行个人征信系统建设重要事件主要有以下一些：

（1）2002年，由中国人民银行联合16个部门成立征信工作小组，制定相关制度规则；

（2）2004年底，由中国人民银行牵头建设的个人征信系统在北京、重庆、西安、南宁、深圳、绵阳和湖州7个城市的15家全国性商业银行及8家城市商业银行联网运行；

（3）2005年，中国人民银行个人征信系统在全国商业银行范围内完成联网运行；

（4）2006年1月，中国人民银行个人信息数据链接127家商业银行，并正式在全国联网运行；

（5）2009年4月，启动新生产环境项目建设，开始个人征信系统硬件升级工作，以满足数据规模快速增长的需求；2010年6月，中国人民银行征信中心上海数据库建成投入运行，征信系统在基础软硬件配置、数据存储能力、安全性、稳定性和可靠性等方面均有较大幅度的提升，个人征信系统加载、查询和运行效率成倍提高；

（6）2011年2月，为了实现征信系统的技术、产品和服务升级，征信中心正式启动了征信系统二代建设；3月，征信中心完成对征信系统的诊断，确定需要改进的方向，形成研究问题目录；

（7）2013年7月，完成征信系统二代业务需求22个专题的研究工作；2014年3月，编写完成90多万字的《征信系统二代业务需求书》，确立了二代征信系统建设目标、建设原则、建成特点以及总体业务架构，反映和体现了未来征信系统建设和服务水平；

（8）2014年，征信系统二代建设的重点是衔接技术架构规划，转化二代业务需求，分阶段、分步骤地开展需求分析，初步完成82个功能模块、140万字的《需求规格说明书》；同时，开展制度梳理和标准制定等配套基础工作，完成二代业务制度升级规划初稿，制定征信术语和征信数据元等系统标准；

（9）2017年5月，全国首台二代个人信用报告自助查询机启用仪式在中国银行福建省分行营业部隆重举行；2018年1月，第二代个人信用报告自助查询机在中国工商银行福建平潭分行正式启用。

中国人民银行征信中心的个人征信系统历经十多年的发展，不断改进和完善，二代征信系统已逐步在我国各地开始试点。和一代个人征信系统相比，二代征信系统采用了全新的技术架构、数据架构和应用架构，对业务流程进行了全方位的优化，提升了数据采集的可扩展性、灵活性和便利性。

3.4.1.1 个人信息采集范围

中国人民银行征信中心的信息采集方式是接入银行、信用社的营业网点，网点定期报送信用记录至征信中心。大批金融机构（保险公司、小额信贷公司、融资租赁公司等）接入中心数据库。这些金融机构需要先报送自己掌握的征信数据，之后才可以在征信中心开展查询业务。征信中心直接接入全国的金融机构营业网点，无须另行搭建专门的征信网点，使得征信中心具有运营成本低、涵盖样本全面、覆盖社会阶层广的优势。个人信息采集范围总的来看主要包括基本信息、信贷信息和其他信息三大方面，如图3-7所示。

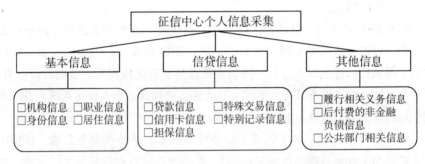

图3-7　中国人民银行征信中心个人信息采集范围

（1）基本信息

个人征信系统采集机构、身份、职业和居住四类个人基本信息，包含个人姓名、性别、配偶、职业、单位及地址、居住地址、证件类型及号码等识别个人身份、特征、工作及居住状况等特征的信息。这类信息的来源主要包括住房公积金管理中心、社会保险经办机构、商业银行报送的客户个人基本信息等。

2）信贷信息

个人征信系统采集的个人信贷信息主要包括贷款、信用卡、担保、特殊交易、特别记录五类信息，主要包括贷款及还款情况、信用卡使用及还款情况、为其他主体担保情况等信贷相关的信息。中国人民银行个人征信系统信贷信息主要由商业银行、农村信用社等各类金融机构按接口或非接口方式以报文形式报送给个人征信系统。

（3）其他信息

征信系统采集的反映个人信用状况的其他信息主要有社会保险参保缴费、住房公积金缴存等履行相关义务信息，电信、电力等公共事业单位缴费及负债信息，行政奖励和处罚、行政许可、职业资格等公共部门相关信息三类。相较于其他两类信息，由于这类信息覆盖范围较广，信息采集的方式和途径更为复杂多样。总的来看，相关信息主要是通过与政府部门合作采集、与数据源单位合作采集、征信分中心当地采集报送三种形式获取。一是中国人民银行采取行政手段与政府部门进行合作采集。2006年以来，为改善我国金融生态环境，帮助中小微型企业健康发展，征信中心在中国人民银行的协调下，努力推进反映信用状况的其他信息的采集工作，先后与生态环境部、国家税务总局、证监会、最高人民法院、国家外汇管理局等签订协议，将行政执法类信息纳入征信系统。二是通过市场化手段与数据源单位进行合作采集，直接与数据源单位进行数据交换。近年来，征信中心大力推动来源于市场机构的企业非金融负债信息采集工作。2014年，征信中心与国家电网上海电力公司签署合作协议，就信息采集合作达成共识。三是征信分中心从当地数据源单位获取数据再报送至征信中心，如征信分中心与当地公积金管理中心合作采集个人住房公积金缴存信息等。

总的来看，个人征信系统采集的信息覆盖个人信用卡、担保、贷款等信贷信息，以及个人社会保险缴存和发放信息、住房公积金缴存信息、法院判决和执行信息、税务信息、电信信息、个人低保救助信息、执业资格和奖惩信息共计8类公共信息，涉及的数据项超过80项。其中，社保、通信等非金融数据约占17%，信贷和信用账户等数据占83%。如图3-8所示。

图3-8 中国人民银行个人征信中心数据构成

3.4.1.2 征信产品

经过10多年的发展，中国人民银行征信中心的个人征信系统形成了包括个人信用报告等基础产品和个人业务重要信息提示等增值产品两大类征信产品，如图3-9所示。

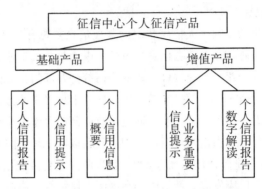

图 3-9　中国人民银行征信中心个人征信产品

（1）个人信用报告

个人信用报告的基本内容包括：报告头、个人基本信息、信贷交易信息、公共信息、声明信息、查询记录和报告说明。由于服务对象不同，使用信用报告的目的也不同，据此，个人信用报告可被分为：①个人信用报告银行版，含配套的仅包含银行报送信息的银行异议版，主要为以银行为代表的授信机构服务；②为其他社会主体服务的社会版；③满足消费者本人查询需求的个人版以及个人明细版；④供征信系统管理使用的征信中心版。不同版本的信用报告对上述内容各有侧重。到目前为止，个人信用报告是个人征信系统的核心产品。

（2）个人信用提示

信用信息提示主要被用来提示个人信息主体在个人征信系统中近 5 年的逾期记录，通过互联网个人信用信息服务平台和短信方式向个人信息主体提供查询服务。

（3）个人信用信息概要

个人信用信息概要主要被用于让消费者快速了解自身的信用概况，主要包括公共记录、信贷记录和最近 2 年内查询记录的汇总统计信息，通过互联网个人信用信息服务平台向信息主体提供查询服务。

此外，在个人信用信息概要方面，系统还推出了相关增值产品，如个人信用报告数字解读和重要信息提示。其中，个人业务重要信息提示是按周将本机构客户在其他机构发生新增逾期、不良、呆账、新增账户、失信被执行等信息主动推送给相关机构用户总部。个人信用报告数字解读是在征信中心与 FICO 合作进行个人征信评分研究项目基础上开发的量化个人信用风险并预测个人客户可能在未来某段时期发生信贷违约风险概率的工具。

3.4.1.3　机构接入及查询情况

中国人民银行个人征信系统自 2004 年正式上线运行以来，不断完善和发展。中国人民银行征信中心调查显示，截至 2016 年 9 月初，个人征信系统收录信息自然人数量增至 8.99 亿，接入机构 2 927 家；在被收录信息的自然人中，有信贷业务记录人数达 4.12 亿，开通查询功能用户 39.07 万①；在信用报告方面，从 2004 年上线至 2016 年底，累计查询 33.78 亿次。

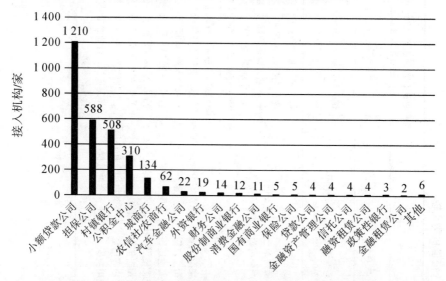

图 3-10　2016 年中国人民银行个人征信系统机构接入家数

今天，中国人民银行征信中心的个人征信系统已经成为全球规模最大、收录信息人数最多的个人征信系统，在以商业银行为主的信贷领域发挥着重要作用。

3.4.2　个人征信商业机构

中国民营征信机构于 20 世纪 90 年代中后期开始出现，经历多年的发展，业务逐步由地方向全国、由企业征信向个人征信发展。

在 2013 年中国人民银行发布的《征信机构管理办法》中，明确和细化了企业征信机构设立条件、申请步骤、备案制监管、管理等方面要求，并于 2015 年 1 月下发《关于做好个人征信业务准备工作的通知》，批准腾讯征信、芝麻信用等首批 8 家个人信用征信机构，并要求其做好相应的业务准备工作。8 家个人征信机构开展个人征信试点，涉及个人贷款、信用卡申请、就业、出国、租房等领域。从该 8 家个人征信机构数据、业务及技术等方面来看，各家机构各有所长，如表 3-3 所示。

---

① 查询用户是指个人征信系统中可正常使用的查询用户（不包括已停用的用户）。

表 3-3 8家个人征信机构比较

性质分类	新创生态聚合类征信机构		经典类征信机构				拥有数据资源的新兴公司	
公司名称	芝麻信用	腾讯征信	鹏元征信	中诚信	中智诚	前海征信	考拉征信	华道征信
核心关联机构	蚂蚁金服公司	腾讯公司	深圳市人民政府,中国人民银行深圳分行	中国诚信信用管理有限公司	盛希泰公司	平安集团	拉卡拉、蓝色光标等公司	银之杰、创恒鼎盛、清控三联、新奥资本等公司
股东	蚂蚁金服公司	腾讯、世纪凯旋科技公司等	鹏元资信评估有限公司等	中诚信投资有限公司等	上海阿米巴资产公司等	平安创新资本、平安置业投资公司等	拉卡拉、旋极信息、蓝色光标、梅泰诺持股比例分别为40%、15%、15%、15%	银之杰、北京创恒鼎盛、清控三联、新奥资本持股比例分别为40%、30%、15%、15%
数据资源优势	蚂蚁金服拥有超过6亿实名用户和真实身份证信息,和部分用户在平台上投资理财、公益等数据,以及用户在淘宝和天猫上的消费数据和支付数据	腾讯拥有超过8亿QQ活跃用户和超过10亿微信活跃用户,和用户投资理财、交通出行等数据,以及在门户、游戏娱乐等领域拥有的大规模用户	从事征信业务10余年,有鹏元征信系统、评分系统、客户关系管理系统等信息系统	老牌企业征信公司,拥有独立的民间征信数据库和电子商务平台数据	民营第三方征信公司,包括个人偿还历史记录、使用年限、信用账户等信用数据	平安集团自身有亿级金融客户,数亿互联网用户数据;此外,还通过与银行、消费金融、P2P等外部机构合作获得更多金融数据	包括拉卡拉在电商、金融、支付等各领域亿级个人用户和数百万级商户用户,以及相关的日常交易数据;反与公安、航空、工商(市场监管)等公共部门数据、行业合作的数据	主要包含信贷、司法、公共事业、网络痕迹等方面的数据

表3-3(续)

性质分类	新创生态聚合类征信机构	经典类征信机构			拥有数据资源的新兴公司		
数据处理技术	采用云计算及机器学习等技术,芝麻信用信用评分与美国FICO信用评分类似,分值范围在350到950	以传统主流征信模型体系为基础,结合创新大数据挖掘建模算法,利用前沿海量数据处理加工技术	有自主独立研发的信用评分算法,并有机融合大数据技术	分级分团技术;银行反欺诈;中文模糊匹配技术;FICO评分等	采用美国FICO体系	考拉分与美国FICO评分类似,利用传统的德尔菲法,回归,分类等模型,并结合大数据技术进行大数据处理	大数据征信(以清华五道口金融学院为基础)
信用产品和服务	·芝麻信用分 ·芝麻信用认证 ·风险名单库 ·芝麻信用报告 ·芝麻信用评级等信用产品	·个人信用报告 ·"鹏元800"个人信用综合评分 ·信用卡风险评分 ·小额贷款风险评分 ·申请欺诈评分 ·催收评分 ·中小企业小额贷款申请评分	·个人信用评分 ·个人信用报告 ·互联网征信 ·个人信用信息认证	·全国公民身份信息认证 ·反欺诈评分 ·个人征信评分 ·征信监控服务(尚未上线)	四大类: ·反欺诈产品 ·信用风险产品 ·数据开放平台 ·综合报告覆盖贷前,贷中,贷后全流程,可在租赁,借贷,购物,酒店,餐饮,交通,公益事业等多个领域场景下使用; ·明星产品如好信分,好信签证申,好信常贷等;合作金融机构客户近2000家,查询量过亿	·考拉信用分 ·考拉商户分	·同业征信联盟 ·华道租房信用报告 ·华道个人信用报告
应用领域服务	信贷、航旅、社交、生活租赁、公共服务	银行、P2P、第三方支付、消费分期等	银行、电商、P2P平台、小贷公司等客户	P2P、消费金融等,将会接入银行和汽车金融公司	金融机构、金融公司、非金融机构等	P2P、电商平台、小额贷款公司等	租房房东等

比较 8 家个人征信机构，在数据源、主要应用场景、服务产品、数据处理能力、产品和服务特色等方面存在各自特色和差异，在数据源、服务领域或场景方面的竞争使得这些个人征信企业为社会经济各方面及各领域的需求提供差异化的信用产品和服务，有助于个人征信市场的发展。

为充分整合个人数据资源，与中国人民银行个人征信系统形成优势互补的服务市场，在中国人民银行监管与指导下，采取市场自律方式，我国 8 家个人征信机构与中国互联网金融协会共同组建了百行征信。

3.5 企业征信市场发展现状

相较于个人征信市场，中国企业征信起步较早，但仍处于初级发展阶段。目前在我国企业征信市场中，中国人民银行征信中心是最大的信用基础数据库，鹏元、中诚信等传统企业征信是重要的补充。我国征信企业备案制从 2014 年开始起步，在近几年得到了快速增长。

3.5.1 政府企业征信——中国人民银行征信中心

企业征信系统最早起源于中国人民银行 1997 年建立的银行信贷登记咨询系统。该系统 1999 年实现以城市为单位的联网查询，2000 年实现以省（自治区、直辖市）为单位的联网查询，2002 年实现全国联网查询。该系统以地市、省份、总行三级分布式数据库联网运行为特征，在企业征信领域发挥了重要作用。2004 年，中国人民银行集中统一了 337 个城市的三级分布式数据库，形成统一的企业征信系统，实现了数据在全国的大集中，统一对外提供服务。2005 年，中国人民银行开启了全国范围内的企业信用数据建设，并于 12 月在全国主要商业银行联网试运行。该基础数据库于 2016 年实现全国农村信用社联网运行。

3.5.1.1 企业信息采集范围

企业信息采集包含企业基本信息、信贷信息及其他信息三大方面的信息，如图 3-11 所示。

（1）基本信息。系统采集的企业基本信息总体上分为五大类：①代表企业身份的证件类型和号码等机构标识信息；②关于企业基本属性的登记注册信息；③高管及主要关联人信息；④持股 5% 以上的股东及银行认为重要的重要股东信息；⑤财务信息。

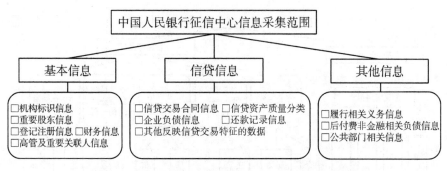

图 3-11　中国人民银行征信中心企业信息采集范围

（2）信贷信息。系统采集的企业信贷信息主要包含交易合同、负债信息、还款记录、资产质量分类以及其他数据五大类。截至 2018 年 5 月底，征信系统累计收录企业和其他组织 2 531 万户，其中中小微企业 261.14 万户。

企业征信系统采集信贷交易信息时遵循三个原则：一是全面采集正面和负面信息，即不仅采集企业正常履约的正面信息，也采集企业违约的负面信息；二是采集的每笔信贷业务都全程记录，即每笔信贷业务从交易开始到结束，在此期间发生的还款情况和五级分类调整情况都会如实记录；三是完全覆盖金融机构的对公授信业务。

（3）其他信息。其他信息如前所述。

截至 2014 年底，企业征信系统采集的反映信用状况的其他信息已达 12 类，共有 3 320.2 万条。从反映信用状况的其他信息占比情况来看，住房公积金、养老保险和通信数据量比较大，其中住房公积金数据量占比达到 55.94%；养老保险缴费占 26.62%；电信缴费和欠税占比分别为 10.19% 和 4.82%，其他 9 类信息的数据量较小，总占比仅为 2.43%。

3.5.1.2　基本产品

经过多年发展，中国人民银行企业征信系统基本产品包含基础产品和增值产品。基础产品主要为企业信用报告；增值产品则包括企业征信汇总数据、关联企业查询、历史违约率等。具体如图 3-12 所示。

（1）基础产品

中国人民银行企业征信系统提供的基础产品主要是企业信用报告。目前，信用报告已成为商业银行信用风险管理的重要工具，服务于银行信贷流程中的贷前审查、贷后管理和资产保全等各个环节。

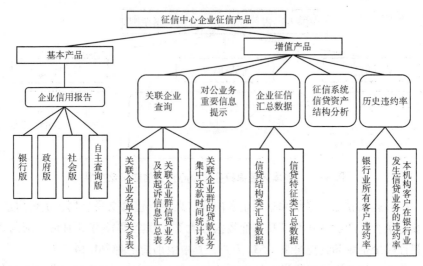

图 3-12　中国人民银行征信中心企业征信产品

2005 年，中国人民银行征信中心首次推出企业信用报告时，仅有一个版本。为更好地服务不同类别的用户，征信中心不断优化信用报告内容、丰富信用报告版本。新版企业信用报告于 2011 年开始研发，2012 年 7 月上线试用，2013 年正式推出。新版企业信用报告针对不同的需求主体分为四个版本：一是为以银行为代表的授信机构服务的银行版；二是为政府部门履职使用的政府版；三是为其他机构服务的社会版；四是为满足信息主体查询需求服务的自主查询版。新版信用报告内容更加丰富、完整，结构层次更分明，信息展示顺序更加符合阅读习惯，展示方式更加灵活，可读性更强。

（2）增值产品

中国人民银行征信中心对所采集的各类企业信息进行深加工，针对用户的个性化需求，先后推出了关联企业查询、企业征信汇总数据、对公业务重要信息提示、征信系统信贷资产结构分析、历史违约率等增值产品。

关联企业查询产品是基于企业征信系统借款人基本信息和信贷信息，通过数据挖掘找出借款人与企业、借款人与个人存在的直接或间接或共同控制的经济关系，包括以资本为纽带和以经济利益为纽带的 33 种关系。

目前，征信中心主要提供三类关联企业查询产品：一是关联企业名单及关系表；二是关联企业群信贷业务及被起诉信息汇总表；三是关联企业群的贷款业务集中还款时间统计表。

①企业征信汇总数据。该产品利用企业征信系统的数据，通过对数据进行加工和处理，综合反映银行业信贷业务的运行情况。其服务对象主要是中国人

民银行各级分支机构。企业征信汇总数据主要包括信贷结构类汇总数据和信贷特征类汇总数据两类。前者于 2007 年 10 月正式投入使用，目前按月向各征信分中心提供辖内信贷汇总数据，也为中国人民银行分支机构的个性化需求提供服务。2014 年全年，征信中心向中国人民银行分支机构提供了 2 592 个数据包（立方体），为中国人民银行分支机构、商业银行提供个性化征信服务 22 次。后者于 2011 年 12 月正式上线，主要服务于各中国人民银行分支机构，为本辖区的货币政策执行和金融风险监控提供信息参考。截至 2014 年底，征信中心面向中国人民银行分支机构用户提供各类数据分析服务累计 3.33 万次，提供各类汇总信息累计 3 124.75 万笔。

②对公业务重要信息提示。该产品将各机构用户的情况在每周工作日反馈给机构，如机构"守信客户"在其他机构发生"新增逾期 90 天/60 天"、五级分类"新增不良""新增失信被执行人"等提示信息，主动推送给相关机构用户总部。该产品于 2014 年在中国工商银行、中国银行、中信银行、国家开发银行和中国民生银行 5 家银行进行了为期 3 个月的试用，6 月 9 日正式上线，向所有接入征信系统的授信机构提供服务。自试运行以来至 2014 年底，征信中心已向机构用户推送每日新增五级分类不良约 2.9 万笔，新增逾期 90 天约 6.6 万笔，新增逾期 60 天约 7.3 万笔。

③征信系统信贷资产结构分析。该产品运用征信系统的数据，以图形的形式反映单家机构在信贷市场中的相对位置以及市场份额，为商业银行信贷决策提供信息支持。该产品指标设计以行业、地区为主线，以贷款、贸易融资、信用证、银行承兑汇票等 7 项业务为辅线，提供分地区、分行业、分信贷品种的信贷市场运行分析、信贷市场结构分析、信贷资产质量分析。每类指标既提供时点（或时段）值，又提供时间序列值，均以图形的形式展示。该产品于 2014 年 5 月 9 日起在中国工商银行、中信银行和渤海银行 3 家银行进行试用。

④历史违约率。该产品利用征信系统覆盖全市场的数据计算出某一时点上的正常客户之后一年在全市场上发生违约的比率。该产品包括客户在本银行和其他银行的违约，反映银行业对公业务中借款人平均违约水平，可作为行业中衡量这一群体实际违约水平的标准，直接用于校准商业银行使用本银行数据计算的历史违约比率，提高测算违约概率的精准度。历史违约率产品分两大类：一是银行业所有客户的违约率，二是本机构客户在银行业发生信贷业务的违约率。该产品按月加工，向用户提供分行业、地区（借款人注册地和金融机构所在地）、借款人规模、金融机构（全金融机构和本机构）、信贷业务种类、违约标准 6 个查询条件。查询结果包括期初正常客户数、观察期违约客户数、

违约率。历史违约率产品于 2014 年 11 月 14 日起在中国工商银行、交通银行、中国光大银行和平安银行 4 家银行进行试用。

3.5.1.3 机构接入及查询情况

根据中国人民银行征信中心统计，企业征信系统查询量至 2014 年底累计达 5.23 亿次，涉及用户累计达 14.8 万个。2014 年全年查询次数达 9 950.4 万次，主要查询机构为商业银行。在进行查询的商业银行中，股份制商业银行和国有商业银行总占比超过 70%，股份制商业银行查询量最高，占 39.6%，国有商业银行占 31.5%。至 2016 年 9 月初，接入中国人民银行企业征信系统的机构数量如图 3-13 所示。

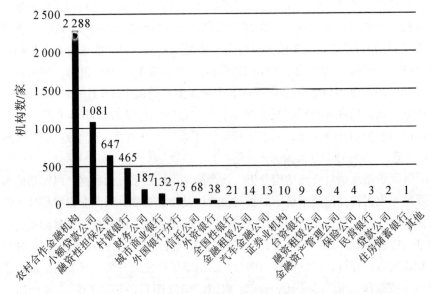

图 3-13　2016 年 9 月初中国人民银行企业征信系统机构接入家数

在互联网征信服务方面，2013 年初，中国人民银行开始试点个人信用报告网上查询服务。2013 年 10 月 27 日，中国人民银行征信中心个人信用信息服务平台上线。平台提供三种信息服务，包括个人信用信息提示、个人信用信息概要以及个人信用报告。这是中国人民银行信用服务从线下到线上的一次探索。

经过多年发展，中国人民银行征信系统对于传统金融机构在信贷业务上发挥了重要作用。通过中国人民银行征信系统，金融机构可以有效查询和识别贷款企业和个人的信用状况，降低了其在信贷业务中的风险识别成本，也有效提高了其防范信贷风险的能力。中国人民银行征信系统毫无疑问已成为我国金融活动的基础设施，与此同时，其信用服务和产品也逐渐在我国市场经济活动中发挥了重要作用，且随着信用信息的累积和方法的不断完善，将逐渐满足我国经济市场交易的信用需求，有效降低市场交易中的信息不对称和交易成本，成为我国经济市场运作的基石。

3.5.2　商业企业征信——社会征信机构

商业征信体系主要由市场化的社会征信机构、信用评级机构等信用服务中介机构对企业的信用信息进行采集、筛选和评估等。近年来，由于国家相关部门对信用服务行业和征信机构的监管越来越规范，准入及退出制度逐步健全，部分企业征信机构被注销备案。我国企业征信备案机构由 2014 年 6 月的 26 家增长至 2016 年 6 月的 137 家，之后累计注销机构 12 家。截至 2018 年 6 月初，有 125 家企业征信机构取得备案，涉及企业信贷、企业投资、贸易往来、招标、租赁、保险、市场营销等领域。具体如图 3-14 所示。

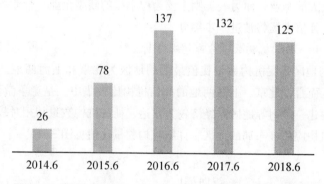

图 3-14　2014 年 6 月—2018 年 6 月企业征信备案机构数量

3.5.2.1　全国备案机构分布情况分析

从全国征信备案机构区域分布看，备案数量与区域经济发展密切相关，表现为经济越发达的地区社会征信机构也就越多，如我国东部地区社会征信机构较中西部地区明显更多。备案征信机构最多的省份（直辖市）依次为北京、上海、辽宁、陕西、深圳。其中，北京 40 家，占总量的 29.6%；上海 34 家，占总量的 25.2%；北京、上海两地的机构占总量的 54.8%，其他省份机构数量与北京、上海两地相比有较大落差。目前，北京地区征信机构的业务范围辐射至华北、华东地区；上海地区征信机构的业务范围辐射至华东地区；陕西、四川两地的征信机构业务范围辐射至西北、西南地区。而华中地区业务情况较为特殊，其受理征信机构来自周围的地区，如浙江、湖南等。

3.5.2.2　全国备案机构注册时间分析

2014年被业界普遍称为征信服务元年，这一年我国征信机构数量、业务规模都上了一个新台阶。2014年，国内新增备案征信机构33家，其中北京、上海两地机构数量激增，2015年后增幅相对放缓。截至2017年7月初，在中国人民银行完成或正在接受备案的征信机构达到133家。

3.5.2.3　全国备案机构注册资本分析

2000—2016年，国内新增备案征信机构的平均注册资本呈上涨趋势。2005年，鹏元征信有限公司以其14 580万元的注册资本拉高了全年的平均注册资本量。2011年，北京中大信安能信用管理有限公司也以其10 000万元的注册资本，强势进入征信行业。从注册资本分布层面上看，2005年以前的注册资本量主要集中在1 000万元以下；2005年以后，注册资本在5 000万元以上的企业逐渐增多，而注册资本位于1 000万~5 000万元之间的企业较少。这可能预示着，征信行业的企业规模将出现两端分化的情况，一类为资金实力雄厚、规模较大的企业，而另一类则主要为中小型的新型企业。行业竞争业态正发生变化，征信市场将被进一步细分。

3.5.2.4　GDP/机构数量分布情况分析

GDP与地区备案机构数量比值最低的地区为北京和上海两地。相对于全国其他地区而言，北京、上海两地的征信机构比较集中，是竞争激烈的地区。而湖南、福建、广州等地区的经济较为发达，征信机构数量却相对较少，是接下来征信机构应积极布局的地区。详细机构数量比值见图3-15。

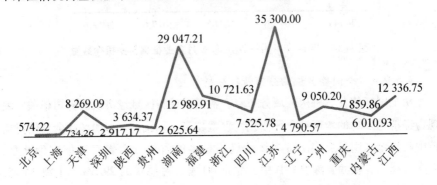

图3-15　我国各地区 GDP 与企业征信备案机构数量比值

3.6 政务征信发展现状

社会信用体系建设的关键环节之一是政府部门信用信息的归集、共享和应用。据《连云港市政务信息资源共享管理暂行办法》中的定义，政务信息是指政务部门在履行职责过程中制作或获取的，以一定形式记录、保存的文件、资料、图表和数据等各类信息资源，包括政务部门直接或通过第三方依法采集的、依法授权管理的以及因履行职责需要依托政务信息系统形成的信息资源等。

3.6.1 中国政务征信发展历程

相较于其他国家而言，政务征信是我国征信体系的特点。由于我国征信市场起步较晚，发展要求较为迫切，且我国公共信用信息数量大，政府成为社会信用体系建设的主要推动者。我国政务征信活动的发展大致可以分为四个阶段：

3.6.1.1 公共征信平台搭建时期

2000 年 11 月，党中央、国务院中央经济工作会议提出，要在全社会强化信用意识，创造良好的市场秩序。此后到 2003 年期间，我国政务征信活动进入公共征信数据库与系统的搭建时期。2003 年，原国家工商行政管理总局在全系统全面推行企业信用分类监管，完成了全国企业征信活动。为促进纳税信用管理，2003 年 7 月，国家税务总局发布《纳税信用等级评定管理试行办法》，提出要推进纳税主体征信活动并对纳税主体的信用进行分类监管。此外，从 1999 年开始，在地方政府的促进和引导下，上海市、北京市、浙江省、广东省等省（直辖市）启动并推进了地方征信系统的建设。

3.6.1.2 征信互联互通与共享建设时期

为推进信用信息资源整合与共享，2003 年，国家发展和改革委员会批复了《北京、天津、黑龙江、安徽、湖北五省市社会征信服务体系联合建设示范工程规划》，在全国开展信用信息互联互通试点工作。各地方政府开始探索建立信用信息共享机制。

3.6.1.3 全面推进时期

2007 年，国务院发布《关于建立国务院社会信用体系建设部际联席会议制度的通知》，要求建立国务院社会信用体系建设部际联席会议制度（简称"联席会议"），统筹协调社会信用体系建设工作。2008 年，国务院批复联席会议改由中国人民银行牵头，参与成员也扩增至约 20 个。该阶段，在政府的全面推动下，各界对社会信用的意识和认识都得到了显著的提高，政府部门也积极参与开展了国家信用体系建设工作，我国社会信用体系建设进入一个全新阶段。

3.6.1.4 提速发展时期

自 2012 年党的十八大报告强调加强政务诚信、商务诚信、社会诚信和司法公信建设以来，国务院先后在《国务院机构改革和职能转变方案》《社会信用体系建设规划纲要（2014—2020 年）》《2016 年政务公开工作要点》等文件或实施方案中，提出要加强社会信用制度建设、信用信息采集和管理、征信系统与政务信息系统互联和共享等方面的社会建设工作。2016 年 4 月 2 日，国务院办公厅印发《2016 年政务公开工作要点》，要求细化政务公开工作任务，加大公开力度。9 月 5 日，国务院颁布了《政务信息资源共享管理暂行办法》，以加快推动政务信息系统数据共享，提高政府部门服务水平和行政能力，增强社会公信力。我国政务信用体系进入了提速发展阶段。

3.6.2 中国政务征信发展现状

2015 年 2 月，国家信息中心在电子政务外网上搭建并开通了部际信用信息共享交换网站。"信用中国"网站于 2016 年 6 月 1 日上线运行。国家统一信用信息共享交换平台于同年 10 月 30 日上线试运行。信息共享交换平台实现了各地和各部门信用信息归集、共享、应用，为联合惩戒、联合激励提供了有效支撑，提升了跨部门、跨地区信用协同监管与服务水平。

全国信息共享平台主要有三个功能：

（1）交换功能，可实现部门之间一对一、一对多的信息交换；

（2）查询功能，集中了各地区、各部门的信用信息，并通过集中处理可生成市场信用信息报告，并供各部门、地区查询；

（3）奖惩功能，通过信息共享平台开发了一个信用奖惩平台，是守信联合激励和失信联合惩戒的专门平台。

全国信用信息共享平台依托国家电子政府外网建设，至今接入了发改、税务、工商（市场监管）、海关等 37 个部门，接入了苏、浙、黑、陕等 32 个地方，并已对接浙江等部分省级信用平台。国家信息中心与浙江、江苏等地方信用信息中心相关单位签署了《信用信息交换共享合作备忘录》，逐步实现与地方平台对接。截至 2017 年 11 月 17 日，平台累计收录信用信息共享目录 4 332 个，信用信息资源数量 3 211 个，信用信息入库总量达到 10.17 亿条。

根据联合惩戒备忘录确定的原则，执行"逢收必查、逢办必查"制度，由政务服务大厅接收的每个行政审批事项来件必通过全国信用信息共享平台查询企业信用信息，并导入内网供司局办理时查询参考；形成的信用信息定期推送至全国信用信息共享平台。截至 2017 年 12 月 8 日，通过全国信用信息共享平台信用信息归集及应用系统查询企业信用信息累计 140 068 次，向全国信用信息共享平台提供企业信用信息累计 55 069 条。

在个人信用关联信息方面，平台包含了中国人民银行征信信息查询系统、信用服务机构信用分查询系统、地方信用查询系统和电信运营商信用分查询系统。其中信用服务机构包括了鹏元征信、芝麻信用、万达征信、京东征信、百度征信等多家个人社会征信机构的信用信息。该关联信息查询系统把中国人民银行个人征信、企业个人征信机构、地方征信和电信征信等各方面的个人信用信息关联到一起，有利于全方位了解和查询个人在金融、商务、政务、电信等领域的信用情况。

3.7 我国信用服务市场存在的问题

3.7.1 个人隐私信息保护问题

征信机构获取数据后对于个人信息的合法使用仍然存在隐患，存在未经客户授权或客户不知情的情况，未有与之相关的配套法律措施。在互联网普及的当代，个人隐私信息泄露非常严重，仅 2017 年，就爆出多起大型信息泄密事件，美国三大征信机构泄露了 1.43 亿消费者数据，著名社交平台 Facebook 泄露了超过 5 000 万用户信息，打车平台 Uber 泄露了 5 700 万名客户和司机个人信息。在中国，信息泄露事件同样严重。与此同时，消费者的个人信息安全保护意识仍然比较薄弱，权益受到侵害后的维权意识不强。对此，我们亟须从立法和市场约束两方面保障个人信息合法、安全地被使用。

3.7.2 信息共享问题

由于存在信息保密等问题，企业、机关单位等组织不愿共享数据，征信机构面临数据获取难、成本高的问题。公共部门的信用数据分布在各个政府部门和服务机构，各部门的数据库之间尚不能实现互联互通。我国信用信息统计的数据标准还不统一，各企业和政府部门对于信用信息应该包含哪些方面的统计数据、数据存储和呈现的格式等未明确，各机构均在自有信息优势的基础上进行探索，这也是信用机构间的信用信息共享面临的难题之一。

3.7.3 信用评估有效性问题

近年来，大数据、机器学习、区块链等前沿技术不断创新，使得信用风险的识别与防控能力大大增强。相较于传统的信贷风险控制方法，无论是数据维度、数据处理方式还是数据传输方法都得到了很大的改变。但与 FICO 等国外成熟的信用机构具有几十年经验相比，国内依靠互联网及大数据的评估模型起步较晚，对于大数据等技术在信用领域的应用仍处于初级发展阶段，并未经历经济周期检验，而在经济下滑期，模型无法有效识别个人的信用风险点，想要将其稳定且规模化地应用于各类信用风险场景之中，还有待进一步的研究。

3.7.4 信用服务市场需求不足问题

我国当前社会的信用意识普遍不够强，除了以金融信贷等为代表的领域使用信用系统外，大众信用意识较为薄弱，对于使用信用信息产品及服务的习惯还未形成。在企业信用管理方面，企业的实际需求度不高，同时也尚未形成一个科学完善的机制，总体信用管理水平普遍较低。虽然信用服务也在向生活场景拓展，但仅是个别厂商的尝试，并没有形成普遍的社会信用服务使用意识和习惯。而且，政府部门对于信用需求的引导和鼓励还很不够。

3.7.5 信用服务市场化程度不高问题

与国外成熟的征信商业机制相比，国内征信企业规模偏小，盈利能力较弱，具有一定规模、运作规范、有广泛影响力的信用中介机构很少。信用报告的公信力、评估模型的完善以及监管对个人信息保护的加强，导致个人征信市场的门槛较高，因此在大众市场中，拥有产业背景和股东资源的公司将成为主流厂商。但由于数据天然存在的垄断性和针对性，也让各细分市场的公司有自己的生存空间。因此，除少数几家公司（如芝麻信用等）凭借其信息的优势或权威性，业务经营和产品服务水平较好外，其他征信机构在信用产品、服务、商业模式及变现模式方面均比较单一，部分企业未找到清晰有效的变现模式，在变现方式上，主要依靠与资金相关的信贷服务，缺乏市场营销、决策分析等信用衍生服务。

3.8 地方信用服务市场现状调查——以成都信用市场为例

3.8.1 成都市信用服务机构发展现状分析

3.8.1.1 成都市信用服务机构综述

成都市信用服务机构主要包括信用评级机构和企业征信机构。成都市提供公共信用服务的主要机构是中国人民银行成都分行营业管理部和成都市企业信用信息管理中心。截至 2013 年 7 月底，在成都市登记注册从事信用管理和资信评级的社会服务机构共有 28 家，其中 12 家是全国综合性公司在成都市设立的分支机构。具体如下：

（1）地方信用服务机构（16 家）：四川中诚信用评估有限公司、四川省金通咨询资信评估有限责任公司、四川省金石信用管理咨询有限公司、成都市成长企业信用管理服务中心、成都万事通信用管理咨询有限责任公司、四川瑞博特信用管理咨询服务有限公司、四川省德隆资信管理有限公司、四川省诚联会企业信用服务有限公司、四川佳誉信用服务有限公司、四川金泰华资信评估有限公司、四川新华联合资信评估有限公司、四川省大证信用服务事务所有限公司、四川经信卫信用评估有限公司、四川衡平企业信用评估管理有限公司、成都宇恩信用评估有限公司、四川正平信用评估有限公司。

（2）全国性公司分支机构（12 家）：联合信用管理有限公司四川分公司、鹏元资信评估有限公司四川分公司、北京瀚华信用管理有限公司成都分公司、中融博信（北京）国际信用评价中心四川分中心、中国诚信信用管理有限公司四川分公司、东方金诚国际信用评估有限公司四川分公司、大华国信资信评估有限公司成都分公司、四川远东资信评估有限公司、深圳市深元信用咨询有限公司成都分公司、CBC（北京）信用管理有限公司四川分公司、四川椰都信用管理评价有限公司、宜信普诚信用管理（北京）有限公司成都分公司。

3.8.1.2 企业征信评级机构

信用评级被称为市场经济的身份证。在现代社会，包括世界 500 强在内的任何一家企业，如果不进行信用评级，就无法在市场中立足。在我国，社会信用评级体系是由政府主导建设的，定期公布企业信用评级结果的体制正逐步建立起来。企业参加信用评级将成为通过中国人民银行贷款卡年审的必要条件之一。

截至 2016 年 6 月底，全国共有 140 多家征信机构、110 多家评级机构。在四川，共有 10 家信贷市场备案评级机构、6 家备案企业征信机构，见表 3-4

和表 3-5。

表 3-4　中国人民银行成都分行备案评级机构名单

一、四川省备案法人信用评级机构名单（6 家）	
1	四川远东资信评估有限公司
2	四川椰都信用管理评估有限公司
3	四川省金通咨询资信评估有限责任公司
4	四川中诚信用评估有限公司
5	四川正平信用评估有限公司
6	四川省大证信用评估服务事务所有限公司
二、四川省备案非法人信用评级机构名单（4 家）	
1	中国诚信信用管理有限公司四川分公司
2	联合信用管理有限公司四川分公司
3	东方金诚国际信用评估有限公司四川分公司
4	大华国信资信评估有限公司成都分公司

表 3-5　四川省已备案的企业征信机构名单（截至 2015 年 12 月 31 日）

序号	企业征信机构名称	企业征信业务经营备案证编号	法定代表人	联系电话	工商注册地址
1	四川兴中诚信用服务有限公司	08001	徐冰	028-68691611	四川省成都市成华区羊子山路68 号 4 栋 2 单元 20 层 21 号
2	成都信了吗信息科技有限公司	08002	蒋文龙	028-86512085	成都高新区云华路 333 号 10 幢302 号
3	成都金智通金融数据服务有限公司	08003	陈曦雪	028-86703306	四川省成都市锦江区总府路 9 号南区 2 楼 201、202、203 号
4	川恒征信有限公司	08004	彭威洋	028-65280031	四川省成都市锦江区东大街紫东楼段 35 号明宇金融广场19 层 1901、1902 号
5	四川川蜀通企业征信有限公司	08005	邝斌	028-61312278	成都市青羊区绿杨路 173 号8 栋 4 层 3 号
6	成都数联铭品科技有限公司	08006	曾途	028-65261096	成都市高新区天府大道中段666号希顿国际广场 B 座 15 层

注：本备案不视为对 6 家企业征信机构征信数据质量、服务水平、内控与风险管理能力、IT 技术实力、业务合规情况等的保证。

近年来，中国人民银行成都分行注重培育信用服务市场需求，扩大信用服务产品运用范围。比如连续三年会同四川省金融办联合发文，将评级报告作为加分项纳入两类机构监管评级指标体系，监管评级考核为 AAA 的，必须提交第三方信用评级报告；比如支持成都市经信委在中小企业信用担保机构免征营业税、财政奖补等方面使用评级报告和结果。但是目前，成都信用评级机构的发展还处于初期，相对于东部发达地区滞后，信用评级机构的独立性和公正性还不强，市场运作不够规范，公信力还不足。

3.8.1.3 个人征信机构

我国征信体系建设是从信贷征信开始的，核心环节是中国人民银行征信系统，其他市场化征信机构为辅助。目前个人信用报告应用最广泛的就是金融领域。各家金融机构或合作的机构将整理、提交的信息发到中国人民银行，由中国人民银行成都分行征信管理处统一管理。当居民向银行申请各类贷款或是申办信用卡时，金融机构都会在获得授权后查询他的个人信用报告，这份报告将会作为金融机构最终做出相关业务评判的参考指标之一。

目前，成都市民可查询以下三种个人征信信息：信息提示查询、概要信息查询、信用报告查询。其包括了基本信息、信贷记录、公共记录信息。除金融领域外，社会和政府领域在管理上，如出国、人事、司法等方面也已使用个人信用报告，在政务和商务等各方面领域的作用越来越重要。2013 年全年，中国人民银行成都分行政务大厅为社会公众提供查询 18.6 万次，同比增长 119%，日均查询 800 多笔，峰值达到 1 300 笔每天。而在 2013 年开通的网络查询平台上，截至 2013 年 12 月底，四川已累计注册 19.02 万名用户，公众通过平台查询 70.5 万次。个人信用报告的作用已延伸到政府和社会人事、采购、企业融资、出国申请、项目招投标、司法调查等方面管理领域。

2015 年，中国人民银行批准了 8 家机构开展个人征信，个人征信进入市场化进程。从首批入围的 8 家公司看，这些征信机构既包括芝麻信用、腾讯征信、考拉征信等在互联网大数据方面具有优势的企业，也有鹏元、中诚信、中智诚等老牌的传统征信企业。虽然这些企业都不是成都本地的企业，但是都在成都拥有分支机构或在成都也有业务。

总体而言，目前全国的个人征信还处于起步阶段，成都本地还未出现官方认可且支持的个人征信企业，个人征信领域仍是空白。

3.8.1.4 其他机构

为保障信用服务行业的有序发展，成都涌现出了一批信用服务市场相关的社团机构，如成都市信用与担保业协会、成都市企业信用评估与诚信评价协会等。其中，成都企业信用评估与诚信评价协会（简称"成都信用评估协会"）成立于 2010 年 10 月 19 日，由原成都市工商行政管理局（现市场监督管理局）主管，在成都市企业信用信息管理中心指导下，由成都市民政局登记注册，在成都从事信用与诚信建设，扶助企业和个人信用发展的唯一专业性组织。成都信用评估协会是中国社会组织最高级别 5A 级的社会组织，目前拥有近 110 家会员单位，包括各行业领军企业、知名上市公司、世界 500 强企业、专业的行业商协会、社团组织等。

3.8.2 成都市信用服务从业人员发展现状分析

信用服务从业人员是指在依法成立的信用服务机构从事相关信用服务业务的执业人员（包括信用分析师、信用评估师、信用调查师、征信员、内审员等）以及在企事业单位、行政机关等从事相关业务的信用管理人员（包括注册信用管理师、信用管理师、信用管理员等）。

四川省已经开始重视信用管理人才的培养。四川省人民政府办公厅《关于印发四川省社会信用体系建设工作实施方案的通知》（川办发〔2016〕61号）中指出，要支持有条件的高校培养信用专业人才；鼓励企事业单位探索和发展信用管理师；实现公开透明的信用从业资格认定，并对信用管理师的培训、注册、发证和管理建立规范制度；联合高校和专业组织机构对信用从业人员进行认证和培训，提升相关从业人员业务水平。

四川省在这方面起步较晚，信用管理人才极度短缺。中国人民银行成都分行数据显示，截至 2016 年 6 月底，四川省共有专业评级人员 101 人，专业企业征信机构人员 284 人。信用管理人才短缺也成为制约四川省和成都市信用服务市场发展的一个重要因素。

为了扩大信用管理人才队伍，成都市开启信用管理师职业资格认证培训，通过考核的人员由中华人民共和国人力资源和社会保障部颁发高级信用管理师国家职业资格证书。除了这个国家信用管理师职业资格认证之外，成都市对信用服务人员的管理还包括如下资格认证和相关培训：

（1）资格认证。成都企业信用评估与诚信评价协会（简称"协会"）从 2014 年开始举行信用人才培训，并颁发合格证书。截至 2016 年 3 月底，成都市共有 240 名学员荣获"信用管理员合格证"。协会为各企业的高层、事业单位和社会团体分管信用工作的领导或管理人员等对象开展了上万人次信用管理方面的培训。

（2）成都信用服务从业人员相关培训。除了上述成都企业信用评估与诚信评价协会组织的信用人员培训外，成都市信用与担保业协会每年都会针对其会员公司的相关从业人员（如担保公司、小贷公司业务拓展人员）组织集中培训，培训内容包括成都市政府相关政策、小微企业担保融资调查评估过程、担保经营活动中涉及的法律知识等。

相关信用服务平台和机构也会定期开展业务培训。例如，第三方社会信用大数据征信平台——成都绿盾信用服务有限公司每年均会对新员工进行征信业法律法规、绿盾征信品牌运营模式、客服及市场业务流程、公司管理制度等方面进行强化培训。

3.8.3 成都市信用服务市场需求现状分析

从信用服务市场的需求来看，目前成都市社会各界人士缺乏现代信用意识，银行作为信用需求的主体，很大程度依赖于其自身征信系统，总的来看，社会对信用产品的需求十分有限。

从信用服务的供给来看，信用信息数据瓶颈、服务意识滞后等原因使得"成都信用网"这样的信用平台有限，并且其能提供的信用信息和服务也很有限。

成都市目前提供的信用产品和服务主要集中在企业信用信息的查询以及为企业提供信用报告等方面。由于信用意识淡薄，政府、企业、人员的信用产品和服务的需求有待唤醒和激发，使公众意识到信用市场可以为个人的生活和工作、企业的生产运营提供多种便利和保障。

从政府层面来看，通过使用信用标准，运用权威信用信息可以实现和维护信用秩序，提高政策的贯彻落实程度以及执行效率。成都市信用服务市场的目标，第一是开展对信用主体分类信用管理，第二是实现区域信用信息共享，第三是提高部门间信用联动监管水平，创造诚信社会市场环境。

从企业层面来看，企业在从事经营活动中需要用到企业信用调查类产品，及企业在融资活动中设计的企业融资类评级产品。此外，企业的内部管理需要信用评级。通过信用服务市场的建设可以为企业降低交易风险，减少交易成本，从而在诚信建设水平等方面为企业提供信息化支持。同等条件下，信用良好的企业更容易获得政府的相关资金扶持。

从社会公众角度来看，由于信息不对称，普通公众往往在信息交互和选择中处于弱势地位，因而对与切身利益相关的产品和服务方面的信用信息格外关注。以近年来不断发生的旅游乱象为例，公众亟须旅行社和导游的信用数据，方便人们识别可信赖的服务方。此外，涉及食品安全问题时，人们也迫切需要商家的信用数据。在这方面，上海市已初步构建了城市商家的信用地图，以方便市民查询。除了对企业信用信息的需求外，个人在申请消费信贷、申领信用卡、求职等活动中也需要用到个人类征信产品。

3.8.4 成都市信用服务市场建设存在的主要问题

本小节通过对比成都市信用服务市场现状与国内外先进信用服务市场情况，分析成都市信用服务市场建设存在相关立法等问题。

3.8.4.1 信用服务市场建设的相关立法滞后

虽然成都市信用服务市场建设成效明显，然而在市场立法上仍然存在较大滞后性。本小节从信用服务市场中的各个主要参与主体的角度对成都市信用服务市场的立法滞后性进行分析，包括以下三个方面：

（1）企业征信立法滞后

尽管成都市对于企业信用信息管理制定了总体信用信息管理办法和针对特定行业的信用信息管理办法，但仍存在制度不健全、不统一的现象。

第一，对企业的信用信息规定不统一，包括规定信息的种类不统一、有效期不统一等。例如，从信息种类上看，《成都市企业信用信息管理办法》与《成都市房地产行业信用信息管理办法》对信用信息的要求大体相同，但与《成都市中小企业信用评级管理暂行办法》存在较大差距；从有效期上看，几种办法规定的信息发布期限也存在差异。

第二，信用评级立法混乱、内容不全。首先，各项规定中对于企业信用评级的方式不统一。例如《成都市企业公共信用等级划分》《成都市工商行政管理局市场主体信用分类、监管分级指标体系和评价标准》《中小企业信用评级管理暂行办法》制定的评级方式不同。其次，缺乏针对第三方信用评级机构的信用评级参考办法，大多数规定仅仅考虑了政府部门作为评级机构，只有少数如《中小企业信用评级管理暂行办法》考虑了第三方评级机构的评级办法。最后，成都市各项规定的评级对象大多是针对企业的，缺乏针对个人信用评级的相关内容。

第三，缺乏守信激励和失信惩戒的规定。在《成都市企业信用信息管理办法》中，对企业只制定了失信惩戒机制。而在《成都市房地产行业信用信息管理办法》中，虽然对企业制定了一定的守信激励与失信惩戒机制，但是过于简略而没有可操作性。在《成都市中小企业信用评级管理暂行办法》中，则只制定了激励机制而没有惩戒机制。从总体上看，一方面，各项法规或者重视激励或者重视惩戒，或者两者都缺失；另一方面，没有统一的激励与惩戒规定，也使得各部门在制定激励与惩戒机制上没有参考，制定的措施混乱。

第四，缺乏针对特定行业的企业征信立法。除了《成都市房地产行业信用信息管理办法》《成都市房地产行业信用评估管理细则》两个针对房地产行业的征信立法将房地产行业信用信息管理与信用评估进行了细致立法以外，没有其他针对特定行业的企业征信立法。

（2）个人征信立法滞后

成都市在个人征信上的立法较少，只有部分单位自定的规定，例如《中国人民银行成都分行企业和个人信用信息查询管理规定》，这些规定主要存在于银行等金融机构中，没有政府制定的统一的针对个人的征信立法。目前成都市对于个人征信上的制度主要还是参考国家制定的有关规定，包括《个人征信管理条例》及《征信业管理条例》等。因此，在个人征信上的立法较企业征信上的立法滞后更多。具体而言，包括以下几点：

第一，缺乏对征信信息的立法制度。虽然国家在《个人征信管理条例》中对个人征信信息做出了基本规定，但成都市并没有对征信信息进行比较详尽的立法，很容易导致银行及第三方征信公司在进行个人征信时信息采集不统一，不利于信息管理。

第二，缺乏信用评级制度。国家在《个人征信管理条例》及《征信业管理条例》中更强调征信机构所应遵守的规章制度，并没有提到信用评级参考方案，而成都市对个人征信的地方性立法本就稀少，更没有对个人的评级制度。

第三，缺乏守信激励与失信惩戒机制。国家在两个条例中都没有制定守信激励制度，只是在谈到征信机构保留不良记录的时间限制上面间接提到了失信惩戒制度，除了披露以外，并没有其他惩戒机制，因而守信激励与失信惩戒机制严重缺乏，成都市也没有制定相关制度。成都市的银行虽然有一定的惩戒制度，但仅仅针对借贷人。国务院在《关于建立完善守信联合激励和失信联合惩戒制度，加快推进社会诚信建设的指导意见》中对守信激励与失信惩戒做出了规定，但成都市在实施该规定并制定地方制度上仍处于探索阶段。

（3）征信机构立法滞后

虽然国家对征信机构立法比较详尽，例如《个人征信管理条例》和《征信业管理条例》都对征信机构的资质、信息的保密、征信机构监管与惩戒等制定了比较详细的规定，然而成都市除了《成都市中小企业信用评级管理暂行办法》以外，很难找到针对征信机构的相关立法，在对征信机构的立法上仍然存在较大的滞后性。具体而言，包括以下几点：

第一，缺乏征信机构资质立法。除了《成都市中小企业信用评级管理暂行办法》对信用评级机构的资质做出了要求以外，没有其他立法对征信机构的资质做出要求，且该办法仅针对中小企业征信机构，对其他企业没有相关立法。虽然国家的两项条例对征信机构做出了要求，但是国家要求为征信机构设立了比较高的门槛，导致民间很难建立征信机构，不符合成都市目前信用服务市场不活跃，应该鼓励更多征信机构建立的要求。相对而言，上海市对于信用服务机构的成立门槛较低，只需要备案而不需要审批，而在成都市，信用服务机构既要备案也要审批。

第二，缺乏信用服务机构成立的鼓励措施。正如第一点所说，仅仅按照国家制定的资质要求，征信机构成立门槛较高。而按照成都市的要求，征信机构的成立需要备案与审批，也为信用服务机构的成立设置了一定的障碍。而上海市对于鼓励信用服务机构的成立不遗余力，征信机构成立只需要备案而不需要审批。

第二，缺乏征信机构监管部门及措施。《成都市中小企业信用评级管理暂行办法》虽然规定了评级机构严重失信和违规行为，但该办法对于评级机构的失信和违规行为的规定过于笼统，在出现非法获取信息、利用个人信息牟利、损害信息主体的安全和隐私等问题的时候，并没有详细的处理办法。而且，该办法仅针对中小企业，监管部门也仅仅是中小企业信用评级工作监管部门，对其他企业的信用评级机构的监管部门及监管办法都没有相关的立法。

第三，缺乏对征信业其他领域的立法。征信业涉及对企业、事业单位等组织（以下统称"企业"）的信用信息和个人的信用信息进行采集、整理、保存、加工，并向信息使用者提供的活动。信用评级只是征信业中的一种业务，除此之外还涉及信用记录、信用调查、信用评分、信用报告等业务。而除了信用评级制度以外，成都市并没有制定对其他业务方面的规定。

除了以上提到的滞后性以外，各种新技术的到来也为信用服务市场的立法带来了新的挑战。例如，大数据与金融创新的出现，为信用服务市场带来了技术挑战与监管挑战。

3.8.4.2　全面的信用信息数据库尚未形成

信用信息数据库建设是社会信用体系建设的重点，也是重要的基础设施。地方政府协助完善信用信息数据库可以帮助商业银行核实客户身份，可以帮助商业银行消除、降低和控制信贷风险；还可以为社会大众提高信用意识，为其他行业的信用建设以及执法管理发挥重要作用，提高法院、环保、税务、市场监管等政府部门的行政执法力度。

我们根据对四川、重庆、广州及上海等省市发展和改革委员会的调研发现，成都市虽已建立了企业和个人信用信息数据库，但还须借鉴发达地区的经验，进一步建设和完善征信系统。主要在以下几方面仍存在问题：

（1）多头建设，信息共享不足

目前，成都市尚未制定信息收录办法，人民银行、税务、海关、市场监管、质监等部门分别制定信用标准建立信用档案，没有统一的信用管理领导和组织机构，标准不统一。因此，目前成都信用体系建设工作存在着各自为政、多头建设和重复建设等问题。另外，成都市信用信息主要存在于政府部门中，信息流通较差，导致信息共享不足。相比之下，上海在《上海市公共信用信息归集和使用管理办法》中已经明确规定了信用搜集的相关单位，各自负责一部分信用信息搜集工作，避免重复建设。

（2）信用信息数据库之间尚未实现完全互联互通

目前，成都市虽然已经形成了比较完整的企业法人和成都市公民信用信息数据库，但是尚未实现企业信用信息系统、公民信用信息系统、金融信用信息基础数据库等信用信息平台间的全方位互联互通、资源共享。而上海市的信用信息平台数据库已经涵盖了 2 400 万自然人的数据。

（3）数据库管理模式单一

成都市对现有数据主要采取档案式管理。现有的信用信息数据主要源于一线工作人员的录入，信息的原始性使得该信用信息能较为真实地反映主体的经济及信用状况。然而，这些信息大都被作为商业机密或个人隐私保存起来，而不能被用于信用信息系统中。

3.8.4.3　信用信息共享平台不够完善

虽然成都市信用信息平台于 2004 年就开始建立并在 2010 年构建了新系统，对信用体系建设中信用信息的管理进行了有益探索，一定程度上解决了信用信息共享问题，然而总体上，平台建设依然存在不少问题。

（1）缺乏信用信息共享平台的制度支撑

信用信息平台建设涉及征信机构、政府部门、企业和个人等多类参与主体，在各类参与主体间缺乏信用信息共享机制、法律法规、共享平台等共享体系的支撑。特别是信用信息作为各类参与者的私有信息，需要政府协调并提供完善的制度体系。

（2）平台分类不够明确

信用信息平台的服务对象多种多样，信用信息共享平台的服务对象应该包括政府、金融机构、企业和个人四大主体。主体的位置、行业也存在较大差别。对不同的主体，针对其特点，提供的服务应有所差别。而成都市信用信息共享平台并没有针对不同的对象设置不同的服务，这就造成了服务对象寻找所需信息的难度较大，降低了平台信息的使用效率。相比之下，上海市公共信用信息服务平台已经针对自然人、法人和政府提供了不同的服务。

（3）县区信用信息平台建设不足，区域联动机制尚未形成

信用信息共享平台的建立，应符合地方经济发展需要，发挥政府的主导作用。除郫都区外，成都市信用信息共享平台在其他县区都没有建立起信用信息平台，导致地区覆盖不全，分级建设机制尚未形成，容易造成信息重复搜集、平台重复建设，无法形成各部门各地区联动的机制。相对而言，重庆市已经建成了覆盖 38 个市级部门和所有区县的信用归集系统。

（4）平台统一和对接程度不够

成都市建立了成都信用网，成都市房地产行业也建立了成都房地产行业信用信息平台。而在欧洲地区，信用信息共享程度很高，一家银行上传主体信用信息，则会得到其他银行与该信用主体相关的信用信息。技术标准和信息标识没有统一，导致信息不能共享，技术也不兼容，社会信用体系很难建成。

（5）缺乏部分主体征信内容

全面完善的信用信息共享平台应该包含企业、个人、政府、社会组织团体等在内的所有主体的信用信息。而目前成都市信用信息平台建设重点主要集中在企业和政府方面，没有涵盖个人、社会团体、信用服务机构这些主体的征信内容。

（6）"双公示"工作还需突破

一是数据归集平台未全面覆盖。由于四川省信用信息共享交换平台尚未建设完成，省级相关部门和市（州）运用行政权力规范公开运行平台成为"双公示"数据搜集和信息公示的重要载体，但目前省级行政权力规范公开运行平台仅与 48 个省级相关部门进行了数据对接，并未完全覆盖具有行政许可和行政处罚权力的省级部门，并且在上报数据中，因涉及隐私、保密或其他原因，部分单位并未将本部门"双公示"目录所涉及的内容全部报送，行政许可和行政处罚事项数据信息不全。市（州）、县（市、区）机构设置不统一，各部门数据规则不同，也没有进行数据全面归集。

二是数据标准不符合国家要求。行政权力运行平台中行政许可和行政处罚公示没有单独开设板块公示，与其他行政行为合并公示，使人难以进行区分，且行政权力运行平台不能有效归集"双公示"数据信息并提供有效数据。此外，省、市（州）、县（市、区）三级平台公示数据未采用统一标准，规则、

字段名均由地方各部门自行设置，系统无法做到数据的有效分类和抓取，行政"双公示"运行平台无法进行数据汇总和统计分类。

3.8.4.4　信用信息的挖掘深度和利用不足

成都市对信用信息的利用主要停留在信用查询和公布阶段，对信用信息的挖掘和利用仍存在一定不足，使得信用市场的需求难以得到满足，更难以发现新需求、拓展新市场。

首先，信用信息搜集覆盖面不全。在典型的商业化模式的美国，其信用来源较多，除了银行和相关金融机构以外，还有信贷协会和其他各类协会、信用卡发行公司、财务公司和商业零售机构等。上海市公共信用信息服务平台已经发布了超过 138 万法人和 2 400 万自然人的信用信息数据。上海从市、区两级政府部门提供的行政处罚类信息等多项渠道获得企业与个人的信用信息。成都市信用信息覆盖面不广，涵盖个人、组织、企业各方面信用信息的大数据平台尚待建成。

其次，信用信息共享力度不够。成都市信用信息主要集中于银行、市场监管和政府相关管理部门，各部门掌握了不同职能方向的信用信息，但部门间信息的共享建设有待加强。成都市有待整合电子商务、食品安全、融资担保等各行业及领域相关部门的数据信息，共建成都信用信息共享平台。

最后，信用信息挖掘利用能力有待加强。信用体系建设的关键是应用。成都市对于信用信息的应用上还存在较大不足。一方面，上海已经出台了《上海市公共信用信息归集和使用管理办法》，但成都还没有制定信用信息使用的管理办法；另一方面，成都对信用信息的挖掘和利用也不足。以成都信用网为例，相关信用信息主要采取公示公告、市民查询的方式运作。信用信息往往是孤立的信息点，而没有进行数据整合，更没有深入挖掘其内在的联系和规律。美国和上海在信用信息挖掘和利用上比成都市先进。美国具有处理并存储海量信用信息的能力，并能够实现数据挖掘和决策支持等数据的深入加工，上海市在信用信息的使用上主要强调"让失信者寸步难行，让守信者一路畅通"，已经具备比较完善的守信激励与失信惩戒机制，能够很好地利用信用信息造福百姓。加强数据挖掘技术对信用信息搜集评价体系建设的作用，可以应用数据挖掘技术进行数据分析，去发现信息的内在规律。运用数据挖掘技术还可以自动对企业和个人交易的行为模式进行分析，对其是否可能有失信行为做出预测和防范。

3.8.4.5　信用服务市场化运作机制不够健全

（1）市场化原则和行政化推动之间存在矛盾

由于我国信用体系在全国范围内尚没有形成一个有机的系统，所以尽管成都已经建立了征信网络与平台，但受到市场发育程度的限制，其作用并没有得到有效发挥。目前，成都市的信用服务机构主要仍为中国人民银行组建，且主要由行政手段推动，导致市场背景下的征信机构发展不够，市场化程度差且市场细分程度较低。

（2）第三方征信机构发展不成熟，存在信息孤岛

目前，成都市市场化的征信机构在征信体系中并不占主导地位，第三方征信机构数量少，成立时间短，信息资源和渠道不够成熟，服务模式也不够明确和稳定，信用服务产品市场的应用程度和价值较低。

（3）奖励与惩处机制不完备，信用制度还需完善

在奖惩方面，虽然成都已经建立了信用制度，创造了部分信用红利，但范围还不够广，力度还不够大，相关的信用信息管理制度、信用服务监督制度、信用服务评价制度等还不够完善。

（4）轻视信用的思想广泛存在

我国曾长期实行计划经济体制，使得在向市场经济进行转轨时存在社会信用断层。社会普遍缺乏诚信，缺乏道德观念，导致信用服务向市场化推进时产生了许多问题，如信用信息征集者、信用报告方作假，以及市场上对于信用报告的需求少等情况。

3.8.5　培育和规范成都市信用服务市场的总体思路与对策

3.8.5.1　成都市信用服务市场发展的总体思路

按照党的十八大和十八届三中全会、四中全会的要求，依据国家《社会信用体系建设规划纲要（2014—2020 年）》和《四川省社会信用体系建设规划（2014—2020 年）》以及《成都市社会信用体系建设规划（2015—2020年）》的规定，成都市信用服务市场发展要依托城市信用建设，要积极培育信用产品的市场需求，加强政府信用建设，提升政府行为的公信力，建立信用的惩戒和褒扬机制，加强和重视信用状况监管，努力促进信用中介机构规范快速发展。

目前，成都市信用服务市场建设已取得显著成效，但仍存在立法滞后、运作机制不健全等一系列问题。基于成都市信用服务市场的发展现状，成都市应结合国内外发展经验，尤其是上海、重庆、广州等国内先进城市信用服务市场

培育和发展经验，采取"政府主导、多方联动、健全机制、服务社会"的总体发展思路，坚持政府主导的公共信用系统和市场化的征信公司并行发展，构建健康的信用服务机构信用生态圈，健全市场运行及监管机制，整合建立信用产业链条，提供服务个人、企业乃至全社会的信用产品和服务，推动信用服务市场全面发展。

政府主导，就是要充分发挥政府的指导作用，全局性地统筹工作进度和工作内容，夯实信用服务的基础工作，加大对建设信用数据库和信用信息的分析及数据挖掘与利用等重点和难点环节的支持力度，关注基础信息搜集和诚信宣传等基层工作，更加注重信用服务市场的服务本质，充分发挥政府的统筹推动作用，改善全市信用服务市场和信用环境。

多方联动，就是要加强各部门和行业的协作，实现多方的信息共享、奖惩联动，共同推动全市信用服务市场的发展。加强市场监管、税务、质量技术监督、食品药品监管、劳动保障等政府部门以及金融机构、公共服务机构的合作，加强线上和线下各行业的资源共享，鼓励和调动社会力量广泛参与，整合数据、人才和技术等资源，提高经济市场上各类交易过程中的参与主体对于信用方面的风险意识，需建立促进机制，推动交易参与主体形成在经济行为中使用信用服务或产品的习惯，共同推进和完善惠及全行业以及全市的信用服务市场。除了行政机关和相关行业的协作，还要发挥行业协会的作用。

健全机制，即健全信用服务市场的管理体系和运行机制。要积极发挥市场机制在经济活动中的作用，通过完善市场运行机制实现和优化市场资源配置的功能，完善市场运营和服务。完善信用评估机制，全面而系统地建立政府、企业和个人的信用评估体系，为信用服务市场的管理和评价提供标准。完善监督管理机制，加强政府管理部门的监督和管理力度，同时充分运用社会力量和社会资源加强全社会对信用服务市场的监督和管理，防范管理风险。完善奖惩机制，建立奖励和处罚措施，建立健全对企业和个人信用行为的激励制约机制。

服务社会，要充分体现信用服务市场的服务本质。鼓励信用服务部门和机构充分激发市场需求，展现热情、周到、主动的服务意识，提供面向个人、企业和机构的多样化、个性化、专业化的服务产品。多样化体现在信用服务市场既可提供包括各种信用分析报告、信用红黑名单、企业和机构评级等物质性服务产品，又能提供包括信用人员培训、诚信宣讲等精神层面的服务。个性化体现在充分利用信息技术挖掘个人和企业用户特征，提供个性化服务推荐和服务定制。专业化体现在信用服务市场应展现分工精细、信息准确、流程规范、服务高效的专业特征。

3.8.5.2　成都市信用服务市场的发展路径

针对目前成都市信用服务市场发展相对滞后的现状和总体发展思路，成都市信用服务市场的发展路径可以从规范市场和培育市场两个方面归纳为以下几点：

（1）规范信用服务市场

一是完善信用体系建设，为信用服务市场的发展提供基础。这既包含政府信用体系建设，也包含企业、个人信用体系建设。政府信用体系建设包括加强政务公开，简政放权，坚持依法行政，确保行政执法的公正和公平，提高司法透明度，维护社会公平正义；此外还包括完善行政过错追责制度，对于干部任用、评先评优进行公示，塑造良好的政府形象。

二是推进信用市场法规建设。完善成都市企业、机构、个人信用信息的使用、操作等方面的管理办法，制定信用服务机构市场进入条件和退出标准，信用服务机构从业人员职业标准，信用服务机构及从业人员市场服务规范及奖惩制度等规定。制定和完善相关支持政策，大力发展和培养信用服务机构，向信用服务机构开放企业公共信用信息平台，鼓励和支持信用服务机构创新信用产品。

三是构建科学合理规范的市场监管机制。推动政府部门对市场准入、资质认定等方面进行信用分类监管；加强建设和完善地方的守信和失信奖惩机制；在信用信息的征集和市场使用等方面，要充分发挥行业协会的作用，形成市场的自律环境，也需要政府对信息数据的搜集、采纳和应用等方面加大监管的力度。

四是培育和引进信用管理专业人才，为信用市场提供人才保障。加强政府、企业和相关机构信用服务人员的业务培训和继续教育。

（2）培育信用服务市场

在信用服务市场方面的培育：一是培育信用服务机构，促进信用服务机构规范快速发展；二是培育信用服务需求市场；三是引入技术成熟的信用服务机构，为市场各方面的信用服务需求提供相应的服务，形成完善的信用服务市场供给。

3.8.5.3　培育和规范成都市信用服务市场的具体举措

（1）建立"一个中心+多方授权+多元协作"的管理机制

建立相对独立的核心领导小组或工作机构（以下简称"工作组"），全面负责成都市信用服务市场的统筹管理工作。参考上海市公共信用信息服务中心的工作机制，工作组应具有管理成都市信用信息服务平台的建设、运行，研究公共信用信息标准规范，归集、统一信用信息，制定规范的信用服务机构准入和退出机制等工作内容。工作组可对第三方信用服务机构采取备案不审批的制度，鼓励第三方机构进入信用服务市场，并对其进行信息查询、信用评级等服务授权，扩展信用服务市场的服务规模。

（2）建立健全信用服务市场标准体系

出台具体的信用信息目录、信用指标目录、信用信息应用目录等标准体系，规范公共信用信息采集、共享、发布和应用流程，完善成都市在信息征集到具体应用全流程的地方性法规。

在个人、企业和机构信息征集方面，健全地方性信用信息征集法规和管理办法，明确信息征集组织、征集内容及标准。在从业人员管理标准方面，制定实施细则，加强对信用服务机构及其从业人员的培育和监管。在信用信息使用标准方面，制定各行政机关、司法机关、公用事业单位等组织安全使用信用信息办法，明确信用信息应用规范。

（3）建立行政、司法、社会舆论多角度奖惩机制

建立守信激励、失信惩戒以及异议处理机制，建立企业和个人信用行为清单，对守信和失信行为进行及时存档和管理。不断完善和健全联合奖惩机制，建立健全行政性信用奖惩机制。建立行业"黑名单"制度和市场退出机制，使企业一处失信、处处受限，增大其违法经营成本。

（4）加快建立统一公共信用信息平台

随着"互联网+"时代的到来和社会的快速发展，成都市的社会治理数据将越来越庞大，应利用云计算和大数据技术，适时建立统一的公共信用信息平台。首先，继续完善成都市企业、公民和金融信用信息管理系统，加强重点领域和关键环节信用信息系统建设，督促各个部门做好信用数据的报送工作。其次，整合成都市的行政数据和企业数据资源，打破"信息孤岛"，尽快推动建立基于云架构和大数据技术的信用信息系统，实现各行业各部门间信用信息互联互通和共享。再次，运用大数据技术深入挖掘政府信息资源，用大数据驱动社会治理，实现社会管理和服务机制的创新，提高政府工作效率和服务水平。最后，通过搭建大数据信用社会管理平台，建设大数据信用监管体系，了解区域内各行业的信用情况及变化，并在此基础上，提供信用融资、风险监控、金融监管等延伸服务。

（5）深度利用信用信息，拓展和优化信用服务产品

基于信用大数据，深度挖掘信息价值，激发市场需求，开发和完善信用服务产品。首先，引进和优化信用信息分析技术和模型。其次，充分利用信用信

息，开发信用服务产品，培育信用服务市场需求。鼓励消费信用服务，扩大企业和个人信用担保、信用贷款等多方面服务产品。促进信用信息对企业、机构在风险控制、投资、融资、客户管理等多方面的利用价值。

（6）加强信用服务人才培养，为信用服务市场提供智力支持

目前，成都市对信用服务人才的培养与社会需求严重脱节，对信用服务人才的需求形成巨大缺口，严重制约了成都市社会信用体系及信用服务市场的建设和发展。所以，加强成都市信用服务市场相关人才培养，加强后备人才、一线人才、创新人才及信用服务专业国际化人才队伍建设具有重要的意义。具体措施包括：第一，支持成都市各类高等院校根据成都市信用体系发展方面需求设置信用服务技术、管理、大数据等相关专业，鼓励信用服务相关技术、市场和管理等各方人才培养。支持高校人才进行信用服务等相关课题研究，充实信用服务管理相关专家人才队伍。第二，加强政府、企业和相关机构信用服务人员的业务培训，提高其业务技能。加强对信用服务市场中政府、企业及信用服务机构各方面的信用服务管理人员、信用服务人员进行信用服务业务、信用服务市场发展趋势、信用服务技术等方面的培训，培养既具有信用体系架构、产品、数据分析、市场分析、市场管理等各方面理论素养和知识，又熟悉市场和具有实践经验的各层次人才。第三，积极引进国内外信用服务技术、市场、管理高级人才，进一步与国内外信用服务市场建设较为完善或发达地区的政府、信用服务机构及相关研究机构交流并寻求合作，培养信用服务市场中所需的大数据技术、市场推广、产品和服务设计、信息分析、系统建设、体系管理等专业化人才队伍，形成一支既了解市场发展趋势、熟悉市场、熟练掌握服务技术，又有国际视野的全方面信用服务人才体系。

（7）大力推进诚信文化建设，完善信用服务市场软环境

首先，充分利用主流新闻媒体和"成都信用网"平台，加强长期信用宣传教育工作，广泛宣传和推广诚信建设典型案例和成功经验，大力宣传信用体系建设方面的法律法规。其次，加强对政府各级部门有关人员的培训，学习信用服务知识，提高守信意识。最后，充分发挥学校、企业、第三方服务机构的力量，加强信用服务知识培训和教育。

（8）鼓励信用服务交易，激发信用服务需求和扩大信用服务供给

培育信用服务市场，稳妥有序地对外开放公共信用数据。政府信息公开是信用服务市场发展的基础。加强政府与第三方信用服务机构之间的合作，打通政府和信用服务机构间的信息孤岛，实现数据的价值共享和交换。在保护国家机密、商业秘密和个人隐私的前提下，依法逐步向信用服务机构开放公共信用

信息数据。

鼓励第三方信用服务机构进行技术创新和产品创新。第三方信用服务机构只有积极进行技术创新，探索出适合自身优势的模式和技术手段，才能更好地进行数据采集、整理和分析，开发出更符合市场需求的产品，从而更好地服务市场。

（9）加大政策扶持力度，培育和规范发展第三方信用服务机构

第一，以市场为导向，通过政策优惠、营造良好市场环境吸引国内外知名第三方信用服务机构（特别是以腾讯征信、芝麻信用等为代表的大数据征信机构）在成都市开展信用服务业务。引导信用服务机构聚集发展，形成完整的征信产业链，构建健康的信用服务产业生态圈。

第二，规范第三方信用服务，明确监管主体，逐步完善信用服务法规制度。第三方信用服务机构要坚持"诚信、客观、公正、独立"的原则，其信息来源必须合法、真实。不披露、擅自使用或许可他人使用在信用评价过程中获取的关于客户的相关信息。在国家层面没有明确监管主体的背景下，根据成都市社会信用体系建设需要，可以通过政府指定方式或者招投标等方式择优选取国内外一家或多家发展成熟的权威信用服务机构，由该机构临时承担起服务市场的监督管理职责。

第三，完善信用服务评价方法和机制。第三方信用服务机构要完善信用评级的管理制度和评级程序，严格按照相关法规、标准及行业信用评级指标体系进行相关信用服务业务。

第四，加强第三方信用服务管理。对于第三方信用服务机构，需严格相关机构从业人员的准入标准，推行信用从业资格认证机制，形成有管理、有规范的信用服务专业人才市场和培养体系。

第五，接受行业组织监督，发挥信用服务行业协会作用，形成行业自律机制，且信用服务机构要主动接受政府部门及行业协会的指导和监督。

4　社会公德体系与信用监管体系建设现状

4.1　社会公德体系建设

社会公德与人们的各项社会活动息息相关，是从事社会活动需要自觉遵守的基本道德规范和行为准则。社会公德建设与职业道德建设、家庭美德建设以及个人品德建设共同构成了我国道德建设的主要内容。《中华人民共和国宪法》第二章明确规定"中华人民共和国公民必须遵守社会公德"，它是每个公民的基本义务。2014 年 6 月，国务院下发《社会信用体系建设规划纲要（2014—2020 年）》通知，明确指出："推进公民道德建设工程，加强社会公德、职业道德、家庭美德和个人品德教育，传承中华传统美德，弘扬时代新风，在全社会形成'以诚实守信为荣、以见利忘义为耻'的良好风尚。"社会公德建设对于我国社会信用体系建设、对于社会主义和谐社会建设都具有重大意义。

4.1.1　社会公德概述

4.1.1.1　社会公德的含义

社会公德简称"公德"或"公共道德"。自从人类社会产生以来，公德就随之产生，并对社会产生了极其广泛的影响。每个人都生活在社会之中，因此，不可避免地与他人发生各种各样的联系，进而产生各种形态的伦理关系，从而产生了各种形态的具体的伦理规范。公共场所是人们活动的主要领域之一，与之相对应的伦理规范就是社会公德。一个人生活在社会之中，他的行为不仅要受到法律规范的制约，同时也受到社会公德的评价。

社会公德规范和调节公共场合中人们的相互关系，反映了人们公共生活的共同需要，适用于全体社会成员，是评价人们行为和人们内在思想、内心信念的一种标准，是调整和约束人们言谈举止的一种规则和规范。关于社会公德，历来有广义和狭义两种理解。从广义上说，凡是个人私生活中处理爱情、婚姻、家庭问题的道德，以及与个人品德、作风相对的反映阶级和民族共同利益的道德，通称公德。如目前我国公民普遍认可的"爱祖国、爱人民、爱劳动、爱科学、爱社会主义"，这就是广义上的"公德"内涵。从狭义上说，社会公德就是人类在长期社会生活实践中逐渐积累起来的最简单、最起码的公共生活规则。社会公德是人类社会生活最基本、最广泛、最一般关系的反映。

4.1.1.2 社会公德的内容

社会公德的内容是对公共生活中的方方面面提出的基本规范和要求，涵盖了人与人、人与社会、人与自然之间的关系。在我国现代社会中，每一个社会成员，都应遵守以文明礼貌、助人为乐、爱护公物、保护环境、遵纪守法为主要内容的社会公德，具体为：

（1）文明礼貌。文明礼貌是调整和规范人际关系的行为准则，与我们每个人的日常生活密切相关。社会公共生活中人与人之间应该和谐相处，举止文明以礼相待。自觉杜绝说脏话、随便猜疑、欺骗他人等恶习。文明礼貌是路上相遇时的微笑，是与人相处时的尊重，是沟通感情的桥梁。它反映着一个人的道德修养，体现着一个民族的整体素质。

（2）助人为乐。在公共生活中，每个人都会遇到困难和问题，总有需要他人帮助和关心的时候。把帮助他人视为自己应做之事，是每个社会成员应有的社会公德，是有爱心的表现。"赠人玫瑰，手有余香。"每个人都应当尽自己的努力帮助他人，积极参与公益事业，以力所能及的方式关爱他人，并在对他人的关心和帮助中收获实现人生价值的快乐。

（3）爱护公物。国家和社会的公共财物、集体的财产，是全体社会成员进行社会性活动、实现共同利益的物质保证，也是满足劳动者个人利益和人们当前利益的共同物质条件。对社会共同劳动成果的珍惜和爱护，是每个公民应该承担的社会责任和义务，它既显示出个人的道德修养水平，也是社会文明水平的重要标志。如果社会公共财物遭到破坏，社会的利益就会受到损害。

（4）保护环境。生态环境保护是功在当代、利在千秋的事业。人类发展活动必须尊重自然、顺应自然、保护自然，否则就会遭到大自然的报复。为了保持社会公共生活的环境整洁、舒适和干净，保障社会成员的身体健康，每个公民都应当讲究公共卫生、保护生活环境，这也是社会公共生活中人们应当遵循的最基本的行为规范。讲究公共卫生，造成优美环境，是人身心健康的重要保证，是社会风尚的一个重要方面，体现出一个民族的文明程度和精神面貌。

（5）遵纪守法。法律是对公民行为的必要约束及规范，是对道德的补充。自觉遵守法律法规、纪律，是社会公德最基本的要求。遵纪守法是全体公民都必须遵循的基本行为准则，是维护公共生活秩序的重要条件。在社会生活中，每个社会成员既要遵守国家颁布的有关法律、法规，也要遵守特定公共场所和单位的有关纪律规定。全面依法治国需要每个人都遵纪守法，树立规则意识。

4.1.1.3　社会公德与社会信用体系建设的关系

社会信用体系建设是一项复杂的工程，社会公德的建设对社会信用体系的建设有着重要的影响，两者相辅相成，有着深刻的内在联系。

（1）社会信用体系建设需要社会公德支撑

在现代市场经济条件下，信用不仅仅是个人私德与品行，也是经济良性运行的前提，是社会稳定有序的基础。社会信用体系建设对于国内经济的健康有序运行至关重要，而且需要社会公德进行支撑。只有社会活动中的主体公德意识普遍提升，社会信用体系建设的基础才能坚实，才能形成良好的诚实守信的氛围。党的十六届三中全会明确提出"建立健全社会信用体系，形成以道德为支撑、产权为基础、法律为保障的社会信用制度"，这是建设现代市场体系的必要条件，也是规范市场经济秩序的治本之策，其中包含着对社会公德的要求。

（2）社会公德为社会信用体系建设提供"精神契约"

社会公德建设是精神文明建设的基础性工程，也是精神文明程度的窗口。社会公德反映了一个人的价值观念和道德情操，是社会信用主体发挥作用和产生效力的客观依据。每个人的社会公德是基于个人对社会的诚实守信，而社会信用体系建设和社会参与者的诚实守信密不可分。社会信用体系建设不仅要靠各项法律和规章制度进行规范，更要在道德层面约束个人的行为，而这种道德层面的约束就需要社会公德来体现。一个人的社会公德直接影响和作用于个人的信用精神之中。这种个体的诚信道德在我们的现实生活之中，特别是在社会主义市场经济条件下，对于个人乃至国家与社会的发展，都起着重要的作用。

4.1.2　我国社会公德建设发展历程

社会公德建设作为思想道德建设领域的重点内容，伴随我国社会经济的发展与变化，也经历了多年的发展与变化。我国社会公德建设经历了一个不断变化、发展、完善的过程。

1949 年 9 月，毛泽东在《新华日报》上题词："爱祖国、爱人民、爱劳动、爱护公共财产为全体国民的公德。"同年，经中国人民政治协商会议第一次全体会议通过的《中国人民政治协商会议共同纲领》第四十二条规定："提倡爱祖国、爱人民、爱劳动、爱科学、爱护公共财产为中华人民共和国全体国民的公德。"

1982年12月，五届人大第五次会议通过的《中华人民共和国宪法》规定"国家倡导社会主义核心价值观，提倡爱祖国、爱人民、爱劳动、爱科学、爱社会主义的公德。"

1996年，党的十四届六中全会通过《中共中央关于加强社会主义精神文明建设若干重要问题的决议》，首次提出了社会主义道德建设的科学体系和总体要求，就是"以为人民服务为核心、集体主义为原则，'五爱'为基本要求，开展社会公德、职业道德和家庭美德教育"。

中共中央在2001年9月20日印发实施的《公民道德建设实施纲要》中指出，"社会公德是全体公民在社会交往和公共生活中应该遵循的行为准则，涵盖了人与人、人与社会、人与自然之间的关系。在现代社会，公共生活领域不断扩大，人们相互交往日益频繁，社会公德在维护公众利益、公共秩序，保持社会稳定方面的作用更加突出，成为公民个人道德修养和社会文明程度的重要表现。要大力倡导以文明礼貌、助人为乐、爱护公物、保护环境、遵纪守法为主要内容的社会公德，鼓励人们在社会上做一个好公民"。

2014年6月，国务院下发《社会信用体系建设规划纲要（2014—2020年）》通知，明确指出："推进公民道德建设工程，加强社会公德、职业道德、家庭美德和个人品德教育，传承中华传统美德，弘扬时代新风，在全社会形成'以诚实守信为荣、以见利忘义为耻'的良好风尚。"

中共中央、国务院在2019年10月印发实施的《新时代公民道德建设实施纲要》中指出，要把社会公德作为公民道德建设的着力点之一，并提出了"推动践行以文明礼貌、助人为乐、爱护公物、保护环境、遵纪守法为主要内容的社会公德，鼓励人们在社会上做一个好公民"。

4.1.3 我国社会公德体系建设现状

我国现阶段的社会公德植根于社会主义社会的经济基础，体现在社会主义社会的公共生活和人际交往中。我国在社会公德体系建设方面已经取得了一定的成效，可以从人与人、人与社会、人与自然之间的关系三个层面分析。

4.1.3.1 人与人的关系层面

在人与人的关系上，人们相互理解、相互尊重的观念有所增强，能够谦虚、恭敬地进行人际交往。人们助人为乐的观念有所提升。例如，面对突如其来的新冠肺炎疫情，大批医护志愿者奔赴武汉疫情前线，全力支援湖北省和武汉市抗击疫情，开展新中国成立以来规模最大的医疗支援行动。根据国务院新闻办公室《抗击新冠肺炎疫情的中国行动》白皮书，自 2020 年 1 月 24 日除夕至 3 月 8 日，全国共有 346 支国家医疗队、4.26 万名医务人员、900 多名公共卫生人员驰援湖北。19 个省份以对口支援、以省包市的方式支援湖北省除武汉市以外的 16 个地市，集中优质医疗资源支援湖北省和武汉市。此外，全国 4 万名建设者和几千台机械设备，仅用 10 天就建成有 1 000 张病床的火神山医院，仅用 12 天就建成有 1 600 张病床的雷神山医院。大规模、强有力的医疗支援行动，有力地保障了湖北省和武汉市抗疫斗争的需要，极大地缓解了重灾区医疗资源严重不足的压力。14 亿中国人民坚韧奉献、团结协作，构筑起同心战疫的坚固防线，彰显了中国人民的伟大力量。一方有难，八方支援，这与我国公民公德的建设密不可分。

虽然从总体上看，大多数人具有较强的现代公德观念、公德意识、公共精神，但是在人与人层面也存在一些问题。例如，"老人倒地没人扶"和"扶了老人反被诬"等屡次成为公众话题；"碰瓷"现象伴随着社会发展而不断演化，花样不断翻新，甚至在一些大城市，出现了"职业碰瓷党"。这说明随着社会主义市场经济的建立与完善，受市场经济负面效应的影响，有的人助人为乐、尊老爱幼、遵守公共秩序、爱护公共财产、拾金不昧等良好道德品质有所缺失。这需要家庭、学校、媒体和社会机构等积极参与进来，共同提升公民的道德素质，营造全社会崇尚道德、践行道德的良好氛围。

4.1.3.2　人与社会的关系层面

公民保护公共利益和维护公共秩序的意识有所增强，多数人能够自觉遵守法律和法规的要求，自觉运用社会公德准则严格规范自己的言行举止。社会公德的宣传教育进一步加强，通过道德模范的积极促进作用来引导和带领社会成员践行道德行为，履行道德义务。例如平均每两年，中共中央宣传部和中央精神文明建设办公室等都会共同主办全国道德模范评选，这是全国范围内规模最大、规格最高、选拔最广的道德模范评选，分为"助人为乐""见义勇为""诚实守信""敬业奉献""孝老爱亲"5 个类型。道德模范的先进事迹，对于在全社会大力弘扬社会公德、职业道德、家庭美德，营造知荣辱、树正气、促和谐的社会风尚，促进社会主义核心价值体系建设，为经济社会发展提供强有力的思想道德保障，具有十分重要的作用。

人与社会关系层面也存在行为道德缺失的问题。比如忽视自己的公共形象，缺乏应有的公德意识。2018 年 8 月 21 日，在从济南西站开往北京的 G334 次高速动车组列车上，一男子霸占别人的座位还对前来劝阻的乘务员各种胡搅蛮缠。相关视频发到网上后，该男子的行为引起了全国人民的愤慨，该男子被人们称为"霸座哥"。因为该男子的做法属于道德问题，并不违法，该男子只被处以治安罚款 200 元，并在一定期限内被限制购票乘坐火车。可以说，这种现象更深层次的原因还是社会公德的问题，属于人与社会的关系层面。该行为既侵占了别人的权益，又扰乱了社会公共秩序。这需要相关法律法规的进一步完善，更需要公民社会公德意识的增强。

4.1.3.3 人与自然的关系层面

人们保护环境的观念有所增强。从社会成员的个人角度来说，保护环境的观念主要体现在社会成员在日常生活中能够自觉地节约用水、不乱扔垃圾、减少汽车鸣笛、谴责污染环境及损害公物的不良行为等方面。例如，2019 年 7 月 1 日起，《上海市生活垃圾管理条例》正式实施，上海开始普遍推行强制垃圾分类。目前全国已有 46 个重点城市实施垃圾分类条例，多个城市已出台生活垃圾管理条例，明确将垃圾分类纳入法治框架，其中北京是首个进行垃圾分类立法的城市。随着公民环保意识的普遍增强，未来将实现垃圾分类的全域实施。

这方面主要存在广大社会民众对环境保护的认识不够深刻准确，部分公民环保意识薄弱，参与意识不强等问题。例如，每年 3 月份武汉大学樱花盛开，周末接待游客高达几万人。但是，"樱花季"游客不文明行为也很多，不少游客拉着樱花枝合影，甚至有的游客会故意摇落正在盛开的樱花形成美丽的"樱花雨"，这些行为都会影响武汉大学樱花的生长。这种现象的发生本质上是人与自然层面的社会公德问题。解决这类问题，一方面旅游部门应加强对不文明行为的处罚力度，建立"游客不文明行为记录"；另一方面更需要加强教育和引导，提高游客的公德意识和个人素质。

4.2 社会信用监管体系建设

信用监管体系在社会信用体系的建设中发挥着重要作用。2016 年，国务院印发《关于建立完善守信联合激励和失信联合惩戒制度，加快推进社会诚信建设的指导意见》，该意见倡导形成一种政府部门、行业组织、征信机构共同参与的治理格局。中央全面深化改革小组前后通过了多项相关政策性文件，推动出台了《失信企业协同监管和联合惩戒合作备忘录》《关于对违法失信上市公司相关责任主体实施联合惩戒的合作备忘录》《关于对失信被执行人实施联合惩戒的合作备忘录》《关于对国内贸易流通领域严重违法失信主体开展联合惩戒的合作备忘录》等26个领域的联合奖惩制度文件,各地方、各行业的社会信用联合奖惩机制建设纷纷加快建设步伐。

4.2.1 信用监管的内容

信用监管是信用相关的法律法规的建立与健全,以及监管主体对信用市场的监督和管理。信用监管主体包括政府有关部门、中央银行、私人机构和国际金融监管机构。信用监管是社会信用体系建设的重要环节,其内容纷繁复杂,可概括为以下几方面:

4.2.1.1 构建信用监管法规体系

信用监管法规体系是政府在对信用主体的规范、信用工具的投放、信用的发展进行监督和管理的过程中所形成的一系列法律法规,是信用监管的制度规范和法律依据,也是对全社会的信用教育和信用管理的研究与开发等。规范授信、平等受信机会、保护个人隐私权是信用监管法规的主要目标。包含金融机构在内的很多信用行业会受到直接和明确的法律约束,并且保证了企业和消费者征信信息流的畅通,从而能够在保护企业商业秘密和消费者隐私权的同时与开放数据之间取得平衡。

4.2.1.2 建立征信数据环境

在世界各国各地区,企业和个人消费者信用数据库的开放和市场化运作是信用管理体系的基础设施。因此,一是建立一个多层次的信用信息数据库。包括由政府出资建立的企业和个人消费者信用信息数据库,以及征信机构建立的商业征信数据库、信用协会建立的信用信息数据库等。二是建立信用信息数据的采集、开放、使用、披露和保护等方面的法律法规。银行、税务、市场监管、公安、人事、统计等机构中掌握着大量的企业和个人信用信息,需要通过相应的法律法规对信用数据的开放范围做出明确规定。三是信用服务专业机构可以快速、真实、完整、连续、合法、公开地获得用于制作企业资信调查报告和个人消费者信用调查报告的数据。

4.2.1.3 订立信用管理从业人员的职业道德和操守规则

信用管理从业人员本身是管理和经营信用的,因此只有严格遵守职业道德和操守规则,才能规范执业。关于信用管理从业人员的职业道德和操守规则,既有由信用管理公司订立的,也有由行业协会或政府主管部门颁布的。信用管理从业人员的职业道德和操守规则至少应包括以下几个方面:遵守合理的程序;公正揭示信用信息;公正、快速完成资料查证;辅导消费者,促使其了解在公平信用保护法下应享有的权利和应尽的义务；制定适当程序，处理消费者争议，等等。

4.2.1.4 监管信用服务机构

信用服务机构就其性质来说，与一般工商企业并无差异，但就其经营的业务和产品来说，有其特殊性。因此，对其进行监管，既要按照一般工商企业标准要求其必须具备一定的资本金、合理的管理体制、照章纳税等，也要根据其具体行业特点，实行有别于工商企业的监管。在征信国家中，信用监管的法规比较完善，政府的作用有限，主要是保障在法律规范下征信数据的开放、使用和传播，同时，政府又是信用监管法律法规的制定者、解释者和监督者。在非征信国家，信用监管的法规并不完善，甚至从未建立信用监管的法规，政府的主要作用在于培育信用服务市场的竞争机制，通过行政手段和相关法律手段控制失信行为。在征信国家，信用管理协会、信用报告协会、信用联盟等民间机构在行业自律管理方面起着不可替代的作用。其主要功能是制定本行业发展规划、从业标准和规章制度；协调行业与政府的关系；提供信用相关的教育和培训，出版信用管理的专业书籍、杂志；募集资金或成立专项研究基金，资助信用管理课题。

4.2.1.5 实施信用管理教育

一是通过多种方式强化全社会市场主体的信用意识和观念，树立诚实守信的行为准则；二是加强信用管理学科，培育大批信用从业的专门人才；三是开展信用管理人员在职培训。

4.2.2 信息安全与个人信息保护

社会步入大数据时代，信息安全问题成为大数据时代带来的风险之一。信息技术的不断发展使政府、企业等全面掌控社会的能力不断提高，同时个人信息保护问题备受关注，这是信息社会法制建设必须面对的基本问题。个人信息的不经意泄露往往为人们的生活带来很大干扰，广告邮件、推销电话等影响人们心情，电信诈骗的发生率不断增高，不仅诈骗手段不断更新，受骗群体也是扩展到各个阶层。中国银联使用大数据分析向社会发布安全警报：电信欺诈案、银行卡盗窃、非法套现、冒用他人银行卡、网络消费诈骗等不法行为形势依然严峻，其中超过90%是个人信息泄露导致，已成为犯罪的主要来源。在社会信用体系建设工作过程中，必须处理好信用数据的有效交换与信息安全之间的关系。

个人信用信息是其在社会活动中产生的与信用行为有关的记录，以及对其信用价值的评价。其中包含辨识信息，即个人的各种基本社会信息；账户信息，包括个人在银行、电商交易平台、借款者等信用交易对象处开设的账户的交易信息；公共记录，指各种政府公开档案类信息，但一般只记录负面信息（即表明个人信用状况欠佳的信息），如抵押担保登记、欠税、交通违法等，还有信用信息查询情况、信用积分或信用等级等内容。个人信用的监管是整个信用监管体系的重要组成部分。个人信用不同于其他信用主体，个人信用信息的披露容易引起个人隐私泄露，很难找到既能公开个人信用情况又可以保护个人身份信息的平衡点。在没有以信用登记为基础的情况下，信用机构根据各自掌握的有限信息，进行不同形式的信用评分并对外使用，很难真正客观评价一个人的信用。个人信用主要与资金有关，考察借款人的还款意愿和还款能力，个人信用评分作为征信产品，其主要运用场景是信贷领域。

根据信息安全工作的特点和现实情况，仍需要全面加强信息安全工作，逐步建立起与信息化发展水平相适应的信息安全防御体系，重点抓好五项工作：

（1）切实加大信息安全工作的管理力度。在各个领域、各个方面继续加强信息安全责任体系的建设，特别是加快建立市级机关、区县政府与下属单位的第二层信息安全责任体系。积极配合有关部门和单位从管理、技术和应急等方面形成各自的信息安全防御系统，逐步实行信息系统安全保护等级制度，统一规范，统一标准。同时，进一步加强对从业人员的培训和管理。

（2）加强信息安全快速响应系统的建设。针对信息安全突发事件能够进行及时处理。同时，通过技术措施保障各单位信息系统在遭受损失和破坏时能尽快恢复运行。

（3）着重推动信息安全产业的发展。吸引社会各类风险投资资金共同投资信息安全产业，逐步形成良性发展的信息安全产业投融资机制。

（4）组织实施信息安全产品创新项目。通过项目实施，加大对信息安全专业人才的培养力度，促进拥有自主知识产权的信息安全技术、产品和产业发展。

（5）加强重大信息系统工程的安全建设。积极配合有关部门和单位加强对自身信息系统的安全建设。

4.2.3　激励机制与惩戒机制

4.2.3.1　失信惩戒与守信激励机制

失信惩戒机制让信用惩戒更具有强制力，对被惩戒者的权利与义务影响巨大。其本质上是一系列正式和非正式的制度安排，基于信用记录对生产、销售、购买和使用信用产品的失信行为进行市场性惩戒，通过法律、法规对失信行为的司法性和行政监管性惩戒，以及对失信行为人的社会性和行业性惩戒。失信惩戒机制是信用监管的一项重要举措，不仅能够有效地制约不良信用行为，也反向激励了良好信用的发展。李克强总理也曾在国务院常务会议上重点强调要坚决整治具有不良信用行为的失信企业与个人。依据相关法律法规规定设立社会信用激励和惩戒信息管理标准，要明确信息安全管理职责和不得实施行为。

如果守信的个人或企业被纳入诚信典型名单，所在省市会提供相应的激励措施，例如可以在子女借读、申请公租房、专项扶持资金以及政府补贴、景区门票等方面享受优待和优惠。如果失信的个人被纳入严重失信记录名单，失信主体将会在消费、借贷、融资等多方面受到限制。失信惩戒的另一面是守信激励制度。上海某志愿服务机构一项调研显示，志愿者的实名认证注册率不断增加，信用激励机制最受志愿者欢迎，志愿者十分青睐信用激励机制。随着人们越来越重视自身信用信息，信用监管将会起到更大的作用。

政府部门对社会信用信息的需求体现在联合监管上。联合监管是在政府的各个环节都使每个法人处于监管体系中，从而有效消除政府监管体系中的盲区，提升政府的管理水平。企业、个人等社会公众对社会信用信息的需求体现在规避信用风险上，他们既是信用信息的产生者，也是信用信息的使用者，为降低或者规避信用带来的各种风险，就需要了解自己或其他企业与个人的信用信息。第三方信用评价机构对社会信用信息的需求体现在信用评估上，要想获得科学合理的信用评估，就需要信用信息源作为分析评价的依据。因此，政府部门、金融机构、行业协会、企事业单位、个人等均对社会信用信息有巨大的需求，均需对信用信息进行采集。社会信用信息的采集应当遵守征信管理等相关法律法规的规定，按照信息采集合法合规、合法合理进行信息的归集、坚持保护信息主体的原则进行管理。

4.2.3.2 国内社会信用联合激励和惩戒机制研究

1. 上海市信用联合奖惩机制建设研究

（1）上海市联合奖惩机制建设现状

从 2003 年至今，上海市政府先后印发了两部"意见"、一部"五年规划"和三部"三年行动计划"，联席会议每年印发工作要点，使得上海市围绕信用信息记录、共享、披露、应用、信用奖惩以及征信活动等方面形成制度性安排。同时在地方性法规中嵌入信用制度安排，各部门、各区县共出台规范性文件 200 余项。2017 年 6 月 28 日，上海市出台全国首部地方综合性信用法规

《上海市社会信用条例》。《上海市社会信用条例》首次明晰了"社会信用"的概念；规范了信用信息的采集、归集；强化信用联动奖惩；规范列入严重失信名单的程序和条件、健全名单救济和退出机制；加强信息主体权益保护；规范和促进行业发展等。该条例的出台为提高上海社会信用水平和上海社会信用体系的构建提供了法律保障。

为加快推进社会信用联合惩戒机制的建设，2013年2月，上海市发布《上海市企业失信信息查询与使用办法》，规定各级行政部门对企业法人和非法人信用信息进行记录、共享和使用，实行联合奖惩。2013年和2014年，上海市政府将建设上海公共信用信息服务平台作为年度工作重点。同时，上海市委、市政府主要领导还亲自推动重点领域信息公开，主持专题研究信息公开难点问题，市政府常务会议更是每年审议政府信息公开相关工作，将工作责任分解落实到各区县、各部门。

（2）机制特色

①上海市社会信用建设组织体制完善。上海市社会信用建设组织体制较为完善，社会信用建设以上海市发展与改革委员会为统领，下设社会信用推进处和上海市信息中心，上海市信息中心下设上海市公共信用信息中心，上海市公共信用信息中心下设信用事务协调部、信用信息资源部和信用发展应用部。

②上海市社会信用建设框架完善。上海市坚持社会信用体系建设"重点领域联合、重点区域联动"的总体格局，以"三统一"为工作导向：由市社会信用体系建设联席会议统一领导，市信用平台统一搜集公共信用信息，查询服务窗口统一建立；"五位一体"推进思路，即以制度为核心，以应用为关键，以数据为基础，以平台为抓手，以行业为支撑；推广基于"三清单"（数据清单、行为清单、应用清单）、覆盖"三阶段"（事前告知承诺、事中评估分类、事后联动奖惩）的全过程信用管理模式。

③以"上位法"为依据，以专项规划为前提。《上海市社会信用条例》是上海市颁布的全国第一个综合性地方信用立法。它是国家信用改革战略任务的实施，是上海信用体系建设的重要组成部分，也是上海社会信用建设的重要上位法。上海市经济和信息化委员会、上海市征信管理办公室会同相关部门编制形成了《上海市社会信用体系建设"十三五"规划》。

2. 浙江省信用联合奖惩机制建设研究

（1）浙江省联合奖惩机制建设现状

将事前承诺和容缺受理相结合，有利于提高行政管理和服务效率，是支撑"最多跑一次"改革的重要环节；而把奖惩联动和事中与事后监管相融合，形成部门与部门之间、政府与社会之间的监管联动，让信用产生约束力，也是社会治理模式的一种创新。在此基础上，浙江省社会信用联合奖惩机制建设取得了如下成就：浙江省以红黑名单为重点，构建信用联合奖惩机制，营造良好氛围；"五位一体"的基本框架，浙江省已经形成了企业、个人、社会团体、事业单位、政府机关在公共信用信息服务平台上的"五位一体"基本框架；探索信用大数据开发，助推改革创新，在国家发展和改革委员会组织的首届全国信用平台观摩会上，浙江省信用平台被评为"示范性平台网站"；强化公共信用信息应用，拓展应用领域，目前，已开通"信用浙江"客户端的省级部门、区市和所辖县（市、区）相关部门总共有 1 521 多个，开通率已达 56.3%，浙江省各级国家机关在行政管理事项中的应用查询量累计超过 6 万次；社会信用联合奖惩制度文件相继出台，为社会信用建设提供了支持。

（2）机制特色

①浙江省社会信用建设组织体制完善。信用建设由浙江省核心领导带领执行。浙江省信用中心核定事业编制 30 名，在编 27 人，内设综合科、发展研究科、信息管理科和应用推广科 4 个科室。

②浙江省社会信用建设框架完善。浙江省在政务领域、商务领域、金融领域、社会管理领域等重点领域加强社会信用建设，并提出"53×1"顶层设计工程。

③以"上位法"为依据，以专项规划为前提。《浙江省公共信用信息管理条例》作为浙江省公共信用信息领域的第一部地方性法规，对信息归集与披露、激励与惩戒、信息主体的权益保护、法律责任和施行时间均做出了详细规定，为社会信用建设提供了坚实的基础。《浙江省社会信用体系建设"十三五"规划》是浙江省第一部以浙江省政府办公厅名义印发的信用专项规划，也是浙江省贯彻国务院有关纲要、继续保持信用建设走在全国前列的有力支撑。

④志愿者积分机制。在浙江省志愿者平台"志愿汇"上注册的志愿者多达 500 余万人，按照服务时长分为不同星级的志愿者，以此区分不同星级的志愿者并享受不同的激励政策，具体包括：积分落户、教育服务与管理、就业与创新创业、社会保障、金融等多方面的激励政策。这一系列措施切实将志愿服务守信联合激励工作落实、做细、做好，形成守信者处处受益的示范效应。

3. 深圳市社会信用联合奖惩机制建设研究

（1）深圳市社会信用联合奖惩机制建设现状

深圳市是国内进行社会信用体系建设的前列城市，一直遵循"法制是保障、征信是基础、用信是支撑"的工作思路，历经打基础、抓"两建"、创示范三个阶段，在制度建设、体系构建等方面取得了一定的进展。

①逐步完善信用法规制度体系。根据现有的个人和企业信用管理办法，制定深圳市首部综合性信用法规《深圳市公共信用信息管理办法》，为信用信息的搜集、管理、使用和监管等工作提供更为全面的制度保障。在该办法制定过程中，召开了全国首例现场和网络同步举行的立法听证会，并请市政协开展立法协商。

此外，为部署落实各领域、各行业信用信息的征集、管理及应用，各相关部门根据自身的监管需求，围绕不同领域的有关部门以及人民群众日常生活和切身利益密切相关的重点领域，出台了一系列信用建设专项制度文件，并针对税务、市场监管、进出口管理等关键领域签署一批联合奖惩的合作备忘录，形成系统性、全方位的信用制度体系。

②统一搭建集约高效的公共信用信息管理系统。深圳市充分利用现有的信息化技术及共享机制优势，围绕政府部门公共信用信息的记录、整合和应用，以市电子政务资源为支撑，以构建信用信息资源目录、统一技术标准规范为基础，加快社会成员的公共信用数据整合，建立不同组织的信用信息数据库，从而创建全市统一的公共信用信息管理系统。为健全信用信息的归集管理规范，在此前印发的六批《深圳市企业信用信息系统成员单位信息目录》的基础上，深圳市进一步出台了《深圳市公共信用信息资源目录》，统一明确深圳市74家信源单位报送信用信息的范围、传输方式、更新时限及信息保密等规定，并将"公共信用信息报送"工作纳入政府绩效考核，着力保障工作落实。

公共信用信息管理系统已获得高效集约的成绩。如提供多种信用信息查询渠道，分别是登录深圳信用网（www. szcredit. org. cn）、"深圳信用网"官方微信、"深圳信用"App、微信"城市服务平台"，"企信惠"项目、服务窗口现场查询、支付宝城市服务平台、银联钱包App等。截至2017年6月30日，深圳市公共信用信息管理系统已归集信用信息数据约13亿条；深圳信用网网站平均每天在线点击量达10万人次以上，高峰时达到每天20多万人次。

③广泛开展信用信息的联动应用。深圳市出台的《深圳市人民政府关于印发深圳市贯彻落实守信联合激励和失信联合惩戒制度实施方案的通知》中，在加快健全信用法制和标准规范体系，大力促进诚信行为褒扬激励，着力加强失信行为约束惩戒，全面强化信用联合奖惩，严格保护信用主体合法权益，广泛开展诚信文化建设等方面做出了明确的部署和要求。

目前，深圳市已在环境保护、工程建设、政府采购、进出口监管等多个领域落实信用评价和分类监管，不断深化部门协同，增强监管合力。在"创新人才奖""政府领军骨干企业""守合同重信用企业"等评比中，相关部门依托

"深圳信用网"实施信用审查，对严重失信企业和个人实施一票否决制。

④推动跨部门信息共享联动惩戒。共享联动体现在四个方面：a. 银行征信，与中国人民银行征信系统对接；b. 司法联动，2008 年，深圳信用网率先公示"老赖"信息；c. 信息公示，通过国家企业信息公示系统公示、国家发展和改革委员会的"双公示"、深圳市商事主题信息公示；d. 信用审查。

（2）机制特色

①征信为基，信用信息注重整合共享。深圳市自 2002 年起相继建立了完全市场化运营的个人征信系统与政府主导建设的企业信用信息系统。为防止重复建设、资源浪费，深圳市积极探索实现现有征信平台的有效整合，建立起个人征信系统与企业信用信息系统的长期合作机制，实现了信用信息的共享交换。2013 年 7 月，中国人民银行深圳市中心支行与深圳市市场监督管理委员会正式签署合作备忘录，推进金融业统一征信系统和"深圳信用网"成功对接，中央和地方、信贷领域和社会领域两大公共征信系统在全国范围内率先实现了资源共享。

②政府示范，信用监管多领域推广。深圳市政府部门充分发挥示范带头作用，从行政管理、市场服务和社会监督等多领域、多层次广泛推进信用信息应用。

③市场驱动，信用服务机构稳步发展。深圳市高度重视信用服务市场的建设，大力扶持各类信用服务机构，积极促进信用服务业态的多元化发展，为行业发展营造良好环境。

④创新引领，试点建设工作涌现亮点。深圳市结合创建社会信用体系建设示范城市的契机，按照"规定动作全到位，自选动作争出彩"的要求，着力抓重点、破难点，为深圳市社会信用体系建设探索科学方法和创新思路。试点开展区域诚信体系建设、研究推行"企信惠"项目建设、积极探索企业"信用画像"综合监管机制。

4.3　我国信用主体诚信建设现状

本部分内容列举和分析现阶段我国社会信用体系建设中各信用主体的诚信实践及现状。各社会信用主体作为信用体系建设的载体和基石，规范政府、司法机关、企事业单位、社会组织和个人等信用主体的信用行为，加快推进实施诚信精神宣传和全社会信用体系建设，全面提升我国诚信水平。本节分别从政府、司法、企业、组织和个人等多个层面入手，阐述信用体系建设的内容和现状，体现我国在各个方面不断完善的社会信用体系，同时发现和指出我国在信用体系建设过程中存在的问题。最后，结合我国广大农村人口的特点，针对个人征信最难以覆盖的农村地区，特别关注农村信用建设的内容和发展现状。基于以上研究角度，梳理和汇总我国在实施多层次、多角度信用体系建设中的举措；同时，从成就和不足的辩证角度，客观反映我国社会信用体系建设现状，分析成功背后的经验，总结失败的教训，为社会信用体系的进一步完善提供有力支撑。

4.3.1　政务诚信建设的内容及现状

推进政府廉政建设的主要手段包括坚持依法行政、阳光行政、加强监督。建立政务领域失信行为记录和联合惩戒措施，是下一步建设工作的主要方面。进一步建立和完善新的市场监督机制，以信用为核心，促进供给侧结构性改革。打造公正廉洁的公务员队伍和诚信公平的政府良好形象，营造积极健康的社会氛围和良好的经济社会发展环境。

坚持依法行政。决策、执行、监督、服务的全过程都应全面统一贯彻依法行政理念，有效提高政府工作效率和服务水平，转变政府职能。在保护信息安全的前提下，加大政务公开力度。政府部门应建立有效的信息共享机制，依法公开行政管理数据，特别是掌握的信用信息。完善权力运行管理监督体制，确保决策权、执行权和监督权相互制约和协调。对政府工作人员进行法治培训，加强政府工作人员的法治意识和行政水平，开展示范单位评选和激励，建立和完善相应的考核和评价标准。政府还应进一步提高决策透明度，提高行政决策的科学化、民主化和法制化水平，使得决策机制和程序不断完善。以着力构建政府信息公开制度为抓手，不断提高政府公信力，塑造诚信的政府形象，加强社会在监督和制约权力运行方面的作用，进一步拓宽公众参与政府决策的渠道，建立决策问责制和矫正机制，强化实施问责制。保障各方面重大决策程序按公开制度执行，提高决策的透明度，建立健全行政决策机制，贯穿公众参与、专家咨询、集体讨论等重要环节。规范政府及其部门的行政行为，建立和完善各项配套制度，营造公正的诚信制度环境。推进行政行为程序规范固化，制定政府及其部门权责清单，健全行政自由裁量约束机制，推广行政自由裁量、集体会审、会签制度。

政府必须首先加强自身内部诚信，起到带头示范作用，严于律己，从而促进全社会信用水平的提高。政府应率先使用信用信息平台数据和信用产品，特别是在政府采购、招投标、行政许可、干部选拔、财政公开等领域，着重发展和培育信用服务市场。

加快建设政府的政务诚信机制。应加强和完善群众监督和舆论监督机制。政府对社会的承诺都应被严格履行，在政府绩效评价体系中加入履约和守诺情况评价，作为评价政府诚信水平的重要内容，应同时关注评价经济社会发展目标的实施情况和为人民工作的实际执行情况，核心建设内容是促进各地区、各部门全面建立政府行政诚信评估体系，完善政务诚信机制。各级政府必须认真履行和兑现依法签订的合同和合理合法的政策承诺，不采取滥用行政权力封锁市场、纵容行政违法行为等地方保护主义手段。政府借款必须遵守法律，控制规模和风险，提高透明度。

加大政府信息公开力度，全面提高政府服务水平和管理效率。各级政府、各部门公开公布权力与责任清单，展示在其网站上并持续动态更新，全面整理和编制各部门的行政权力事项和公共服务项目，形成各部门的权力清单和服务清单。增大政府信息和行政数据的开放力度。促进行政权力和公共服务事务公开，将更多样的信息查询服务渠道提供给社会各界。加强政府信息公开应重点强化一些人民关注的重点领域，如财政预算、环境保护、食品药品安全、住房、社会保障、公共资源交易等重点领域。加快建设综合网上政府服务平台，促进政府部门之间的数据公开共享，抓好国家、省（自治区、直辖市）、市的重大政策解释，建立政务信息搜集、判断、处理、应对机制。

政府要强化行政行为，积极接受监督和审计。针对行政事务、行政服务质量、期限、担保等事项，促进政府部门和公务员向社会公开承诺，准确记录承诺并纳入治理，建立和完善公务员信用档案。在评价各级政府部门的廉政水平时，要重点考虑工作目标的执行情况和业务办理的诚信情况，这些都应列入公务员绩效考核和政府部门行政考核。各级政府及其部门廉政水平评估的重要标准，还应涉及行政机关司法判决情况等，依法追究相应的行政法律责任，如政府工作人员不守承诺、失职渎职、不履行人民法院生效判决等现象。探索建立涉及多方面的政务失信违约协调处理机制，包括有关部门和专业机构，及时发现和解决政府违约和公司失信问题，使各社会实体的合法权益受到保护。

通过培训强化公务员的信用教育和诚信管理能力，编制公务员诚信手册，学习法律和信用知识，开展公务员诚信教育，增强其守法和诚信意识。在公务员培训中强调诚信教育的内容，加强政府工作人员的职业道德、法律意识和信用道德水平，以信用为基础，建立公务员绩效评价体系，规范职业道德。促使公务员做到人人遵纪守法，高效廉洁，牢固树立"依法行政，执政为民"的服务理念。在面向各级领导干部和公务员的培训课程中应加入政务诚信相关章节，强化其对信用知识的学习和理解。

建立各级政府的廉政建设的实践机制，促进全社会诚信水平的提高。强化政府部门间的协调及其工作人员的诚信意识，保障新老政策衔接的连续性和稳定性。探索建立政府信用评估体系和预警机制。

政府职责需要进一步规范化。地方保护主义和不当行政干预行为应尽可能避免，有效减少微观经济活动中受到行政手段的不当干预，将妨碍市场公平竞争的各种规章制度逐一清理和废除，严格禁止任何阻挠市场的行为和滥用行政权力，严格禁止对社会不诚信行为的纵容，积极创造统一高效和公平竞争的市场环境。支持配合统计部门和审计部门依法开展工作。在招商引资过程中规范政府行为，杜绝各类违法政策实施招商优惠，认真履行招商引资过程中签订的政策承诺和合同，保持招商引资的稳定性。

不断提高政府行政效率和服务水平。继续深化行政审批制度改革，行政程序也得到进一步优化，调整减少行政审批事项，实施网上服务、平行服务等措施。面向公共服务领域，不断提高政府有关部门的行政效率和服务标准。大力推进"互联网+政府服务"，政务服务云平台基本建立，促进与各地区各级政府大数据平台的对接。服务渠道更智能，服务方式得到更进一步拓宽，构建政府服务大厅、网上大厅、移动终端等服务渠道的信息整合，推进应用一卡通及相应的技术场景，创新性地实施新的在线和离线集成管理模式，简化服务流程，提高服务效率。对不必要的证明材料和办事手续予以取消，使企业和人民工作更加便捷高效。

完善行政监察制度。构建完善的政府决策程序和管理机制，使决策权、执行权和监督权相互制约、协调发展。针对各级政府部门的行政审批工作，建立电子监控系统。坚持人民代表大会在行政监督方面的立法、决定、任免等职责，加强政府部门廉政审查，监督其依法行政，在政府预算、决算、发展计划编制与执行、重大项目建设安排等重大问题上加大审查和监督力度。发挥政协的磋商、沟通和监督作用，特别是在经济社会发展的重大问题上和人民群众切身利益问题上必须毫不含糊。舆论监督和群众监督的机制需要不断发展和完善，以规范和开放的姿态促进行政工作顺利进行，公众得以顺畅参与政府决策，各种参政渠道不断拓宽。定期组织举办政策、规划、行政程序宣传，探索建立人们广泛参与政务的互动机制，方便人民群众和社会各界及时了解有关政策和问题。

建立健全政府廉政监督机制。每年上级政府对下级政府的诚信服务水平进行监督检查，施行政府诚信评估，并对评估结果进行分析，作为考核评价下级政府诚信建设的重要参考，特别是在重大项目审计和财政资金等问题上加强关注。

针对政府廉政建设，建立横向监督机制。各级人民代表大会及其常务委员会有权利也有义务监督同级政府的廉政情况，同时各级政府也要接受同级政协的民主监督，把处理和执行人大代表和政协委员的建议作为政府政务建设的重要参考，并将其纳入行政绩效评估体系中来。

还要对政府诚信情况建立强大的社会监督机制。加强和完善舆论监督和群众监督体系，加强廉政问责机制。设立多种方式，畅通舆论申诉渠道，建立政务投诉举报制度，提高公信力。鼓励传统媒体和互联网媒体加大对政府事务和失信行为的报道，从舆论角度形成对政务诚信工作的有力监督。

政府诚信需要主动接受第三方机构的评估，建立相应的管理机制。对诚信大数据的监测和预警工作需要在各级政府展开实施。采用政府采购等途径，接受各类第三方机构对各级政府部门的政务诚信进行评价和公开，如高校、科研机构、信用服务机构等。在重点领域监督中，倡导第三方信用服务机构协助政府部门加强信用监管，完善事中与事后监管措施，推动政府部门进一步简政放权、放管结合、优化服务。

近些年来，各地在加快工业化、城镇化、现代化建设进程，促进经济社会发展和交通基础设施、民生事业改善过程中，为弥补财政资金不足，通过设立各类投融资平台等方式筹集发展资金，再加上落实国家政策配套的资金，从而形成了一定规模的政府性债务。

目前，虽然国家对地方政府债务余额实行限额管理，但在现行考核评价机制下，地方政府举债冲动仍然较大，地方政府性债务存在债务管理风险意识不强、风险防控机制尚不健全以及债务规模较大、偿债能力较弱等问题，个别地方存在的债务风险不容忽视。

债务风险意识不强。通过存量债务置换，还债周期延长，利息成本降低，有效缓解了地方政府偿债压力，短期内消除了债务违约风险，但也导致部分地方对政府性债务可能产生的风险放松了警惕，认为自身财力足以覆盖未来政府债务还本付息需求，"地方债已不是问题"。

债务风险防控机制尚不健全。通过建立债务领导管理机构和债务风险防控机制，对政府债务实施限额管理、预算管理，有效提升了债务风险防范和预警处置能力，但风险防控机制还不够健全，个别地方存在继续借融资平台公司、PPP（公私合作伙伴）、政府投资基金、政府购买服务等名义变相举债和违法违规融资担保行为以及在债务建设项目实施中把关不严、评估不够、过度超前，未充分考虑自身还款能力等情况，加大了政府债务风险隐患。

因此，各地各级政府应认真落实要求，积极采取措施加强地方政府性债务管理，防范和化解地方政府性债务风险。

建立政府性债务管理机制。成立债务管理相关政府领导小组，制定各类多样的配套制度和办法，加强政府债务管理制度体系建设，政府性债务管理各项政策措施得到了有效落实。

规范举债融资机制，严格实行限额管理。规范举债融资机制，一律采取在批准的限额内转贷省政府发行的政府债券和外国政府贷款的方式举债融资。严格实行限额管理，市县政府在上级政府批准的限额内举债。

认真清理和整改不规范举债融资行为。按照财政部等部门有关要求，通过撤销担保函件、修改合同条款、归还借款、增加注册资本等方式认真清理和整改不规范举债融资行为，不规范举债融资行为得到有效控制。

实施全面债务预算管理。按要求编制政府债务预算，将各项债务收支全部纳入财政收支预算，测算还本付息时间节点和资金需求，统筹各类资金，优先保障政府债务还本付息支出，目前各地均未发生债务违约。

积极化解存量债务。坚持"谁举债、谁偿还"的原则，通过置换债券、统筹预算安排、审计核减、谈判豁免等多种方式，积极化解存量债务。

政府部门对信用信息及信用大数据的共享、搜集和应用是社会信用体系建设的关键环节。政府部门在履行职责过程中产生、获取的各种信息资源都是行政信息，如以某种形式记录和保存的文件、资料、图表、数据等，包括管理部门直接或通过第三方间接手段依法采集的信息资源，这些数据是依托政府信息系统而形成的。目前，各地区、各部门已经基本建立了全国统一的信用信息共享和交换平台，依赖该平台提供的基础设施，开展更多形式信用服务，为我国社会信用体系夯实了基础。

国家发展和改革委员会、中国人民银行会同各地区、各部门加快建立管理标准来依法管理信用大数据的采集和使用过程，制定完善规范的指标目录，建设全国信用信息共享和交换平台，将各部门现有的业务数据库最大限度地利用起来，减少新建系统带来的成本，同时避免重复建设带来的资源浪费。通过数据科学的相关技术打破各部门之间的数据孤岛瓶颈，实现数据资源的互联互通和共享。

2015年，针对政务信用的信息共享交换网站成功搭建，通过平台实现了部门间发布和共享信用信息文件，向成员单位提供信用信息相关的各种服务，包括文件共享、交换以及企业基础信息查询等。2015 年 6 月 1 日，"信用中国"网站开通，社会各界可以通过该网站，了解到社会信用体系建设的各项工作动态，方便人们学习信用知识和相关政策法规，也支持企业和个人查询信用信息等，为全社会信用生产生活提供了极大便利。2015 年 10 月 30 日开始上线试运行了一个全国信用信息平台，为全社会信用信息的共享和交换提供了基础支撑。同时，信息平台积极与各地方平台对接，目前已与多家单位签署了《信用信息交换共享合作备忘录》，涵盖浙江、安徽、辽宁、江苏和上海等地区。目前已经与广东、浙江、黑龙江等省级信用平台实现了对接。

全国信用信息共享平台实现了各地区各部门之间实时高效的信息交换和查询，进行集中清洗和比对，进而针对特定的市场主体，形成一个全景式、开放式的信用信息报告，通过对该平台的访问即可查询任何市场主体的基本情况。此外，在这个信息平台的基础上，还开发了一个涉及联合激励和联合惩戒的专门平台。截至 2016 年 9 月初，全国信用信息共享平台已搜集近 5 亿条信用信息，为我国信用体系建设起到了积极的推动作用，做出了重要贡献。

目前，全国信用信息共享平台正进行二期工程的构建和升级，未来将更好地扩大覆盖面、完善技术标准，建立规章制度。国家发展和改革委员会联合工信部、公安部等十余家部门，建立了诸多信用主体基础数据库，并与其他平台之间逐渐实现了信息的沟通交换和关联共享。

4.3.2　司法公信建设的内容及现状

社会信用体系建设的重要内容之一就包括司法公信的建立，有助于树立司法权威，维护社会公平和正义。在当代社会，我国正全面推进依法治国，向着法治国家快速迈进，在这一进程中离不开社会信用体系的建设。这就对司法机关提出了更高的要求，必须在各个司法流程中做到自身诚实守法、公正廉洁，才能让人民群众感受到来自司法的公平和正义。本部分内容介绍我国为提升司法公信力开展的一系列举措，包括深化司法改革、规范司法行为、推进司法公开和信息化建设等。

加强建设各级法院的司法公信力，加快完善信息透明和公开制度，完善信息联动机制，促进执法案件信息披露，在现行法律的基础上提高法院的执行率。法院法官自由裁量权的行使场景和标准必须依法规范，加大打击力度以避免诉讼过程中的失信行为，提高审判质量和执行效率。惩治商业欺诈和信用违约等不诚信行为，鼓励信任、合作和诚实交易，引导全社会形成诚实守信风气。

保障司法公正、提高司法公信力，就必须要求司法机关严格规范自身行为。司法机关的行为是否规范，最直接影响人们所看到的司法程序和社会秩序是否正义和公平。如果人民群众不能感受到来自司法的规范、公平和正义，那么群众就会对全社会的信用履行产生忧虑、误解甚至怀疑。在新时代和社会加速发展的大背景下，司法机构应当更加突出地发挥保障功能，同时也要更加严格地规范公平和文明执法。尤其是在经济发展出现新问题、面对新形势的情况下，为了有效应对不断加大的经济下行压力，司法机关接受了大量的经济纠纷案件，显性矛盾凸显。在这种环境下，司法的公平正义面临维护社会稳定和保障发展活力的双重考验。此时呈现出来的矛盾和问题越复杂，就越要从全局出发，强调理性文明、公平正义和司法规范的有机统一。任何司法不公、不规范和不文明的行为，都会加剧矛盾、影响社会发展。必须牢固树立法治观念，坚持法治道路不动摇，并依法规范司法程序和执法行为，严格按照相关法律法规行使司法权，保稳定，促发展。

加强建设检察机关的司法公信制度。通过加强检察工作信息公开的主动性，不断深化司法的公开透明，关注和把握好人民群众对司法信息公开的需要。继续扩大检察公开的范围，将执法依据、执法程序、案件处理程序、执法结果等全部检查工作信息（法律明确规定保密的除外）向社会公开。明确检察公开的重点核心内容是案件信息的公开。创新公开模式，利用新媒体做好信息传递和宣传工作，及时主动、客观公正地公开司法工作信息，并及时听取群众意见，保障人民合法权益。加强检察机关内部的自我监督工作，通过以规范执法行为和执法纪律为抓手，进而实现执法公信力的不断提高。学会利用法律手段，发挥其在监督方面所应当具备的作用，对职务犯罪等行为重点监测，加大侦查和防范力度。同时加强对受贿犯罪的档案记录和检索，在这一过程中不断加强和规范信息的管理工作，形成全社会各个方面多应用场景与信息档案检索之间的联动机制。

在司法行政体制中加强公信力建设。既需要从国家层面入手完善顶层设计，也需要社会主体各方面的通力合作。继续加强司法行政过程中的信息公开力度，进一步打造规范化和制度化的监狱、戒毒所和社区机构的管理体制。要对司法行政各个阶段的信息管理与披露方式进行创新，保护人民群众的合法权益。

加强相关从业者在司法执法中的信用建设。建立一个全面准确的执法人员档案，并将其各种非法或不规范的执法行为列入档案中。可以将该档案作为评估、考核、奖惩和晋升的重要依据。建立完善公开承诺制度，加强公正、廉洁、文明的执法风气。特别是加强记录和整合各类司法相关从业人员的信用信息，如律师、法律援助人员、公证员等，建立和完善司法相关从业人员的信用档案，促进司法实践中的诚信建设和标准化。

完善制度基础，加强司法公信力建设。严格执行规定的司法程序，坚持人人平等，建设科学化、制度化、规范化的司法工作流程。

在司法领域加强公职人员的思想教育，树立规范观念。从党和国家的层面来看，围绕"四个全面"战略部署，一系列新的国家管理措施得以实施和推动，特别是在司法领域，进行了深化司法改革和规范执法行为等具体活动，推动了国家治理体系的完善和治理能力的不断提高。另外，党和国家不断对规范司法行为提出明确的工作和制度要求。司法机关要主动适应新形势，从司法理念上入手，根本性地加强人权保障，做到司法程序公正、规范、透明，裁判合理、证据充足，真正把严格规范的文明司法固化为自觉的行为习惯。不断提升队伍整体素质，筑牢维护公平正义的根基。按照规定的程序步骤，认真开展"两学一做"学习教育和干部作风整顿等活动，树牢司法为民、公正司法的理念。结合基层院建设抽样评估和案件评查发现的问题，对办案规范、规章制度进一步梳理完善，逐步建立规范化建设长效机制。政治处制订学习计划，把学习《基本规范》、三大诉讼规则等作为常态化的要求，并定期组织测评，以督促检查学习效果，切实提高司法人员的规范意识和司法能力。

司法公正建设应为社会发展奠定坚实基础。充分发挥各司法机关的职能，从基层部门和人员入手，不断提高法治水平，实现司法标准的统一化和全覆盖。同时积极构建明确的权责分工机制，有效制约和保障现代司法权力的使用和司法程序的执行。

此外，还需要加强执法队伍中各成员的综合素质。组织有关人员参与各种学习活动和技能竞赛活动，注重教育和培训。加强执法标准化建设，提高法制水平和守法意识，通过熟悉规范化的工作流程，不断提高执法能力。另外还要邀请知名专家定期举行专题讲座，加强案件受理、处理过程中的规范和礼仪教育。在这一过程中，需要对培训工作的规范化和专业化程度进行严格把控，加强管理。定期组织研讨和学习班，适当选择典型的公正、规范的执法案件，从正面指导执法程序；选择不规范的案件，深入分析问题出现的各方面原因。理论与实例相结合，将所学所感融入执法实践中，从思想上加强执法人员的执法规范意识，促进司法公正健康发展。

精细化办案过程，强化案件办理质量。坚持逐案评查、随结案随评查，对发现的问题分类通报相关部门，业务部门制定整改措施，认真整改并反馈情况。对执法过程实行流程控制，将质量管理理论应用在检察工作中，使工作职责具体细化到每项检察工作中，并明确运作流程，以程序化的方式指导、提醒和制约各项检察工作和工作人员。将案件管理办公室的作用发挥出来，做到动态监督和全程管理，设置办案程序中的关键点和案件质量上的把关点，公正、规范、严格地保证执法办案活动得到切实履行。施行合理的事后回访程序，对案件的执行情况进行跟踪，主动询问、着重听取各方面当事人的反馈，考察案件裁决与执法的效果是否一致。特别是对重特大案件，大回访活动每年都要进行一次，应采取多种方式获取真实情况，将重点回访和随机回访相结合。其中，对那些产生了较大较坏恶劣影响的以及群众普遍关切的案件应重点回访。

针对社会信用的立法工作是一项系统工程，它兼具复杂性、综合性、开拓性和创新性。司法体制要建立在公开透明的基础上，提高司法公信力，确保司法纯洁透明。近年来，我国司法公开体制改革得到全面深化，在促进司法公正、不断提高司法公信力方面取得了显著成绩。各级法院贯彻了"依法治国"的方针，坚持做好每一个案件的审理流程，坚持公平正义全覆盖，坚持让人民满意的原则，从信息化建设入手，建设信息公开制度，公开包括审判程序、裁判文书等在内的案件所有信息。

我国从社会信用发展现状和实际需求出发，推进信用立法，在司法公信建设中进行了一系列卓有成效的工作。例如，开通了中国审判流程信息公开网，实现了司法案件信息的全面覆盖、实时互联和深度公开，案件有关信息终于有了权威发布渠道。该网站统一汇集了各级法院的案件审理视频，社会公众可以通过网络随时随地了解全国任何一起案件的录像等各种信息。另外还开通了中国执行信息公开网，全国各地所有法院审理案件的相应执行信息都接受公众查询和监督，包括失信被执行人名单信息、被执行人信息、执行案件流程信息和执行裁判文书等。我国裁判文书网已成为全球最大的裁判文书网，为我国社会信用体系的建设和完善奠定了基础，做出了巨大贡献，标志着我国在司法信息公开方面取得了重大进步。

在我国全面推进信用和法治建设的今天，公众越发迫切地想要关注、参与和监督司法工作。在坚持依法行使审判权的前提下，司法机关需要不断强化监督意识，主动接受媒体舆论监督，自觉吸收和采纳社会公众提出的有用的意见和建议。各级人民法院在严格遵守法律规定的同时，应高度重视与媒体和社会公众构建良性互动关系，共同推进法治建设，全面公开案件的所有信息和审理全过程，并对审判结果及其执行情况进行跟踪，特别是将公众关注案件的审理信息最大限度地公开，面向全民进行宣传，使之成为一部法治公开课。

4.3.3 商务诚信建设的内容及现状

商务诚信水平的高低直接影响着我国社会信用体系建设的成败。提高商务诚信水平，营造商务诚信环境，有利于各类商务形态的可持续发展，保障商务活动开展的高效性。

商务信用建设要深入生产领域。以食品、药品等产品企业为重点，以生产安全重点企业或单位为抓手，以信用审核机制维护生产准入和退出机制，促进安全程序建立健全，落实各类企业的安全生产责任。加强生产和加工环节的安全和信用管理，发布生产安全公告，建立质量诚信报告，构建产品质量投诉举报平台和产品质量信用信息系统，披露失信企业黑名单，加大对安全生产失信行为的惩戒力度。

商务信用建设要深入流通领域。在这一情形下，需要建立专门的信息系统，来针对流通领域公司的信用信息搜集和处理，并改进商务和贸易流动企业信贷评估的基本规则和指标。促进信用建设在批发和零售业、物流业和餐饮业等领域的应用，并实施企业信贷分类管理。改进零售商与供应商之间的信贷合作模式。加强反垄断法的执行力度，打击不公平竞争，加强对非法商业行为的调查和惩罚，如虚假宣传、扰乱市场秩序、商业贿赂等。加强对市场公平竞争的管理，促进信用信息发挥作用。基于商品条码及相关技术，逐步建立具有可追溯性的商品流通制度。加强检疫的质量。支持商业服务企业扩大信贷销售，促进个人信贷消费，发展商品交易。促进对外经济和贸易信用体系的发展，并进一步加强信用信息管理、信贷风险监测和早期预警，以及在对外贸易、援助和投资等领域公司的信用评级。在电子平台的帮助下，建立和加强信用评估系统、信用评级管理和进出口企业联合监督机制。

商务信用建设要深入金融领域。在管理金融市场秩序的同时创新金融信贷产品，改善金融服务，加大对金融欺诈的惩罚力度，如金融欺诈、恶意逃避银行债务、出售商业机密、伪造虚假信息、非法筹集资金等，同时还要注意保护金融消费者个人信息及各项合法权益。信用信息基础设施的建设应在金融领域不断加强，扩大覆盖范围，加强金融业的应用，使其能够对失信行为产生有效约束。

商务信用建设要深入税务领域。建立一个部门间信用信息的交流和交换机制。交换、比较和利用与税收有关的信息，如纳税人的基本信息、交易信息和税务记录等。进一步改进财政信用评级，在税务领域加强对企业信用分类的管理，建立黑名单系统，并建立对纳税人的奖励和惩罚机制。将税收和其他社会信用应用建立联系，提高纳税人的守法意识，促进纳税人的信用行为。

商务信用建设要深入价格领域。企业和经营者应加强自律，指导其价格行为，公开经营者的收费制度。对经营者进行监督，以加强其价格诚信管理。建立一个以诚信经营为基础的价格管理系统，改进价格诚信制度，做好信息传播和宣传工作。执行严格的奖惩制度。加强对价格的执行和监督，以及对反垄断法执行情况的检查，调查并处理价格上涨、价格欺诈、垄断价格等不正当定价行为。

商务信用建设要深入工程建设领域。促进建筑业市场信贷系统的建设，加速建筑工程、建筑市场的信用规则和条例，并为市场上的所有当事方制定信用标准。促进项目信息的传播，构建工程建设的信用信息系统，在政府网站上建立公共信息栏。在国家一级建立一个全面的信用信息搜索平台，以公开工程信息和信贷信息，并开展工程项目诚信建设。深度检查工程质量，完善建筑工程的市场准入和退出制度，并加强对工伤事故、安全责任或其他失信行为的惩罚。在工程企业和雇员评价结果之间建立管理机制，如企业信用评估、资格审查和批准、取消资格等，为在建筑领域的工人建立一个科学有效的信贷评估机制，并建设信用采集和追踪系统，其中，失信责任追究范围包括拖欠工程款和农民工工资、违法分包等行为。

商务信用建设要深入政府采购领域。从联合监管和联合惩罚的角度入手，寻找路径，创新方法，对公共采购等事务加强管理。为供应商、政府机构和相关专业人员制定信用行为标准。确定政府采购供应商的失信记录黑名单，禁止其在一段时间内参加采购活动。改进公共采购市场准入和退出机制，充分利用其他部门提供的信贷信息，如工业、税收、金融、检察等，并加强对合同当事方的管理。加快建立一个统一的国家政府采购管理系统，提高政府采购活动的透明度，并确保信用信息的统一发布，保护公共采购参与各方的合法权益。

商务信用建设要深入招标投标领域。扩大招标和投标的信用信息范围，建立一个信用评估指数和标准评价系统，并改进信息披露和交流机制。进一步实施招投标登记制度，改进奖励和惩罚机制。基于电子投标系统及其公共服务平台，进行互联、实时交换和合并信用信息，并将信用评估的结果作为更多服务应用的重要参考手段，比如作为审查投标者资格、投标评价、校准和签署合同的重要基础。

商务信用建设要深入交通运输领域。建立一个运输信用规则制度，将部门规则和条例与地方政府条例相结合。完善信用评估标准，实施信用分类和监督，针对不同类型的运输市场制定评估指标，对信贷评估进行监管，建立运输管理机构和社会信贷评估机构相结合的综合评估系统，为第三方机构积极参与到信用评估的建设工作中来提供指导，建立监测和审查机制，所有类型的运输活动都被列入信用记录。

商务信用建设要深入电子商务领域。建立和完善电子商务企业信贷管理和交易信用评估系统，并加强对电子商务公司的监督，开发和销售有针对性的信贷产品。促进构建电子商务中的实体身份识别系统，并改进网上商店的真实性审查。加强对网上商店产品的质量检查，并严厉调查和惩处欺诈行为，如伪造假冒、发布虚假广告、销售劣质产品等行为。防止电子商务企业内外勾结，影响商业声誉。建立一个行业准入和退出制度。促进电子商务和其他相关信息的交换和交流，促进对电子商务和线下交易进行信用评估。改进电子商务信贷担保制度，促进第三方服务和信贷产品的推广和应用。在电子商务网站上进行信用认证，识别电子商务网站的可信度，并提供电子商务用户和网站的识别手段。

商务信用建设要深入统计领域。在企业统计过程中加强诚信建设，创造一个诚实统计的环境，完善统计完整性和可靠性评估标准。建立和完善企业统计行为中的信用评估系统，并建立统计专业人员信用档案。加强执法检查，对统计领域的欺诈行为进行严厉惩罚，并建立一个系统，报告和公开统计行为中的失信企业。加强对失信公司的联合惩罚，将统计失信公司清单及其行为信息列入金融、生产和贸易等领域的信用信息系统，并将信贷统计记录与公司筹资直接联系起来，有效地加强对统计失信行为的惩罚。

商务信用建设要深入中介服务业。采用联盟和有限公司等各种形式在各个中介机构组建合作共同体，提高信贷登记和信用信息披露的效率，并将其作为执法部门信贷评级管理工作的一个重要基础。重点放在加强对公证、认证、律师、会计、代理、中介、就业、咨询等机构的信用评级。建立一个科学合理的评估指标系统和工作机制。

商务信用建设要深入传媒和广告行业。促进展览组织者进行公平展览，履行诚信服务公约，为失信个人和失信单位建立一个信用档案和信息系统，并促进其在各领域的服务和应用。提高广告业信用制度的完善性，建立和改进广告业信用评级管理系统，杜绝各种虚假广告，强调参与者的责任，特别是提高广告宣传和广告活动主体的守信纪律机制和失信惩戒机制。

商务信用建设要深入企业诚信管理制度。鼓励各个公司在各自行业中树立诚信榜样，在各种商业行为中都要时刻注意信守承诺，以信用自律提高自己的社会责任感，特别是在生产管理、财务管理和劳务管理方面，改善公司信用环境。鼓励企业建立客户信用档案，记录客户完成的所有交易信息，从而对客户进行精准全面的信用画像，并加大力度对诚信行为进行宣传，对失信案件进行曝光。加强公司在信贷交易、债务、担保和其他信贷与债务信贷交易以及生产和业务活动方面的诚信意识，鼓励和支持公司建立信贷管理机制。鼓励企业建立内部信用评估系统。

建立商业信用信息系统，搜集和评价面向市场的社会信贷机构和信用评级机构提供的各种信用信息，这些信用信息包括公司市场交易的信息，以及主要被用于企业间商业活动的商业银行贷款记录。

分析和总结我国在生产、流通、金融、税务、价格、工程、交通、电子商务、统计、中介等各行业各领域中的信用建设举措以及取得的成绩，从多方面逐渐提高全社会的诚信意识和信用水平。

针对市场主体建立备案制度，调整审批手续；建立事中、事后监督管理制度，改变以往事前审批的流程，从而建设以市场为主体的社会信用体系。

企业要积极主动地加强自身诚信纪律建设和教育工作。鼓励企业从内部做起，防范和控制信用风险，建立完善的内部信用风险管理体系。企业要设立专门的机构和岗位，积极公开企业的诚信经营等情况，并不断扩大对公众披露信用信息的覆盖面。

建立健全企业信用档案，把生产经营情况和守信历史等相关信息记录进来，搜集和整合企业的各方面信用信息，力求建立并完善各行业、各部门专属的企业信用档案，并对这些信用信息定期更新，同时提供给公共信用信息系统。引导企业增强诚信意识，加强信用管理的力度，树立良好的企业信用形象。

对企业信用进行评级的过程也需要受到监督。根据企业的信用评级和信贷状况，进行分类监督，加大对企业失信行为的惩罚力度。特别是在市场准入、税收、产品质量、信贷、合同执行等领域，尤其要依法严格地进行信用评估，建立一个相互联系的联合监督机制。

加大力度对企业信用信息进行有效的公示和推广。通过政府网站和政府媒体向公众宣传公司信用信息，促进公司信用信息的广泛传播，并对其进行监督，以实现社会对企业失信行为的约束。

加强公司信用信息的应用。指导企业以积极和准确的方式提供其信贷信息。鼓励企业在诸如采购、销售和投资等经济交易过程中积极使用信贷产品和服务，并在各个领域扩大公司信贷产品和服务的应用。促进各类信贷机构的发展，以加强公司信用信息的应用，并促进使用信贷机构提供的企业信贷产品和服务。

促进建设诚信的企业文化，使之成为企业思想的核心。公司应通过相应的文化思想教育工作，来提高企业员工和管理人员的信用水平，指导企业建立积极向上的信用文化，制定诚信标准，并以此来建立公司的业务守则，提高企业对维持自身信誉的充分参与和认识，建设诚信文化的公司环境。

加强公共机构的廉政和自律建设。公共机构内部要进一步改进信用档案制度，提高服务水平，对自身存在的失信行为严加惩治。加强公共机构可靠性机制的建设，对公共机构的信息传播和宣传手段进行创新，提高公共机构运作的透明度，并将公共机构的宣传纳入主流媒体。对公共机构的业绩评估，需要建立一个信息传播系统和服务承诺系统，发布年度报告、重大活动和对社会的服务承诺，并加强公共机构及其员工的诚信服务意识。

企事业单位要主动完善和改进其信用记录相关制度，所有部门都必须积极联动，加强对信用数据的分析和整合，特别是在公共服务、社会保障和财政等关系国家和社会稳定的关键领域，分别根据法律、审计、贷款、交易、税收、诉讼等情况，进行分类存档。

加强对公共机构信用评级的监测。探索建立一个科学合理的机构信用评估系统，使评价的内容、程序和方法标准化，并逐步将信用记录和评价结果应用到各个领域，将其作为对机构进行管理和评估的一个重要基础。改进公共机构信用评级监测机制，加大对失信行为的惩罚力度。

加强对社会组织信用评级的监测。探索建立一个科学合理的社会组织信用评估系统，加强对信用评估结果的指导、鼓励和限制，对信用评级进行监督。创新社会组织对社会组织的联合监督管理方法，并指导各社会组织持续健康发展。

大力支持和发展征信产业。中国的评级市场建设开始于1987年，信用评级机构曾超过100家，在评级市场进行了几次调整后，数量略有下降。目前，有70多个专门的信用评级机构，大体呈现出规模小、核心竞争力不强、受地方政府保护等特点。

目前，我国的评级市场可以分为两类：一是信用评级市场，二是债券评级市场。其中，信用评级市场主要为商业银行提供贷款时作为参考，而债券评级市场则主要为非信贷金融服务提供服务，如发行债券。2013年，合格的评级机构为78个，其中5个为银行间债券市场评级。根据对行业机构数目和业务规模的基本判断，中国信用评级业仍然处于分散和小规模初级发展阶段，未来需要推进一体化整合的进程。从数据互联沟通的角度来看，中国信用评级机构和征信部门之间尚未建立一个数据交换机制。

目前，中国信用服务市场准入条件主要有三个方面，分别面向企业债券市场、银行间债券市场以及证券市场设立信用评级业务资质。在中国有大量的小规模信用评级机构，它们在信用评级市场上艰难存活。随着信用评级市场的发展，现有大型信用评级机构的影响将进一步扩大，小型信用评级机构可能会遇到更大困难，这将有助于机构和市场的一体化整合，从而提高整个行业的集中程度。

4.3.4　社会诚信建设的内容及现状

4.3.4.1　个人征信建设的发展

在个人征信领域，我国已逐步形成以中国人民银行为核心主体的征信体系。中国人民银行征信中心信用信息涵盖样本全面，覆盖信用信息广，但覆盖人群范围依然较窄，征信人口覆盖率与美国等发达国家依然有较大差距。民营征信机构是我国个人征信体系的重要补充，快速发展的互联网征信也成为个人征信体系建设中不可或缺的一环。

加强个人自律，遵照公民道德建设相关指导意见，把宣传社会主义核心价值观结合起来，促进公民的诚信意识和道德水平提高，宣传和弘扬诚实守信的思想观念和道德守则，积极促进建设一个有德、守法的社会。

大力促进信用文化建设。将建设诚信文化放在一个突出的位置上，以实践社会价值观为基础，大力宣传信用知识，制定公民道德守则，在道德建设和精神文明的整个过程中进行教育。加强社会道德、职业道德、家庭美德和个人道德教育，创造一种良好的社会氛围。

全面促进信用宣传。利用重要的时间和法定节假日，加强对信用知识的宣传和普及，宣传相关的政策法规和案例以及信贷政策和条例、信贷知识和典型案例。促进建立以中国传统文化为基础的时代价值观，鼓励创作相关的传媒作品，提高宣传的频率和覆盖面，强化信用建设效果。

大力宣传典型的诚信榜样。充分利用媒体宣传和广告的作用，大力宣传有关部门和社会组织选定的诚实典型和道德模范。组织多种途径来塑造网络诚信宣传主题，推进所有形式的诚信行为宣传，推出一系列关于诚信问题的高质量的在线文化作品，并加强对失信人员的批评教育。支持相关的社会部门和组织，推出社会的诚信典型和失信反面教材，并促进实施跨部门和跨学科的联合奖惩措施。

面向校园加强全面的诚信教育。诚信教育是提高小学生、中学生和大学生诚信意识和道德水平的一个重要组成部分。鼓励学校开设与社会信用相关的课程，支持合格的大学设立与信用管理有关的专业。鼓励学校建立学生信用档案，并将其作为升学、毕业、各项考核的一个重要标准。开展不道德行为警示教育活动，如考试欺诈、学术欺诈等行为，并在信用记录中记录相关信息。

在信贷教育方面展开广泛的培训。建立和改进对信贷管理的职业培训和职业评估制度。加强对信贷专业人员的培训，丰富信用知识并改进信用管理制度。组织签署信用承诺书，并开展信用知识培训和培养企业诚信文化。在各个社区、社团的基础上，组织信用知识学习和读书会，以便在公众中宣传信用知识。

建立和完善个人信用记录。努力加强信用信息的登记和整合，特别是针对政府官员、金融专业人员、会计专业人员、医生、教师和研究人员等，并逐步建立和完善各行业、各部门的个人信用记录制度。

促进完善个人信用实名登记制度。在居民身份证号码的基础上，促进建立一个统一的公民社会信用代码。登记居民身份证的指纹资料，并全面覆盖公民统一社会信用方方面面。使用信息技术意味着不断加强对个人身份资料的核查，以确保个人身份资料的唯一性。通过因特网、电话、银行和其他各种手段，促进建立实名登记系统，以便为准确搜集个人完整的信用记录奠定基础。

在关键领域建立个人信用记录，如食品药品、生产、消防、交通、环保、税收、工程、金融等领域，针对政府官员、企业法定代表人、律师、教师、医生、税务人员等重点对象。有关部门应加速建立和完善个人信用记录搜集机制，及时搜集有关工作人员的信用信息，确保信息的真正性，并做到积极及时更新。金融信贷信息数据库和个人信用报告机构必须大力搜集和提供关键领域的个人信贷信息。鼓励行业协会和商会建立和完善成员的信用档案。

建立个人失信信息公开机制。在保护个人隐私的前提下，根据法律和规章，依靠政府网站和各类媒体对公众发布失信行为信息。加强社会监督和对个人失信行为的制裁。

促进个人公共信用信息的共享和流通。在各地已建立的信贷信息交流平台的基础上，建立一个全国统一的个人公共信用信息数据库。另外，在国家已建立的信用信息交流平台的基础上，逐步建立信用信息共享机制，做到跨地区、跨部门和跨行业公共信用信息相互联系、相互交流和相互监督。

积极开展个人公共信贷服务。各级人民政府应根据自身条件和需求，在遵守法律法规的前提下，鼓励各地方建立个人信息和基本金融信贷信息数据库之间的交流机制，并为个人信用报告机构提供服务。

创新个人信用评估模型、技术和机制。引导更多信贷机构依法依规进行信用信息数据的搜集和分析，评估个人信用状况，指导个人信贷评估。并根据评估结果制定规则，对个人信贷状况进行分类监督，从而建立全面的个人信用评价标准。

建立完善的信用记录机制，使有关部门和社会组织能够对信贷分类和信用评级等进行监督。行业协会和媒体要大力宣传诚信典型，树立信用标杆。各级政府必须对诚信奖励和失信惩戒方法手段进行创新，在教育、就业等领域优先支持有优秀信用记录的人。此外，还应采取一切必要措施，提供更为方便的服务。如，在办理行政许可的过程中，对拥有优秀信用记录的人，可以根据实际情况，采取适当的服务措施，开设绿色通道。鼓励社会机构根据法律使用和创新信用信息产品，给予拥有优秀信用记录的人相应的特权和便利，使信用良好者能够在市场上获得更多的机会和利益。

对在关键领域中严重失信的人采取联合惩罚措施。根据相应的法律法规，对那些严重危害个人健康和安全、严重破坏市场公平竞争秩序和社会正常秩序、拒绝履行其法律义务的人施加联合惩罚。另外，不履行其法律义务、恶意逃避债务、非法筹款、电信欺诈和非法集资等行为，都应被列为监测的关键目标，在符合法律规定的前提下，对其进行行政限制和惩罚措施。根据法律、条例和政策，在对那些失信公司和机构进行联合惩罚时，还应对其负责人执行联合惩戒措施。鼓励在金融信贷信息数据库和个人信用信息机构中登记个人的诚信和失信信用信息，并将其共享至国家信用信息共享平台，作为信用评级的重要参考标准。

促进市场和全社会形成信用约束和惩罚。建立和完善相应制度，在避免个人隐私被曝光的同时，鼓励举报严重失信行为。以"中国信贷"网站为基础，发布个人的严重失信信息，并发挥监督作用。利用公众舆论形成一个强大的社会威慑，鼓励市场参与者为失信者提供有差别的服务。支持信贷机构搜集各类失信行为信息，并将其纳入个人信用记录。

推广个人信贷产品和服务，使其在更多领域得到应用。特别是在社会治理和公共服务的关键领域，政府应主动承担主体责任，鼓励和引导信贷产品落地应用，加强个人信用信息的应用，包括资格审查、住房分配、就业和社会保障等各个方面。鼓励在各项经济和社会交流活动中，市场各个参与方积极使用个人信贷产品和服务，使全社会习惯于使用个人信用报告。

我国个人征信体系正在不断完善。由中国人民银行征信管理局牵头，个人信用信息基础数据库已经基本建成。对个人征信体系建设来说，数据库起到的作用不可小视，其核心内容主要是搜集和储存个人信用信息，例如贷款偿还、信用卡、担保和身份识别等，并在各商业银行个人放贷环节有信用查询需求时，提供在线查询服务，尽量满足银行的高效正常运作，减少信贷风险带来的损失和信用管理成本。信用信息数据库有利于健全个人征信体系，以及为我国的金融、经济健康稳定发展提供良好保障和强大动力。中国信用报告行业的发展始于20世纪80年代末，建立了覆盖全国的企业信用信息网络和个人信用登记和查询系统，而个人信用信息系统仍在初步建设阶段，有不少不足之处尚需改进。

4.3.4.2 覆盖社会各领域的诚信建设

我国社会诚信建设还覆盖金融、环保、医疗、教育、交通和安全生产等全社会各个领域，并已基本实现了全社会跨领域的信用信息共享和联合奖惩。以下选取几个主要方面进行阐述。

第一，我国信用体系建设持续关注和作用于环境保护领域。2014年1月2日，原环境保护部会同国家发展和改革委员会、中国人民银行、银监会联合发布了《企业环境信用评价办法（试行）》规定，将大气、水和土壤三个领域纳入环保征信的范围中来，主要体现为污染防治、生态保护、环境管理和社会监督四个方面。具体而言：在污染防治方面，针对环境保护领域征信发展需求，根据污染排放及扩散规律分析结果，主要征信对象应涵盖污染物排放总量大、环境风险高、生态环境影响大的企业。针对这些企业建立环境保护征信平台。通过对海量的、多样化的、实时的、有价值的污染物排放、税费缴纳等数据进行采集、整理、分析和挖掘，实现更智能、更直观地呈现征信对象的信用状况。统一整合企业环保信息以及企业环保守信情况，综合纳入环保审批、环保认证、清洁生产审计、环保先进奖励等信息，进而得出征信评估结论，精细化授权范围，为机构客户和个人提供信用报告，为相关企业办理信贷业务、开展商务合作等提供依据。

通过开展环境征信数据与经济、社会发展等数据的相关性分析与因果分析，形成环保征信评估结论，支持面向环境保护的风险管理、市场预测和重大决策，推动环境信用体系建设，为防范环境保护信用风险、保障交易安全创造有利条件，进而促进环境保护"守信激励、失信惩戒"机制加快建立。

第二，我国社会各界也高度关注教育领域的征信问题。教育领域的信用缺失导致一系列的道德问题与逆向选择，增大了社会风险。随着我国高等教育的飞速发展，征信对象覆盖范围不断扩大，主要包括高校教师和学生。教育领域的社会诚信建设主要着眼于教师的教育教学行为、学生学习、考试、助学贷款等方面，对教育领域中招生和培养等平台进行实时监控，还要涵盖师生在社会其他各个领域的动态行为数据信息。

针对教育领域征信问题的复杂性，利用教育领域中教师和学生的个人征信数据，着力构建涵盖多源异构信息的教师和学生行为征信数据库。包括教师职业道德、教育教学言行，学生行为规范、学习、考试和助学贷款等行为活动，通过师生教学活动建立个人信用记录和信用评分。提供涵盖教育行政管理机构、高等院校、教师和学生的全方位征信服务，帮助高校进行师生信用风险识别与跟踪，为高等教育的征信评估等活动创造良好环境，把各类教育风险降到最低限度。

针对教育领域征信问题的复杂性，结合高校实际案例从合法性、完整性和有效性等方面设计了全面准确的征信评价指标体系，积极制定形成教育征信评价的行业标准，形成面向教育领域系统、科学完整的信用评估指标体系，为高等教育领域的教育行政机构、高等院校、教师和学生个人征信评估提供支撑。

第三，在当前我国信息化发展背景下，医疗服务行业出现了日益严峻的医疗失信、医患关系紧张与医疗资源分配不足等现象。目前，我国虽有医疗机构和医师信用体系，并在进行医疗机构和医师信用体系的构建工作以实行内部信用分类管理，但多限于传统思维，即其信用评价主要围绕卫生计生行政部门与中医药管理部门的注册系统来进行，信息不全且和社会各部门之间缺乏配合与共享，难以应对信息化环境下医疗征信大数据分析与评价工作的新要求。

因此，就亟须构建一个开放协同的医疗征信信息平台，实现医疗征信信用数据实时采集与实时查询，设计医疗机构征信评价方法与体系，为医疗矛盾的缓解和医疗服务市场秩序的维护提供可行的平台支撑，进而服务于我国医疗服务行业的信息化、智能化与诚信化建设。

在医疗领域信用建设的过程中，我国积极探索建设联系政府、医院和病患之间的医疗征信信息平台，该医疗征信信息平台所采集的医疗征信数据覆盖组织（政府与医院）征信大数据与个人（医生和病患）征信大数据，同时实现与其他征信平台（如医疗机构和医师注册联网管理系统等）、消费信用平台（涉及银联信用卡记录与支付宝或微信等第三方支付机构的信用记录）或医疗服务平台（如医疗保险或社会保险平台）等相关平台之间的数据对接或共享，从而实现医疗征信平台与其他信用平台之间的协同功能，提高医疗征信数据的完备性、全面性、多元性与可靠性。

在我国医疗领域的社会信用体系建设过程中，在医疗征信信息平台构建的基础上，还注重建立和完善医疗征信指标评价标准，科学设计医疗征信评价指标体系，包括医疗机构与医师的信用评价体系与病患的信用评价体系，系统选取可量化的评价指标，并根据指标的重要程度或相关程度确定全面性或核心性指标维度，从而为平台使用者提供可靠的医疗机构/医师选择参照与病患接待参考，以保证医疗征信平台的即时性、有效性、可用性与专业性。

4.3.5　地方信用体系建设现状调研——以四川省农村信用建设为例

本小节以四川省成都市的信用建设内容及现状为例，重点结合本地实际，调查研究地方信用体系建设的现状，针对信用体系建设的薄弱地区，分析成都市农村社会信用体系建设的现状和特征，以及在建设农村信用体系过程中的信息化解决路径。

本小节的目的是探索并改进信用信息标准和农村社会成员的信用数据搜集方法，在遵守法律法规的基础上，登记和整合农村成员的信贷信息，并建立和完善个人信用档案。在对农村社会成员的信用水平进行评估的过程中，要注意考虑农村的社会特点以及经济成员的特点和具体情况，结合基层管理工作的实践背景，从而提出一套客观的针对农村信用市场的评价指标和信用评估系统。加强农村社会成员信用评级的应用，并安排信贷配额、利率和项目融资等手段。向具有较高信用评级的农村社会成员提供补助金，提供多方面辅助奖励措施，让农村社会成员意识到信用的重要性，时刻注意自己的行为对信用造成的影响。推进农村信用贷款的审批和发放工作，特别是针对农村困难家庭，旨在改善农村信贷环境。

4.3.5.1　调研背景

农村信用体系建设是推进我国社会信用体系建设不可或缺的重要一环，是落实党中央、国务院支农、惠农政策，扩大农村信贷投入，实现农业增产、农村经济繁荣、农民增收的重要手段。完善的农村信用体系不仅能够大幅度降低农村金融市场交易成本和交易费用，缓解农户信用信息不对称问题，而且可以促进和加快农村普惠金融体系的构建，对缓解农民贷款难、防范农贷风险、有效增加"三农"信贷投入起到积极的作用。同时，农村信用体系的建设可以有效推进振兴社会主义新农村建设。近年来，党中央和国务院非常重视农村信贷系统的建设，并先后发布了一系列旨在建立农村信贷系统的政策和措施。政策指出，农村信贷系统是一项紧迫的任务，是一项长期的体制安排，以便在金融服务、农业、农村地区和农民方面开展良好工作，是促进城市和农村发展、创造良好的农村信贷环境和政策环境的有效手段，也是振兴社会主义新农村的基本工程。农业是扩大国内需求和调整工业结构的一个重要领域，必须把解决"三农"问题放在国家的日常工作中，鼓励建设农村信贷系统，改善农村信贷环境，向农民提供更多的财产权。重新评估和发现农民和农村经济实体的信贷价值，使他（它）们的活力能够得到鼓励和发挥。2014 年 6 月，国务院颁布的《社会信用体系建设规划纲要（2014—2020 年）》中要求，举办一个建设农村信贷系统的专项工程，为农民、农场、农民合作社和其他各类农村社会成员建立信用档案，以巩固农村信贷系统的基础。这些政策和措施的颁布为促进农村信贷系统的建设提供了理论基础和政策支持。

纵观我国的农村信用体系，在国家相关政策和措施的推动下取得了一系列成就。根据初步统计，2013 年超过 30 个省份的 260 多个城市进行了农村信用系统试验区建设，为 1.51 亿农民建立了个人信用信息数据库，为 243 万个农村企业建立了小微企业信用记录。然而，由于中国的农村地域广阔，各个地区的发展不平衡，农民人数众多，信贷意识较低，农村信用系统的参与者差异巨大，各部门间缺乏信息沟通。因此，在促进农村信用系统发展的道路上，仍有许多问题需要解决。第一，农村基层政府的作用不明确，没有准确的职能定位。第二，农民缺乏信贷知识，缺乏对信息保护的认识。第三，缺乏指导建设农村信用体系的法律机制和行为规范。第四，农村经济实体的信息分散在与政府有关的不同部门。由于数据标准不同，信息交流困难，导致搜集信息难。第五，农村信用评级标准不规范，信贷担保制度尚不完善，银行贷款的风险预防要求不足，从而限制了农民和农村企业的资金需求。

由于存在上述问题，农村信贷系统的建设速度受到严重限制。我们必须看到，农村信贷系统的建设是一个多样化的系统，涉及政府部门、金融机构和农民家庭。因此，信用信息的交流是一个重要问题，也是迫切需要解决的问题，受到了党和国家以及社会各个阶层的普遍关注。

4.3.5.2 农村社会信用体系概述

理解农村信用制度，必须要将其放在现代社会信用制度的大环境中，也必须针对农村信用行为的特点发挥独特性。目前对农村信用系统如何确切定义仍然存在争议，但大多认为其定义是：农村信用体系是以地方政府为主导，以农民、农民合作社和合作组织以及农村企业等经济实体为基础，建立的农村信用记录、信用评价体系。这是一个系统工程，还包括农村社会风气和诚信文化的建设。这些构成了一个成熟完善的农村信用系统，将区域金融环境与诸如农村金融机构、借款人（农民和中小型农业企业）联系起来，形成一个良性循环。

农村信用系统建设包含很多具体内容，是一个庞大的系统工程，涉及方方面面。第一，建立两个保障，即政策支持平台和宣传教育平台。构建农村信用系统框架，其中包括政府、有关政府部门、各级银行和金融机构。第二，建立两套信用记录，即个人信用记录和乡镇、村的信用信息。第三，改进两套评价系统，即农村家庭信贷评分和对乡镇、村的信用评价系统。第四，创新农村企业的管理模式，以便为"三农"事业的发展提供更方便和更迅速的金融服务。第五，建立相应的信用奖惩机制，金融机构给予信用良好的农民优惠贷款，并对信用不良的客户加以限制。第六，有效地促进农村信贷担保制度的建设，协调政府、金融机构和担保机构的工作，探索有效的担保机制，并促进提高担保机构的效率、服务能力和服务水平。

4.3.5.3 我国农村社会信用体系的特征

1. 信息搜集难度大，信息易失真

在我国农村社会信用体系建设中，农户信息搜集难度大，信息易失真，主要的原因有：第一，农户居住环境的分散性、流动性大，这给农村信用体系征信数据的搜集增加了难度。第二，调查农户收入难度大，在搜集信用数据的过程中，农户普遍存在对调查数据的瞒报和虚报现象。加之农民的收入相对较复杂，不仅有务农劳动收入，也有打工收入，收入很不稳定。在这种情况下，数据的真实性将大打折扣。第三，一些管理部门缺乏联动机制，个人和企业的实际筹资数据分散在税收、工业和商业、银行及其他机构中。由于长期的分工管理，这些数据在一些部门被封锁。这就难以建立一个统一的信用信息系统。第四，网络技术在农村地区的接受程度不足。网络技术是提供信用信息的主要载体，然而，在一些与农业有关的金融机构中，对计算机的接受程度很低，有些计算机甚至没有联网。各种实际条件的不足使一部分信用信息数据无法完整地保存和上传，极大地限制了农村信用系统的建立。第五，在搜集信息人员的个人素质方面存在着差异，有些工作人员对搜集农民信息的工作没有给予足够重视，造成一些关键的信息缺失或不准确，严重影响到信息的质量，为信用信息的实际应用带来了一些困难。

2. 农村信用体系建设的困难大，成本高

农村信用体系建设需要最大限度地利用地方政府和有关部门、基层银行、农村金融机构的优势，并进行各种形式的金融知识的宣传和教育。在农村地区应常年开展宣传和教育活动，通过各种传统媒体，如广播、电视和互联网等新媒体的相互交叉渗透，大力宣传农村信用系统，提高人们的诚信意识。对农民来说，信用体系建设创造了一个以诚信为核心的强大的社会环境。改进信用评估机制和对农民的奖惩机制，加强对守信行为的鼓励和失信行为的惩罚，调动

农民的热情和主动性，使他们积极参加信用体系建设。根据农村当地的实际情况，逐步搜集农民的信用信息，为农民建立一个信用信息服务网络，并建立数据库及其服务机制。同时，基于这个面向农民的信用信息数据库，增加农村信用建设相应的政策支持。对贫穷农民进行身份识别和持续跟踪，通过信贷建设发挥作用，促进精准扶贫工作；政府部门财政指导必须以当地的条件为基础，为农民建立一个科学合理的信贷评估指数系统，依靠农民信用信息数据库进行信用评估。所有这一切都需要大量的人力、物力和财政资源。

3. 农村地区失信违约成本偏低

我国在信用相关法律方面还存在很大缺失，对公民行为的约束不足。虽然现行的法律体系中提到了诚信，也包括有关失信后果的相关法律判决条例，但现行法律和条例并未切实约束失信行为的发生，而且今天的信用立法有很大的滞后性。我国辽阔的农村地区的信用行为具有独特的特点。即使到法院诉讼，有关的放款人也无法获得足够的赔偿。因此，对失信的惩罚力度不足，约束不够，这使借款人不惧怕失去信用，从而加剧了农村地区的信贷风险，严重影响到农村金融机构对农村地区和农民借款人的信任，最终将导致农村金融机构倾向于投资给有更高信用评级的城市客户。

此外，根据农民的实际生产和生活需要，采集和编制农民的信用需求信息，并将其汇编成册。中国人民银行已经建立了信用信息系统，农民登记的信息成为农村金融活动的一部分，但信息不能及时分享，不能完全和真正地反映农民的信用状况。特别是，缺乏真正的失信惩戒措施，也缺乏对诚实守信的激励机制。

4. 农业生产属于弱质产业，受自然环境影响较大，客观违约概率高

中国传统上是一个农业国家，但农业是一个薄弱的产业。它不仅高度敏感地依赖自然环境，而且生产效率低，因为中国的农村生产单元仍然是农户，主要形式为家庭联产承包责任制，很难产生大规模和产业化的农业生产。此外，农村基础设施建设还相对落后。在现代农业密集型管理中，农业生产模式仍然没有达到各级政府的期望。从大背景来看，我国的市场经济正在缓慢发展过程中，还不是很成熟。虽然在市场经济发展方面，农民对初级商品的经济认识在某种程度上有所改善，但大多数农民仍不了解市场经济和农村信贷知识，其风险意识和信用意识非常薄弱。就自然灾害或其他意外因素而言，大多数农民在获得贷款后会停止支付待还款项，他们不能自愿履行其及时支付的义务，从而增加了信贷交易的成本。以清算农民的不良贷款为例，在沈阳市的农村信贷合作社，2015 年初，不良贷款余额为 396.479 亿元。

5. 农户缺少有效足值抵押品，偿还能力弱

金融机构在贷款审查的过程中主要考虑借款人的收入来源和抵押担保情况，然而，中国的大多数农民往往不能满足这两条基本的贷款要求。这方面有三个主要原因：第一，在中国，农业贷款有农业本身脆弱的自然特征，金融基础脆弱，农业经济不稳定，金融风险大，财务成本高，缺乏有效的担保。农村地区的资金供给与需求之间的关系严重失衡。交通不顺畅，通信设施不完善，有关贷款的信息不对称。农村金融机构必须面对大规模和分散的微额信贷，农民没有配额和等价抵押，从而使现有的农村金融机构无法向农民提供贷款，农民融资的交易成本相对较高。第二，土地所有权受到限制，农民集体所有权流动性差。第三，农民资产缺乏流动性，担保的市场价值极低，如住房、土地、农业生产设备等，这是农村金融机构无法接受的。农村金融机构考虑到资本的安全性，往往会拒绝提供农村信贷，贷款的成本明显增加，导致贷款利息较高。

4.3.5.4 我国农村信用体系建设的内容和发展现状

作为现代金融基础设施的一个重要组成部分，信贷系统在促进经济发展方面发挥着重要作用。从很长一段时间的实践来看，国内和国外的做法表明，强有力的农村信贷制度不仅有助于促进农村金融业的有效运作，而且有助于加速农村地区的城市化。因此，在新时代新形势下建立一个良好的农村信贷制度，对于改善现代农村金融环境、实现城市和农村金融服务平等，以及促进"三农"经济迅速发展具有重要的实际意义。

从农村信贷制度组成部分的角度来看，农民是农村信贷系统建设中最重要的组成部分。农民通常是指在农村地区长期居住或户口所在地为农村的人。然而，随着新型农业种类和规模的增加，农民家庭已成为新农村经济发展的主要力量，尤其是兼营农业和非农业生产的一些农民。受中国传统文化影响，农民信贷的特殊性表现在五个方面：区域、差异、多层面、不稳定和非标准化。针对农民的信贷，不仅包括户主的信贷信息，而且包括大量非金融机构的家庭情况。从调查的成本、时间和范围来看，农村贷款市场存在隐性的信贷信息机制。也就是说，农民的信用记录是在特定圈子内累积的，这些信用信息在这一特殊圈子里共享，从而实现金融机构的贷前调查。

目前主要有三种类型的农村信贷模式。第一类，与农业有关的组织占主导地位。例如以"小额信贷促进会"为代表，政府的职责是搜集农民的信贷信息，利用行政资源，为农民提供相对全面和客观的信贷信息基础。所搜集的资料包括农民的基本信息、关于住房和生产材料的信息、信贷信息和补充资料等。第二类是由多部门共同主导建设的，主要由政府、银行、与农业有关的组织和金融机构共同推动，建立一个信用信息网络，构建农民基本信贷信息数据库，并实现网络上参与各方的信息共享。地方政府特别准备专项资金，设立农村金融服务中心，以实现对农民的信贷信息的实时更新和动态管理。第三类由涉农金融机构自主建设。根据其本身的业务需要，涉农金融机构将农民的信用信息进行电子存档，并用于个人信贷服务。根据农民信贷评估标准，涉农金融机构将农民信用水平按分数计算，采集的信息包括农民的基本条件、经营状况、家庭财产、信用状况和还款能力等。

目前，农村地区金融机构的信贷业务资料已被收入金融信贷信息基本数据库，其中包括农村企业、一些农村居民个人住房抵押的个人信息。由于农民信贷信息包含基本信息、资产状况和家庭经营项目信息等，而我国金融信贷信息基本数据库所采集的资料不符合农村家庭信贷信息搜集要求，这就导致农民的信息不完整。农民信贷关系的特殊性，要求建立一个健全的信贷金融信息数据库，将农民的信贷信息收入数据库，解决农民的信贷信息中存在的不对称性问题。

2001年，我国开始对农民进行信贷评估，中国人民银行发布了《农村信用合作社农户小额信用贷款卡管理指导意见》，为农民信贷评估提供了具体指导。2002年，全国各地的金融机构和信贷合作社积极进行信贷评估，并在农民信贷评估结果的基础上发行了大量的小额贷款。自2006年以来，中国人民银行为促进农村地区信贷信息的扩展和覆盖范围做出了巨大努力，建立了征信和房贷一体化的总框架。在信贷建设的基础上，信用评估被视为促进农村信贷发展的重要手段，有助于促进农村信贷系统的完善。

在农村建设和完善信用体系是一项规模庞大的系统工程，从全国范围的主要做法入手，并在其基础上进行观察，有助于我们探索出一条较为可行的农村信用体系建设模式。我们聚焦四川省农村信用体系建设，具有以"实体+库网平台"为支撑，以信用产品为依托的优势，同时，积极创新数据采集加工方式和信用评分体系，逐步形成特色鲜明的农村信用体系建设模式。

1. 着力打造"实体+库网平台"支撑体系

一是在四川省21个市州搭建了小微企业和农村信用信息数据库。二是16个市州建设了基于互联网的信用信息服务网和融资对接平台，为金融机构和农村经济主体提供服务，如信用报告查询、金融产品的发布和融资需求的对接等。三是坚持"实体化、社会化、市场化"理念，探索专门的实体服务机构。四川省已有15个市州分别以社团法人、自律组织或事业单位等形式成功设立政府支持的实体机构，获得政府资金支持784.99万元。

2. 以应用为导向开发信用产品

第一，依靠该系统提供一份关于扶贫小额信贷统计数据的监测分析报告，向金融部门和政府扶贫部门提供决策参考。第二，建立关联查询机制，将农民与新的农业管理实体联系起来，并将非银行的信息与农业信贷和支农数据联系起来，构建经济主体信用信息立体数据体系。第三，丰富库网平台应用场景。将库网平台和农村金融综合服务站点建设、乡村电子商务等融合推动，实现边用边建、以用促建、以建扩用。四是探索基于信用基础的信贷产品，拓展融资渠道。

3. 创新数据采集加工方式

一是与税务、质监、市场监督、法院等多个部门签订合作备忘录，扩大信息采集渠道。二是深入农村新型经营主体，进行"面对面"采集，确保信息准确性。三是创新利用网上融资对接平台引导经济主体自主让渡信息，提高信息主体参与度。截至2016年6月末，四川省为677.2万农户、6 780户农村新型经营主体建立了信用档案，入库信息达726.9万条，其中林权土地、农户粮食直补等非银行信息160.6万条。

4. 构建三级信用评价体系

一是通过系统评分功能，针对不同类型的贫困户分别建立不同的信用评分体系，并将评分结果与涉农金融机构共享，为金融机构开展分类对接提供辅助。二是由各涉农金融机构进行综合评价后形成信用农户、信用村、信用乡镇名单，推荐至所在地县一级中国人民银行，由县一级中国人民银行对推荐结果进行初审。三是县一级中国人民银行终审后联合政府部门进行公示。截至2016年6月末，四川省累计评定670万个信用户，评定信用乡镇1 030个、信用村13 661个。

扶贫办建设脱贫攻坚大数据平台，有助于落实精准扶贫的基础工作。2010年底，经过严格标准、严格程序、反复核实，精准识别四川省11 501个贫困村，1 356.76万农村贫困人口，建成扶贫开发历史上最精细的全国联网贫困信息系统。根据精准扶贫脱贫要求，扎实开展建档立卡工作"回头看"，对2014年底497.65万贫困人口信息进行审核、比对，根据致贫原因和脱贫需求，精确锁定"五个一批"扶贫对象、数量分布，并由相关牵头部门分别进行核定，细化政策措施进行扶持。并将贫困户基本信息、脱贫计划和帮扶措施、项目实施及效果、干部帮扶情况、脱贫成效等纳入大数据平台，建成了户有卡、村有册、乡有簿、市有卷、省有库的脱贫攻坚"六有"大数据平台，实现动态管理，为科学决策、精准实施提供了可靠的依据。

4.3.5.5 我国农村信用体系建设中存在的问题

与城市信用体系相比，分散农户和农村中小企业的农村信用体系明显不完善。一段时期以来，在农村经济发展中，社会信用缺失现象十分严重，信用观念普遍缺失、借贷不还、债务逃避行为普遍，离健全的农村信用体系和目标还有很大距离。主要有以下几个方面问题：

1. 农村信用信息不对称，数据搜集困难

信息搜集与共享工作难度大，直接影响到农村信用体系建设的实施和普惠金融的推广。普惠金融的核心和宗旨是信息共享，旨在建立一个有效的金融体系，为社会各阶层和群体提供服务，特别是为农村微观经济提供服务，为其提供平等享受现代金融服务的机会。农村地域辽阔，农村住户分散，交通不便。此外，金融机构人员薄弱、信息不完备，难以搜集农户信息，信用评估工作很难进行。就当前农村而言，金融机构与农村微观经济之间存在严重的信息不对称。受传统观念的影响，农民在隐私权方面具有不同的个人素质，一些农民往往提供不真实的信用信息。农民个人信用信息的不透明使得涉农金融机构难以把握农民的真实信用状况。由于缺乏农村信用中介机构，银行交易成本增加，农村金融机构的信用风险也相应增加。

在农村信贷市场中，金融机构在借贷前调查中无法获得完整的农村微观经济体的情况和贷款目的，而农村微观经济体具有自身的经营能力、盈利能力、偿债能力，贷款使用相对集中，在提供信息时，总是回避一些现实的问题。因此，金融机构只能了解农村微观经济体提供的信息和当地农业信贷市场的概况，而无法准确把握借款人的风险偏好、还款意愿和还款能力。此外，农村地区小而零散的贷款需求、偏远的地理位置和薄弱的基础设施使得农村金融机构搜集和调查信用信息的困难和成本成倍增加，从而导致农村金融机构不愿或较少为农村微观经济体提供金融服务，从而偏离了农村金融机构设立的初衷，阻碍了金融信贷向农村流入，导致农村金融市场供给不足。

2. "三农"贷款成本高，风险大，制约了涉农金融机构的积极性

农业相关贷款大幅增长，但实际产出并不明显。从宏观经济视角来看，"三农"信贷行业的期望投资回报率远高于第一产业的产值增长率，表现为高投入和低产出，这就导致"三农"投资具有资金大、周期长、回报慢、风险高等特点，极大地限制和影响了涉农金融机构对于"三农"贷款投资的积极性和主动性。

由于各金融机构都实行了"贷款终身责任制"，问责制度非常严格，针对

"三农"贷款的风险补偿机制仍然需要进一步强化落实,相比于其他地区贷款来说,农村地区的贷款不良率高,直接影响了农村金融机构的运营决策,不愿意投资农村市场和高风险农业。一些金融机构吸收了农村地区的存款后将其转移到城市放贷。

3. 农村地区失信惩戒机制约束力不足

目前在大部分农村地区,农民信息采集与录入的工作依然分散在不同部门,即使在中国人民银行信贷信息系统启动后,针对农民的信用信息依然有限。具体而言,对于农民的违约行为,缺乏诸如联合制裁、"诚信失信"的激励约束机制和全社会共同创建诚信社会的实际惩戒措施,一些"钉子户"阻碍了农村信用体系建设的进程。

欠发达地区农村信用意识不强,法律保障不足和信息不对称等,造成了针对农村地区贷款的担保体系缺位,保险配套服务和使用意识欠缺,严重制约了欠发达地区农村信用体系的建设。就目前而言,急需建立相应的风险补偿机制,阻止农村社会信用流失。同时利用宣传武器,推广金融和信用知识,增强农民的诚信意识,创造良好的农村金融信用环境。

4.3.5.6 基于大数据的农村信用体系建设实践

1. 基于大数据的农村信用体系和信息平台

对个人数据资料的合法搜集和应用是发展个人信贷信息服务业的基础和前提。然而,我国保护隐私的立法还未形成,目前,有关的个人信息保护法仍在制定中,尚未正式颁布。目前的法律和条例缺乏关于搜集和使用信贷信息的明确规定,从而导致市场上较为混乱,有合法搜集信贷信息的,也存在非法搜集、滥用公民信息和侵犯公民合法权益的现象。特别是近年来随着互联网经济的快速崛起,隐私信息所具有的巨大商业价值引起了更多人的关注。因此,对个人数据的搜集和应用必须受到重视。

在立法方面要尽快取得进展,确定搜集和使用个人信息的原则和限制,特别是数据所有人和数据使用者的权利和责任划分,是促进信用大数据征信行业健康有序发展的一个关键问题。

在互联网时代,网络上有成千上万的数据。这些数据包含个人或公司的基本身份资料,它们都可以作为征信建设的重要依据。但是,这些数据同时又表现出互联网信息普遍存在的传播性、即时性、零散性和杂乱性,这些特点都大大增加了传统人工数据搜集的困难,也不利于海量数据的清洗。

在此背景下,以互联网开源信息作为抓取对象的网络数据自动化采集系统进入人们的视线。举一个乐思信息采集系统的例子。其作为当前信息采集行业中的知名品牌，主要是从互联网上目标网页中抽取半结构化和非结构化的数据，将其存放在本地数据库中，以实现外部信息的快速获取。而自动获取的数据涵盖文本信息、URL（统一资源定位符）、数字、日期、图片、音频、视频、快照等各种类别，主要被应用于公关效果监测、品牌监测、价格监测、门户网站新闻采集、行业资讯采集、竞争情报获取、商业数据整合、市场研究、数据库营销等领域。对于征信建设而言，其在网络信息数据自动化获取和清理方面的作用突出。

其实，信用数据越丰富、全面、准确，其中蕴含的判定要素就越充分，进而计算各种经济活动中主体的信用风险水平就越科学、越精准。所以，无论是对于个人征信还是对于企业征信来说，其效果的本质决定因素是数据。如何获得丰富、全面、准确的数据，直接决定了征信建设的效果，并影响其在经济建设中应该起到的作用。因此，面对大数据需求与网络信息"孤岛"的矛盾，信息数据大采集为征信建设提供了渠道。

数据是个人信用信息行业的基本资源。目前，在农村地区提供这一资源有三个主要方面的困难：数据来源分散、数据质量差以及缺乏交流机制。

个人信用信息行业需要三种数据：金融数据、政府公共服务数据和生活数据。它们各自分散在各个主管机构之中。大量私人贷款和互联网的财务数据没有实现统一的汇编和标准化整合。政府公共服务部门的数据由统计、税务和其他机构单独公布。生活数据分散在更普遍的生活场景下，如饮食、购物、交通、住房等，数据混杂。

除了数据孤岛问题外，数据质量也是信贷行业长期存在的一大问题。许多传统的金融机构无法将数据的质量统一起来，不能在系统内打开数据交叉验证机制，搜集了很多未被处理的数据，而这些历史数据又常常存在着质量方面的问题如信息错误、重复信息和不一致信息等。虽然有的机构能够以较低成本和较快的速度搜集数据，但也面临信息不明确和难以核实的问题。

此外，由于缺乏第三方的数据交流交换平台和交易机制，核心数据资源的所有权成为一个核心竞争力。一些信用报告机构花费了大量的劳动力和资源来掌握数据资源，影响了征信行业的整体发展。

2. 农村信用信息共享平台的建设

到 2014 年底，全国 150 多个城市已经建立了农村信用系统建设试点地区，为 1.6 亿农民和 250.6 亿农村企业建立了信用信息记录。它为农村地区的信用体系建设和信贷行业的进一步发展奠定了基础。金融机构与农民、农村企业之间的信息不对称，是农村地区信贷行业发展的一个主要障碍。为了有效地整合农业金融机构和政府部门所拥有的农民和农村企业的信贷信息，将建立当地的信贷信息交流平台作为主要手段，有助于建立农村信贷系统，并将促进发展具有当地特色的农村家庭信贷信息管理系统。目前，在中国农村地区还没有建立农村家庭信贷信息应用平台。首先，农民难以分享信贷信息。农民的信贷信息分散在各种金融机构和农业部门，信息资源是独立的，各自的信息搜集是自主的，因此难以相互联系。金融机构也各自实施内部的信用评级标准，信贷评估标准不统一。其次，农民的信贷信息没有在信贷过程中发挥应有的作用。目前，在农村行政管理、公共服务和金融机构中并没有广泛使用信贷产品，金融机构也没有充分考虑农民信用评级过程中的信贷存档和信贷批准、风险控制和产品销售等环节。

建立"农村信用信息数据库"可为农业金融机构提供针对农民的金融信息咨询服务，并发挥信息平台的作用，有助于防止贷款风险和加强农村信贷系统建设。然而，除了个别地区外，我国的大多数地区还没有建立一个统一的农村信用信息网络平台，这影响了农民的信用信息和信贷产品的交流。农村信用信息包括农村经济实体的生产和生活、资产状况、贷款信息和其他社会信息，这些资料由不同的政府部门管理。基层部门的信息和网络条件不足，信息交流困难，也导致信息的应用效率很低。

2015年7月，成都正式成为全国社会信用体系建设示范城市之一。在加速建设社会信用系统方面，成都发布了《成都市创建社会信用体系建设示范城市实施意见（2015—2016年）》，其中指出，建设覆盖全市全社会的公共信贷信息交流和社会交流公共平台，该平台的重点是建立诚信激励机制和失信惩戒机制，以推动全市信用体系建设的全面展开。成都市计划在2016年之前建立一个信用信息交流和交换平台，以便实现信用数据之间的互联互通，以及与国家统一的信用信息交流平台"中国信贷"网站的对接。四川省在农村信用信息平台的建设方面取得了明显的效果。在农村金融机构的基础上建立农村信用信息交换机制，为农民、农业合作社和农村乡镇企业建立信用信息档案，以此构成农村信贷信息数据库。运用数据库信息对农村市场信用评价的特点进行分析，有针对性地建立信贷评估方法体系，通过农民和合作社信息交流服务平台，在农村金融机构中实施联动。逐渐形成了稳定的流程和模式，农村地区的信贷环境得以极大改善。

3. 基于大数据的农村信用信息平台的具体应用

基于大数据构建农村信用信息交流交换平台，将为政府各级部门（单位）、各类企业及个人提供全面、快速、最新的农村信用审查服务和信用报告，并被主要用于专项资金分配、评优评先、农村信用管理贯标、招投标、农村管理、公共安全、农村金融等多领域应用。

（1）专项资金的分配

近年来，国家对农村发展非常重视，对"三农"大力支持，为农业、农村地区和农民分配了大量财政资金，专项扶持力度不断加大。"三农"政策的实施对于推动中国农业经济的发展和改善农民的生活极为重要，在农村地区财政资金的使用和管理方面做了大量工作，而且已经取得了一些成就，但在项目申报、资金管理和资金的资本效率方面仍有一些问题需要解决。

第一，农村财政专项资金的预算管理不健全。作为财务管理的一个重要组成部分，预算管理可以根据农村专项资金的情况提出管理和执行有关资金的方法，以便加强管理，提高资金使用效率。我国农村专项资金的大部分预算准备工作主要服务于部门预算。这种模式有很大的缺点，因为专项资金的预算是一种主观和随机的预算。一些农村单位在申请专项资金时，它们并没有提供科学合理的预算，结果是大量专项资金结余，而其他的农村地区专项资金则不足，因此无法实现预算的职能。

第二，资金的分配不合理，而且项目的确定没有经过科学论证。我国农业专项资金的分配方面仍有许多不科学之处。为确保专项资金的合理分配，需要制定一个科学全面的资金分配程序。目前，大多数农村专项资金在分配之前没有经过信息公示，许多符合资金使用条件的项目由于缺乏信息而没有及时向金融部门提交项目申请。资金分配失衡是资金项目披露的不规范性和核准程序不明确造成的，一些项目的背景、供资渠道和项目投资收益等信息不透明，一些主管批准的单位完全是以主观判断为依据。这种具有倾向性的资金分配做法导致了对农村专项资金管理的混乱现状。

第三，农村专项资金的使用结构尚需优化。农村专项资金的支出结构涉及资金的具体分配、分配方式和所有专项资金的特殊用途及比例。农村专项资金结构往往体现了中央农村政策的实施导向。目前，我国大多数农村专项资金被用于建设农业基础设施和建造农业用地的水土保持设施。资本建设费用占了专项资金的主要部分，其他方面的支出比资本建设费用低得多。例如，推广和使用新农业技术、农民社会保障等方面缺乏适当的财政支持。这类支出结构使农村地区专项资金集中在基础设施建设中，专项资金的使用效率低下。

第四，缺乏对农村专项资金的监督。从中央到各级地方政府，相关农业部门都对农村专项资金的监管进行了非常明确的规定。然而，由于农业专项资金的使用范围相对较大，因此监管工作在实际执行方面仍有很大困难和问题。农村地区使用专项资金没有相应的流程标准。例如，在分配农业专项资金之后，资金监督部门往往只在项目完成后进行检查，而且这种检查往往是以表格形式进行的，缺乏对资金使用效率和具体用途的深入了解。我国的审计人员相对较少。由于大量的农村专项资金需要使用、分配和管理，还需要对专项资金进行收益监测，监管工作的负担太大，没有足够的能力进行。此外，大多数基层审计员都是财务会计相关背景，知识结构相对简单，缺乏对农村项目的了解，妨碍了对农村特别基金的监督。

目前，我们可以利用现有的大数据相关技术在农村信用信息平台上切实推行财政专项资金信用负面清单制度。这一制度是指一旦在专项资金管理中发现有弄虚作假、骗取套取财政资金等失信行为，按照相应的法律法规，有关部门将进行严肃处理；同时，财政部门将其纳入诚信黑名单，并视情节轻重，对其以后申报的财政专项资金项目重点审查，严加约束。这样的做法可以引导农村专项资金的申请保持理性，从而保证了专项资金的使用效益。目前，专项基金项目众多、覆盖范围广泛、类型复杂，导致资本链日益复杂，项目管理越来越困难。建立一个在部门间共享和交流信息的信用负面清单制度，可以增大对失信行为的惩罚和约束力度，并有效解决政府信息孤岛的问题。在一个更大的平台上显示失信单位名单，这将有助于指导有关部门强化职责，加强对财政资金的监督和管理，提高有关政策的效力，还将对专项基金管理顺利而有序地取得改革进展产生积极影响。

（2）农村公共安全管理及服务

加快建设国家农产品质量安全管理信息平台，提高相关机构的技术水平，加大数据搜集工作力度，管理有关部门生产、采购和运输等方面的行为，建立产品可追溯、问题可追责的管理机制；基于信息和通信技术建立数据交换机制，严格进行质量监测、检查和执法，促进数据的实时搜集和自动化的可追溯机制，进行网络数据查询、传输、标准化处理和应用。建立农产品可追溯性和产品质量的来源责任制，促进获取有关主要生产材料的信息，如杀虫剂、兽医药、饲料添加剂、化肥等，并为农业产品监管机构提供完整的信用信息服务，加强对农民收入的统计监测、农村土地管理权的转让以及农村集体财产权交易等行为的信息获取，强化有关数据的搜集和分析，并加强对土地承包情况的监管，促进数据交流和共建。根据农村土地承包情况，针对土地确权问题，建立全国统一互联的土地信息数据库，并连接到其他外部数据源上，如房地产登记信息等。目前，农业经济大数据的相关技术尚不完善，特别是针对农业土地资源管理、信息化农业生产过程、农产品质量安全检验和农村社会服务等方面特别欠缺，需要加大力度进一步研究发展数据分析和监测相关技术，加强农业调控的预测精度和效率。政府部门应加强对数据资源的开放共享力度，特别是农业部门掌握的农村人口、农产品市场等政府数据，有利于这些数据的分析和整合，有利于完善数据的使用机制，提高利用率。

深入开展行政审批流程优化工作，将大数据相关技术作为主要抓手，将更多行政审批事务变为在线审批流程，从而提高政府审批的工作效率，推动政府工作的信息化。另外，大数据相关技术还可以用于加强市场监管，基于大数据建立的监管模型，加大事中、事后的监管力度。

利用 RFID（无线通信识别技术）标签，记录农业生产和粮食生产过程中的各种不同信息资料，如产品信息、发货信息等。在每一环节的流通和运输过程中，确立责任主体，验证上一环节的产品信息，并将本环节产生的新信息写入，如车辆信息、离开地点、目的地、产品标识信息等。因此，RFID 标签可以将信息传送到供应链的每一个环节，它们可以对产品的各个方面进行核实。最终在消费者终端，消费者可以通过互联网扫描产品二维码信息，查阅产品的所有流通环节，并检查产品的真实性。

农村网格化管理系统建立在对每家每户采集详实数据的基础上。农村网格化管理系统还能对房屋里的住户流动情况进行记录。通过楼道长及时更新数据，房屋里住户的居住、搬迁等信息都能及时掌握，真正实现了以房管人。通过这一数据平台，社区实现了管理下沉到最基层，并以这一大数据平台为核心，整合社会管理、门户网站、居家养老、便民服务等多项功能，真正实现管理和服务的双提升。社区居民可以通过社区门户网站了解到相关的社区信息、最新的公告通知、便民服务信息，也可以在网站上进行一些咨询和投诉等。通过社区居家养老与便民服务系统这一平台，社区整合附近养老机构及社会服务机构的资源，为居家老人提供居家养老、应急救援、健康医疗等一系列规范化、专业化的养老服务。通过该系统，居民可足不出户享受到送快餐、理发、清洁、护理等日常生活服务。建议将这一系统平台推广到全国的城乡一体化示范小区、农民集中居住区以及各村社，最终实现农村社区居民精细化管理和专业化服务全覆盖。

（3）金融服务与扶贫

农村金融作为金融体系的重要组成部分，对解决"三农"问题至关重要。构建农村征信体系紧迫而重要，因为它是保证农村金融进一步健康发展的前提和重要途径。农村征信体系的构建，不仅能够帮助农村金融机构合理精准发现信用良好的农民、农户并给予支持，满足他们在脱贫和发展致富道路上面临的资金需求，还能够有效地解决信息不对称导致的信用风险，因为借贷人的信用状况完全透明可查，这极大地帮助了农村金融机构及时地掌握其信用动态。

在农村信用服务中，农村传统的耕作模式落后、信用信息不对称，导致了较高的成本，阻碍了大多数金融机构在农村市场的市场拓展。在农村地区城镇化加速发展的大背景下，"三农"政策的颁布和落实使得农村地区获得了越来越多的政策和资金扶持，这些因素正在快速转变传统的农业生产模式，正在向近现代更为先进的农业生产模式转变，此时农村和农业发展面临着空前巨大的资金需求。目前，服务"三农"的农民征信大数据系统已经初步建立，有效缓解了农村地区的信用信息缺失问题。由于信用担保是农村地区小规模贷款的主要途径，使得贷款的成本居高不下。然而，成功的农业小额贷款模式尚没有太多的管理经验可以借鉴。不同于一般中小民营企业贷款，银行和放款金融机构具有较为完备的信用数据，能够提供全面而准确的决策支持，而农业信用贷款的数据信息不对称、难以获取，给信用贷款带来了高风险。

随着互联网技术的爆发式发展，可搜集的数据量在短期内剧增，同时，数据搜集、融合、清洗、分析和可视化呈现等方面相关科学技术也得到空前发展，对这些信用大数据资源进行科学合理利用，在加工、处理和分析过程中，不断发现和挖掘数据的有效价值，可以帮助金融机构判断企业信用历史、市场经营状况、未来发展态势等，并提供相应的决策支持方案，进而提高金融机构的决策效率。事实上，数学模型和算法是大数据得以充分利用其隐含价值的本质，通过利用计算机的强大计算能力，不仅有效地保证了结果的准确性，还极大地提高了计算能力，缩短了计算时间，保证了计算结果的时效性，节省了大量劳动力成本。在今天，深化金融改革的进程不断加快，创新发展、系统运作是未来金融市场和征信业发展的大趋势，可以促进社会信用体系建设并帮助建立金融信贷系统，可以提高金融信贷的"含金量"。更重要的是，大数据技术的预测能力强，可以预先发现潜在的信贷风险，可以帮助决策者和监管部门提前消除这些信贷风险，能在很大程度上减少信用风险的发生。在如今"互联网+"的时代背景下，多源异构且价值巨大的信用大数据技术必将成为主流，为建设金融信用体系做出贡献。

贫困地区很大一部分农民有着强烈的脱贫意愿，但在缺乏信用记录和资产证明的不利条件下，抵押物不足，阻碍了他们获得贷款。"互联网+"思维或许能够很好地解决这一问题。具体来说，就是利用大数据和云平台让更多农户享受到普惠金融服务，为农户提供便利。农村信用和金融管理机构可以积极联手蚂蚁金服等互联网金融服务提供商，将双方线上、线下的资源进行融合，实现金融资金的精准配置。针对脱贫攻坚工作，创新性地探索出一条"互联网+精准扶贫"的方式，积极构建双方基础设施共建共用、数据资源和服务应用互补互助的合作机制，尽可能降低金融机构的运营成本和贫困户的贷款融资成本。互联网金融服务商向贫困户适当倾斜，积极解决贫困户资金和就业问题。未来可用大数据给贷款贫困户"画像"，打通上下游产业链。然而，目前互联网金融服务商难以获得全面准确的贫困户信贷记录，大数据相关技术无法发挥其用武之地，难以对信用状态进行识别和画像。未来，后台大数据系统将吸纳更多历史数据，构建基于历史数据和数据挖掘技术的用户画像和征信系统，可以自动判别和发放贷款。

互联网技术的应用可以为农村金融的发展和信用体系的建设带来巨大动力，进一步加速其发展进程。大数据和物联网相关技术的落地应用，不仅能够打破传统金融数据在时间、空间和获取成本方面的限制，还可以降低信息获取和整合的成本。普惠性与可持续性是农村金融的重中之重，以上两方面在大数据的作用下得以兼顾。

4. 基于大数据的农村信用信息保障和监管机制

信用监管体制的建立和完善是保障农村信用体系发展的重要前提。随着信息量的激增和数据更新速度的加快，对政府服务和监管能力的考量主要在于能否处理和分析好海量多源异构的信用大数据，同时这也是监管体制发展完善的新机遇。要积极发挥市场在监管工作中的主体作用，提升市场活跃度，在市场信息公开和数据交流的过程中，既要重视数据安全和隐私保护的问题，也要充分利用好信息资源，扩大大数据技术的运用范围，在提高经济社会运行效率的同时提升国家治理能力，进而有效提升国家竞争力。在大数据技术的推动下，各级政府需要共同努力，协同配合，在提高自身服务水平和监管能力的同时，要充分了解市场需求，积极搜集相关信息，合理利用分析数据，提高政府监管服务水平。在对金融和信用市场进行监管的过程中，政府部门要明确责任分工，依法行使监督权，承担起对信贷服务业的监督和管理责任，并负责为信贷业务提供监管以及市场准入和退出机制，接受有关的投诉，起草和制定相关的法律，确保信贷服务业健康发展。促进建立各种形式的农村信贷担保机构，以解决抵押担保不足的问题。大力发展各种形式的农村信贷共同体，扩大农村地区的筹资渠道。探索反担保和再担保机制在农村地区的试点，以提高农村信贷担保机构的抗风险能力。支持征信机构和其他信用评级、信用报告机构扩大农村地区的商业活动，并为农村经济实体和金融机构提供多方面的信贷产品和服务。保障与监管的主要内容有：

（1）建立健全信用法律法规和标准体系

①不断完善信用相关法律法规和监管制度。在信用立法工作方面取得进展，完善法律体系规范和保护信贷信息的搜集、查询、申请、互联、信息安全和其他各项权利，编制征信行业管理条例，明确相关的实施方案，并建立处理异议、投诉和失信行为的流程制度。

②促进各地方、各部门信贷系统的建设。根据不同地区、部门和行业的实际需要，有针对性地制定合理合法的规则和条例，更好地推动各地各行业的信用体系和监管体系建设，澄清各部门的实体责任。公开信用信息，确保信用信息是客观、真实、准确和最新的。公开的信用信息交流系统有助于促进信用信息资源的有序发展和使用。

③建立信用评级管理系统。通过分类管理的方式编制信用信息目录，制定建设规范，按照信用信息不同属性来进行类别的划分，统一制定目录，促进信用数据在搜集、分享和传播方面的分类管理。加大工作力度，尽快建立一套标准的信用信息系统，制定统一的国家信用评级标准和分类管理制度，确立社会信用相关的制度法规体系。积极推进社会信用代码的建立和应用推广工作，为所有社会经济主体建立唯一的识别代码，并在社会和经济生活的各个方面鼓励使用信用代码。严惩信息倒卖等行为，特别是对个人隐私和商业秘密泄露行为要加大惩罚力度。

（2）培育和规范信用服务市场

①为信贷服务机构提供更多发展机会，创建良好的信用服务环境。建立一个多层次的信贷服务组织系统，在这一系统中，公共信贷服务机构和社会信贷服务机构相互补充，基本信贷信息服务和服务附加值互相补充，通过将信用数据和评级方法标准化，进一步提升信用评价水平，发展信用服务市场。鼓励我国信用评级机构加强国际交流与合作，积极进入国际信用服务市场，参与或主导制定国际标准，使我国信用服务水平向国际一流水平靠拢，不断提高我国信用服务机构的国际声誉和国际影响力。

②扩大我国信贷服务的使用范围，推广相应产品的应用场景，探索应用路径，在市场监管和社会治理方面发挥积极作用。促进信贷产品的发展和创新，促进信贷保险、信贷担保、信贷管理咨询和培训等信贷服务的发展。制定政府信用信息的公开渠道和管理标准，政府保证向社会各界提供真实有效的数据信息，持续扩大信息公开的范围，提高信用评级水平，改善信贷行业的发展环境。

③改善信贷服务市场的监督机制。根据信贷服务市场和企业的不同特点，

根据相关的法律，分类对不同行业和不用企业进行监测，维护市场秩序，促使监督制度得到进一步改进和完善，监督责任得到明确规定。促进发展与信贷服务有关的法律制度，建立信贷机构的准入和退出机制，确保相关业务资格的公开性和透明度，改善信贷和信贷服务的贸易规则，促进信贷服务机构发展，完善信贷机构的自我治理。加强对信贷机构的内部控制，提高信贷服务的质量。加强信贷机构自身内部的诚信建设。信贷机构必须制定行为守则，加强政策管理，提高服务质量，保持公正和独立，不断提高信誉。鼓励所有类型的信贷机构设立信贷监督员，加强信贷管理，从而加强信贷服务行业的自律。促进在信贷服务业建立自律性组织，为本组织内的信贷机构和专业人员制定一系列基本行为守则和商业规范，加强对自我行为的约束，全面提升信贷服务组织的信用水平。

（3）构建失信惩戒机制，提升农户信用意识

①对失信行为加大惩罚力度。加强行政管理的限制和约束力，在现有的行政处罚措施的基础上，将以失信方式、程度和影响分别实施惩处措施，并为若干行业建立黑名单和联动市场机制。促进对市场交易、评级认可、行政审批进行监督，以及对市场监督和公共服务提供政策支持。逐步建立一个对行政许可证申请者的信用承诺制度，并对申请者的信用进行审查，以确保申请者在信用报告机构中有信用记录。和信用评级机构合作以进行信用信息搜集，促进对市场的约束和管理。制定信贷比较评估指数和评估技术，通过对失信行为的披露，让市场参与者中失信的人付出相应的代价，使人不敢失信。制定行业内部的自我调查规则，并通过行业协会监测成员的遵守情况。对于那些违反规则的人和企业，根据情况的严重性，该行业组织可对企业成员或个人成员处以警告、批评、谴责和其他惩戒措施。促进形成社会约束力和惩罚力度，加强公众监督机制，加强传播和曝光失信行为，利用舆论的社会效应，发挥社会监督的作用。全社会要形成一种共识，从而到达社会威慑的效果。一方面，对失信的人施以道德谴责，规范社会参与者的信用行为；另一方面，鼓励举报他人的失信行为，完善奖励机制，做好举报人的保护工作，并提供其他必要的便利。

②司法部门继续加大执法力度，积极打击"老赖"，结合农村信用联保组织，在对农村信用行为的监管中加入新的强大约束力，提高农村地区的信用水平，维护社会公平正义。

（4）完善信用激励和风险补偿机制

①地方政府要积极配合农村金融机构，协助定期筛选信用好的农户，推荐给金融机构，促使金融机构向其提供贷款等服务。另外，政府要根据自身地方

的实际情况，制定和开展针对农村地区的金融扶持计划，鼓励金融机构加大信贷投放力度。推进农户信用评价的应用，降低农户违约风险。

②加强对诚信对象的奖励制度，加强对诚信行为的认识和宣传。积极表彰农村诚信个人模范，通过媒体广泛传播信息，创造一种诚实光荣的公众舆论气氛。在市场监督和服务管理过程中，必须深化信贷信息的应用，使诚实守信的人能够优先和简化办理程序。

③基于信用行为的机理，建立联合奖惩机制，实现跨部门、跨地区的涉农金融机构、相关政府部门之间的信用数据互联互通，对部门间和地区间的信用行为进行奖励和惩罚，使诚信的人在所有地方受益，而失信的人寸步难行。

④政府要积极组织相关机构部门，牵头建立健全的农业保险体系，防范和化解农村金融市场的信用风险，以应对农业生产过程中可能发生的自然灾害所造成的损失，降低用于农业生产的农村信用贷款的风险。

⑤各级政府还要鼓励更多专业的农业保险公司落户农村市场，由政府牵头，建立专项风险补偿基金。创新方式方法，防范和化解农业生产风险，建立适当的政府补偿机制，降低由自然风险造成的损失，减少农村小额信用贷款的风险，解决在农户贷款和银行放款过程中的后顾之忧。鼓励保险机构丰富包括农业保险内在的各类服务产品的品种，结合各地农村发展的特色，涉农金融机构要积极优化产品结构，进一步拓展业务范围，加大区域和行业覆盖面，建立健全多层次、覆盖广的农村信用贷款保险体系。

5　共享经济背景下的
信用风险与对策

5.1　共享经济概述

5.1.1　共享经济的定义与本质

共享经济（sharing economy），属于应用经济学范畴，是指拥有闲置资源的机构或个人有偿让渡资源使用权给他人，让渡者获取回报，分享者通过分享自己的闲置资源创造价值。共享经济概念由美国费尔逊（Marcus Felson）和斯潘思（Joel. Spaeth）提出，该术语最早出现于两位教授在 1978 年发表的论文"Community Structure and Collaborative Consumption：A Routine Activity Approach"中。共享经济的核心是所有权和使用权的分离。Geoffrey 等学者在《平台革命》（*Platform Revolution*）一书的研究中指出，"资产和其价值的分离"是共享经济最重要的核心价值。共享经济使得能独立交易资产或资源的使用权成为常态，将资源分配给使用者，以产生最大的经济效益，而不仅仅受限于其拥有者，从而能够最大化地提升效率与价值。共享经济是一种基于互联网等高科技技术的新经济模式。它能够优化资源配置、高效治理社会，由资源供给方通过技术平台将暂时闲置的资源（或技能服务），有偿提供给资源的需求方使用，需求方获得资源的使用权（或享受服务），而供给方则获得相应报酬。通过技术平台的整合，达到资源有效配置、城市有效治理、市民更方便地获得城市社会服务的目标。

共享经济以闲置资源使用权的暂时性转移为本质。简单来说，就是将个人所拥有的过剩资源分享给他人使用，并获得某种意义上的收益。共享经济主要有三个要素：第一是资源闲置，第二是依托互联网，第三是供需关系达到平衡。未具备这三个要素中的任何一个都不能称之为共享经济。人人共享基于过剩的产能，因为这个世界上有很多过剩的产能，将这些过剩的产能消化掉，就能够产生效益。将大量被占有但未被使用的产能共享出来，就能够创造出特别多的经济效益。如拥有汽车但未被使用的时间，汽车处于空闲状态；一天中，办公室有一半以上的时间未被使用……这些都是过剩的产能。其次，科技使得共享变得更容易。传统社会的分享很难实现，是因为没有互联网，没有发达的数据。而现代社会的科技发展使得共享变得十分容易。最后，个人是具有影响力的合作者。在传统社会，与个人进行商业合作是高风险且无保障的，但在现代社会，越来越多的个人具有互联网的诚信记录，政府、机构或企业对个人的诚信评估，使得个人成为更加可信的合作者。

共享经济的存在形式十分丰富，尤其是在网络生活中非常普遍。无论是共享实物，例如汽车、住房，还是共享虚拟资源，例如时间、技能或知识，抑或是共享网络中的软件、视频等，都使得共享经济的形式多样化。首先是实物的共享，类似于物品租赁的形式，如今已通过互联网形式将资源拥有者与使用者相互联系起来。其次是一些虚拟资源以及产品服务、知识与技能的分享。随着互联网科技的发展，这些协同共享的生活方式早已在社会中流行，互联网课程教学等形式处处可见。最后是二手产品或多手产品的流通与共享，同一物品依次在不同需求者之间转让，即所有权的依次转移，现金也已被纳入共享经济的范围。

人人共享的模式促使工业资本主义经济向共享经济转变。工业资本主义经济与共享经济的对比：工业资本主义经济是单一化、集中式、维持现状的，并且是少数人掌控资产和财富，追求垄断地位，通过规模经济实现繁荣，通过商业机密和专利创造价值。共享经济是多元化、分散化的，属于尝试、学习、适应、发展类型，适合于大型网络，并且追求最大的参与度，通过自由经济（过剩产能）实现繁荣定制化和个性化，通过意见交换和开发的标准创造价值。共享经济虽然将资本主义的过剩资源消化了，但在共享经济中的劳动者仍然存在资本主义当中的结构性压迫与剥削。劳动者在共享平台的灵活性或自由劳动模式未能改变劳动剥削的本质。

简单化与标准化使得分享更容易。由于存在平台组织这类群体花费精力与时间将复杂流程、昂贵资源转变为简单流程与低价资源，使得大量的用户选择在共享平台上分享。这类平台组织与资本主义的企业家类似，它们有能力投资，组织专家团队搭建共享平台，制定标准流程以保障品质。它们的特殊之处就是做个人不能做到的事情，即创建共享平台，并将大型企业、机构、政府的资产（资金、卫星地图、信用等）传递到参与其中的个人手中。共享平台的意义是释放隐藏在过剩产能中的价值，如资产、时间、技能、知识或创新等，通过连接用户实现，因为消耗过剩产能必须存在合作行为。开源世界以前所未有的速度让软件平台化，平台结构为创新带来无限潜力，具有本地化、定制化、特殊化、人人参与的强大力量。工业化和全球化都是关于标准化和同一性的，互联网的出现才使得彰显个性变得简单，并使得对个人事务进行发现、组织、评级、连接和支付变得简便可行。借助平台，多样化共享赢得了胜利。

创建共享平台有四个阶段。一是控制内核，"无规则"是最重要的规则。平台界面结构与复杂度不仅决定了用户的参与度和参与方式，还决定了平台的创新潜力、市场前景以及后续的产品多样性。平台的灵活性与开放性对于吸引用户十分重要，因此平台需要时刻注意并增强性能。创新也影响着平台的发展，缺乏多样性或共享相同的内容会使得用户渐渐流失，因此需要拓展平台领域与共享内容。二是鼓励人人参与，激发个体的能量与力量。在此阶段，平台创建者将利用自己敏锐的洞察力和手中的权力将平台打造得让人感觉像一个握手的姿态，每个人都知道如何回应。这种平台十分牢靠且颇具吸引力，参与规则和文化都相对稳定且又灵活公平，为平台的进一步发展打下了基础。三是权利失衡，是快者与强者之间的竞争。专业机构和群体之间的协作关系规则存在已久，收益情况十分明确，对那些相对弱小但数量众多的群体的发展形成潜在威胁。专业机构和群体之间在市场份额上的分歧是推进协作的最薄弱环节。四是权利均衡，并不断调整以维持权利均衡。社会各方追求权利均衡，并且可以不断调整以保持一种稳定的结果。实际上，平台也不会分配过多权利给用户。

5.1.2　共享经济的意义

共享经济对于全球经济有着里程碑式的意义。随着共享经济的兴起，消费行为的改变会引起重大的商业与社会变革。

一是共享经济提升了消费者或用户的选择空间、服务与福利。在传统商业模式下，消费者只能被动接受商品或服务信息，能够自由选择服务的内容很少，商家处于主动状态，还存在个别消费者被限制于熟人网络里。而共享经济模式颠覆了传统模式的观念与方式。共享模式通过互联网联结供求双方，使得双方可自由发布产品、服务等或自由选择产品、服务等。这样双方可以获取对方更多的信息以及产品、服务的信息，避免了欺诈交易或不公平交易，减少了交易成本，提高了交易质量。总体而言，共享经济对三方都有利。

二是共享经济改变产权观念，增强合作意识。其商业模式是将资源在不改变所有权的情况下以较低价格分享给他人，压缩了私人专用的空间，增加了公共使用时间。这样既改变了产权观念，又增强了合作。基于互联网平台租赁或分享资源给陌生人，拓展了分享圈、人际圈，并使共享的观念与经验深入人心，丰富了经济生活。这种方式也孕育着集体经济的发展，因为共享经济需要政府与国家干涉，规范私人资源共享，推动社会共享形式的健康发展。

三是共享经济提供新的经济模式与交易方式。不同于传统经济与商业环境，共享经济提供了新的供给关系或交易关系，增加了新的经济模式。传统经济主要是企业组织生产要素，提供生产物品，消费者根据商家提供的物品信息进行购买决策，并且通常是分散的消费者与分散的消费时段。而基于网络的共享经济可以精确提供消费需求，并且能够提高消费者组织化程度。这意味着准时供给与适时生产的时代已经到来，这种精确的消费模式推动了绿色革命。

四是共享经济改变了劳资关系。传统经济是企业的雇佣以及劳动力全职就业的模式。而共享经济却改变了这种完全雇佣模式，它可以提供员工在家工作的方式，可以由应聘者选择感兴趣的领域和工作，工作时间与工资会根据员工自身情况而定。这是一种新的劳资关系。那么，有本职工作的人可以额外进行分享服务，挣取额外收入。公司也可以保证自身灵活性，根据需求改变规模，并且可以免去部分职工"五险一金"、奖金等。新的工作模式与劳资关系使得社会成员与企业节约成本，增加收益，促使社会转变为全合约型社会。从个人的角度来看，有一些拥有本职工作的人，只要有空余时间与优秀的技能，也可以兼职分享经济企业的工作，既增加了额外收入，又能够增强自身能力。从企业的角度来看，企业能够灵活调整人事与规模，兼职人员的加入可以省去奖金、保险等资金，也使得招聘等事务变得灵活简单，既节省了企业成本，又提高了企业效率。这是一种三赢的模式，不仅对于个人和企业非常有利，还使得全社会成为全合约型社会。

五是共享经济有助于政府缓解城市管理难题。城市管理问题比较复杂，包括城市交通拥堵、生态资源紧张、劳资矛盾等问题。共享经济的理念可以缓解这些城市管理问题。例如政府之间可以进行资源信息共享以及协调合作。共享单车、共享汽车等商业样态的出现，不仅可以缓解交通堵塞问题，还能减少尾气排放，提升环境质量。共享租房可以改善住房供需等。

5.1.3 全球共享经济的发展现状与市场环境

全球共享经济的规模正在壮大。科技推动着消费者的强劲需求，共享经济在全球范围内拥有巨大的市场份额。共享经济以前所未有的时间和空间尺度进行匹配交易，大幅度提高了资源配置效率，发展潜能巨大。2015 年，全球共享经济主要产品市场规模约为 150 亿美元，预计到 2025 年，全球共享经济主要产品市场规模将增加至 3 350 亿美元以上。其中，亚太市场扮演了重要角色，带动了全球市场发展，特别得益于中国、印度及东南亚国家的快速增长。据统计，2018 年，中国共享经济交易规模达到了 2 万亿元，同比增长 41.6%，且依然保持着高速增长态势。

在共享经济盛行的时代，共享经济的商业模式越来越多，其中既包含传统意义的共享，也包含带有中国商业社会特色的新共享。传统意义的共享，是采用 C2C（个人对个人）模式的轻资产平台类经济，以共享单车为分水岭，其后出现的共享模式以分时租赁类为主，是重资产的 B2B（企业对企业）模式。采用平台模式的共享经济，借助互联网平台的信息及商品陈列和匹配功能，实现 C2C 的资源共享。共享经济企业一般只起到平台的作用，连接起闲置商品的所有者和需求者，创造出商业价值。比如 Airbnb（爱彼迎）将闲置房源的所有者与住宿需求者连接在一起，区别于酒店的 B2C（企业对个人）自营出租模式。这些平台模式的共享经济的本质都是利用存量市场中被闲置的资源，提高整个社会的商品使用率。采用租赁经济模式的共享经济在中国已十分盛行。在中国出现的首个典型租赁经济行业便是共享单车。基于互联网和物联网技术，企业将自有单车供用户租用。这一类企业的模式是将租赁资源进行自主购入，企业对商品资源有所有权，之后再将资源租赁给消费者。这属于典型的分时租赁模式。例如后来相继出现的共享充电宝、共享雨伞等也属于此模式。分时租赁是企业承担出租人的角色，将自有资产、商品等使用权给用户，以酬金为交换，在此过程中，没有被闲置的资源，只有该公司所拥有的自购的资源。由于企业需要占有大量的租赁物等自有资产，所以分时租赁的商业模式属于重资产模式。

5.1.4　全球共享经济商业实践

当前，全球范围内诞生了大量的共享型企业，用全新的方式满足人们日常衣、食、住、行、学、娱等方面的需求。例如共享单车、共享汽车、共享办公室等，都是现阶段共享经济的具体体现。最早推出共享经济模式的企业是美国的 Zipcar。Zipcar 主要以汽车共享为经营目的，会员有用车需求时，通过网站、电话和应用软件搜寻车辆位置，选择就近预约取车和还车，车辆的开启和锁停完全通过一张会员卡完成。Zipcar 是美国首家共享汽车企业，其运营模式基于三个理论。一是经济能力制约。大多数人只需要有车用即可，并不需要拥有汽车，即提供使用权而不是所有权更符合人们的需求。二是分享要简单便捷。若过于复杂，耗时耗力，则不会受到用户喜爱。互联网技术的科技平台使得共享变得更简单。三是个人更具有商业价值与信用。企业需要相信用户具有信用，能够自觉还车、保持车辆清洁、不破坏车辆。

另一个成功的共享经济商业案例是 Airbnb。Airbnb 成立于 2008 年，是一个旅行房屋租赁社区，用户通过网络与手机软件发布或搜索房屋租赁信息并完成在线发布或预订程序。它将屋主与客人联结起来，提供优质的、本地的和真实的体验，让普通人将空余房间出租，通过共享剩余的房间资源和社交获益。Airbnb 充分利用资源，打造独具特色的住宿空间，提供优质的、本地的和真实独特的用户体验，融合社交元素，其社交属性使平台用户能轻易地联系到屋主，保证了低门槛和低交易费用。

中国共享经济案例十分丰富。共享单车曾是中国相当火热的共享经济商业案例话题，现有多家企业经营共享单车业务。其中 ofo 于 2014 年成立，曾是全球创立最早、成长最快、规模最大的无桩共享单车企业。其于 2015 年 6 月上线，推出 ofo 共享计划。2016 年，在中国共享单车市场份额中，ofo 市场占有率为 51.2%，居行业第一。ofo 共享单车提出随用随取、海量资源、无桩共享、绿色出行的理念。其主要是利用手机与互联网输入车牌号或扫描二维码，获取解锁码，将身旁的单车解锁即可使用。到达目的地后，锁车即可自动停止计费。但 2019 年起，该企业已将共享单车业务从国内国外全面下架，陷入中国用户要求其退还押金的困境之中。

共享充电宝是指企业提供给手机等电子设备充电租赁的充电宝，该设备能够自由给电子设备充电，不限地点与空间。用户只需扫描共享充电宝屏幕上的二维码交付押金，即可租借一个充电宝。充电宝成功归还、支付使用费用后押金可随时提现并退回账户，信用分高的用户还可以免押金使用，仅支付使用费用。共享充电宝是在共享经济风口上出现的全新细分行业。2014 年 8 月，来电科技公司成立。随后，陆续有了其他的共享充电宝企业出现。共享充电宝的借取流程方便快捷，大致可以分为五步：扫码、注册、付款、借出、归还。归还方式类似于共享单车，用户可以在充电宝平台上根据充电宝的 GPS 定位，就近归还。共享充电宝的收入主要是其设备的使用租金以及设备上印广告获取的广告费用。共享充电宝的盈利模式在目前看来是优于许多其他共享商业模式的，它的回本周期短，运营成本低，不需要协调资产流动。这是许多大型共享经济企业所没有的特点。这也说明了小型共享企业只要拥有优秀的技术与经营模式，就能够很快被市场接受。

中国的共享经济商业实践种类繁多并且发展势头快，例如共享酒库、共享篮球、共享雨伞、共享办公室、共享床铺等。由于网络效应的存在，居于领先地位的平台规模收益会显著递增，最终会利用更丰厚的资本优势清盘对手，很容易形成"赢家通吃"的局面。可以说分享经济已经成为新商业浪潮的下一个风口。

5.2 共享经济与信用

5.2.1 信用是共享经济的基础

近年来，共享经济得到了飞速的发展，特别是在互联网技术不断发展和空前繁荣的今天，基于互联网技术的共享经济框架和模式能够有效地解决供给和需求之间长期存在的信息不对称问题，而这正是共享经济的核心优势。同时，利用互联网技术和共享经济思维模式，通过资源的共享，将闲置的资源与技术嫁接，可以避免产能过剩，减少闲置资源浪费，进一步优化资源配置，弥补市场失灵，实现资源的高效重复利用，最终提高经济运行效率。越来越多的人开始关注和参与共享经济的相关行为模式。

经济学理论中的诸多研究领域都有共享经济的身影，不少学者通过信息经济学、消费经济学、产权理论与交易费用理论等专业理论知识来研究人们利用闲置资源实现互惠共赢的过程，利用规模效应来解释边际成本不断下降并趋近于零的过程。然而针对共享经济本身的一些关键问题，目前还欠缺一些理论上的分析，比如在信用层面上关于共享经济的研究和解释。

共享经济的健康稳定发展离不开健全的社会信用体系。事实上，共享经济活动之所以能够生存和发展，是因为它实现了"帕累托改进"。其基础前提和实现过程，是在不改变资源所有权和信息对称的前提下，利用共享经济的新模式，通过对资源使用权的转让实现资源共享，降低交易费用。

信用在共享经济活动中涉及的范围非常广泛，主要体现在四大类共享经济活动中：商品再循环、耐用资产利用、服务交换以及生产性资产共享。第一类共享经济活动表现为商品再循环，如 eBay 等。商品再循环市场现在已经牢固地成为主流消费者体验的一部分，特别是近年来，许多类似的免费交换网站以及易货网站陆续出现，在线交易市场包括服装、书籍、玩具、运动器材、家具和家庭用品等。第二类共享经济活动有助于更频繁地使用耐用品和其他资产。因为在较为富裕的国家或地区，家庭不习惯于频繁购买某些产品或财产，特别是在 2009 年经济衰退之后，租赁资产在经济上变得更具有吸引力。其表现在交通运输领域中，主要包括汽车租赁、乘车共享、乘车服务和自行车共享等形式；表现在住宿领域中，主要包括 Couchsurfing 和 Airbnb 等平台的兴起。第三种形式是服务交换。它开始于 20 世纪 80 年代的美国，为失业者提供机会。基于社区的、非营利的多边易货站点，它们将需要的用户任务与执行任务的人员完成配对，根据每个成员的服务时间均值的原则计算成本。第四类致力于共享资产或空间以实现生产而非消费，包括提供共享工具的创客空间、共同工作空间或公共办公室。其他类似的形式还包括教育平台，旨在通过使对技能和知识的获取平等化并促进同伴教学来取代传统的教育机构。可以看出，在以上这四类共享经济活动中，信用都扮演了重要的角色。

在信用体系的加持下，共享经济的涌现和发展是必然的市场行为，在应对市场经济发展需求中能够展现出强大的生命力和适应性，是"互联网+"背景下产生的新事物和必然趋势，对深化市场结构的变革产生了强大的推动力，缩短了经济转型升级的进程，助推产业结构转型和升级。作为一种新的经济形式，共享经济越来越多地出现在现实生活中，共享单车、共享汽车、滴滴打车、共享房屋等都是大家熟悉的共享经济案例，渗透到了交通、旅游、住房、众筹等诸多领域，同时涌现了一批深受投资者追捧的共享经济平台公司，如摩拜、Airbnb、AA 拼车、小猪短租等。但同时，共享经济的发展也会给传统消费市场带来一定的冲击。

正如每一项新事物在出现时都会受到普遍质疑和批评一样，作为一种新的经济形式，共享经济的出现和发展之路并不是一帆风顺的，从初期人们对它有所抵触和不信任，发展到后来被普遍接纳和使用，并最终享受其带来的便利和收益。可以说，共享经济一路走来，信任机制和信用体系始终是其发展的最大动力源泉，因为在共享经济的一般模式下，交易双方面临更大的信息不确定性和不对称性，使他们普遍感受到问题和隐患，只有靠更加严格的法律法规和更加完善的技术体制流程来弥补和避免这些问题。早在 2014 年，国务院颁布的《社会信用体系建设规划纲要（2014—2020 年）》中就指出，为了避免或减少共享经济活动中交易双方因信息不对称而出现的影响和损失，就要建立健全社会信用体系，设计适合的守信激励和失信惩罚机制。一方面，要通过更多技术手段，建立健全全社会信用评价机制，发挥信用大数据的作用，提高共享经济活动中各主体信用评价的准确性和时效性；另一方面，加强信用管理，落实守信激励和失信惩戒机制，对共享经济活动中做出失信行为的主体进行合理惩戒，加强对市场主体的信用监管，促进共享经济良性健康发展。因此，必须在社会信用体系建设的基础上，首先针对共享经济的业态和模式，建立适用的数据查询平台和信用评价模型，让共享经济的各方参与者都可以方便快捷地查询到其他参与者的实时信用评价状态和历史交易数据等信息。其中的重要举措主要有三点：一是建立共享经济信用信息平台和交易安全信用服务体系，打破传统路径，基于线上线下相结合的信用大数据资源，融合电商平台、社交网络、市场监管、财税、司法等多部门的多源异构信用数据，通过分析用户在共享经济平台及供需双方交易过程中的交易记录，研究适合共享经济的信用评价手段，构建用户信用评级系统；二是及时公开披露共享经济活动中的失信行为，因为信用机构如果能够有效地进行信用评级和披露，那么共享经济的用户就能及时判断哪个企业或个人是可信的，避免可能存在的风险和损失，进而建立对失信行为的查询和惩戒机制；三是加强共享经济平台及其客户的交易信用评级中介服务，加快培育一批专业的第三方信用服务机构。

因此，信用是共享经济的基础。未来共享经济发展的广度和深度将直接受到信用体系建设和信用立法进程的制约，如果没有健全的信用体系，就无法保证共享经济活动安全高效，更无法实现共享经济的发展壮大。另外，建立健全共享经济的相关法律法规，不仅对共享经济的发展有积极的推动作用，还对个人信息数据的隐私保护和数据确权十分重要，要明确失信行为及相应的法律责任，特别是应明确哪些信息是不能披露的，并在共享经济活动对信息的搜集、整理、分析、发布过程中格外注意信息安全保护。

5.2.2 共享经济发展中面临的信用困境

共享经济的发展也带来了许多消费纠纷和监管问题。可以从监管和法律两个方面分析影响共享经济发展的因素，进而从信用评价机制、法律和监管等方面提出信用体系建设背景下发展共享经济的建议。

随着互联网和信息技术的发展，共享经济的商业模式近年来发展迅速，共享经济市场交易量逐年增加。根据《中国共享经济发展年度报告（2018）》统计，中国共享经济市场交易额持续快速增长，仅2017年的交易额就有492.05万亿元，比2016年增长了47.2%，未来年均增长率预计将超过30%。综上所述，共享经济的商业模式在社会服务业中占据了重要地位，在交通、旅游、住宿等领域实现了全面发展，各种共享模式层出不穷。

在共享经济高速发展的同时，也出现了不少问题。根据企业投诉红黑名单，截至2018年5月19日，近30个自然日的黑名单中共有5家共享单车企业被投诉，占上榜企业的16.7%。投诉主要集中在押金不可退还和积分等问题上。

信用是一切经济活动的基础，通过建立信用制度来量化和规范用户行为，是共享经济蓬勃发展的根本。没有信任作为保障，共享经济的安全就无法实现。共享经济发展中信用缺失具体表现在以下几个方面：

（1）传统征信系统难以适应共享经济的发展。针对共享经济活动，我国尚未建立适用的信用信息系统，无法对相关主体进行有效约束，不利于共享经济的可持续发展。

我国传统的三大征信领域是：中国人民银行的金融征信、政务征信和商业征信。中国人民银行征信数据库记录了各信用主体在银行等金融机构的贷款和违约情况。除了财务交易记录外，缺少个人日常行为记录，数据维度单一，难以准确评估共享经济相关实体的信用风险。此外，政府信用信息，包括公安、海关等部门的信用数据，获取起来相对困难。

现阶段，共享经济活动中的信用主体主要依靠商业征信机构或用户评价来受到约束。然而，由于信用评价指标不完善，存在影响用户评价的主观因素，这在一定程度上形成了对共享经济信用评价的障碍。

（2）针对共享经济的失信惩戒机制仍有待完善

惩戒机制不健全，导致当失信成本小于失信收益时，经济主体宁愿选择失信的行为。我国的信用体系建设还很不成熟，人们的守信意识还不够强。对失信行为处罚不力，在一定程度上助长了失信行为，如共享单车私用、共享房屋损毁严重等。

目前还没有专门的机构或部门对各类共享经济中的失信行为进行备案、管理和制定处罚措施。即使有些平台处理不诚信问题，也大多采取禁止、封锁等方式。经济处罚乃至法律处罚都不足以引起共享经济主体的重视，难以有效约束相关主体的失信行为。

（3）共享经济的信用信息共享存在壁垒

近年来，随着大数据征信行业的发展，众多电子商务平台和互联网公司依托其海量的客户数据开展商业征信服务，如腾讯、阿里巴巴等。然而，这些商业信用机构一方面出于保护数据安全的目的，不愿公开共享数据；另一方面也没有统一的数据定价体系和交换标准，数据共享渠道不完善。

这一现象在共享经济活动中尤为严重，各个共享经济平台的信用数据信息互相孤立。信用数据共享障碍的存在减少了不可信行为的暴露机会。一方面，共享经济主体的行为不能得到有效约束，有些情况下，不可信实体在一家公司被列入黑名单，但仍可以在另一家公司享受服务；另一方面，社会信用服务机构不能利用高质量的数据来制定失信惩罚机制。

5.3　共享经济与信用关键技术

5.3.1　大数据征信支撑共享经济发展

5.3.1.1　大数据征信为共享经济建立信任基础

夯实共享经济的信用基础能够促进其长远发展。共享经济的本质是一种严重依赖信用的经济模式。共享经济的致命缺点是信任问题难以解决，市场供求双方必须建立相互信任的关系才能实现交易共享。没有信任，很难想象一个消费者可以舒服地坐在陌生人的车里。由于缺乏信任，短期租赁行业并没有像交通领域一样迅猛发展，其市场份额已经捉襟见肘。以共享经济为代表的新经济能否持续发展，关键在于解决信用问题，建设完善的社会信用体系势在必行。目前，许多共享经济平台都在积极探索信用机制建设，如摩拜单车、小猪短租都建立了相应的黑名单，但这些信息都处于封闭状态，他人无法获得，尚未实现信息共享。信任危机的出现反映了当前共享经济信托体系的缺陷，该体系的不足集中在有限的数据渠道和缺乏惩罚机制。共享平台的信息主要来自平台自身积累，如个人提交的基本信息和服务流程的相互评价信息。能够更好地反映个人经济信用和道德信用的原始数据分散在政府、银行、公安系统等公共机构中，与这些公共机构脱节使得平台的信用信息有限，信用信息的可用性有限。大量失信问题的出现阻碍了共享经济的发展，如何规范和治理这些失信行为，需要借助大数据这一有力工具。想要发挥共享平台对经济的正效应，离不开社会信用体系建设的支撑。完善信用约束可以借助互联网和移动支付产生的巨大力量，在基于海量数据的基础上打破共享经济发展过程中面临的一系列信用问题，从而更好地推动共享经济的发展。

征信机制的加入将怎样推动共享经济的发展呢？诚信问题虽然属于社会道德问题，但可以依靠信息技术来支持。通过第二代身份证信息验证、社交账户登录、好友关系提醒、相互评估系统、建立相应的保险理赔系统等技术手段，可以快速增进彼此的信任。要建立社会信用体系，就必须在实名制的基础上形成一个稳固的互联网企业闭环。每笔交易均使用实名制，这样每笔交易都可以被追溯，并可以积累信用价值。这种信用体系最终可以反过来约束公民行为，继而促进共享经济的发展。具体地，第一，通过自身建立的平台，公司可以通过信用评分快速选择高质量的商家和服务对象，加快双方之间的信任建立，降低交易成本，提高交易效率，优化资源配置。第二，通过每笔交易积累历史交易数据，积累信用，为建立信用奖惩制度奠定基础。第三，根据信用等级，针对不同的用户提供不同的服务，并按照细分市场来提供服务。第四，信用标准的制定将促进共享经济的良性发展。

共享经济也促进了信用体系的发展。第一，各种共享经济应用场景，例如社交应用、汽车租赁应用和房屋租赁应用，需要在构建信用系统期间扩展新的区域。第二，通过对大量信用信息的搜集和验证，可以使用多种信用模型从多个角度对个体进行分析，并提供综合评价。第三，多情景信用信息的搜集需要不断丰富和创新信用评估系统，改进评估方法，调整信用评分，使评估更加准确。第四是对于产生的大量信用信息，可以深入探索和分析，开发产品和服务，以满足多层次、差异化和专业化信贷服务的需求。共享经济的本质是对闲置个人资产和服务的共享，对个人信用评估有很大的需求，极大地促进了网络信用体系的发展。在此基础上，共享经济和信用建设可以相互促进。

5.3.1.2 "互联网+征信"推动共享经济发展

近几年来，大数据征信是征信产业发展的重要方向和趋势。大数据时代的到来，极大地丰富了数据的维度，信用的评估不再只是依靠简单的信用数据，可以充分利用电商的交易数据、社交平台数据、网络行为数据对用户进行360度画像，帮助企业更加充分地了解客户。相较于传统的征信模式，大数据征信模式数据来源更广泛，数据量更丰富，数据利用更便捷，打破了原有搜集数据困难、用户数据维度单一等局限。大数据的应用极大地改变了信用评估的方法，通过社交数据和交易数据等各种数据源为个人提供更有效和准确的信用评分。互联网行业的企业占有先天性的优势，基于自身平台的客户大数据构建互联网征信体系，为互联网征信业务未来的发展提供了无限可能。基于互联网行业的核心业务，互联网征信的发展模式较为多样化，主要可以分为四大类：基于电商平台、第三方支付平台、社交平台和网络信贷平台等。以阿里巴巴、腾讯为代表的电子商务和社交互联网公司，积极开展基于自有平台的客户大数据征信业务。

蚂蚁金服的芝麻信用是阿里巴巴集团下的第三方征信机构，是基于电子商务平台的征信代表。芝麻信用的数据来自阿里巴巴集团，并且依赖于集团旗下的多个领域。数据主要包含了五个维度：用户的基本信息、注册信息、兴趣偏好、支付和资金以及人脉关系。其中涉及年龄、性别、注册方式、是否实名注册、消费场景、消费层次、网上购物、还款、转账、活跃度以及人脉圈信用度等多个方面。阿里巴巴集团的电子商务平台在信用体系建设方面属于行业的领先者，也是阿里巴巴集团构建互联网信贷业务的基础。由于阿里电子商务的垄断优势，芝麻信用采集的数据包括了用户在线购物数据和网络在线支付数据，从而产生的生活场景的电子结算方便了芝麻信用评分系统采用公用事业数据（如水、电和气）。结合蚂蚁金服、阿里巴巴生态所积累的众多原始数据和电子商务的垄断优势，芝麻信用自诞生以来便具有天然优势：数据来源丰富，种类繁多；数据搜集成本较低，易于获取；基于大数据技术的数据处理方式等。与传统信用数据不同，芝麻信贷数据涵盖网络用户各种网络行为，比如，网络购物数据、网络支付数据、信用卡还款、转账、网络理财、租赁信息、地址搬迁历史、网络社交等。多种网络行为，在一定维度上可以反映用户的信用情况。

腾讯集团是社交平台征信的代表，其拥有的海量互联网数据具有极大优势：社交数据、微信和 QQ 月活账户均超过 8 亿条；支付数据中微信支付和 QQ 钱包日均支付笔数已超过 5 亿笔；实名数据，腾讯一贯坚持在支付平台实名认证，尽量使得每个支付用户均实名制。庞大的用户群体和强大的技术团队为其开展征信业务提供了有力支撑。目前，我国的信用信息记录覆盖率较低，极大一部分人群信用记录缺失。社会数据为信用评估提供了新的渠道和方法。腾讯集团根据其社交数据优势，将信用信息记录的覆盖范围扩大。信贷覆盖面越广，将直接推动包容性金融的发展，显著提高信贷缺失人群的信用获取能力；共享经济也将受益，推动其进一步发展。

在网络信贷平台征信方面，前海征信是平安保险旗下的全资子公司，也是中国人民银行首批开展个人征信业务的 8 家公司之一。前海征信的数据来源包括平安集团的内部金融数据、政府数据、大型商业机构数据、外部伙伴合作数据和众多合作金融机构上报的不良信贷数据等。前海征信主要用身份特质、借贷信用、财富管理经验值、社交与行为等来评定一个人的信用状况。前海征信的产品包括数据类、云系统和功能插件三大类。其中，数据类产品主要针对行业来量身定制产品，包括用户画像、反欺诈、黑名单、好信度等；云系统的产品包括信审云、催收云和反欺诈云，主要被应用于 P2P 和小贷公司；功能性插件有好信认证和好信易申请。

个人征信服务的市场化运作，推动了信用信息服务逐渐摆脱金融业的束缚，并趋向于生活场景化。芝麻信用、腾讯征信等商业型征信机构在共享经济发展中发挥着越来越重要的作用。比如，ofo、永安行和小猪短租等共享平台引入了芝麻信用额度，大大提高了业务发展的效率。2017 年 10 月份，支付宝推出在线信用租赁平台，并在多个城市推广信用租赁。超过 100 万套公寓正式落户支付宝，芝麻信用额度高于 650 分，通过支付宝 APP 租用可免费支付押金。同时，阿里的闲置商品交易平台闲鱼推出了"信用快卖"的新功能，只要信用评分超过600，就可以享受"先收钱，然后卖机"的新置换模式。与传统的金融信用报告数据库不同，大数据信用数据来源广泛，充分考虑了用户的多维度信用。"互联网+征信"模式，进一步推动了共享经济的发展。

5.3.2 信用技术在共享经济企业中的应用

信用制度是中国社会主义市场经济发展的关键一环，信用制度的不完善已严重影响了经济增长。在共享经济企业中，不完善的信用制度严重降低了企业的竞争力，制约了企业的长远发展，甚至导致企业亏损。例如，共享单车行业，个别企业存在非法占用用户押金等失信问题，而用户存在非法锁车、损毁车辆等行为，双方信用的缺失会给整个行业带来恶劣影响。建立完善的共享经济信用体系，通过信用约束双方行为，可以促使企业不断提高服务质量，使得用户注重公共设施的维护，从而达到双方共赢。

目前，基于征信数据的信用风险控制主要有三种途径：第一种是基于中央银行的传统征信系统。长久以来，我国征信体系以中央银行征信为中心，社会第三方征信机构作为完善、补充中央银行征信系统的重要组成部分。第二种是新兴的互联网征信体系，包含侧重电商数据的信用评分和侧重社交数据的信用评分两部分，基于社交网络上的数据给用户画像，继而进行信用评分。将社交数据应用于信用评级还在探索阶段。第三种是市场化个人征信机构的百行征信。百行征信是以中央银行为支撑的个人征信机构，致力于完善个人征信系统。百行征信专业从事个人信用信息搜集、整理、归纳，并提供信用报告、信用评级、反欺诈等各类征信服务。传统征信、百行征信、互联网征信互相补充，将促进个人信用体系的完善，社会信用安全得到有力保障。在完善的征信体系下，共享经济将得到进一步发展。

信用机制对共享经济有重大意义。以共享单车为例，一方面，简化了对接流程。通过互联网信用系统，租赁平台简化了在线和离线服务的连接过程，提高了促销和运营效率，从而降低了成本。押金障碍对于用户使用率有一定的制约，在对接互联网信用信息系统后，公司可以针对信誉良好的用户实施免押金举措。这不仅增强了公司的风险控制能力，还增加了用户数量，降低了用户使用产品的门槛。另一方面，提供用户奖励和惩罚渠道。互联网信用信息系统为租赁服务公司提供了奖励和处罚渠道。信用评分可以用来衡量用户是否文明使用、遵守规章制度，从而规范化用车行为。自共享单车引入市场，损坏自行车、违规停车、乱停乱放、加私锁等行为屡见不鲜，没有针对用户行为的奖励和惩罚机制，很难保证共享市场的持续发展。然而，在接入互联网信用信息系统之后，对应平台可以基于实时跟踪和用户报告，以信用分数的形式惩罚用户的不受管制的违规使用行为。

随着共享方式的发展，作为经济的重要组成部分，为了实现服务实体经济的本质，共享金融诞生了。共享金融平台的产生基于以下几个因素：一是第三方移动支付的产生，二是移动互联网迅速发展，三是云计算和大数据广泛应用，四是"互联网+"平台的兴起。共享金融通过大数据技术手段和金融产品以及服务创新，建立以资源共享、要素共享和利益共享为特征的金融模型。从全球视角来看，与"共享经济"相比，"共享金融"更加全面和成熟。共享金融有利于加快社会信用体系的构建，增强金融市场的透明度，分散金融风险，实现利益共享。随着共享经济与互联网金融的发展，派生出了多种共享金融模式，具有代表性的就是众筹、P2P网络贷款。网络众筹投资者可通过网络平台投资自己的项目，P2P网络借贷则依托于互联网平台实现小额借贷。需求方有借款需求，供给方有投资需求，共享金融的出现恰如其分地将两者的需求结合起来，提高了资源的利用效率。共享金融平台的核心优势是它减少了供给方和需求方双方之间的信息不对称。目前，共享金融平台的信用评级大致分为两种：第一种是基于自身数据的电子商务平台，比如阿里巴巴的阿里贷和京东商城的京东白条，主要依赖用户网购消费数据对其进行信用评级。第二种是依托于第三方评级机构的互联网金融公司。依托于自身平台的阿里巴巴和京东，根据供需双方的结算需求衍生出了阿里贷、京东白条、余额宝等互联网金融产品。

共享住宿的主要模式包括C2C和B2C，通过将闲置住房资源与用户联系起来创造经济价值。国外共享住宿领域的代表是Airbnb，其估值超过310亿美元。其典型模型是C2C，并引入了独立的征信系统。除C2C外，国内创业者还包括传统的房屋中介，深度参与房源提供，为用户提供短期租赁服务。在租房市场上，小猪短租是我国最早一批为用户提供基于共享经济的短期租赁服务的互联网平台。它于2012年8月推出，致力于为租户提供与传统酒店不同的住宿服务，有超过200 000种不同类型的房源，活跃参与者高达2 000万人。小猪短租非常重视公司信贷机制的建立。在用户体验方面，小猪短租基于自身的交易记录建立了评估体系。通过房东和租客的双向评级和评论机制，将租客信用记录与房屋房东的排名一起发布，供其他房东和租客参考评估，并且小猪短租和芝麻信用合作，加快审核和办理入住手续，减少用户等待时间。信用记录在促进成功完成交易方面发挥着至关重要的作用。为了确保租客顺利入住，避免可能遇到的虚假房源等紧急情况，小猪短租将押金退还给租户，协调其他入住渠道并补偿差价。此外，在支付房费方面，小猪短租采用安全可靠的网上交易，使用第三方支付系统，提高了交易的成功率和可靠性。企业要想成功克服共享经济中信用缺失造成的隐私和体验问题，需要建立系统的信用保障机制，基于信用约束双方行为，当然与此同时也要注重保护隐私，增强服务体验。在这方面，这些企业平台除了形成各自的信用管理评估机制的信用评分外，还采用了类似的模型，即互相信息验证、安全在线交易、提供保险支持和双方信用评估。根据产品的特点和买方体验，不同领域的企业在具体措施上有所不同。

在生活服务方面，闲鱼和58到家也进一步推动了共享经济的发展。闲鱼是阿里巴巴旗下的闲置品交易平台，属于C2C模式，为买家和卖家进行二手物品交易提供场所。近来，闲鱼上线了一个新的功能："信用速卖"，平台的用户芝麻信用分超过600即可享受"先收钱、再卖机"的待遇。闲鱼此次上线的"信用速卖"功能针对二手硬件设备，包括手机、平板电脑、数码相机、PC电脑以及各类智能装备等。所谓"信用速卖"，即用信用换取速度，使得信用这一无形资产可视化。闲鱼的出现不仅推动了共享经济的发展，还为信用体系的构建提供了一定的行为数据参考。58到家是基于互联网的生活服务平台，专门为客户提供上门服务，包括宝洁、搬家、美甲等多项服务。众所周知，目前国内家政业情况喜忧参半，主要原因是缺乏征信系统。为了应对这个行业的漏洞，58到家不仅设置了资格认证的准入标准，还引入了第三方数据，对欺诈黑名单、信用不佳记录等进行统计分析，并禁止该类群体出现在58到家平台中。

5.3.3　区块链技术推动共享经济体系构建

目前共享经济正处于蓬勃发展的时期，但同时我们也在为共享经济担忧，如何更好地监管、如何保障安全、如何解决共享主体间信任问题等，都成为制约共享经济发展的关键问题。比特币的底层技术——区块链技术的出现正好可以解决这些影响共享经济发展的诸多问题。区块链技术被视为实现机器信任的关键技术。区块链本质上是分布式账本技术，其中包含了加密体系、共识机制、P2P网络、激励机制等关键技术。区块链技术加入共享经济体系中必然能带给共享经济更稳固的发展、更广阔的前景。

5.3.3.1　区块链解决共享经济中的信任问题

共享经济的根基在于信用，若没有信用的保障，也就无法实现共享经济的稳定安全可持续发展，这就需要有一个强有力的信任机构或者相关政策来对共享经济市场进行约束。

但是，从现实的情况来看，即便是共享经济平台方面，平台、产品提供方和使用方也无法百分之百地相互信任。平台无法保证产品提供方和使用方在过程中绝对可信，也无法及时度量。相对于提供方和使用方的行为而言，平台方的信息往往是滞后的，反应也是更缓慢的。因而，产品提供方和使用方也不能信任平台可以提供周全的服务。此外，产品提供方和使用方也相互不能确信，现实情况也证实不可信的人群的确存在，因为双方都是有好有坏、良莠不齐的。举个例子，当我们使用共享经济中的设备时，由于交易双方的信息不对称，导致消费者无法判断该设备使用状况如何，以及提供设备的企业是否诚信。这时需要有相关机构来居间进行担保，为企业进行信用评级，为用户进行最基本的安全保障。同样的，也需要对用户进行信用评级，识别用户在设备使用中是否会存在不当的行为，比如是否曾对设备进行恶意破坏等。

基于第三方的信任机制的建立，可以让交易透明化、公开化，也能够使消费者随时比对价格，查询交易对象的信用等级。但是这种制度的建立需要的时间以及成本都很高，若要按部就班地培养这种信任体系，需要从几个方面入手。首先是从社会中快速培养出专业的第三方信用中介，为用户创建基本信用制度，可以提供专业的交易信用评级及查询服务；其次是公开失信者名单，将其失信行为纳入信用网络之中，可以有效遏制共享设备的丢失及损毁现象；最后需要线上、线下以及政府参与其中，让各大行政单位的信息相互沟通，提供有效信用记录，建立共享经济全方位的信用体系。但是如此耗费时间及精力，还要沟通各大部门进行信用记录的调查，最后建立的信用体系还不一定能够完美运行，毕竟还有太多因素可以干扰共享经济背景下交易双方的实际操作过程。

共享经济企业所采用的解决方案是：它们会对服务提供者进行中心化的审查，在确定满足了企业的标准之后，才开始提供服务。也就是说，通过这种审查制度，共享经济平台相当于为服务使用者进行了担保。你不需要信任素未谋面的服务提供者，只需要信任共享经济平台就可以了。

这种方式其实是解决传统经济交易中信任问题时所采取的解决方式，即借助第三方提供信任保障。以个人征信为例，我们会利用中国人民银行的征信中心或者蚂蚁金服等网络平台提供的信用分数。这种方式对第三方信用中心的要求过高。一方面，我们无法保证第三方机构能够始终及时地提供服务，比如断网、服务器设备故障等问题；另一方面，这种广泛的依赖关系给第三方的服务也造成了不小的压力。

那么，要如何解决共享经济商业模式上的顽疾呢？一个可行的方式就是，将共享经济网络进行"去中心化"，以分布式的规则构建者和审查者去对抗分布式的作恶者，使得共享经济网络能够对各种钻规则空子的不良行为做出更加快速的反应，从而让规则迭代升级更加及时，最终打造一个安全有效的审查机制，让共享经济平台成为真正能够让人们放心的信任中介。

区块链技术的基本设计思想是，在分布式账本网络中，所有参与方都有一整套公共账本。所有的节点/参与方可以下载存放公共账本，且所有节点均参与账本的正确性检验。因为这是一整套公共账本，且所有人都可以进行检验，这就相当于在全体参与者中达成一致，以所有参与者对共识机制的认同来代替传统设计中对人员或机构的信任。在区块链技术支撑的场景下，参与方无须关注与其交易或互动的人员身份或信用信息，需要做的只是在规则的指导下进行操作，便可建立双方互信的交易模式。

区块链技术对信任机制的变革是颠覆性的，我们从传统的人员和机构信任转化为对算法的信任，借助算法构建共识机制，从而建立各方信任关系。如此这般信用的建立无须借助第三方信用机构，只基于算法和机制设计就可实现信任，这是信任机制和体系的重大变革。具体而言，区块链技术可以从以下几个方面构建信任：

首先，区块链技术可以从技术层面上使共享经济中的数据公开透明，保障参与方的信任。区块链技术的本质是一个分布式数据库，存储在链上的共享经济中的数据，在链上的所有参与方都可以进行查询和检验。与此同时，任何参与方都无法擅自修改区块链上的数据，参与方的所有的行为都要受到区块链其他参与方的监督和验证。这种暴露在全民监督之下的交易模式充分体现了公开公正的原则。参与方再也不用依靠个人力量或第三方信用机构来审核对方信任了，消除了传统信用征集的弊端，因为这种公开透明的技术机制已经可以实现无死角的信用监督。

其次，区块链的链式结构和时间戳等技术可以确保共享经济行为不被篡改、可追溯。区块链的链式结构将信息进行了有效的存储和链接，配合时间戳技术，共享经济的任何参与方都可以查询和检验数据，确保自身获得的信息真实可靠。任何参与方私自的篡改行为都有迹可循且不可能被认可，除非他能篡改所有账本。基于这些技术，区块链设计下的共享经济体系变得稳固可靠、可溯源、可追责。

最后，区块链智能合约技术巩固了共享经济交易中的契约关系，降低了交易风险。基于区块链的共享经济体系可以构建智能交易合约，交易双方在共识机制保障下，一旦条件成熟，系统可以自动执行合约内容，避免欺诈与反悔。举个例子，我们想要共享闲置物品，之前需要第三方机构的验证，但有了智能合约，我们可以放心地把共享物品的交易放在智能合约的约束之下。若是在归还时无法按照合约上的要求进行，那么自然要承担违约的责任。由于是区块链上的合约，因此在交易之前便可以把违约所需要付出的代价放在其上，违约之后自然会按照合约进行赔偿。由于区块链合约的绝对公平性，也不会担心一份合约会侵吞自己的财产。这样便完美地解决了信任的问题。借助智能合约，区块链可以使共享经济中的双方契约关系更加稳固，降低了系统的交易风险。

5.3.3.2　区块链扩大共享范围

传统的共享需要借助第三方信用机构，因而信用机构的服务范围限制了共享经济的发展范围。比如，如果用户希望进行二手产品转让，用户往往需要借助第三方的平台进行产品发布，因而共享的范围也只限于该平台的用户。转让方和购买方需要确信双方在该平台信用是否良好。即使对方在另一平台或机构信用良好而在该平台因不常使用造成信用不佳，交易往往也很难进行。信用中心机构的服务范围有限、信用信息无法有效共享等问题，造成了共享经济的覆盖范围无法扩展。在这一层面，区块链借助机器构建信任的思想可以跨越这些障碍，大大拓宽共享经济的广度。

区块链技术最典型的应用当然就是以比特币为代表的数字货币。比特币不再受限于发行机构和国籍，可以实现不同国家、不同行业、不同人群之间的交易流转。尽管目前各国对比特币的态度不尽相同，但数字货币仍然是各国普遍关注的焦点。将共享产品从货币转到普通商品就是我们一般而言的共享经济产品了，在这一方面扩大共享产品的范围是各国都不会拒绝的。

区块链技术中的数字签名、非对称密钥等技术实现了技术上的身份确认，从而不需要机构证明就可以进行共享交易。这就为区块链的跨组织边界应用创造了条件。区块链技术的加入使共享范围不再局限于一个企业、一个地区、一个国家，而可以将各种共享产品在全球进行分享，从此使各种产品的国际化、全球化成为可能。

5.3.3.3　区块链促进共享资源配置

区块链有助于优化共享中的资源配置。传统共享经济中，产品的提供方无法有效预测需求，时常出现供大于求或者供不应求的情况。以典型的共享单车为例，在诸多城市路段时常出现共享单车积压、占道等情况，而在特定时间、特定区域，又常常出现无车可骑的情况。尽管相应的企业不断优化调配方案，但仍无法从根本上解决这一问题。资源配置好坏的关键是数据的处理，移动数据端口是共享单车的场景，数据处理的实施主体是中心化的公司服务器。从这种模式中大家可以发现一点，就是技术提供和数据分析全部由公司来完成，这本身就造成了公司资源的分散，顾此失彼。而区块链技术可以实现数据的共通同享，是解决资源配置的最佳方案。

在传统共享经济模式中，往往单靠企业解决资源调配，这给企业带来了巨大的成本压力，不利于共享经济企业尤其是中小企业的发展。区块链技术在解决资源调配问题中可以提供较低的使用成本，给共享经济企业的发展提供助力。

借助于"区块链+大数据"，我们可以实现全面的资源共享和分配，打破信息不对称带来的诸多影响。目前，无论是实物共享还是虚拟资源都有了对区块链的基本尝试和应用案例。实物共享就是共享单车、共享充电宝、共享雨伞这类实物性商品。除此之外，我们还可以进行电力、计算能力等虚拟资源的共享。以美国 Seti@Home 计划为例，该计划借助区块链技术实现了算力共享，从而提升了数据的计算能力。

5.3.3.4 区块链保障共享数据安全

共享经济的核心是资源的流通和分享，这一过程往往涉及数据的流通。在传统共享经济模式中，中心化机构掌握着用户的大量信息，而这些机构如何处理这些信息是用户无法掌控的，而用户也不能拒绝这些机构和企业对自身数据的搜集。比如我们打车就需要允许对方获取我们的位置，我们购物就需要允许对方查询我们的信用信息。在共享经济时代，用户的各种信息被越来越多的机构、平台所掌握，为了获取服务，尽管不了解自己的信息将会被如何应用和处理，却仍要依从现有模式。那么如何打破这种僵局，在不影响正常共享过程中保障信息数据安全？区块链在这一方面又可以发挥作用。

举一个具体项目例子。纷享车链（AutoChain）是一个车联网+区块链的项目，据其官方白皮书介绍，纷享车链旨在打造一个具有广泛信任共识的汽车出行行业开放式数据应用平台，不仅可被用于支撑用户私密数据积累和管理的高频交互，且可提供给第三方进行可信契约开发和应用。纷享车链首创的数据保险柜概念通过区块链技术保护用户的隐私数据不被泄露、窃取，保障用户的数据拥有权。据其官方介绍，数据保险柜的作用就是为每个用户开辟一个独立的云存储空间，并通过私钥和分布式存储技术确保原始数据的所有权不被窃取；同时，所有上传的数据均会进行去耦合处理，使得数据本身具有离散性、不可回溯、匿名性；只能通过私钥和区块链记录进行还原；而公钥将用于匿名的数据归集和摘要，摘要本身作为数据源之一也必须遵循数据保险柜的原则。按笔者的理解，数据保险柜就是一个去中心化的数据第三方托管平台，任何人包括平台在内都不能在用户非授权的情况下看见、使用、处理用户本人的数据。若需使用则必须得到用户的授权，因为私钥只掌握在用户手中，这保证了用户数据的安全性和隐私数据不被泄露。也就是说，数据一旦上链，除了用户本人的私钥授权解密外，任何个人或组织都没有能力获取到你的数据。这一设计也就解决了上述共享行业的第二大问题——用户隐私数据的安全隐患。

5.3.3.5　区块链深化共享模式

区块链技术可以真正实现去中介化的共享经济形态。区块链网络自身提供一个分散化的信任网络，可以替代中心化的信任背书中介，在区块链网络中构建数字身份和信用体系，通过完善的智能合约实现业务层，减少中心化伴随的大平台通病，同时能够让共享经济更多地回报共享者。

6 普惠金融中的
信用风险及评价

6.1 普惠金融概述

2005 年 5 月，联合国在"国际小额信贷年"上首次提出构建普惠金融体系，其目的是在全世界范围内消除贫困、解决中小企业融资以及发展农村人口的金融资源可得性，构建普惠金融体系。由此，普惠金融正式成为全球关注的一个金融概念。

目前，学术界对于普惠金融的概念并没有统一的定义。根据普惠金融的目的，可以认为所谓普惠金融是指，为世界各地的中低收入人群提供以扶贫为目的的完善的信贷、储蓄等金融服务和产品，从而为那些难以从正规渠道获得信贷支持的群体提供金融服务。因此，普惠金融主要针对的是低收入人群和贫困人口，通过为他们提供实惠的金融服务，帮助他们获得安全可靠的金融服务和产品。

全世界有超过 10 亿人的金融服务被纳入普惠金融，通过提供全面可靠的金融服务，进一步增强了金融服务体系的可持续发展能力。在我国，2016 年出台了《推进普惠金融发展规划（2016—2020 年）》，将普惠金融进行了界定：以政府引导和市场主导相结合为手段，以机会平等和可持续、惠及民生为原则，以可负担的成本为社会各阶层和群众提供可得、有效和满意的金融服务。其中农民、贫困人口、老年人、小微企业、城镇低收入人群等是我国当前普惠金融的重点服务对象。通过普惠金融和互联网金融的进一步融合，使得在"精准扶贫"工作中，金融资源能够有效地向经济欠发达地区倾斜，进一步增强国内中小企业的资金运营效率，大大提升普惠金融的实施效果。

6.1.1 普惠金融的发展

"普惠金融"是一个全新的理念,但其发展与金融的发展历史是分不开的,经历了一系列的过程。对于现代普惠金融来说,主要经历了三个阶段:

(1)小额信贷。它主要体现了"小额"和"信贷"两个特点。小额信贷主要是指贫困人群可以通过抵押、担保或者信用等方式从金融机构获得小额贷款,这种信贷的主要目的是扶贫。20世纪80年代以前,扶贫主要采用了慈善模式,但这种模式的非持续性并没有改善贫困人口的现状。随着信贷服务业的发展,一种以扶贫为目的,同时追求可持续发展的模式得到广泛发展。20世纪末期,孟加拉国出现了首个小额信贷机构,即孟加拉乡村银行。其创始人穆罕默德·尤努斯教授认为,人们之所以贫困,主要是缺乏原始资金。为了摆脱贫困,他们有强烈的贷款需求。因此,孟加拉乡村银行成为一种新的有效方式,来帮助贫困人口实现贷款。小额信贷的实施帮助政府解决了扶贫这一大难题,同时也使得贫困人口可以享受到良好的金融服务。

(2)微型金融。随着小额信贷对贫困人口信贷服务的发展,单纯的小额信贷已经不能满足贫困人群对于金融服务的需求,全面、多元的金融服务成为贫困人群新的信贷需求,微型金融应运而生。微型金融在小额信贷的基础上进一步增加了包括保险、转账等类型的金融服务。虽然微型金融是在小额信贷的基础上发展而来的,但和小额信贷相比,依旧存在差别。第一,微型金融将服务对象进行了拓展,与原来小额信贷仅仅服务于贫困人群相比,微型金融将微型企业也作为服务对象。第二,微型金融提供了更多可供选择的金融服务,如保险、转账等。第三,小额信贷主要由政府扶持的非政府组织运行,而微型金融则除了非政府组织外,还增加了国有银行、保险公司等机构,使得微型金融的运行主体更加多元化。第四,小额信贷以扶贫为主要目的,但微型金融则强调扶贫和可持续性具有同等重要的地位。

(3)普惠金融。随着微型金融的进一步发展,减少贫困和可持续性的平衡之间产生了较大的问题。为了更好地满足贫困人群对于实现富裕生活的渴望,一种新的理念——普惠金融由此诞生。普惠金融完美地结合了小额信贷和微型金融的优点,进一步扩大了小额信贷和微型金融服务的深度和广度,同时强调减少贫困的理念,从而成为一种新的具有包容性的金融体系。普惠金融机构不再是简单的扶贫机构,而是通过创新的金融服务,降低运行成本,实现可持续发展。

普惠金融是一种包容性的金融发展模型，旨在将社会中分散的微型金融机构的服务进行整合，并融合到金融整体发展战略中。普惠金融、小额信贷和微型金融具有明显的差异。首先，普惠金融既是小额信贷和微型金融的延伸，但又超越了小额信贷和微型金融。小额信贷和微型金融主要通过整合零散的金融服务机构，服务于中小企业和个人。其次，普惠金融是一个完整的金融体系，主要针对低收入人群，甚至是具有一定扶贫性质的金融服务。普惠金融的目的是取代微型金融，建立全面的具有包容性的金融体系，其服务对象不再局限于小型化和边缘化的微型企业，有更多更广泛的机构被纳入普惠金融。由于世界上大部分国家对中低端客户以及穷人客户都严重忽视，使得这部分客户无法获得适合他们需求的金融产品，导致他们无法通过正常的渠道获得金融服务。普惠金融通过提供丰富的金融产品，服务于各类低收入群体，使他们获得安全可靠的信贷服务，以此改善金融服务环境。

6.1.2 普惠金融的内涵

根据普惠金融的定义可以看出，其内涵主要涉及以下几方面：

（1）普惠金融的对象。其服务对象主要是弱势群体，主要包括弱势人群、弱势地区以及弱势企业。其中弱势人群主要涉及低收入农民、老年人、残疾人士、贫困人口等。弱势地区则主要包括偏远山区、深度贫困地区等。弱势企业则主要涉及小微企业（难以在金融机构获得贷款的机构）。数据显示，2016年我国农业人口占到总人口数量的 42.6%，而小微企业占全国企业的 83.3%。由此可见，在我国普惠金融的重点服务对象为占比较大的农村人口和小微企业。

（2）普惠金融的层次。世界银行根据普惠金融包含的内容，将普惠金融提炼出了四个层次，分别是客户、微观、中观和宏观四个层次。其中客户层面是普惠金融的出发点，直接决定了微观、中观和宏观三个层次。而客户主要涉及前面提到的弱势人群，是普惠金融服务的需求对象。微观层面是普惠金融的主要参与者，是普惠金融产品和服务的提供者。主要包含保险公司、担保公司、资金互助组织、银行以及抵押贷款机构等。中观层面是帮助普惠金融运行的基础设施，主要包含征信系统、支付结算系统以及数字服务系统等。宏观层面是整个普惠金融的顶层。为了确保普惠金融的运行环境，需要制定相关制度和法律的部门，主要包含各级政府部门、金融机构监管部门、中央银行等。普惠金融的层次如图 6-1 所示。

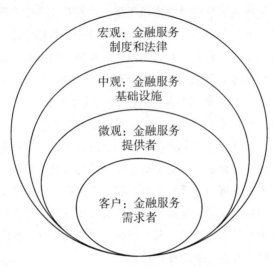

宏观：金融服务
制度和法律

中观：金融服务
基础设施

微观：金融服务
提供者

客户：金融服务
需求者

图 6-1　普惠金融的层次结构

（3）我国普惠金融的内容。在我国，普惠金融主要涉及农村普惠金融、数字普惠金融、小微企业信贷普惠以及精准扶贫。农村普惠金融和小微企业信贷普惠的服务对象是在我国占比较大的农村人口和小微企业。由于普惠金融在发展的过程中重点强调了消除贫困和促进企业的发展，所以农村普惠金融以及小微企业信贷普惠是我国普惠金融发展中的重中之重。数字普惠金融是依托大数据和云计算、互联网等信息技术，结合普惠金融的服务内容发展起来的创新普惠金融形式。数字普惠金融打破了传统金融服务的信息不对称以及时间、空间等的限制，提供了便捷、快速的服务，促进了普惠金融的传播和推广。而精准扶贫是我国全面建成小康社会的重要金融政策，其资金来源主要是国家的财政扶贫贷款，对我国消除贫困具有十分重要的作用。这四个内容之间相互促进，具有显著的协同效应，能够共同促进普惠金融的发展。

6.1.3　G20 普惠金融指标体系

普惠金融的创新理念和实施效果在经济的增长中发挥了重要的作用，而在普惠金融发挥作用的过程中，可靠的政策和监管对保证普惠金融的可持续发展具有十分重要的意义。因此，越来越多的人开始关注普惠金融的政策和相关措施的制定。2012 年，在全球 20 国（G20）领导人戛纳峰会上，G20 领导人一致同意接受全球普惠金融合作伙伴（GPFI）建议，制定了《G20 普惠金融指标体系》（以下统称《指标体系》）。2013 年和 2016 年，《指标体系》进一步增加了金融素养、服务质量和数字金融服务发展的相关指标，使得普惠金融的指标体系更为全面。

现有的普惠金融指标主要涉及金融服务的可获得性、使用情况、金融服务质量三个维度 19 个大类 35 个指标。其中世界银行通过 5 项调查提出了 25 个指标，国际货币基金组合、盖洛普以及经合组织通过 4 项全球调查提取了 12 个指标。目前 GPFI 的所有指标均来源于以上国际组织提供的指标，覆盖了全世界 216 个国家和地区（包括中国大陆、中国香港地区、中国澳门地区、中国台湾地区）。

下面从三个维度介绍 G20 普惠金融的指标体系。

6.1.3.1　金融服务的使用情况

金融服务的使用情况指标主要涉及"成年人"和"企业"两个分类，分别包含 15 个指标和 5 个指标。"成年人"主要是指年满 15 周岁且在银行开户的人群，主要包括拥有账户的成年人比例、每千成年人拥有的存款账户数等 15 个指标，具体如表 6-1 所示。

表 6-1　金融服务使用情况"成年人"指标体系

	类别	指标	来源	频率
1A[D]	拥有账户的成年人	在正规金融机构或移动支付服务提供商处拥有账户（由本人开立或与其他人一起开立）的成年人（年满 15 周岁）比例	世界银行全球普惠金融调查	每三年一次
1B		每千成年人拥有的存款账户数	国际货币基金组织金融服务可得性调查	每年一次
1C	账户数	每千成年人拥有的电子货币账户数	世界银行全球支付系统调查	每年一次
1D		每十万成年人移动支付交易笔数	国际货币基金组织金融服务可得性调查	每年一次
2A[D]	在正规金融机构发生信贷业务的成年人	过去一年在银行或其他正规金融机构至少有过一次未偿贷款的成年人（年满 15 周岁）比例	世界银行全球普惠金融调查	每三年一次
2B		每千成年人未偿贷款笔数	国际货币基金组织金融服务可得性调查	每年一次
3	购买保险的成年人	每千成年人中保单持有人数（分为寿险和非寿险）	国际货币基金组织金融服务可得性调查	每年一次

表6-1(续)

	类别	指标	来源	频率
4	非现金交易	每千成年人非现金零售交易笔数包括：支票、贷记转账、直接借记、支付卡交易（借记卡、信用卡）以及通过电子货币工具（卡基类电子货币工具、移动支付产品和在线货币产品）支付的数量	世界银行全球支付系统调查	每年一次
5^D	使用数字支付的成年人	使用交易账户（在银行或其他正规金融机构或移动支付服务提供商处开立）进行数字支付或接收数字支付的成年人（年满15周岁）比例 包括：使用互联网支付账单或在线购物；使用手机支付账单、购物或从某一账户（在银行或其他金融机构或移动支付服务提供商处开立）收支款项；使用借记卡或信用卡从某一账户直接支付；发送汇款至某一账户或从某一账户接收汇款；收取工资、政府转拨款项或支付至某一账户的农业支出；从某一账户支出公用设施费用或学费	世界银行全球普惠金融调查	每三年一次
5A^{*,D}	使用移动电话（通过某一账户）支付	（子指标）使用移动电话支付账单、购物或从某一账户（在银行或其他正规金融机构或移动支付服务提供商处开立）收支款项的成年人（年满15周岁）比例	世界银行全球普惠金融调查	每三年一次
5B^{*,D}	使用互联网支付	（子指标）使用互联网支付账单、购物或在线汇款的成年人（年满15周岁）比例	世界银行全球普惠金融调查	每三年一次
5C^{*,D}	使用银行卡支付	（子指标）使用借记卡直接从某一账户（在银行或其他正规金融机构处开立）进行支付的成年人（年满15周岁）比例	世界银行全球普惠金融调查	每三年一次
5D^{*,D}	使用账户支付	（子指标）通过某一账户收取工资或政府转拨款项的成年人（年满15周岁）比例	世界银行全球普惠金融调查	每三年一次
6^D	高频率使用账户	高频率使用账户的成年人（年满15周岁）比例 "高频率"指一个月内从某一个人账户（在银行或其他正规金融机构处开立）取款三次或三次以上，包括提取现金、电子支付或购物、开具支票或任何其他类型的借记卡支付，既可通过账户持有人本人，也可通过第三方	世界银行全球普惠金融调查	每三年一次
7^D	储蓄倾向	过去一年在银行或其他正规金融机构存款的成年人（年满15周岁）比例	世界银行全球普惠金融调查	每三年一次

注：4是修订指标；1A、5、5A、5B、5C、5D都是2016年提出的指标。

  "企业"指标主要包括在正规金融机构中拥有账户的中小企业比例、使用数字支付的中小企业比例等5个指标。这些指标是由世界银行和国际货币基金组织在企业调查和金融服务可得性调查中提取的。具体如表6-2所示。

表6-2　金融服务使用情况"企业"指标体系

	类别	指标	来源	频率
8A[G]	享有正规银行服务的企业	拥有账户（在银行或其他正规金融机构处开立）的中小企业比例	世界银行企业调查	3~5年一次
8B		中小企业存款账户数（在非金融公司借款人中的占比）	国际货币基金组织金融服务可得性调查	每年一次
9A[G]	在正规金融机构有未偿贷款或授信额度的企业	在银行或其他正规金融机构有未偿贷款或授信额度的中小企业比例	世界银行企业调查	3~5年一次
9B		中小企业贷款账户数（在非金融公司借款人中的占比）	国际货币基金组织金融服务可得性调查	每年一次
10[G]	企业进行数字支付或接受数字支付	从某一账户进行数字支付或接受数字支付的中小企业比例	世界银行企业调查（预期指标）	3~5年一次①

注：10是2016年提出的指标。

6.1.3.2　金融服务的可获得性

金融服务的可获得性主要从物理服务网点来进行评价，包括 ATM 数量、移动代理网点数、POS 机终端数量、家庭网络连接的成年人比例等 9 个指标。具体如表6-3所示。

表6-3　金融服务的可获得性指标体系

	类别	指标	来源	频率
11A	服务网点	每十万成年人拥有的商业银行分支机构数	国际货币基金组织金融服务可得性调查	每年一次
11B		每十万成年人拥有的 ATM 数	国际货币基金组织金融服务可得性调查	每年一次
11C		每十万成年人拥有的支付服务代理商数包括：银行、其他存款吸收机构及特定主体（如转账运营商和电子货币发行商）的代理商	世界银行全球支付系统调查	每年一次
11D		每十万成年人拥有的移动代理网点数	国际货币基金组织金融服务可得性调查	每年一次
11E		每十万成年人拥有的 POS 终端数	世界银行全球支付系统调查	每年一次
11F[D]		拥有移动电话、设备或家庭网络连接的成年人（年满15周岁）比例	盖洛普全球调查	每三年一次

表6-3(续)

	类别	指标	来源	频率
12	借记卡持有	每千成年人拥有的借记卡数	世界银行全球支付系统调查	每年一次
13^G	企业服务网点	拥有POS终端的中小企业比例	世界银行企业调查（预期指标）	3~5年一次
14	服务网点的互通性	ATM网络的互通性和POS终端的互通性（0-1）如果绝大多数或所有的ATM网络（或POS终端）互通，选值为1；如果不互通，则选值为0	世界银行全球支付系统调查	每年一次

注：11C、11D、11F、12、13都是2016年提出的指标。

6.1.3.3 金融服务和产品质量

金融服务和产品质量指标可以细分为金融素养和能力、市场行为以及消费者保护、使用障碍三类，共计6个指标，主要涉及金融知识、信息披露、纠纷解决机制、信贷障碍等指标。具体如表6-4所示。

表6-4 金融服务和产品质量指标体系

	类别	指标	来源	频率
		质量指标：金融素养和能力		
15	金融知识	金融知识得分 正确回答有关基本金融概念的问题，将得分相加计算总分。 如：(1)通货膨胀；(2)利率；(3)复利；(4)货币幻觉；(5)风险分散；(6)保险的主要目的	世界银行金融素养调查和经合组织国家金融素养和普惠金融调查	周期性（原文如此）
16^D	金融行为	将存款用作应急资金 下列问题中回答"存款"的成年人比例。问题如下：如果遇到紧急情况急需10美元（或人均GDP的1/25），你会从哪里获取该笔资金？(1)向朋友或亲戚借款；(2)干更多的工作；(3)出售资产；(4)存款；(5)从"储蓄俱乐部"贷款；(6)从银行贷款；(7)无法获取	世界银行全球普惠金融调查	每三年一次
		质量指标：市场行为和消费者保护		
17	信息披露要求	信息披露指数结合了现存的若干披露要求： (1) 语言平实（如：易于理解、禁止隐藏性条款）； (2) 使用当地语言； (3) 规定的标准化披露格式； (4) 追索权和追索流程； (5) 贷款中应当支付的总体价格（基本成本加佣金价格，各种费用、保险、税金）		每年一次

表6-4(续)

	类别	指标	来源	频率
18	纠纷解决机制	反映内外部纠纷解决机制的指数: (1)内部纠纷解决机制指标:适用于金融机构处理投诉的法律法规制定标准(包括及时性、可得性以及投诉处理流程中的相关要求); (2)外部纠纷解决机制指标:存在使消费者能够通过第三方(监管机构、金融巡视专员或对应机构)进行追索的体制,且该追索效率高,消费者也负担得起		每年一次
质量指标:使用障碍				
19^G	信贷障碍	在上一笔贷款中被要求提供抵押物的中小企业比例 (反映信贷条件紧缩)	世界银行企业调查和关于中小企业与企业家融资状况的报告——OECD打分板	3~5年一次
		信贷可得性:信用报告系统的效力、担保的有效性和促进放贷的破产法。可用"边界距离"衡量。 "边界距离"的分值有助于衡量监管效果的绝对水平及其如何随时间推移而改善。该方法显示了各个经济体到达"边界"的距离,代表着各个经济体在经商调查样本(自2005年起)中各个指标的最佳表现。这使得用户能随时看到特定经济体的表现与最佳表现之间的差距,也能如经商调查一样评估经济监管环境随时间推移做出的绝对改变。一个经济体到边界的距离用0~100这个数值范围来反映,0代表最差表现,100代表边界。例如,在经商调查中得75分表明该经济体离边界还有25%的距离,该边界由各个经济体在各个时段的最佳表现构成	世界银行全球营商环境调查	每年一次

G20普惠金融指标体系是集成全世界多个国家(地区)的调查结果,涉及普惠金融需求端和供给端的指标数据较为全面。但该指标体系还存在以下几个问题:第一,目前的调查选择了多个国际组织的调查项目,但数据的来源仍然无法确保充足的指标数据,有些指标在一些国家还存在年份数据缺失的问题。如2014年所有数据的指标共计4 436个,但平均到每个国家(地区)却只有22.87个,仅仅占到全部55个指标的41.57%,由此可见大部分国家(地区)的指标数据不够全面。第二,G20指标体系需要不断修正。目前的普惠金融指标体系主要以传统金融服务为主,如网点服务等,但涉及数字金融的指标体系相对较少,只体现了电子资金账户数。

6.1.4　普惠金融的国际经验

近年来，随着各国对普惠金融发展的日益重视，普惠金融的发展已经取得了较大成绩，国际上也取得了越来越多的普惠金融发展经验。

6.1.4.1　印度的普惠金融政策

印度的普惠金融政策主要是通过商业银行来实现的。商业银行可以在农村开展支付和现金收款业务。印度人口众多，国土面积较大，这些客观条件不利于监督和管理普惠金融服务，同时会需要大量的人力、物力和财力，但印度还是通过"分阶段指导"和普惠金融计划实现了商业银行的大规模普惠金融服务。首先是"分阶段指导"。印度前期建立了大量的银行分支机构、ATM 机以及其他代理商务机构，以给广大的农村人口提供金融服务；后期则通过对点扫盲，做到金融服务机构全覆盖。截至 2016 年 6 月底，印度的银行分支机构已经覆盖了 92.2%的农村人口。

印度普惠金融计划则是以政府为导向，要求各个分支机构建立咨询委员会，以便对普惠金融政策进行持续的调查、监管，当出现问题时，根据专家的意见，及时调整、修正政策和标准。因此，在普惠金融计划下，印度修订了一系列的政策，如为农业、最贫困人口提供住房补贴，优先发展行业信贷定价免费服务。这些政策使得印度商业银行的普惠金融贷款额度大幅提升，促进了中小企业、再生能源等产业的大力发展。同时，这也为金融知识的普及、国家金融教育中心的成立提供了有力的支撑。

6.1.4.2　肯尼亚的普惠金融政策

由于肯尼亚在基础设施的发展方面存在一定的局限性，金融服务站点每十万人才有 162 个，这使得肯尼亚的普惠金融政策推广存在较大的操作难度。肯尼亚贫困人数接近总人口的一半，规模庞大。同时，只有 665 万人（总人数 3 500 万人）拥有银行账户，且大部分人口居住在农村偏远地区。为了便于推广普惠金融政策，肯尼亚和英国跨国公司合作推出了手机支付系统 M-Pesa。客户只需要通过手机和身份证就能在 M-Pesa 系统的代理点进行注册，同时注册银行卡账号后，就可以实现商品的购买支付和费用的缴纳。在取款和收款过程中，只需要出示身份证和验证短信就可以实现相关款项的交易。随着 M-Pesa 系统代理点的不断增多，人们在日常生活中也开始使用这一系统，包括发放工资、支付学费、加油站、超市等都开始采用这一系统。该系统大大降低了金融交易成本，并且在注册使用过程中无地域限制，扩大了普惠金融在贫困地区的深度。目前，肯尼亚的银行账户渗透率已经成为非洲第一。

肯尼亚普惠金融服务的成功同样离不开国家普惠金融体系的构建。一方面，肯尼亚政府通过中央银行深入调查贫困地区人群的金融需求，给手机支付系统提供了大量的建议和意见；另一方面，在手机支付系统实施的过程中，推出了与产品相适应的监管机制，实现了金融风险监管前移，进一步降低了金融风险的发生概率。

6.1.4.3 孟加拉国的普惠金融政策

孟加拉国的普惠金融政策已经发展了几十年，是世界上普惠金融政策推行比较成功的国家之一。格莱珉银行以整贷零还和按周期还款方式，为贫困地区提供小额、无抵押担保贷款。为了降低贷款对象的违约风险，通过社会连带责任和小组联保方式，定期召开小组会议，以此降低违约风险。在发放贷款之前，格莱珉银行会先掌握贷款人的各项信息，从而进行客户评估，并经常向她们传播金融知识，交流生产经营信息，以提高她们的生产经营能力，督促她们按时还款，降低违约概率。在执行贷款期间，贷款期限大部分为一年，贷款一周后开始还款，贷款利率较低，便于实现贷款的可持续性。如果贷款对象不能按时还款，银行会提前剔除该不良信用对象，同时联保小组也会督促其还款。

通过这样的贷款模式，孟加拉国的广大农村妇女积极参与生产，显著改善了她们的生活。1998 年，孟加拉国遭遇了巨大的洪水灾害影响，但还款模式不变，这使得其还款率一度低于 80%，这也加速了格莱珉银行贷款模式的深度改革。为了降低自然灾害的影响，在原有还款模式的基础上，增加了保险制度，确保了自然灾害影响下资金的安全。同时，格莱珉银行进一步深化了金融服务产品，增加了老年人的养老贷款业务和小微企业贷款业务。通过提供穷人版养老金贷款和企业的小额贷款，进一步完善了扶贫制度和政策，解决了老年人和中小企业的难题。

6.1.4.4 巴西的普惠金融政策

作为"金砖四国"之一，巴西有着数量众多的农村人口。为了更好地为他们提供金融服务，巴西创新性地开创了代理银行业务。代理银行通过与银行签约，行使部分银行职责，为广大农村贫困人口提供金融服务。代理银行机构十分广泛，药店、超市、邮局都可以成为代理银行。这样做，一方面提升了这些代理银行的经营范围和能力，另一方面也使得代理银行十分灵活，服务范围更加广泛。由于地域的不同，代理银行的业务也存在差异。城市代理银行主要进行资金的转账业务，通过 POS 机、条码扫描仪等与签约银行的服务器进行确认和备份。而农村代理银行除了完成资金的转账业务外，还代理资金的存取业务，这使得农村代理银行的业务更加灵活，能够为农村人口提供更丰富的金融服务。这也使得金融服务不再局限于银行，即使是在偏远地区，也可以随时为客户提供金融服务。

通过代理银行这一举措，巴西成年人的银行账户数远高于其他拉丁美洲国家，信用卡持卡比例也得到了大幅度提升。为了降低违约风险，巴西通过法律法规明确了风险细则，并对各个代理点进行监管。巴西的普惠金融模式能够有效地降低金融服务的交易成本，大大扩大了金融服务的覆盖范围。代理银行在提供金融服务的过程中，只需要客户首次使用金融服务时，提供身份资料和银行账户即可，在初次交易结束后，银行就可以为客户建立信贷档案。而顾客在需要金融服务时，只需要去最近的代理点办理，大大解除了银行服务的地域限制，特别是偏远地区的金融服务问题。同时代理银行的维护成本较低，能够有效满足各类人群的金融服务需求。

6.1.4.5 印度尼西亚的普惠金融政策

作为世界第四大人口大国，印度尼西亚的农村人口占比超过全国人口总数的70%，农业生产总值超过国内生产总值的16%。为了帮助农业发展，政府对农户和农业实行信贷补贴。2007年，农业信贷补贴高达7 450亿卢比。由于贫困人口众多，且72%以上的贫困人口居住在农村，高额的信贷补贴并没有解决农户的深层贫困问题，违约率越来越高。为了解决金融政策的缺陷，印度尼西亚实施了农村金融联结模式。

印度尼西亚的农村金融联结模式按照资金提供者和中介机构的联结紧密程度的不同，分为松散型和紧密型。在紧密型农村金融联结模式中，资金提供者和中介机构形成合作关系，但贷款对象的选择、贷款发放、贷款监管和风险均由中介机构承担，中介机构通过借贷利差实现盈利。由于中介机构的风险控制能力有限，因此这种联结模式大大影响了普惠金融政策的可持续性。

松散型农村金融联结模式是由商业银行出资，通过信息、资金和服务与中介机构形成松散的控制关系。在这种联结模式中，资金的发放和风险控制均由出资方承担，中介机构通过筛选客户资源信息并出售相关信息赚取佣金，因此合作关系比较松散。松散型联结模式要求出资方具有较高的吸引储蓄和风险控制能力，但对中介机构的要求不高。

通过农村金融联结模式，政府确立了商业化发展方向，增加了联结制度的可持续性。通过这些联结组织，覆盖了广大的中低收入农户和小企业，使得商业银行的信息获取范围更为广泛。同时，灵活的联结方式，让出资方和中介机构可以根据自身特点，选择合适的联结方式，也为微型金融机构的发展提供了更多的可行性。

6.1.5 普惠金融的减贫效应

普惠金融政策减少了传统金融服务的排斥和抑制效应，研究表明普惠金融对治理贫困具有十分重要的作用。一般来说，减贫效应主要体现在三个方面：贫困人口数量减少、贫困程度降低以及消除贫困。在普惠金融政策的实施过程中，为了有效地减贫，可以通过以下几个路径来实现：

（1）金融发展路径。金融的快速发展能够产生生产效应，提升边际生产率。由于贫困地区缺乏有效的风险评估，因此资金的利用率极低。普惠金融将贫困地区的资金聚集起来，采用先进的生产方式，形成规模效应，提升了贫困地区的资金利用率和抗风险能力。同时普惠金融提供了多种多样的储蓄产品。贫困地区的人口储蓄资金越多，越能够降低贫困的程度。通过贫困人口的储蓄效应，可以提升资金的利用效率，达到良好的减贫效果。

（2）经济增长路径。普惠金融采用了更为先进的生产方式，能够有效提升资金的利用效率，因此，可以带来贫困地区的经济增长。经济增长有助于提高贫困地区的生活水平，为他们提供更坚实的物质基础。首先，经济增长可以带来更高的福利水平，从而影响贫困人口的消费观念和收入水平。其次，经济增长能够促进贫困地区的基础设施建设，促进教育、医疗、交通等的发展，为贫困地区获取外界信息、提升健康水平以及产品外销发挥十分重要的作用，从而降低贫困程度。

（3）金融服务路径。在金融市场中，普惠金融的减贫效应通过市场机制提供的储蓄、保险和信贷服务来实现。

储蓄主要分为长期存款和短期存款。长期存款可以使得储户获得更多的利息收入，同时也能增加他们抵抗未来风险的能力。短期存款则可以减少资金的闲置，增加他们获得利息的可能性。同时，普惠金融还推出了养老金、理财等各种金融服务，这些投资方式大部分具有风险小、收益稳的特点，能够降低贫困人口因为身体健康、自然灾害等问题返贫的概率，从而增加脱贫的可能性。

保险服务成为近年来贫困人口关注的重点。保险能够为他们未来的风险增加保障，提升风险的抵抗能力。目前，普惠金融的保险服务主要分为社会保险和商业保险。社会保险主要涉及医疗保险、养老保险等，确保贫困人口生活的底线。而商业保险则主要分为人身健康险、农产品险等，大大提升了贫困人口应对未来不确定事件的能力。

普惠金融的核心是通过为贫困人口提供资金支持，帮助他们发展生产，从而提高生活质量，摆脱贫困。因此，合理利用信贷服务，发挥贫困人口的资金积累带来的资金增长效应，对于治理贫困能够起到十分重要的促进作用。

（4）政府扶持路径。通过国际和国内的普惠金融发展经验可以看出，政府扶持在普惠金融减少贫困的过程中具有举足轻重的作用。在普惠金融治理贫困的过程中，我国参与的政府机关主要涉及银保监会、各级人民银行、扶贫办公室、财政部门等。这些政府机关通过相应的政策和监管机制深刻地影响着普惠金融在治理贫困中的工作开展。一方面，通过政府部门的通力合作，可以实现信息、资源共享，更好地实现资金调配；另一方面，政府部门通过自身的工作职责，可以对扶贫工作起到组织和引导的作用。因此，政府的扶持是普惠金融建立长效减贫效应的重要途径。

6.1.6　普惠金融与乡村振兴战略

乡村振兴是党的十九大提出的重要发展任务之一，是中国全面建成小康社会需要面临的重大问题。实现乡村振兴，重点在于发展乡村经济，而融资作为发展乡村经济的重要渠道，使得普惠金融和乡村振兴之间具有十分重要的关系。

（1）乡村振兴战略需要通过普惠金融来实现。普惠金融的重点服务对象即是农村弱势群体，通过普惠金融政策实现农村贫困人口脱贫，是乡村振兴战略的基础。如果农村贫困人口成功脱贫，则乡村振兴战略面临的众多难题均可迎刃而解。由此，可以看出乡村振兴战略是建立在普惠金融政策基础上的。基层商业银行应该在金融产品上进一步向农村人口进行倾斜，降低他们融资的难度，尽可能地满足他们的金融需求，才能在经济上全面实现乡村振兴。因此，普惠金融可以进一步加快乡村振兴的实现速度。

（2）乡村振兴和普惠金融在服务理念上具有一致性。乡村振兴是实现农村在教育、医疗、基础设施等方方面面的发展，为全面提升农村人口的生活质量、健康水平而努力。普惠金融的服务理念是通过提供资金支持，提升农村生产力，激活农村经济，以此改善农村人口的经济、教育等环境。因此，这两者都是为了推动农村经济的快速、健康发展，在服务理念上具有一致性。

（3）两者的服务对象具有相似性。普惠金融的服务对象是农村的贫困人口、中小微企业等弱势群体，通过为他（它）们提供良好的金融服务，使得农村经济活跃起来，中小微企业取得发展，贫困人口能够尽快脱贫，实现农村经济和中小微企业的可持续发展。而乡村振兴战略则涉及乡村的方方面面，如农村产业效率提升、农民共同富裕。因此，两者都是为了农村弱势群体的发展而努力。

近年来，国家大力推动农村金融体系的建设，为农村人口的金融服务提供了一系列的便利条件。但从实践结果来看，目前的农村金融体系还不太完善，如何提高普惠金融在农村的服务效率，适应乡村振兴中的各种金融需求，值得进一步探索和思考。

6.2 普惠金融中的信用风险

金融是实体经济的血脉，信用是金融的立身之本。信用风险是金融机构普遍具有也是危害最大的风险。普惠金融作为金融的重要分支，其信用风险问题已经成为影响社会发展的社会性问题。本节主要讨论普惠金融发展过程中的信用风险，分析信用风险的成因及其具有的显著特征，并从多个角度对信用风险的控制进行探讨。

6.2.1 普惠金融信用风险的形成

信用风险是金融风险的主要类型。由于我国普惠金融运行过程中的金融服务特性，相比于传统的金融信用风险，普惠金融的信用风险更高。结合普惠金融的特性，其信用风险的成因主要体现在如下几个方面：

6.2.1.1 信用信息的不对称

信息不对称理论最早是由三位美国经济学家提出的，主要被应用于市场分析。其主要是指在市场经济活动中，各类人员对相关信息的了解存在差异性。掌握信息较为充分的一方往往占据较为有利的地位。普惠金融服务市场中服务对象的特定性以及市场交易结果的滞后性，使得金融客户的信用评估结果要在其归还资金时才能够被完全确认，因此信用信息不对称问题必然存在。

信息不对称具体表现为事前信息不对称和事后信息不对称。事前信息不对称产生的逆向选择是信用风险产生的原因之一。以农村借贷活动为例，涉农企业（借款方）作为资金使用者，对借入资金的使用信息有着充分的了解和把握，属于信息有利一方。但涉农企业群体在经济建设中属于信用薄弱群体，他们明显的信用特征是资产实力弱，经营状况良莠不齐，盈利水平和资产质量差异较大。农村商业银行、村镇银行等贷款方无法对借款方的信用状况做出精准判断，信息不对称使得它们很难对不同风险的借款人进行差别定价，这样就会增加银行放款的风险。一旦银行等贷款方将贷款利率提高，作为优先贷款对象的企业（行事稳健、成功率高且还款能力强）选择借款的概率将会降低甚至退出市场，那些偏好风险而还款能力较弱的企业被迫进入市场，这就出现了逆向选择。

事后信息不对称体现在，借款方和贷款方在贷款发放决策前，对项目的风险特征（项目成功率和回报）有相同程度的理解。在贷款发放决策后，借款方的事后行为无法预测（或监管），若他们选择另行从事风险更高的活动，则会置贷款方于高信用风险之境地。更有甚者，部分借款方隐瞒事实，制造假材料骗取信用，产生道德风险，这对信用风险的形成也有重要影响。目前的信用评估体系对于涉农金融用户的风险担保等财务信息的搜集水平不能完全达到有效控制信用风险的要求，对涉农企业借贷行为的监管覆盖不全面，因此给普惠金融服务机构造成了信用信息的不对称，从而引发信用风险。

6.2.1.2 信用活动的不确定性

相比于普通的金融机构，普惠金融机构信用活动的不确定性往往更大，因为普惠金融机构服务的群体大多是收入较低、没有足够信用证明和合格的抵押物的弱势企业、弱势产业、弱势群体等。这类群体需要采用风险更高的信用贷款模式。因此，信用风险相对来说更高。

信用活动中的不确定性主要包括内在不确定性和外在不确定性。内在不确定性主要由经济体系内行为人的主观行为及信息不对称等原因造成，具有明显的个体特性。以涉农企业和农户为例，企业自身的经营管理能力、信用品质、农业产品的竞争力等变化都直接影响其履约能力。产品价格高且收益回报大的农户、经营状况良好的企业，他（它）们的还款意愿强烈，潜在的违约风险低。这种不确定性产生的风险也被称为非系统性风险，可以通过合理的规则制度等来降低。外在不确定性源于经济体系之外，诸如自然灾害、经济周期性等系统因素均会影响信用活动的不确定性。通常这种风险无法化解，只能通过合理措施加以规避，因而又被称为系统性风险。以农业为例，从农业生产过程的角度，农业属于弱势产业，在面临巨大的自然灾害如病虫害、洪涝、干旱等不可抗的环境变化时，抗风险能力弱，以农产品为主的涉农项目利润空间非常有限，容易造成涉农企业等金融客户小额信贷呆账现象，导致信用风险加大。此外，经济运行的扩张和紧缩，直接影响涉农企业的违约率。经济紧缩时，市场需求不足会导致利润空间被挤压，金融客户总体经营难度加大，不能及时足额还款的可能性增加，违约概率普遍上升，导致信用风险增加。经济扩张时则相反，此时金融客户总体经营状况良好，还款能力足够，违约率降低，信用风险减小。

6.2.1.3　不同金融风险的相互作用

普惠金融风险除了信用风险之外，还包括市场风险、操作风险、流动性风险等一般风险，以及因自身发展衍生出的特殊风险如运营风险、技术风险、信息安全风险等。这些风险与信用风险相互影响，互为因果。例如，普惠金融信贷产品在借助数字技术推陈出新的过程中，产品设计与创新强调注重客户需求和体验，容易忽略潜在的技术风险。数字技术不可控因素太多，金融机构在运用数字技术时容易出现信息安全问题，进而产生信息安全风险。操作风险也是普惠金融不可避免的风险之一，对信用风险有着不可忽视的影响。以村镇银行为例，村镇银行服务项目较商业银行少，业务复杂度不高，操作要求难度低，主要操作风险来自人为因素。目前，部分村镇银行由于缺乏正式的管理人员选拔体系，银行从业人员对当地经济实际发展情况缺乏深入了解，难以满足业务发展要求。在信息管理方面，银行内部财务管理制度落后，大多依靠传统的经验和简单的方法技术进行信用风险评估、预警等，导致银行对外公布信息的及时性、透明性与可靠性存在失真现象。各个地区村镇银行的信息不对称问题严重，缺乏成熟的信贷评价体系，极易形成不可控贷款，借款方违约风险大大提高。同时，若银行治理结构简单，也容易引发道德风险。

6.2.1.4　征信体系不完善

中国普惠金融长足发展的背后，信用乃其核心约束之一。普惠金融需求难以得到满足，很大一部分原因在于缺乏完善的社会征信体系。虽然近年来我国信用服务行业有了较快发展，但是相应的信用评级制度、信用信息共享平台等征信体系覆盖面不广，金融机构贷款逾期严重、企业间互相拖欠债务、城镇居民信用意识淡薄等信用缺失问题依旧存在，社会信用环境亟待改善。

作为普惠金融体系中最薄弱的一环，农村普惠金融信用体系是否完善也在很大程度上决定了普惠金融能否顺利实施。由于我国在农村开展信用体系建设的时间较晚，信用与金融的结合还存在一定缺陷。农村普惠金融信用体系目前面临着金融业务成本高、收益和风险不匹配、金融主体之间信息采集难度较高、农村信用监管体系不够健全、农村信用体系创建氛围不浓厚、信用评级制度不完善、法律法规建设不够成熟等问题。随着我国城镇化建设的加快发展，大部分农户并不在农村信用体系内部，且他们自我信息保护意识较强，不愿随意透漏信息，因而信息采集难度加大；同时，在没有一个明确制度标准的情况下，农户信息的搜集与评估无法可依，信息失真严重；且部分涉农企业对失信违约行为产生的后果和影响没有全面的认识，容易产生信用风险。

6.2.2　普惠金融信用风险的特征

传统的信用风险主要有四个特征：①不对称性；②累积性；③系统性；④内源性。信用风险无法完全用客观数据和事实证实，主观性强，是一种受到宏观经济因素驱动的重要的系统性风险。在社会经济环境的影响下，普惠金融在发展过程中逐渐衍生出具有自身特点的信用风险特征。

（1）来源复杂。从服务对象的角度分析，普惠金融的服务群体对象复杂，广大涉农企业和小微企业的信用信息参差不齐，信用风险的来源复杂性显著。

（2）信用风险数据获取、处理难。当前信用评级还未完全覆盖中小企业和低收入人群，农村地区客户信用信息的获取主要通过当地银行长期业务积累以及外部信息评级信息参照。信息不对称直接导致授信者对受信者信用变化的了解有一定滞后性。而且贷款产品流动性差、贷款持有期限较长、信用产品的不盯视原则，使得信用风险的观察数据较少。这些因素导致对信用风险的量化分析比较困难，数据基础不够。

（3）非系统性风险特征明显。与市场风险表现出的较强系统性特征（利率和汇率风险）不同，信用风险的非系统性特征较为明显。虽然诸如经济周期性、自然灾害等系统性因素对信用风险会产生影响，但涉农企业等的经营状况、财务状况、还款意愿等微观经济主体的非系统性因素是影响信用风险的关键点。此外，道德风险对信用风险的影响也非常显著，尤其是村镇银行治理结构简单，更容易引发道德风险。

（4）信用悖论现象。对于大多数缺乏信用评级的小微企业和涉农企业而言，金融机构对它们信用状况的了解非常有限，区域性行业信息优势以及贷款业务的规模效应使得通过投资分散化来降低整体信用风险较难实现。这与理论中的风险分担相悖。

（5）其他典型特点，如长期性、传染性、周期性等。①长期性：培养小额信贷机构与微小企业、低收入人群之间的"契约"规则，建立有效的信用体系，是一个长期的、潜移默化的过程。②传染性：企业的违约是随机依赖的，企业之间的借贷关系使得违约风险传染成为可能。③周期性：信用风险随着经济运行周期的扩张与收缩呈现周期性的降低与升高。

6.2.3　普惠金融信用风险的控制

随着我国普惠金融的不断发展，普惠金融体系潜在的信用风险也日益显现，对于普惠金融信用风险的管理刻不容缓。

6.2.3.1　普惠金融整体信用风险控制

我们应从信用风险监管、信用体系建设、信息平台共享、信用风险分担和信用环境建设方面对普惠金融整体信用风险进行控制，主要包括：

（1）健全普惠金融信用风险监管体系。识别、衡量、处置和防范是金融信用风险监管体系的关键环节。①提高信用风险识别的精准度，及时定位和排查扰乱金融市场的违法违规行为并及时响应，加强对普惠金融机构和金融产品的规范化管理，将其纳入监管体系之内。②完善普惠金融信用风险衡量机制，多角度、多维度地预估普惠金融体系内存在的各类信用风险，有效衡量信用风险水平。③加强信用风险处置，专项整治重点领域信用风险，提高对小微企业和"三农"不良贷款容忍度的监管要求，对达到一定水平的风险及时处置并对潜在的风险加强预警，有效遏制风险继续扩大。④强化信用风险防范，完善风险控制体系。随着普惠金融的快速发展，潜在的各类风险将逐渐暴露。这些风险相互影响，互为因果。因此，必须及时制定防控普惠金融风险的各项举措，筑牢金融风险"防火墙"，防患于未然。

在完善农村信用风险监管体系的过程中，可以借鉴国外经验，针对农村市场信贷金额小、风险大的金融需求，把农村金融机构监管与其他商业银行监管进行分离，根据农村金融市场的特殊性制定合理监管措施。同时，中央金融监管部门应有效地调动地方监管部门的积极性，适度下放对农村金融服务业务和风险的监管事权，加强中央与地方的协调配合，增强监管政策的实施效果。

（2）加强信用信息体系和共享平台建设。目前我国普惠金融包括信用体系在内的顶层设计薄弱，2019年发布的《2019年中国普惠金融发展报告》强调加强信用信息体系和共享平台建设，缓解信息缺失造成的融资困难。持续推进中小微企业和农村信用体系建设，进一步完善征信体系。①建立健全信用法律法规，明确普惠金融主体对象的主要权利和义务，运用规范化的数字技术对信用信息进行采集和处理，弥补法制法规的空缺。②加快完善信用评级制度。建立适当的奖惩机制，对高信用客户群进行奖励，对信用不良客户进行适当惩罚，将不良失信行为纳入征信系统，提高失信成本，最大限度地规避失信现象的发生。③建立信息共享与管理平台。目前我国征信覆盖范围还有较多空白，随着企业以及个人征信不断深挖，建立起覆盖线上、线下全链条金融业务的信用信息共享机制，打破信用信息孤岛，多地搭建综合金融服务平台，整合不同政府部门信息资源，推进合格村镇银行、小额贷款企业等机构与人民银行的征信连接，营造良好的信用信息共享环境。

（3）完善担保增信体系，实现风险有效分担。2017年出台的《融资担保公司监督管理条例》明确规定由国家推动建立政府性融资担保体系，发展政府支持的融资担保公司，建立政府、银行业金融机构、融资担保公司合作机制，扩大为小微企业和"三农"提供融资担保业务的规模并提供较低的费率。2018 年，国家融资担保基金正式成立，积极引导各方资金扶持小微企业和"三农"，鼓励和支持以股权投资的形式开展融资担保业务。①完善农业信贷担保体系，推动专项信用保证基金和担保基金全覆盖，创新农产品担保方式，强化担保政策宣传。②引导多方资金进入普惠金融，有效实现风险分担。目前，各地纷纷建立各具特色的风险补偿机制，如小微企业贷款风险补偿机制，政府出资为主、银行捐资为辅的小微企业信用保证基金，"政府+银行+保险"小额信贷风险共担模式等。③引导纵深合作，继续发挥国家融资担保基金、政策性担保的作用，深入开展"信易贷"支持涉农、中小微企业，积极推动地方风险补偿，加大外部增信力度。

（4）加强信用环境建设，提高信用风险意识。建设普惠金融良好信用环境，需要以各级政府相关部门为主导、以监管部门为依托，普惠金融机构广泛参与，全民积极实践，各方力量齐头并进。①各级政府要加强全民尤其是农村边远地区金融知识和金融风险的普及和宣传力度，提高普惠金融客户对金融产品的认知和辨识度，增强信用风险防范和应对能力。②各地监管部门加强整治市场乱象，重点监管弄虚作假、有章不循等失信行为，严厉打击逃债违约、侵害客户合法权益等行为，奖惩并重，提高监管人员的风险意识和风险应急能力。③完善各类金融机构从业人员的考核机制，对人员专业技术水平和业务能力以及综合素质培养多管齐下，加强资金管理人员的责任意识，避免不合法规的贷款行为。④开展一系列诚信活动，树立诚信典范，帮助国民建立明确积极的信用社会观，积极引导客户诚信经营，弘扬诚信文化，营造全社会良好的信用环境。

6.2.3.2 普惠金融机构个体信用风险控制

我们应从控制普惠金融主体信用风险发生要素的角度对信用风险进行控制，包括：

（1）精准定位普惠金融客户关键信用指标。普惠金融与金融科技结合是普惠金融发展的必然趋势，要合理利用金融科技实现风险防控。①解决金融服务中的信息不对称问题。将大数据、云计算等信息技术与普惠金融深度融合，全面、高效地实现对小微企业和涉农企业等普惠金融群体金融活动中信用数据的搜集和整理，破解信息不对称难题，降低交易成本，提高业务效率。②优化普惠金融机构信用评级模型。运用机器学习、区块链等技术，优化农村金融机构的信用评分、评级系统，实现线上线下多维度穿透。当前，各大银行都在积极探索将金融科技运用于普惠金融实践当中。亮点之一是利用人工智能、大数据等技术打造中小企业网上信贷平台（KYB），改变传统运作模式中财务报表和流水表的做法，转向第三方渠道获取真实、有价值的企业经营和交易数据，并对其进行建模，判断企业的违约概率。通过大数据分析实现对长尾客户信用评级、违约概率等的精准分析，解决信息不对称、信用活动不确定引起的信用风险问题。

（2）建立个性化服务模式，推出产品定制化服务。运用大数据和云计算技术，对涉农企业和小微企业的金融需求进行精准识别，大力推进农村金融服务和产品创新，为其提供个性化的金融服务，改善他们一直以来享受不到正规金融服务的窘况。①设立不同的服务模式，应对不同的金融服务需求。例如可根据涉农企业生产经营和资金循环周期为其设定相匹配的贷款期限。借助人工智能技术优化农村金融业务流程，节约金融机构操作成本。②注重客户需求和客户体验，根据差异化需求为其定制个性化金融产品。为农户量身定制储蓄、理财计划，增强服务农民的精细化水平，开发"小额""无抵押""快捷"的信用产品。强化与农民互动，建立起与农民之间的良好信用桥梁，实现供需有效对接。

6.2.4 普惠金融与系统性风险

惠普金融自提出以来，在党和国家的高度重视和重点扶持下，已经取得了显著的成效。目前，在加快布局的同时，要注重防范系统性金融风险。

系统性风险主要是指长时间积累而未被发现或重视的多种外部或内部的不利因素引发的风险，包括政策风险、宏观风险、流动性风险、外部风险、自然灾害等。在普惠金融这样一个大的框架体系下，普惠金融的特性决定了其区别于传统金融的系统性风险特征。无论是宏观环境的冲击还是普惠金融体系自身的内部脆弱性，都会引发具有较为明显的蔓延性和传染性的系统性风险。从纵横维度分析普惠金融中的系统性风险，可以发现：①系统性风险与经济周期相关，会随着时间的推移而演进。经济周期会随着普惠金融体系稳定的变化发生波动，反过来经济周期的波动也会影响普惠金融体系的稳定，形成系统性风险。②普惠金融系统中的自身风险和衍生风险特征使得金融体系遇到外部冲击时，在"羊群效应"作用下，容易引发系统性风险。普惠金融机构之间尤其是涉农金融业务机构之间频繁的交易使金融网络越来越复杂，冲击会在整个网络迅速传播，从而增加系统性风险发生的概率。

发展普惠金融的重点在农村，发展普惠金融的动力在科技创新，在审视普惠金融与系统性风险时，要考虑农村金融发展和金融创新带来的系统性风险。

　　（1）农村金融改革与系统性风险。农村金融改革是普惠金融实施的重点。推进农村金融改革要以防范农村金融风险为底线。在当前的经济环境下，农村商业银行、农村信用社等农村金融机构在整个金融体系中属风险偏高的一类群体。中国人民银行发布的《中国金融稳定报告（2019）》显示，2018年第四季度评测结果，在4 379家银行业金融机构中，低评级（8~10级）尾部银行数量有所增加，8~10级共有586家、D级（已倒闭或已被接管）1家，占比13.5%，比2018年第一季度的10.58%有所上升。这些低评级机构主要集中于农村信用社、农村合作银行、村镇银行和农村商业银行，其中农村信用社、农村合作银行分别有43.3%和32.7%的机构分布于8~10级。由于农村商业银行涉农和小微企业业务占比大，现阶段该类业务的资产质量和盈利水平更容易受经济环境影响；农村商业银行区域分布单一这把"双刃剑"，在深耕地方经济，充分挖掘个性化深度服务的同时，会对地方经济特别是优势产业产生较高的依赖性，极易遭受较高的区域产业集中爆发风险。而农村信用社、农村合作银行和村镇银行等小规模金融机构沉重的历史负担和低抗风险能力以及农民金融意识和风险意识的缺乏，都可能引发农村金融风险，进而扩散蔓延为区域性、系统性金融风险。

　　（2）金融创新与系统性风险。金融创新除了制度、结构、机制的创新，也包含技术、工具和服务的创新。2019年发布的《中国普惠金融创新报告（2019）》中提到继续深入数字普惠创新。我国数字普惠金融创新在世界范围内处于领先地位。除新兴的金融科技企业外，传统金融机构（以银行、保险为主）已成为数字普惠创新的主力，如微众银行。随着大数据、云计算、区块链等新技术、新概念与普惠金融的结合，让"人人有授信、户户能贷款"，普惠金融"普"和"惠"的规模化将成为可能。例如给农户建立电子信用档案，便是普惠金融数字化的一个缩影。但这些数字技术依托的是强大的计算机通信系统，该系统本身的缺陷以及运用过程中技术选择的失误带来的巨大损失，将会直接造成系统性紊乱。从目前来看，数字技术带来的普惠金融创新可能还没有构成系统性风险，但是其潜在风险值得关注，尤其是其长尾效应、平台特性很可能会导致垄断问题，加剧"羊群效应"。

　　在推进数字普惠金融的过程中，既要依靠技术同时也应该研究推动包括政策、制度、技术等在内的一揽子系统性的普惠金融解决方案。习近平总书记在政治局完善金融服务、防范金融风险第十三次集体学习时，着重强调了金融业稳增长和金融风险防控攻坚战之间的利害关系，并指出，防范和化解金融风险特别是防止发生系统性金融风险，是金融工作的根本性任务。

普惠金融的发展空间充满想象，其未来发展趋势如何，会引发什么新的问题，都值得持续关注。

6.3 普惠金融信用风险评价体系

普惠金融体系是在小额信贷业务基础上建立起来的新体系，其内涵是使金融服务惠及大众，普及各阶层人员。除去大中型商业银行、政策性银行等传统金融机构外，我国还有大量的农村信用社、互联网金融机构等参与到普惠金融的实践中。信用风险评价体系反映了这些机构体系面临的多种实际的和潜在的信用风险以及为此所做出的防范措施。

6.3.1 普惠金融信用风险评估方法

信用风险是指银行向用户提供金融服务后用户不还款的可能性。近年来，发展普惠金融作为服务实体经济、推进供给侧结构性改革、落实新发展理念的重要途径，有利于促进金融业的可持续均衡发展，增进社会公平和社会和谐。以往的银行往往只能通过中国人民银行征信系统的征信记录、收入等来识别贷款人的资质，但是小微企业、个体经营户往往缺少相关信息。随着互联网的普及，各个组织和机构都可以通过搜集小微企业和个人在网络上的活动记录，例如网购额度、网络信贷、网络社交信息等形成规模庞大的数据，这些资料可以全面地反映出小微企业或个人的交易行为和信用情况，并且这些信息具有多元化和实时化的特征，有利于提高信用风险评估的准确性。目前，普惠金融领域常用的信用风险评估方法主要有专家判别法、统计学方法和人工智能方法等。

6.3.1.1 专家判别法

普惠金融信用风险评估可以建立在一般的金融风险评估上，常见的信用风险评估方法主要有：

（1）主观判断法。主观判断法主要依据经验及判断力对借款人的偿债能力和意愿等进行评估，如5C分析法。

（2）简单的量化评估法。量化评估法主要是使用统计分析方法，对历史资料进行简单的分析，并基于此对个人信用风险进行量化。

（3）担保转移风险法。该方法需要银行提前划分好风险等级，要求借贷人找人担保或者缴纳保证金，然后银行根据已划分的风险等级对借款人进行授信。

上述方法操作简单，但以定性分析为主，需要依赖银行人员的经验，同时由于网络征信信息来源多元化，因此需要在传统模型上增加一些创新的信用评估方法。换言之，普惠金融的个人信用风险评估可以通过大数据平台搜集客户信息，然后利用具有更高精度及智能化的模型来进行评估。

6.3.1.2 统计学方法

统计学方法也是常用的信用风险分析方法，其主要思想是根据借款人特征的不同，将借款人分为若干组，然后对其进行信用风险评估。常见的方法主要有以下几种：

（1）判别分析法。判别分析法本质上属于一种线性回归法，即按照一定规则构造判别函数，通过样本的观察数据确定判别函数中的系数，并设定相应的临界值，这样就可以使用判别函数来确认样本的类别。判别函数的一般形式为：

$$Y = a_0 + \sum_{i=1}^{n} a_i X_i \ (i = 1, \ 2, \ \cdots, \ n)$$

其中 Y 表示判别函数，a_0 为常数项，X_i $(i = 1, \ 2, \ \cdots, \ n)$ 为 n 个样本的信息，即解释变量，a_i 为其系数或者权重。此外确定临界值为 y，则 $Y \geqslant y$ 时将样本划为履约组，$Y < y$ 时划入违约组。按照这种分类规则会产生两种误差，第一种是被划为违约的履约，第二种是被划为履约的违约，因此通过建立损失函数可以进行优化以确定最终的判别函数和临界值。判别分析法中常用的有线性判别分析法、距离判别法和贝叶斯判别法。

线性判别分析法通过构建线性判别函数来实现对个人信贷客户的分类，该方法将信用分为两类，即"信用正常"和"信用异常"，然后通过确定这两类个人信贷客户的几何中心来构建判别函数。而距离判别法的思想则是通过一定的距离度量方式，比如马氏距离，然后判断该样本与哪个总体的距离小，就将该样本归入哪个总体。距离判别法一般在总体分布未知的情况下使用，而总体分布已知的情况下可以使用贝叶斯判别法。

贝叶斯判别法的思想是根据样本应归属于出现概率最大的总体或归属于错判概率最小的总体的原则来进行判别。假设有 k 个 $(G_1, G_2, \cdots, G_k)$ 总体，其 m 维的分布密度函数为 $f_1(x)$，$f_2(x), \cdots, f_k(x)$。其中每个总体的先验概率为 q_1，$q_2, \cdots, q_k$，$\sum_{i=1}^{k} q_i = 1$。对于样本 X，需要判别其属于哪一个总体。贝叶斯判别法将把 X 当做 m 维空间的一个点，并将样本空间划分为 k 个区域，$R_1, R_2,$

$\cdots, R_k$，这样就形成了判别规则。如果 X 落在某个区域 R_i，则 X 属于总体 G_i。

（2）回归模型方法。一般的线性回归模型应用于个人信用风险评估时可以描述如下：假设个人信贷者的违约概率 p 与申请者的特征变量 X_1，X_2，$\cdots$，X_m 之间存在以下的关系：

$$p = \omega_0 + \omega_1 X_1 + \omega_2 X_2 + \cdots + \omega_m X_m + \varepsilon$$

式中，ε 是随机扰动项，则可以利用样本数据对参数 ω_i 进行估计，进而估计出违约概率 p。

Logistic 回归模型是信用评估领域使用得最广泛的模型之一。该模型不仅稳定性高，变现较好，而且其解释能力也很强。在将 Logistic 回归模型应用于信用风险评估问题时，首先要定义"信用正常"与"信用异常"样本。通常我们可以使用 $y = 1$ 表示样本为违约状态（"信用异常"），$y = 0$ 对应样本为履约状态（"信用正常"），然后建立 Logistic 模型如下：

$$\log\left(\frac{p}{1 - p}\right) = \beta_0 + \beta_1 X_1 + \beta_2 X_2 + \cdots + \beta_k X_k$$

然后对该模型中"信用异常"样本发生的概率 p 进行预测，其中 $\frac{p}{1 - p}$ 为"发生比"，X_k 为解释变量；最后建立违约概率与信用风险评估值之间的对应关系。

（3）运筹规划方法。信用分析领域常用的运筹规划方法有线性规划法和多目标规划法。Hard Jr W E 等对个人信用分析进行分类时，采用了最小绝对误差之和及最小化最大误差的线性规划方法。Jing He 提出了一种利用模糊线性规划来发现信用卡持卡人破产模式的启发式分类方法，该方法通过从模糊线性规划中获得的模糊（满意）解决方案对信用卡持卡人行为进行分类。基于数据挖掘技术，石勇等扩展了现有的线性规划模型，提出了多准则线性规划（multiple criteria linear programming，MCLP）模型，该模型同时考虑了正确分类和错误分类。其数学形式为：

$$Min\ (d_\alpha^+ + d_\alpha^-)^p + (d_\beta^+ + d_\beta^-)^p$$

$$\text{Subject to}$$

$$\alpha^* + \sum_i \alpha_i = d_\alpha^- - d_\alpha^+$$

$$\beta^* + \sum_i \beta_i = d_\beta^- - d_\beta^+$$

$$A_i X = b + \alpha_i - \beta_i,\ A_i \in G$$

$$A_i X = b - \alpha_i + \beta_i,\ A_i \in B$$

其中，d_α^- 和 d_β^+ 是负偏差变量和正偏差变量，且满足 d_α^+，$d_\beta^- \geqslant 0$，α^* 和 β^* 是目标值。A_i 和 b 是常数，α_i 为分界与错误分类样本点之间的距离，β_i 为分界与正确分类样本点之间的距离。最后求解距离之和与目标偏离最小的解，以得到最优的分类。

6.3.1.3 人工智能方法

随着大数据和人工智能技术的快速发展，各类智能评估方法在信用分析领域的运用也越发成熟，常用的有神经网络和支持向量机（SVM）算法等。

（1）神经网络强大的非线性映射能力使得该算法在各种领域都有着广泛的应用，而且其具有较强的自组织性、自适应性以及稳健性，是一种可以适用于普惠金融信用风险评估的方法。神经网络的种类很多，在信用风险评估领域，BP（back-propagation）神经网络的应用相对较多。而与此同时，由于使用单一的 BP 神经网络对信用风险进行评估容易陷入局部最小点且收敛速度较慢，而粒子群优化算法（PSO）和遗传算法优秀的全局寻优能力刚好可以弥补这一缺陷。郭阳使用改进的粒子群优化算法对 BP 神经网络的权值进行优化，建立了 PSO-BP 模型，在对商业银行的信用风险评估中表现出了良好的收敛速度和预测精度。赵兴朝在对 P2P 网络借贷借款者信用风险评估研究时，以 BP 神经网络作为基础模型，使用 PSO 优化 BP 神经网络的初始权值和阈值，最终在实证分析中的表现要优于传统的分类模型。戚佳伟使用粒子群优化算法（PSO）和 BP 神经网络相结合，构建了 P2P 平台的信用评估模型，在真实数据的分析中取得了较好的分类精度和可靠性。路高飞使用遗传算法对 BP 神经网络进行优化，相比于传统的 BP 网络，在对 P2P 网络借贷行业的借款人进行信用风险评估时，其在计算效率和预测准确率方面均有所提高。蔡燕瑜使用遗传算法对 BP 神经网络进行优化，在对我国沪深上市公司的 ST 公司的实证分析中，其分类准确率要优于传统的 BP 神经网络。蔺帅构建了 GA-BP 模型，使用遗传算法对 BP 神经网络的连接权值和阈值进行优化，减少了整个模型的训练成本，提高了模型的精度。

（2）SVM 方法。支持向量机（support vector machine，SVM）是一种监督学习方法，在非线性问题、小样本问题和高维数据分类问题中都有着良好的效果。SVM 使用核函数将数据映射到更高维空间中，使用超平面（HO）技术将数据分开。然后最大化这个超平面两边的两个平行超平面的距离。在对某些群体进行信用风险评估时，由于数据资料不全，如果使用 BP 神经网络算法有过拟合的风险，此时 SVM 针对小样本的优势就体现了出来。比如沈翠华基于 SVM 方法，建立了消费信贷中的个人信用评分系统，取得了良好的效果。程砚秋针对农户小额信贷的信用等级评价问题，基于 SVM 算法建立了农户小额贷款信用等级评价指标体系，并通过比较不同核函数和核参数下的贷款效率区间和农户可接受的效率区间，确定最优的核函数和核参数，最终确定贷款价格。陈为民针对信用卡风险管理，引入了基于 SVM 的信用评分模型，通过比较不同核函数的性能，提出了混合 SVM 信用评分模型。

6.3.2 普惠金融信用风险决策

从普惠金融的实践情况来看，普惠金融发展中最常见的风险类型还是信用风险。例如，欠发达地区的信用信息管理落后，信息不对称，在发放贷款时信息作假的情况时有发生；此外，普惠金融服务对象中的中小微企业可能存在已获取的财务信息不够规范、可抵押资产缺乏等情况。可见，惠普金融服务对象中重要客户群体的信用风险越来越成为普惠金融发展所面临的难题之一。信用风险决策就是在信用风险识别和衡量的基础上，为减少风险暴露，将风险水平控制住可以承受的范围之内而采取的相关措施。科学的信用风险管理程序一般可以分为以下八个阶段：

6.3.2.1 确立信用风险管理原则

信用风险管理原则是普惠金融发展战略方针在一段时期内的具体表现，反映出商业银行在信用风险管理方面的偏好，是决策层根据实际情况和发展目标，针对特定经济环境条件所做出的信用风险管理方向选择。普惠金融的信用风险管理原则主观上是实施普惠金融的意愿和心理的体现，客观上是商业银行如何应对客户及信贷环境的集中反映。巴塞尔银行监管委员会最新发布的《信用风险管理原则》包括了以下几个领域：一是建立适当的信用风险环境；二是健全授信程序；三是维持适当的信用管理、测度和监督程序；四是确保对信用风险的适当控制；五是发挥监管者的作用。

6.3.2.2 进行信用风险预警

普惠金融的信用风险预警一般包括三个阶段：首先是信用风险的监测与发现。该阶段主要是发现导致信用风险的信息，然后对信息进行筛选组合，最后转换为知识。其次是对信用风险进行度量。该阶段主要是根据需要选择风险度量模型，通过获取到的数据得出最终的风险度量结果。最后是风险防控策略的制定与实施。该阶段通过度量结果，判断风险是否超过阈值，核心在于选择和制定应对策略。

6.3.2.3 确定风险防范目标

普惠金融在实施过程中所面临的信用风险在形式和内容上都是多种多样

的，主次和侧重点也各不相同。普惠金融要为那些被传统金融业排斥的弱势群体提供金融服务，而其中的个人文化水平相对较低，风险承担能力较弱；企业也存在管理不规范，信用记录不完整等问题。因此，需要根据预警信息优先确定主要防范目标，可以帮助决策人员集中精力做好信用风险防范的早期准备，集中力量解决关键问题。

6.3.2.4 确定信用管理决策准则

普惠金融的信用管理决策准则就是在什么程度上达到防范信用风险的"满意决策"，因为期望值的高低直接关系到拟订方案的科学性以及决策执行的可行性。在信用风险决策过程中，决策者对关键性决策的安全系数总是希望能够达到最高，而在实际中，绝对安全的决策是不存在的，这就要求我们在制定准则时要尽量考虑企业的风险承受能力有多大，对目标收益的预期值在什么水平上。而普惠金融服务的对象风险承担能力普遍较弱，因此银行可以运用效用理论和"收入—风险标示图"原理，科学地分析与客户交往风险程度的高低以及预期收益的多少，并相应地选择一定风险水平下的经营空间。

6.3.2.5 拟订风险规避方案

拟订风险规避方案主要是寻找达到目标的有效途径，即如何以最小的风险损失为代价，从客户那里获取最大的贸易利润。途径有效与否，要经过比较才能鉴别，因此必须制定多种可供选择的方案。在拟订方案时，要针对普惠金融主要服务对象的特点，充分考虑到个人缺乏足够的抵押物和信用担保，而企业信息不对称，内部管理不规范等特点，广泛地运用智囊技术，群策群力，以求实效。

6.3.2.6 信用风险分析评估

普惠金融的信用风险分析评估就是基于信用风险管理理论，结合以往积累的经验，运用可选择的风险防范工具，对拟订的方案进行可行性、可靠性分析，并结合公司实际情况和战略目标，对拟订的预选方案进行择优选择。区别于传统金融业服务对象的高门槛，普惠金融服务的弱势群体在进行信用风险分析评估时，需要充分考虑到弱势群体的实际现状，评估标准也应该有所调整。

6.3.2.7 选择风险规避方案

考虑到普惠金融服务的农村地区与小微企业的特点，在众多的可行性规避方案中，保证风险水平在可接受范围内的前提下，通过各种优化技术对风险规避方案进行评估，如多目标优化，选择最终的规避方案并加以实施。

6.3.2.8 决策实施执行效果评估

做出决策之后，通过评估决策方案的实施效果，对决策方案进行更新改进。决策实施后，风险水平是否降低到可接受范围内、收益是否有所提高，是决策实施评估的基本要求。如果效果达不到要求，需要及时对方案进行改进，尽可能减少损失。由于普惠金融的服务范围较广，农村地区居民金融消费观念落后、层次较低、消费金额分散，导致银行的短期回报率必然低于城区用户。因此，在对决策实施执行效果进行评估时应考虑长期与短期回报的均衡性。

6.3.3 普惠金融与区域系统性风险防控

当前我国普惠金融的发展服务重点在于小微企业，难点在于一般农户和精准扶贫户。防范区域系统性风险是金融业的重要使命，对于普惠金融区域性系统风险防控，可采取的主要手段有：

6.3.3.1 加强普惠金融基础设施建设，控制系统性风险

惠普金融是从小额信贷和微型金融的基础上发展而来的，其服务对象往往是那些被传统金融机构排斥的小微企业及农村低收入人口。随着普惠金融体系规模的不断发展，区域系统风险的防控也越来越受到人们的重视。目前，在不断加强普惠金融基础设施建设的基础上，进一步推进并完善多层次的金融机构服务建设，实现普惠金融可持续发展，提高社会福利影响，提高农村资金配置效率，服务更多贫困农民，顺利推进新农村建设。为了深化普惠金融的渗透率、降低区域系统性风险，可以从完善普惠金融监管法规、健全普惠金融征信体系、加快科学技术在普惠金融中的应用、逐步完善基层机构结算体系、共建普惠金融担保体系这五个方面着手。

1. 完善普惠金融监管法规

首先是要完善普惠金融监管法律体系，建立健全相关法律法规以弥补我国普惠金融监管中的不足；其次要界定如小额贷款公司、典当业、民间借贷等从事小额信贷业务机构的角色，增加金融规则和制度对普惠金融活动监管的覆盖范围，明确新型金融机构相应的行为规则；最后要顺应普惠金融改革趋势，逐步形成以中央银行为监管核心，以各金融机构强化内部稽核为基础，以社会审计部门共同监督为补充的区域系统性风险监管社会网络体系，实现有效的政策协调及信息共享机制，促进经济发展和社会稳定。

2. 健全普惠金融征信体系

社会征信体系是普惠金融区域系统性风险防控的基石。首先要对民间非正规金融机构进行法律规范，制定适宜的普惠金融机构准入和退出机制，规范普惠金融市场征信机制建设；其次要加快建立多层级的小微企业和农民信用档案平台，培育从事小微企业和农民征信业务的征信机构，增加金融信用信息基础

数据库接入机构的数量；最后要着力建设以大数据为基础的普惠金融征信体系，依法采集农民、城镇低收入人群及小微企业的相关信用信息，有效刻画消费者的风险特征。通过地方各级信用信息共享交换平台，推动信用信息与金融信息互联互通，建设覆盖全社会的征信体系及信息安全机制。有效推动普惠金融基础设施建设，进一步降低普惠金融服务对象的征信成本。

3. 加快科学技术在普惠金融中的应用

银行等金融机构在服务小微企业、"三农"等普惠金融群体时，往往因为信息不对称等问题而面临较高风险，因此应从内控入手，积极发展科技金融，实现全流程监控，既要服务好普惠金融群体，又要守住风险底线。比如电子化金融服务渠道创新是建立农村普惠金融体系的突破口，也促进了传统金融的数字化、移动化；同时运用大数据技术，与政府相关数据平台对接，实现银行征信、税务、市场监管、海关等公共信息共享，为客户精准"画像"，筛选出优秀的小微企业；以互联网思维，运用好平台经营模式，积极开展多元化、定制化的普惠金融产品创新，"精准滴灌"到最底层急需金融服务的小微企业和个人。同时，强化风险管理，以"看得见、理得清、控得住"为要求，确保业务高质量发展，快速推进大数据、云计算、人工智能、区块链等在内的新技术变革，有效应对技术冲击下的风险变化。

4. 逐步完善基层机构结算体系

积极鼓励普惠金融机构在农村地区发展方便快捷、安全可靠的移动支付等相关服务；大力支持银行机构在农村地区布置移动服务终端等，向农村延伸银行卡受理业务；鼓励商业银行代理农村地区金融服务机构支付结算业务，支持农村支付服务市场主体多元化发展；支持农村金融服务机构和网点采取灵活、便捷的方式接入中国人民银行支付系统或其他专业化支付清算系统。移动支付系统目前主要通过非银行电信运营商和其他技术平台提供支持，鼓励各地人民政府和国务院有关部门通过财政补贴，降低电信资费等方式扶持偏远、特困地区的支付服务网络建设。

5. 共建普惠金融担保体系

信用担保是一种通过专门机构面向社会提供的一种制度化保证，能够提高用户的金融服务可获得性，并放大了信用支持资源，从而在普惠金融发展中起到了桥梁的作用。政策性担保机构利用政策约束和激励措施，把主要营业范围聚焦在小微企业及"三农"领域，能够引导金融资源与生产要素的流动。首先，在全国各区域广泛开展和创建信用企业、信用乡镇、信用村和信用个体户建设活动，并对守信企业、乡镇及个人加大信贷资金倾斜力度，加快信用企业发展；其次，根据我国农村地区经济体系中"农户多、个体企业多和经营主体小"的特点，以政府为主体，利用市场经济推动并实施多种形式的担保制度；最后，通过建立政府、银行和企业三方的信息交流平台，共建社会信用担保体系，完善小微企业和"三农"风险担保机制，进一步防控普惠金融区域系统性风险。

6.3.3.2 用科技助力资金流入实体经济，防止系统性风险

普惠金融的真正含义在于为具有真实金融服务需求的个人或者企业提供平等无差异的金融服务，包括那些被传统金融机构排斥的弱势群体。小微企业普遍缺乏信用信息，且应对风险能力较弱，融资难、融资贵是全球小微企业共同的难题。解决该难题，可以依靠金融科技的力量，结合互联网金融，帮助资金向小微企业和个人流入，同时有利于防止系统性金融风险的发生。2020—2021年，全球大流行的疫情对世界实体经济产生了猛烈冲击，传统金融体系在这种背景下忽视弱势群体将会存在很大的风险，而数字普惠金融体现出了一系列优势，如：运用大数据、人工智能等技术对个人信用信息进行评估，减少对传统抵押方式的依赖；不需要线下接触顾客，业务效率高，成本低。互联网金融的风险管理是制约其发展的最大短板，而保险行业则是风险管理的专家。在未来，保险科技将助力普惠金融实现更有成效的发展。

6.3.3.3 完善 P2P 平台良性退出机制，防止诱发风险

P2P 小额信贷先天就具有平等、开放、高效等特点，较好地弥补了传统金融的不足，契合了普惠金融的特点。然而，P2P 网贷平台频频出现在监管层防范金融风险的名录中，在互联网金融监管渐趋严格的背景下，退出的 P2P 网贷平台越来越多。平台的良性退出是行业正规化发展的现象，为那些符合退出要求的平台提供退出、转业等机制，有利于防止区域性及系统性金融风险的发生。

1. 建立专项审计和法律调查制度

由于 P2P 业务门槛较低，导致行业内鱼龙混杂，而我国 P2P 行业还没有建立完善的平台退出机制，导致有的平台恶性退出或失联，这给网贷行业带来了很大的冲击。因此，监管部门应出台 P2P 平台良性退出预案，引导平台良性退出和转型，建立专项审计和法律调查制度，保护投资者权益。同时，对于有非法集资犯罪行为的网贷平台，应追究其刑事责任。

2. 建立预警机制

对于 P2P 平台风险预警，通过健全风险预警指标，针对平台定期的经营情况和逾期数据，对平台设立预警线。对于陷入困境的 P2P 平台，可由第三

方专业机构托管，以降低平台破产带来的损失，缓解其带来的负面影响。

3. 进行制度约束

出台 P2P 平台退出以及消费者保护管理条例，制定相关规范为平台良性退出和清盘提供依据。设立保证金制度，打破平台刚性兑付的理念，禁止平台自己设置质保金或备付金，为投资者提供担保或隐性担保。借鉴银行类金融机构的风险准备金制度，平台可以选择与第三方担保机构进行合作，设置一定的风险准备金等长效监督机制，提供进一步的资产保护。

4. 建立健全破产制度

借鉴国外成功的经验，逐步建立健全破产制度，以保证公司停止运营后，相关借贷合同仍旧有效且可以得到有效的管理。破产制度的建立，将对出借人、平台债权人以及债务人的基本安全系数提供保障。

5. 善后经营机制

我国的 P2P 行业从开始的爆发式增长，到后面大批平台倒闭或转型现象的出现，意味着为 P2P 平台建立善后经营机制非常迫切。完善的平台退出机制将有助于引导平台退出后的良性转型，妥善安置退出平台的资产和投资人，有助于加强对互联网金融风险的防控。

总体来说，我国发展普惠金融，必须严守"不发生系统性金融风险"的底线。普惠金融的发展，需要在金融创新与金融风险之间找到平衡，在防止金融风险发生的前提下继续发展普惠金融创新机制。

6.3.4 普惠金融中的智能决策支持系统

随着计算机、互联网、移动终端技术的高速发展与普及，数据已经渗透到当今每一个行业的各个职能领域，成为重要的生产因素。金融业是信息科技运用的前沿行业。近年来，我国积极鼓励信息技术赋能普惠金融，大力发展基于大数据的普惠金融智能决策支持系统。基于互联网的普惠金融智能决策支持系统是离不开大数据的支持的。一方面，大数据改变了金融格局。比如，大量的用户信息数据、交易数据、浏览历史数据、评论数据是电商等小微型企业进入信贷领域的基础，通过这些数据可以较快地衡量用户的经营和风险情况，这也使得一些金融科技企业把普惠金融服务作为一项重要的业务服务突破口。另一方面，大数据也推动了传统金融机构的数字化转型。比如，为追求提供简单快捷的金融服务，信用卡已经实现了实时申请。这是通过互联网和实时数据决策支持系统实现支付工具和消费市场的无缝连接的典型应用，颠覆了传统的信用卡办理流程，办卡时长也有了质的飞跃。这得益于数据决策支持系统能够通过线上一站式服务快速地提供真实性决策、信用风险决策和额度决策等。

过去，大中型商业银行普遍把注意力放在大企业上，以建立正面清单为主，企业提交资料审核通过后放贷。但小微企业的融资需求往往具有"短、小、频、急、散"等特点，仅凭正面清单很难满足其需求且风险相对较高，这使得银行对很多小微企业的贷款需求望而却步。而金融科技的迅猛发展为普惠金融提供了转型的可能及内生动力，即通过大数据挖掘、人工智能和云计算，可以使得现阶段的普惠金融产生业务模式和流程的改变。2017年，百度云与中国民生银行积极达成合作，凭借其在人工智能（AI）、大数据（Big Data）、云计算（Cloud Computing）即所谓的 ABC 领域里的强大技术优势，为中国民生银行提供其信贷企业的风险管理和预警服务，首次实现了云服务在股份制商业银行核心的贷后管理和信贷决策等领域的探索，并首次提出了大数据风险预警工具体系，旨在有效提高银行的风险防范能力。在此次合作中，针对中国民生银行授信企业的风险管理问题，百度云充分发挥了其大数据搜集、分析和计算优势，通过对搜集的大量非结构化数据的处理、分析，然后与目标企业进行关联，识别和判断了风险发生的信号，通过百度云 BOS 服务和 API 对接银行内部业务流程，实现对银行授信企业具有前瞻性和全面性的风险监测，提升银行风险防控能力，后续还计划将服务扩展到信贷评审、项目评审乃至营销等多个领域。

由于农村地区客户分散，需求参差不齐，在农村地区开展金融业务成本较高。截至2019年6月底，我国网民数量已经达到8.54亿，我国互联网普及率已经达到61.2%。互联网的发展为提高普惠金融的金融服务水平奠定了很好的基础，促进了互联网金融的健康发展，推进了普惠金融的建设，通过互联网与各种金融机构的创新性结合，能够更好地服务于各层次的实体经济。

（1）探索推进互联网金融云服务平台建设。在保证安全的前提下，鼓励金融业与云计算技术服务商合作，共建金融云服务。特别是针对小微企业和农村地区的普惠金融服务，云服务平台的建设推进了对客户的精准识别，降低了服务成本，能够提供多样化、个性化、精准化的金融产品。支持金融企业利用云服务平台开展其核心业务，满足客户需求。

（2）鼓励金融机构利用互联网拓宽服务覆盖面。我国互联网覆盖率逐年上升，被传统金融业排斥的农村地区及小微企业对金融服务的需求也会逐年增加。各级金融机构应加快金融产品和服务创新，通过利用大数据、云计算、人工智能等技术手段，在广泛的地区提供便利的金融服务，拓宽普惠金融服务范围。

（3）鼓励互联网企业依法提供创新金融产品和服务，拓展互联网金融服务创新的广度和深度。规范发展网络借贷和互联网消费信贷业务，更好地满足中小微企业和个人的金融服务需求。利用大数据发展市场化征信业务，加快农村地区和小微企业信用数据的搜集以及信用评价体系的建设。加强互联网金融监管工作，进一步保障网络金融服务的安全性及有效性，有效防范互联网金融风险及其外溢效应。

6.4　新时代的普惠金融信用风险案例

6.4.1　大数据推动金融精准扶贫

在传统的数据分析阶段，我们一般通过抽样来分析数据。这意味着数据分析结果的准确性极大地依赖于数据样本选择的随机性，但在现实中，样本选择的随机性难以实现。大数据时代的到来避免了数据样本中的随机缺陷。大数据摒弃了随机抽样的方式，而使用海量数据进行分析。根据全体贫困人口的基本情况，运用大数据技术对贫困户数据进行分析，深入研究贫困人口的现实状况，以此做出科学、准确的判断和决策。要将大数据应用于扶贫，首先要了解贫困地区人口的具体情况、经济发展、资源开发利用、基础设施建设和交通便利情况。获取上述信息依赖于网络、计算机和遥感等技术的应用。考虑到实用性和重要性，信息搜集过程中搜集的信息必须准确和全面。在相关贫困信息搜集工作完成后，应将信息数字化、信息化和网络化，以方便以后使用。尽快改造和完善现有信息系统，加强各部门对大数据技术的学习和培训。为了解决上述问题，全面有效地处理和分析精准扶贫工作中搜集的海量数据，可以构建一个精确扶贫的大数据处理平台。具体来说，可以从数据采集层、数据存储层、数据分析层和数据显示层着手。这四个层次的结构与不同阶段的扶贫进程有关，将精准扶贫工作中遇到的各种挑战与相应的关键技术相结合，进行有效的数据处理，从而进一步提高精准扶贫的效率和效果。通过大数据分析管理平台，既可以管理和维护贫困户的数据，又可以管理扶贫干部的人权和工作状况，为扶贫工作的评估提供依据。

具体而言，大数据在精准扶贫方面的利用，可以从以下几个方面入手：

6.4.1.1　大数据+金融服务，实现精准扶贫的动态管理和决策

精准扶贫思想的核心要义是精准化。因此，精准扶贫工作的流程和体系应建立在对贫困群体的准确把握和针对性措施之上，精准扶贫工作的成效需要通

过大数据技术进行精准评估。

搜集多元化扶贫信息资源是大数据视角下动态扶贫的基础，自动化处理平台接收更新后的信息，将促进扶贫工作的进一步实施。扶贫监管的动态化主要包括以下几个方面：一是动态跟进贫困人口需求，帮助扶贫者及时反馈和评估扶贫工作的阶段性效果，了解贫困人口的需求变化，从而有针对性地进行扶贫工作。二是掌握贫困人口的实时状态。建立贫困人口信息数据库，实现全面、多层次的监督管理，减少脱贫后返贫的比例。三是动态掌控外部环境。通过外部信息平台，掌握外部政策环境和经济环境的变化，并根据外部环境做出适当反应，及时制订精准的扶贫计划。四是数据技术的动态更新。通过引进先进设备，培养技术人才，为扶贫工作的发展提供技术支持。

金融扶贫体现精准需要充分利用大数据技术，确保扶贫实效。首先是建设精确扶贫金融数据库。重点是实现扶贫数据立方体，形成资产、信用、脱贫潜力三维基础数据。在此基础上运用聚类和分类等大数据技术进行精准分类，对不同的扶贫对象采取更有针对性的扶贫措施。其次是建立动态评估体系。对脱贫程度和扶持状况进行动态跟踪，采取大规模稀疏成对比较矩阵技术，直接比较贫困户信用状况和脱贫程度，确定不同阶段扶贫工作重点，通过信息化技术实现精准化扶贫工作辅助决策。

6.4.1.2 大数据+社会信用体系建设，夯实农村金融发展保障

《社会信用体系建设规划纲要（2014—2020 年）》明确指出了社会信用体系在社会主义市场经济建设中的关键作用和在建设社会主义和谐社会中的核心作用。未来的社会信用体系建设是在全要素信用信息基础上的社会网络信用体系。社会信用体系建设不仅要致力于诚信教育和诚信文化建设，扩大信贷征信基础上的全要素信用信息系统建设，更重要的是，要提前布局社会网络基础信息采集和评价体系。

大数据征信是利用互联网、物联网、云计算等技术对信用数据进行专门挖掘，即利用信息技术优势，将海量数据整合、清洗、校验，加工融合成有用的信息。并结合传统信用模式，构造基于大数据的征信系统，对外界提供信用报告、信用信息咨询等服务，帮助金融机构以及其他第三方机构降低信用风险，减少信用成本。与传统离线数据的搜集和整合相比，互联网数据更加多元化、多维化、实时化。

当前精准扶贫缺乏有效的信息整合和信息技术信用评价手段，传统的权重评分方案不适合农村金融市场和商业推广，运用基于社会网络的信用评分体系等大数据分析技术是基层未来征信体系建设中需要突破的关键技术。大数据信

用体系可以有效促进农村普惠金融的发展，有助于农村信用工程的创建，有效提升金融服务水平，支持农业产业发展，促进农民增产增收，改善农村经济和精神面貌。

6.4.1.3 大数据+精准识别，提升精准扶贫和脱贫的科学水平

如何确定精准扶贫的目标是实现准确扶贫的关键。广泛的扶贫是通过分析样本数据，然后确定贫困标准，最后根据此标准来选择适当的扶贫目标。该方法的缺点在于样本选取上，这种选取方法不具备严格的随机性并且容易产生偏差。大数据背景下的准确扶贫以海量数据作为支撑，保证了数据的完整性和准确性，有效地避免了样本选择中广泛扶贫的弊端。

确定扶贫目标的原则是"以县为单位，规模控制，分级责任，准确识别，动态管理"。在传统的广泛扶贫中，相关扶贫对象的信息只有县级政府或村民委员会才能接触到。大数据时代的准确扶贫可以为每个村庄和每个家庭的贫困人口创建档案，并将贫困人口的基本信息和动态变化接入平台，为贫困户创造一个动态的信息平台。目前，该平台的初始阶段还存在许多问题，并且搜集的所有信息都需要录入平台中。于是，在创建平台之前我们需要做一些提前准备：首先，建立一个信息录入小组，根据分层次原则分工输入数据，建立监督检查小组，对搜集的信息进行核对和证实，确保初始数据的真实性和完整性，保证数据的质量。其次，我们可以动员广大群众的力量，形成一个自下而上的申报和监督机制。公众可以根据国家颁布的贫困识别标准确定并确认其他人是否符合标准，充分发挥人民群众的自治权和监督权。这种监督管理可以提高信息录入的准确性，提高信息录入的效率。

现有的精准扶贫对象仍广泛使用传统的举手表决制度，容易导致对贫困户的识别发生偏差。为了实现精准识别扶贫对象的目的，需要采用更多的定量指标和数据刻画贫困对象，并对动态脱贫实现流数据管理和分析。目前多维度定量指标评估和识别扶贫对象，需要高维数据处理。为避免"维灾"的影响，处理复杂数据和技术问题，须设计适合精准扶贫和农村扶贫工作的大数据分析方法。探索和完善针对高维数据的分析方法，提高大数据搜集整理与数据挖掘水平，通过对现有数据库的整合利用，建设精准扶贫和精准脱贫的信息管理系统，提升对精准扶贫对象识别和脱贫的管理效率，实现动态分析。

一方面，在大数据背景下，可以对贫困人员进行预测。依靠对扶贫对象的动态监管，工作重心可以从信息搜集转向信息分析。大数据的应用不应局限于确定扶贫目标，建立平台，更重要的是应用于对贫困人口的识别和预测。这也是将大数据用于精确扶贫的关键原因：利用数学和统计方法计算贫困人口的基

本情况和贫困地区的基本情况，预测事件的可行性和可能性。通过这一科学预测，我们可以准确把握扶贫工作的实施效果，提高资源利用率。数据的预测结果仅用于扶贫工作的辅助，有效的扶贫政策和形式仍将取决于当地的政策制定和实施。

另一方面，还可以利用大数据对干部进行精准选派。精确扶贫的主要诉求是解决贫困户的问题，极大地满足贫困户的需求。但是这一系列工作的实施需要扶贫干部的协助，所以我们可以借助云计算、物联网等技术手段，建立扶贫干部数据库，对扶贫干部进行画像，实时进行全方位考察。通过大数据分析，为干部选拔提供科学、全面的依据和判断，有效避免"在少数人中选人""带病提拔""重管轻选"等问题，保证扶贫队伍的专业性和公正性。扶贫干部队伍的专业性将加速贫困县的脱帽和扶贫工作的开展。此外，政府还可以依托扶贫大数据来开展农业知识培训，增加农村劳动力产出渠道。总之，基于大数据的扶贫干部选拔和农业知识培训将极大地推动精准扶贫工作的开展，为大数据时代的精准扶贫和精准援助提供了有力的组织保障。

为了更好地运用大数据推进精准扶贫工作，我们有以下几点建议：

（1）发挥高校优势，形成政策+科研等精准扶贫合力。应统筹协调各项扶贫政策，有效整合各类扶贫资源，改变目前扶贫工作"碎片化"现象，形成金融、财政、民政、扶贫、高校等各部门合力，充分发挥扶贫效力。应高度重视高校精准扶贫理论研究和技术研发，在管理中积极引进科学和现代化管理手段，推进精准扶贫信息化，科学制定多元化的脱贫方案，提高扶贫措施的针对性、合理性和可操作性。

（2）构建农村信用大数据，大力推进农村金融发展。加强政府和金融机构、互联网平台的合作，打破信息壁垒，整合数据资源，构建和完善农村信用大数据。一是建立农村信用信息共享机制，促进各部门信用信息共享，互通互用。二是发挥政府的引导作用，实现信用大数据跨部门、跨行业的应用，协调和带动更多的金融机构、信贷企业加入农村金融发展中，从根本上解决农村融资难的问题。三是依托互联网技术，借鉴"格莱珉银行""互联网金融+线下平台"和"京农贷"等模式，强化对农村金融服务支援。借鉴京东白条、小额信贷、众筹等多种金融产品模式，有效缓解农民融资难、成本高等问题。四是发挥政府宣传作用，使农民充分了解信用的价值，提升农村信用水平，为农村金融健康发展提供保障。

（3）重视信息化手段运用，为精准扶贫提供技术支持。一是引入大数据管理和分析人才，充分借助第三方力量，探索和完善大数据处理和分析方法，为定量刻画农民信息，精准识别和评估贫困对象提供技术支持。二是通过信息技术提高贫困户精准识别度，加强贫困户的调查评估，使得贫困对象精准识别，尽量避免贫困户"被退出"和富裕户"戴穷帽"的现象，确保精准扶贫项目和资金"靶向定位"。三是鉴于偏远落后地区信用环境不佳的现状，运用信息化手段提高农村扶贫工作在各级政府目标管理考核中的比重，加大考核力度，为金融支持精准扶贫政策的落实培育良好环境。

（4）加大信息系统建设，动态监管扶贫成效。一是促进政府部门与通信、银行、第三方平台联动和合作，动态监督贫困人员的经济状况，跟踪扶贫工作，评估扶贫效果。二是完善基于扶贫管理过程数据，实现数据共享和高效利用。完善和调整基层扶贫政策，结合区域和村镇特点，建立科学有效的激励机制。设定正向的奖励标准，提高农户脱贫积极性。用科学的态度营造起扶贫扶志的制度环境，激励贫困农户脱贫的主动性，积极发挥贫困农户在精确脱贫中的主体作用。三是提升农村基层金融机构的主动性。改进扶贫贷款考核机制，推进和落实尽职调查制度，增大贫困地区扶贫贷款的不良贷款容忍度，对扶贫贷款实行差异化考核。

（5）积极推进大数据技术转化和试点，探索大数据精准扶贫新模式。选择有条件的地区率先开展大数据技术运用试点，积极推进大数据技术转化，在精准扶贫实际工作中检验信息化技术手段的效果，及时总结试点经验，为推广大数据精准扶贫模式积累经验，消除技术转化中的不确定性。积极引进数据分析和信息技术公司，联合高校开展信息系统升级和改进，在现有管理系统基础上实现智能化改造，争取大数据精准扶贫平台早日落地上线运行。

将大数据技术运用于精准扶贫是解决当前和未来扶贫开发工作的有效手段。构建大数据精准扶贫平台紧迫且关键，通过政府和高校紧密合作，能够实现大数据技术的转化利用，提升扶贫开发工作成效，并进一步助力国家实现"两个一百年"奋斗目标，早日实现中华民族伟大复兴的中国梦。

6.4.2　大数据背景下的金融精准扶贫实践应用

近年来，中国农村电子商务的快速发展，对推动农业产业转型升级，促进地方经济发展，解决"三农"问题，实现精准扶贫起到了重要作用。不少县市场监管局审时度势，顺应时代发展，将电子商务视为实现精准扶贫和推动创新，把"电子商务"＋"精准扶贫"视为扶贫工作的重点对象。2013年底，甘肃省渭南市以农产品和电子商务结合为契机，建立电子商务和扶贫在线销售体系。电子商务扶贫是大数据时代扶贫的新途径，利用电子商务和大数据技术，打破贫困地区的地理位置和市场局限。2015年1月，国务院扶贫办将渭南市列为全国第一个电子商务扶贫试点城市，加快了渭南地区扶贫开发速度，逐步形成了具有鲜明特色的渭南模式。渭南市的电子商务扶贫基于贫困人口大数据和农产品大数据的产业数据对接，供给方农产品的大数据与消费者的大数据对接。在需求方面，设计向贫困户倾斜的产品供应链，旨在打破地理位置和资源条件的限制，以实现精确扶贫的目标。

（1）电子商务扶贫可以促进产业项目的建设。一方面，有关部门依靠贫困地区现有资源，通过政策激励、资金支持和社会救助等方式促进适应环境的主导产业发展，带动相关产业和应用技术的发展，鼓励群众创业，打造完整的信息技术产业链；另一方面，促进"互联网+农业"的发展，实现从分散化到集约化的跨越，将农产品销售纳入网络产业链，根据供需信息直接链接相应产品，完善农产品品牌建设。虽然农村电子商务发展状态较好，但在物质条件相对较差的贫困地区实施电子商务扶贫时仍需关注以下问题：提高网络设施的渗透率，为改善网络产业链提供必要的技术支持；完善农村物流基础设施，建设物流信息系统平台，制定科学的操作程序；引进和培训电子商务人才，为大数据电子商务扶贫提供可持续的技术指导。

（2）大数据平台可以提升扶贫数据管理效率。随着信息化时代的迅速发展，大数据技术将会为扶贫工作带来新的进展。合理地将大数据信息系统整合到原有的科学管理系统中，一方面，确保各级扶贫事业部门及时纳入、更新和维护扶贫业务数据，整合各部门要求的扶贫信息，并在此基础上进行科学决策；另一方面，大数据扶贫管理平台的端口增加了部门之间数据资源的相互作用，减少了信息障碍，提高了扶贫效率。

在重庆市，受益于电信公司的信息化，地方政府的精准扶贫工作得到了有效提升。依托重庆移动提供的精准扶贫整体解决方案，重庆贫困地区的经济发展和生活质量得到显著提升。重庆移动创建的精准扶贫系统由移动客户端和大数据分析管理平台两部分组成。一方面，移动客户端可以帮助扶贫干部、居民干部减轻工作量，提高工作效率，提供新闻公告、扶贫政策、村庄签到、工作账户、案例分享等十多项功能；另一方面，移动客户端可以为贫困户打开信息窗口，帮助他们及时了解惠及人民的政策，增强扶贫的主动权。

（3）建立贫困劳动力数据库。在开展扶贫工作时，必须确保真正的贫困人口被扶贫。为每个贫困家庭制定可量化的指标，制定易于实施的具体扶贫措施，是解决扶贫问题的基础。

湖南省利用大数据解决贫困群体的劳动力就业问题取得了显著成效。岳阳市人文社会部门与扶贫部门积极开展合作。人文社会部门通过建立档案卡，对城市贫困劳动力进行了详细调查。对有就业意愿、就业需求、工作意愿的7 658 名贫困劳动者的需求进行准确采集，并将396 家企业和10 090 个能吸收贫困劳动力就业的工作岗位纳入数据库；扶贫部门负责准确识别和推广就业信息，通过数据库对人员和岗位进行匹配，将就业信息发布到贫困劳动者手中，随时实现"亲身实践"以谋求就业，大大提高了贫困户劳动力的求职效率。

（4）金融服务与扶贫。互联网的快速发展，完全颠覆了仅依靠离线调查来识别客户信息的传统金融方法。凭借其独特的魅力，互联网可以精确地为贫困户提供资金，并确保资金真正被用在需要帮助的扶贫对象身上。基于互联网技术，可以在扶贫实践中创建金融平台。通过转变金融流程和创新金融产品，例如"快 e 贷"的"秒审""融 e 贷"等，可以在发放贷款之前快速识别农民的风险，开展小额贷款；在放贷后，对借款农民的资金流和商品流实施连续闭环监测，确保其合理有效地使用扶贫资金。

6.4.3 区块链技术与金融精准扶贫工作

在党的十九大报告中，党中央提出要在 2020 年全面建成小康社会的伟大目标，这就再次强调了"精准扶贫"工作在我国现阶段工作中的重要地位。"精准扶贫"工作是相对于"粗略扶贫"工作而言的，具有"扶贫到户"和"扶贫到人"的特点。国家扶贫的工作重心已经开始偏向"精准扶贫"，并取得了良好的成效。2017 年是中国人"撸起袖子加油干"的一年，尤其是在扶贫领域又取得了举世瞩目的成就，中国又减少了 1 000 万贫困人口。尽管我国政府大力推动精准扶贫工作，并取得了显著的成效，但工作中仍然存在许多重点和难点问题。比如在扶贫工作中常常出现公众对扶贫人员确定、扶贫基金使用、扶贫工作落实等问题的不信任。如何在工作中保障扶贫工作公开透明，如何提升扶贫基金的使用效率和安全问题，如何提升扶贫工作的管理效率是精准扶贫工作中亟待解决的关键性问题。而区块链的特性恰好可以解决这些问题，见图 6-1。

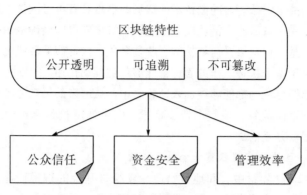

图 6-1　区块链解决精准扶贫关键问题

区块链为我国推动精准扶贫工作提供了全新的思路和技术选择。区块链技术中包括了数字签名、时间戳等关键技术，具有公开透明、不可篡改、可追溯、防伪造等特性。在精准扶贫工作的各个环节，无论是贫困户的识别、贫困资金的管理、扶贫过程的监督等，都可以引入区块链中。以扶贫基金管理方面为例，作为比特币的底层技术，区块链在资金安全问题上具有天然的优势和经验。

6.4.3.1　区块链解决精准扶贫信任问题

在现实中，帮扶对象往往难以精准识别，有人为了当上"贫困户"，会隐瞒打工收入。如何对贫困户进行有效识别和建档，是精准扶贫需要解决的一大问题。此外，在扶贫资金的使用过程中，基层干部优亲厚友，套取、侵占和挪用资金等违法违规情况，一直层出不穷。

如何解决公益项目和政府扶贫项目中的信任问题，让其全程公开透明？区块链通过技术方法落实精准扶贫工作中人员、资金等多方面问题，化解了扶贫过程中扶贫双方的信任危机。

在传统扶贫工作中，由于信息不对称，我们无法对扶贫资金等信息进行实时共享，而在区块链系统中，可以实现扶贫对象信息的相对公开透明，并且不可随意篡改。信息录入后，唯一识别码不能任意更改，从而保证扶贫资金全部落入扶贫对象手中，实现精准扶贫。在农业扶贫项目里，运用区块链建立防伪体系，农民养殖从设备购买、产品开放、金融扶持以及产品成型等一系列信息都在区块链系统中记录，流程清晰透明。

区块链中的智能合约技术，可以实现精准扶贫工作中的自动化推进。同时，扶贫工作每一流程都可以被记录于区块链中。这种全流程的管理方式可以保证各个环节不走样、不截留、不挪用，从而有效地避免了人为因素造成的不公平甚至违法乱纪现象。时间戳技术使扶贫的信息具有可追溯性。如果你想要回访贫困户接受扶贫后的生活状况，通过区块链你就可以精确地知道一切关于该扶贫户的消息，包括接受何种扶贫、脱贫多久、扶贫前生活状况等消息。

区块链对于整个扶贫工作的管理都能够起到推动作用。扶贫相关的各级政府管理部门和银行机构都能够被加入监管之中，从原来的第三方机构监管和内部监管转化为全面监管，使整个资金审批、资金调度过程真正做到公开、透明，从而加强双方互信。

6.4.3.2 区块链实现扶贫资金精准管理

据统计，2017 年，中央和地方财政专项扶贫基金的规模已超过 1 400 亿元，这是财政支出中不小的一项。面对数额如此巨大的扶贫资金，如何有效管理，确保扶贫资金精准到位，已成为摆在各级政府面前的重要课题。

（1）区块链实现扶贫资金精准发放和透明使用。数字货币是建立在加密网络基础上的货币发行模式，是在比特币底层的区块链技术上发展起来的未来货币发行模式，其特点是实现安全定向发送，资金流动透明、可观测。在资金流动过程中，借助网络和密码，实现资金用户精准使用，定向唯一发放，凭密码领取。

在精准扶贫资金的发放和信贷资金使用等方面，引进数字货币，是实现资金透明运用，公正公开资金使用的有效手段，能够有效防止"平均化"思想带来的贫困户消极思想，提升产业脱贫带动效率，提升贫困户主动性和精准扶贫有效性。

（2）区块链实现项目资金安全高效使用。区块链技术把所有的数据记录在一个链条上，进行集中统一管理，避免了数据中心机构篡改数据的可能。由于所有的资金流向和交易都会写入区块链，各方都可以确认信息的真实性，从而有效地缓解了信息不对称问题。目前蚂蚁金服已经开始借助区块链技术试点"公益账本"，越来越多的领域也逐步引入了区块链试点。

针对目前各项扶贫资金的监管和使用问题，引入区块链技术可以帮助政府部门下移监管重心，调动贫困群众参与资金监管。一是将资金管理权限下移，节约相关职能部门下乡调研的时间，降低相关信息的管理和维护成本；二是减少信息不对称带来的影响，大大缓解贫困信息以及资金使用过程中隐瞒和欺诈行为；三是数据存储更为安全，降低因工作人员疏漏导致信息丢失的可能性。依靠区块链，可以解决信息不对称和管理规模的问题，确保扶贫资金安全，实现扶贫资金的低成本、高效率管理。

6.4.3.3 区块链提升扶贫管理效率

区块链基于算法进行管理，可以有效弥补当前扶贫资金管理过程中对人员的依赖，以机器代替人工，提高管理效率，降低管理成本。

为确保扶贫基金的"准确定位，精准扶贫"，可构建脱贫攻坚区块链管理平台，通过区块链节点的信息共享，实现扶贫资金、人员、投后管理功能。脱贫攻坚区块链管理平台通过获取节点中扶贫资金的项目申请、审批和用款申请、审批等行政审批信息，与扶贫平台上的资金划拨申请及资金划拨明细逐一进行核对钩稽，检查扶贫基金账户的每一笔转账是否都有对应的完整审批流程，提高管理和使用效率。

目前有很多地方政府和企业机构致力于推动区块链在精准扶贫事业中的应用。2017 年 7 月 12 日，以"顶梁柱"为代号的"区块链+扶贫"项目由中国扶贫基金会联合蚂蚁金服创建，这个项目主要针对城市和农村贫困户家中的"顶梁柱"即家庭主要劳动力实施扶贫帮助。截至 2017 年年底，蚂蚁金服发起的所有公益活动参与人数已超过 3 亿。

6.4.4 乡村振兴与农村信用体系建设

2020 年，我国取得了脱贫攻坚战的全面胜利。党的十九届五中全会审议通过的《中共中央关于制定国民经济和社会发展第十四个五年规划和二〇三五年远景目标的建议》，对新发展阶段优先发展农业农村、全面推进乡村振兴做出总体部署，为做好当前和今后一个时期"三农"工作指明了方向。在"十四五"期间，建成全国统一规划的农村地区信用信息平台，建设科学、实时、精准的农村信用评价体系，对于保障乡村振兴战略的稳步实施，并长期巩固脱贫攻坚的伟大成果，加速推动 2035 年基本实现社会主义现代化的远景目标有着重要意义。

6.4.4.1 农村地区信用体系建设不完善

近年来，我国大力推进信用体系建设，全国各地创新发展农村信用体系建设模式，形成了各具特色的建设模式，主要包括政府主导的政务大数据平台；或由政府财政出资，当地中国人民银行分支机构牵头开发农村征信系统；或政府成立专门的金融服务中心，具体负责农村征信体系建设。大多数地区则由地方农村金融机构采集或整合保险、权证、收支等涉农信息资源，进行农村信用体系建设。

但是，这些模式的商业可持续性较差，不利于在全国农村推广：一是国有商业银行参与度低。大型商业银行在贫困地区的很多地级市服务网点不足，缺乏商业化原则下的信用体系建设触角。二是政府建设的信用村镇利用率低。尽管通过政府模式建立了信用村镇，但是在金融服务中政府担保模式和商业信用评价是两套东西，无法在信用评价中获得长效应用。三是市场机制难发挥作用。当前的农村信用体系建设侧重于政策支持与政府推进，能否建立长效机制很大程度上取决于人力、物力保障程度及部门协调难度，缺乏激励约束机制。四是地方信用平台建设成效差异较大。各地主导的平台建设无法建立全国统一的信用信息采集平台，信息融合难度较大。因此，从全国总体来规划农村信用数据平台和评价体系显得非常迫切。

6.4.4.2 大数据分析提供重要分析途径

国家大数据战略作为"十三五"十四大国家战略之一，已经成为国家治理新思路。积极探索大数据技术与农村金融的有效融合，牢固树立"大数据思维"，充分运用"大数据逻辑"创新开展农村信用体系建设是十分必要的。

现有大数据资源可以在不同侧面反映农村居民收入、地区经济发展状况、务工情况等。如果数据更加精准、及时，则颗粒度会更细。例如，社交网络大数据和通信大数据不仅可以追踪人员流动状况，还可以通过对农村地区居民之间的社交关系进行关联和甄别，通过用户和地区的精准画像科学评估个人、地区的信用特征。金融大数据和政务大数据则可以对贫困户或边缘户的帮扶关系和金融借贷关系进行信用状况评价。电力消费大数据颗粒度可以细化到每一户居民，辅助判断其生活状况。遥感大数据则能够揭示农村自然资源、产业发展、生态环境，作为农村地区信用状态的辅助判断资源。

由此可见，大数据资源和相关技术在农村信用体系建设中具有实时性强、透明度高、颗粒度细、精准性高等优势。但是，现有农村数据的应用大多为数据孤岛，缺乏各类数据资源的融合，尚未形成有效的数据整合利用能力。因此，亟须从国家层面利用多源大数据资源和大数据分析技术更加精准、高效地助力农村信用体系建设。

6.4.4.3 农村信用体系建设建议路径

在当前阶段，亟须融合包括社交网络、移动通信、地理遥感、金融服务、消费行为等方面的多源大数据资源，利用先进的大数据分析技术，迅速整合农村信用大数据资源和相关技术，从商业市场的角度，建立全国规划的农村地区信息平台，建设科学、实时、精准的农村信用评价体系。

具体而言，第一，要迅速整合资源，完成农村信用大数据平台的数据清单和数据标准设计。尽快根据农村信用体系的应用需求，明确底层的数据需求和数据标准，依托于国家全国一体化大数据中心协同创新体系和现有政务大数据平台的网络基础，开展全要素农村社会信息采集，在"十四五"期间，建成全国统一规划的农村地区信用信息平台。

第二，基于多源大数据，建立高时效性的农村信用评估模型与系统，有效弥补现有各地区主导的评估方式在及时性和精准性上的不足。要提前布局社会网络基础信息的采集和评价体系。当前，个体信用信息、精准扶贫档案、中小企业信用档案等信息缺乏有效的整合和信息技术信用评价手段，传统的权重评分方案不适合现代金融市场和商业推广，运用基于社会网络的信用评分体系等大数据分析技术是未来征信体系建设中需要突破的关键技术。

第三，实时动态评估各地农村信用体系建设绩效。从中央层面建立信用信息保护法案，统一规范各地农村信用平台管理，推进信息采集、共享和应用。通过技术和法规双驱动考核各级地方政府所建的农村信用体系绩效。

第四，要构建"中央顶层设计、政府+大型商业银行奠基、商业征信机构辅助、农村金融机构补充"四位一体、可持续的农村信用体系建设推进机制。一是考核国有商业银行的基层机构布局，发挥国有大型商业银行的信用建设基石作用。二是政府与金融机构的信息合作。推进行业信用信息、区域信用信息之间的信息资源交换与共享。三是发挥商业机构的信用推进作用。完善百行征信等商业机构参与地方农村信用平台建设的工作机制与合作模式。四是鼓励涉农金融机构、农民专业合作社等提供农村经济主体信用档案信息服务。

7 互联网金融市场中的
信用风险评估与管控

与传统金融资本市场直接融资及商业银行间接融资的融资模式不同，互联网金融是以互联网为依托实现的全新金融模式，它不只是将金融服务线上化而推动金融产品创新，而且在先进的互联网技术和信息通信技术被用户熟悉接受后（尤其是对电子商务的接受）自然而然地为适应新的需求而产生全新的金融业务模式。互联网金融的出现打破了传统金融行业的格局，在逐渐地改变人们生活方式的同时产生了各类新型的风险，也对不同主体的信用风险评估与管控提出了新的要求。

7.1 互联网金融概述

"互联网金融"这一概念最先由我国提出，对于其概念和内涵，目前国际上尚无权威定义。根据中国人民银行等十部门联合发布的《关于促进互联网金融健康发展的指导意见》中所给出的定义，"互联网金融是传统金融机构与互联网企业利用互联网技术和信息通信技术实现资金融通、支付、投资和信息中介服务的新型金融业务模式"。互联网金融是对传统金融的发展和创新，既保持了传统金融的一些特点和业务模式，也产生了一些新的特性。

7.1.1 互联网金融的发展

尽管"互联网金融"这一概念提出的时间不长，但互联网金融业务其实较早就已出现。1995 年 10 月，美国"安全第一网上银行"正式开业，标志着互联网金融时代的开启。我国的招商银行紧随其后，于 1997 年率先提出"网络银行"的概念，并推出了"一网通"服务。随后，经过 20 余年的快速发展，互联网金融业务的触角已逐步伸向社会经济的方方面面，国内外也随之涌现出了一大批优秀的互联网金融服务企业。

7.1.1.1 国外互联网金融的发展历程

欧美发达国家在 20 世纪 90 年代初期，掀起了一场互联网蓬勃发展的浪潮，各行各业紧跟互联网时代的浪潮进行改革创新。1995 年 10 月，美国 3 家银行联合成立了"安全第一网上银行"，该银行不设立线下柜台，纯粹依托互联网为客户提供高效便捷的服务，开启了互联网金融的序幕。伴随着互联网的技术革新，这种金融模式表现出极佳的成长活力，诞生了从网上银行到互联网保险、从网上个人理财到企业投融资、从网上证券交易到综合金融服务的多元化服务，整个互联网金融也得到了持续快速发展。

在第三方支付方面，1998 年，全球第一家第三方网络支付公司——PayPal 在美国成立，其主要业务是提供互联网支付和移动支付服务等。在 2013 年底，PayPal 的营业收入规模已达到约 65 亿美元，并与 Discover 联手将业务触角伸向线下。在综合金融服务方面，西班牙 Uno-E 公司与爱尔兰互联网银行第一集团在 2000 年正式签约成立了第一家业务范围覆盖全球的互联网金融服务机构 Uno First Group，其强强联合进行跨洋重组的最终目的在于为构建全球最大的互联网金融覆盖体系抢占先机。在互联网金融特有的 P2P 借贷方面，全球首家 P2P 公司 Zopa 于 2005 年在英国诞生。这种全新的投融资模式迅速得到社会认可，参与人数和成交规模都得到了空前的迅猛发展。2007 年美国次贷危机爆发前后，先后诞生了 Prosper. com 和 Lending Club 两家全球知名的 P2P 公司，其经营模式基本上实现了金融服务"去中介化"，发展态势十分强劲，对传统借贷模式形成了巨大冲击。在众筹融资方面，全球第一家众筹融资平台——Kickstarter 于 2009 年在美国正式上线，其融资模式主要是资金需求方在平台上发布创意信息和项目内容，感兴趣的社会公众会根据自己的评估给出一定的小额投资，待项目实现后投资者会得到一些回报。2012 年，美国通过《JOBS 法案》(Jumpstart Our Business Startups Act)，明确了中小企业可以通过众筹的方式进行募资，有力促进了众筹融资的发展。

经过近 30 年的发展，国外互联网金融已相对成熟并深受大众青睐，行业法律法规建设完善，互联网金融服务市场化程度高、竞争激烈、创新频繁，整体保持健康稳定运行的态势。

7.1.1.2 国内互联网金融的发展历程

我国的互联网金融模式大多从国外引进，尽管比国外起步稍晚，但发展态势迅猛，实现了快速的本土化。在 20 世纪 90 年代中期，我国一些大型传统金融机构开始效仿国外的互联网模式，通过建立公司网站的方式开展部分金融服务业务。例如，在银行方面，招商银行于 1997 年在全国率先推出了网上交易银行，客户可以在网络上进行资金划转等；同年，福建闽发证券公司实现网上交易，投资者开始运用其交易软件在网络上进行证券买卖。在保险方面，中国人民保险公司建立的电子商务平台（e-PICC）于 2002 年上线，客户可以在网上进行投保。总体而言，早期的互联网金融实质上是在传统金融中引入互联网元素的技术融合阶段，即"将金融服务由线下搬到线上"，这属于金融互联网化的范畴，而真正的互联网金融还处于起步探索状态。

随着互联网的进一步普及，到 2005 年前后，公众对互联网金融的接受程度逐渐提升，互联网金融的规模也不断扩大，特别是以第三方支付业务为代表的互联网金融服务模式在这一时期得以发展壮大。同时，网络借贷业务开始出现并表现出旺盛的活力，互联网金融的发展逐步从早期技术融合阶段开始向业务融合阶段转变。

2013 年，大批互联网企业进驻互联网金融领域，互联网金融快速崛起，并以星火燎原之势影响及改变着我国金融体系，这一年也被称为我国"互联网金融元年"。在这一年，余额宝正式上线，新浪、百度等获得第三方支付牌照，京东成立京东金融，微信增加支付功能，首家互联网保险——众安保险开业，中国民生银行成立民生电商……从此以后，互联网金融开启井喷式发展。截至 2019 年 6 月底，我国互联网理财用户达 1.70 亿，占整个网民总数的 19.9%；网络支付用户达 6.33 亿，占网民总体的 74.1%。

7.1.2　互联网金融的特点及业务模式

7.1.2.1　互联网金融的特点

互联网金融的业务模式在覆盖第三方支付、融资、理财、服务等传统金融服务范畴的同时，还具备了一些传统金融无法与之相比的优点。正是这些优势推动了互联网金融的快速发展与壮大，但也带来了一些亟待解决的问题和隐患。归纳起来，互联网主要有如下几方面特点：

（1）交易服务高效便捷。在传统金融交易模式下，由于信息技术落后，通常需通过线下柜台进行面对面的交易，单笔交易耗费的时间较长。而在互联网金融中，高效的信息技术和操作流程的标准化与自动化，大大缩短了单笔交易的处理时间，同时这种交易模式打破了时空限制，带来了金融服务的短距化，交易双方能够通过全球任意一处的互联网终端进行信息捕捉，实现价格商榷、资金管理等。这种便捷的交互式服务大大增强了用户的满意度和体验度，不仅满足了交易参与主体随时随地、全方位的多种需求，也使得交易效率获得了极大的提升。此外，金融产业作为社会其他产业运行发展的核心基石，金融的高效运行也间接地提升了整个社会的经济运行速度。

（2）金融服务覆盖范围广。互联网金融的运行基于互联网的各种应用，能够调动全球任意一处的互联网终端，不受地域限制，具备更广泛的客户基础。利用云计算、大数据等技术对金融交易参与主体的信息进行深度挖掘，能够实现动态需求管理，从而进行金融资源的有效配置。

更重要的是，互联网金融具有显著的"长尾"特征，即覆盖到那些传统金融无法覆盖的"末端客户"。在互联网金融时代，传统金融无法顾及的小微企业、个体户、缺乏信用历史的农民和学生等草根阶层，也可以通过互联网金融中的P2P、小额贷款、众筹等模式，得到资方的关注，寻找到合适的资金支持，享受"普惠金融"所带来的红利。互联网金融不仅加强了金融服务的深度，弥补了传统金融服务的薄弱环节，从而支持了经济社会中弱势群体的发展，而且从投资者的角度来看，也大大降低了投资者的门槛，使得市场参与者更加大众化。以阿里金融为例，余额宝人均投资额仅为3 800多元，远低于银行理财一般要求的5万元门槛。

（3）金融服务实现了"去中介化"。互联网提供了更加开放和公平的交易环境。在互联网环境下，资金的供求信息得以在网络上充分扩散，降低了信息不对称程度，资金的供求双方能够在网络上直接完成信息的搜集和识别，从而打破了传统金融机构的中介垄断。

在这个交易过程中，互联网金融承担的角色是对信息的真实性进行审核，为交易双方提供一个安全的平台，这与传统金融中介的金融中介性质不同，互联网金融实质上是虚拟网络中的信息中介。有融资需求的主体通过互联网金融平台匹配有投资需求的主体，而后续的交易（如价格商议等）由双方在透明公开的环境下自行接洽。这不仅降低了缺乏信任带来的交易成本，同时也大幅提高了金融资源的有效配置能力。不仅是投融资方面，在支付方面，网络支付也已经逐渐形成了对传统结算支付的替代，网络支付渠道打破了传统金融机构的结算垄断，不仅弱化了传统支付结算的中介作用，也大大降低了结算的运营成本。在资金存管方面，以蚂蚁金服、微众银行为代表的互联网金融平台推出了更亲民化的理财产品，打破了以商业银行为主的传统金融机构理财中介服务的垄断局面，客户选择面更广，公众从中受益。

（4）金融服务向"虚拟化"发展。随着大数据技术的发展和电子商务的普及，互联网金融的用户数量大大增加，并正以前所未有的速度渗透到各个领域。相关数据显示，已经有接近6亿用户活跃在与互联网金融相关的领域。在此冲击下，不仅是新型的互联网金融机构在顺势而为地创新金融服务模式，传统金融机构也在积极探索利用互联网带来的优势推出金融创新产品。随着数据化和网络化的全面深入，长远来看金融服务必然将向虚拟化方向发展，这对于传统商业银行等金融机构的管理理念和运营方式将起到颠覆性作用，因而必须在产品、服务、流程等的虚拟化方面转变经营思路，完善数据分析能力，为转型升级、适应新的竞争格局做长远打算。例如，中国建设银行建立了自己的电子商务平台——善融商务，中国工商银行也推出了"融e购"服务平台。依托互联网红利，传统商业银行在提供此类虚拟化增值服务时不仅拓宽了客群来源、增强了客户黏性，同时融入其资金服务方面的优势，凸显了"购物可贷款""积分可抵现"等服务优势。基于此，银行还可获取用户的交易信息等数据信息，从而为其电子化和虚拟化的转型升级提供了重要的底层支撑。

（5）风险的复杂性和隐蔽性。风险是金融发展中的根本问题。在传统金融中，各类风险相对独立，且由于交易一般相对简单、关联性不强，风险的传播范围较小，这意味着当风险出现时，可以通过分业监管、设置交易屏障等多种方式实现风险的弱化甚至分解。但在互联网金融中，由于互联网的开放性、市场参与主体的普及性、网络交易的虚拟性和强关联性、信息扩散的快速性等特点，互联网金融中的风险呈现出更高的隐蔽性及复杂性特征。在互联网金融中，交易分散程度高，容易将风险模糊化，这些不易察觉的风险覆盖面广、传染性强，甚至还会扩散到整个金融行业并发生风险共振，导致当人们被表面现象所迷惑时，风险往往已经扩散到了难以控制的破坏性地步。因此，对互联网金融风险的监管应该比传统金融风险监管更加细致，全方位地加强对互联网金融环境下的不确定性监控。

7.1.2.2 互联网金融的主要业务模式

正因为互联网金融的各项业务具备许多传统金融业务模式所没有的优势，所以自其产生以来得到了越来越多人的青睐，这也进一步推动了互联网金融的快速发展，使其在传统金融业务模式的基础之上发展出众多新型的业务模式。目前互联网金融的主要业务模式有以下五个：

（1）网络支付。所谓网络支付，是指通过计算机、手机等通信设备，利用互联网发起支付指令、转移货币资金的服务。根据第45次《中国互联网络发展状况统计报告》中的数据，截至2020年3月底，我国使用网络支付的用户数量达7.68亿，占网民总体的85.0%；手机网络支付用户规模达7.65亿，占手机网民的85.3%。

（2）网络借贷。所谓网络借贷，主要包括个体网络借贷（P2P 贷款）和网络小额贷款。个体网络借贷（Peer-to-peer Lending，P2P），又称"点对点"借贷，是互联网金融中最大的亮点，是指借款人和投资者通过互联网平台直接进行资金信贷交易的服务模式。P2P 模式最早产生于英国，自 2006 年引入中国后，发展十分迅速，进行了明显的本土化创新。网络小额贷款也属于投融资类的互联网金融服务，但其与 P2P 信贷不同，网络小额贷款是指互联网企业通过其控制的小额贷款公司，利用互联网向客户提供小额贷款。例如阿里小贷、苏宁金融等。

（3）众筹融资。所谓众筹融资，是指资金需求方利用互联网众筹平台公开发布募资需求，平台完成信息审核后向公众展示，通常在筹集到项目所需资金后会给予支持者实物或者股权回报的一种全新的融资方式。目前，我国的众筹融资主要有三种模式：产品众筹、股权众筹和公益众筹。其中，产品众筹本质上就是"团购+预售"的商业模式，其典型代表有京东产品众筹服务；而股权众筹由证监会负责监管，由于涉及非法集资的可能性较大，目前对投资者和融资者的审核都较严苛，其典型代表如"大家投"；公益众筹则略有不同，筹款人通过互联网平台发布筹款项目，但投资人不追求实质回报，而是有着赠予性质的公益行为。

（4）网络理财。所谓网络理财，是指金融机构通过互联网向公众提供各种金融产品及理财服务，具体包括基金、国债、外汇、期货等多种类别的金融理财产品。在网络理财刚刚问世之时，由于其购买便捷、收益高、流动性好等特征，以阿里余额宝为典型代表的网络理财吸引了大量用户。在 2018 年资产管理新规定及相关细则落地后，资管市场监管体系逐步完善，从而推动了互联网理财市场的规范化发展，网络理财市场主体定位日益明确，已由快速扩张进入提质升级的新发展阶段。

（5）互联网保险。互联网保险是指保险公司或中介机构利用互联网为用户提供产品服务，并实现网上投保、承保等一系列的保险经营管理业务。2013 年 11 月，我国第一家也是全球第一家专业互联网保险公司——众安保险由原保监会批准成立。众安保险不仅在网上销售传统线下保险商品，还引入了特有的与互联网交易相关的责任险和保证险两大类财产类险种，帮助各行各业在融入互联网时转移和化解风险，使互联网生态更加安全和丰富。

7.1.3　互联网金融的风险表现

诸多行业与互联网技术进行融合，形成了一批新型的行业，在给众多行业带来新的发展机遇的同时也伴随着风险。2015 年，国务院颁布了《关于积极推进"互联网+"行动的指导意见》。互联网技术与金融业相结合产生了互联网金融，并为传统金融业注入了活力。然而，在互联网金融快速发展的同时也出现了许多问题，蕴含着较大风险，需要我们密切关注。

金融风险的核心内涵在于交易参与主体所面临的不确定性。学术界普遍认为互联网金融在成长逻辑和性质上仍属于"金融"，因而互联网金融风险既表现于互联网金融业务中产生的不确定性和不可控性，也体现在随之而产生的经济损失或收益的大小。许雯（2015）进一步研究指出，由于互联网金融存在覆盖范围广、信息传播迅速、交易关联度高等特征，与传统金融风险相比，互联网金融风险更为可怕，遭受损失的可能性更大。另有研究表明，互联网金融风险介入了虚拟化交易，在传统金融风险的基础上会带来虚拟世界的特殊风险，这是互联网金融风险与传统金融风险的主要不同之处。综合而言，互联网金融兼具了传统金融中的固有风险和互联网技术带来的新型风险。

7.1.3.1 互联网金融中的传统风险

（1）法律法规风险。互联网金融法律法规风险产生的原因在于当前互联网金融立法不完善，存在滞后性或者监管的模糊性。目前，我国尚未出台与互联网金融交易主体、市场准入、资金监管、信息保护、处理网络纠纷诉讼、认定电子证据等有关的法律法规，增加了某些不法分子钻法律漏洞谋取非法利益的可能性，引发交易过程中的风险。

（2）信用风险。互联网金融信用风险产生的原因在于在当前不完善的社会信用体系背景下，互联网金融中的相关机构难以准确评价交易双方信用情况，因而对交易主体中任何一方出现违约行为的可能性无法客观估计。

（3）市场风险。与传统金融相同，市场风险指的是因市场环境变化，如汇率、利率、股市价格变动等，造成金融资产减值的可能性。市场风险会广泛影响包括 P2P、网络支付、互联网保险在内的各类互联网金融业态，而且我国互联网金融尚处于起步阶段，风险缓释机制不健全，因而与传统金融相比，互联网金融中的市场风险将更大。

（4）流动性风险。互联网金融流动性风险产生的原因在于当前不完善的储备金制度、监管漏洞下存在的大量资金挪用、互联网金融平台期限错配等现实情况。传统商业银行有中央银行作为"最后贷款人"兜底，也有银行间市场提供资金拆借以满足流动性需求，而互联网金融平台则没有这些基础保障，一旦出现投资者挤兑，绝大多数互联网金融平台会遭遇流动性枯竭，出现支付危机。

（5）操作风险。与传统金融风险一样，互联网金融中的操作风险主要是指内部员工违规操作、系统出现技术问题、内控失效等不当操作所带来的损失可能性。同时，由于互联网的便捷性、迅速性，一个微小的操作失误就有可能引发出较大的风险，造成难以估量的损失。

7.1.3.2 互联网金融中的新型风险

（1）技术安全风险。互联网金融依赖于网络，而互联网信息技术的安全性则是保障互联网金融健康稳定运行的基础。以开放性为主要特性的互联网金融，若本身技术存在诸如不完善的密钥管理、兼容性较差的平台客户端和技术系统、安全性不足的 TCP/IP 协议等缺陷，则会带来信息传输障碍、黑客窃取资料、病毒入侵导致系统瘫痪等技术风险，对互联网金融财产安全构成严重威胁。

（2）信息安全风险。互联网金融信息安全风险指的是互联网金融企业在对客户信息进行"传输、存储、使用、销毁"等具体处理时，未对客户的信息予以妥善保护，造成客户信息泄露甚至是被篡改和盗用的风险。内控失效、用户身份认证不完善或者网络传输存在漏洞等原因均会造成客户信息泄露。就目前情况来看，信息安全风险是公众对互联网金融产生不信任感的主要原因之一，需要予以重视，及时加以修正。

7.2　互联网金融中的信用风险

互联网金融信用风险是指互联网金融交易中的主体（例如，借款人或者交易平台）在合约到期日未能履行合同规定的义务而给交易方带来经济损失的风险。相对于成熟的传统金融而言，互联网金融受益于互联网的开放性，在一定程度上减轻了交易双方由于信息不对称带来的成本。这种便利主要的好处体现在需求对接等供需配置方面的效率提升，但是对识别交易主体信用风险未带来直接有利的改善。相反，因为互联网的低成本和便捷性，交易中的道德风险被放大。当金融实现互联网化，金融风险也会互联网化，并呈现出动态、多变等特征。相较于传统金融行业，互联网金融领域的信用风险更难以得到有效控制。

7.2.1　互联网金融信用风险的类型

根据风险来源的不同，互联网金融信用风险主要可以分为由借款主体引起的信用风险和由互联网金融平台引起的信用风险两大类。

（1）借款主体的信用风险。互联网金融具有高度的虚拟性，当前我国的征信体系还未能完全与互联网金融的这些特性相契合；而且目前对互联网金融中的借款主体的信用评价既没有严格的统一标准，也不能全面反映借款主体真实的信用信息，根本无法客观地对借款主体的信用风险进行准确评价，从而增加了信用风险。

（2）互联网金融平台的信用风险。传统金融行业准入门槛高且监管体系完善，金融机构对投资者进行欺诈的可能性极小。但是，考虑到互联网金融虚拟性的特点，在当前监管体系不够健全的环境下，互联网金融平台对自身行为的约束力不够且缺乏独立的第三方评级公司对互联网金融机构进行信用评级，互联网金融平台就有可能出现卷款跑路等违约事件。

7.2.2 互联网金融信用风险的特征

金融行业本身就有高信用风险的特征，而互联网金融作为普惠金融的载体，涉及的交易主体（例如，信用缺失的个人、小微企业等）相对于传统金融行业中的主体而言，风险承受能力更弱。因此，互联网金融中的信用风险自然就会加大。当政府监管尚未充分有效，监管边界缺失时，会促使互联网金融行业整体的信用风险急剧增加。当个别企业风险爆发，与其有关联交易或借贷行为的企业和个人就会受到牵连，很可能产生风险交互。若风险超过承受能力时，就会继续传递、扩散，逐步演化，最终甚至可能产生区域性、系统性金融风险，进一步影响到整个行业或各个经济领域的发展。互联网金融由于拓宽了交易的可能性边界，从而将普惠金融惠及到了大量不被传统金融接受的人群，因此具有不同于传统金融的信用风险特征。

（1）信用风险的不可控性。一方面，互联网金融市场参与主体的风险认知能力、承担能力相对较弱，属于金融弱势群体，单笔产品的信用风险可控性较低；另一方面，互联网金融行业发展良莠不齐，出现了一些存在重大缺陷的金融创新，整个行业的信用风险难以控制。例如，在部分网贷平台中，客户资金与平台资金未能有效隔离，出现若干平台卷款跑路的违约事件。有的平台营销过于激进，将高风险产品销售给不具备风险识别和承担能力的民众，使得信用风险完全失控。

（2）信用风险的脆弱性。互联网金融市场的资金提供者以小额的个人投资者居多，个人投资者往往会选择"搭便车"，而不会投入精力去监督互联网金融机构，互联网金融市场上监督机制缺乏，从而使得市场纪律更容易失效，互联网金融发生信用违约的可能性远远大于传统金融。

（3）信用风险的隐蔽性。互联网金融市场上涉及的个人投资者很多，由于显著的从众心理，出现个体非理性和集体非理性的可能性更大，更容易出现"挤兑"等现象，从而引发信用违约，而这类信用风险较为隐蔽、不便度量。除此之外，互联网金融交易虚拟性的特征也使得交易对象可能模糊化，潜在信用风险更加隐蔽。

（4）信用风险的负外部性。互联网金融经过数年的快速发展，已经覆盖了大量的群体。尽管总的资金规模不大，但从涉及的人数来看，互联网金融出现信用风险会对社会产生非常大的负外部性。

综上所述，互联网金融行业由于其独特的信息科技属性，其风险脆弱性更高、可控性更低、负外部性更明显、隐蔽性更强。相比之下，国外发展较成熟的互联网金融市场由于产品设计合理、监管到位、法律规范完善等原因，其信用风险相对可控一些。例如，美国的网络借贷中投资人和借款人之间不存在直接的债权债务关系，投资者购买的是收益权凭证，而借款人的贷款与其尽管是镜像对应关系，但由第三方银行实现了资金的有效隔离，从而杜绝了互联网金融机构卷款跑路的可能性。

7.2.3　互联网金融信用风险的演化机理

互联网金融信用风险的种类多、来源广、风险之间交互融合程度高，加之行业管控不足、失信惩罚力度轻，因而无论是互联网金融机构，还是互联网金融用户，都可能利用信息不对称的优势，从而怀着侥幸心理产生失信行为，导致互联网金融信用风险的形成和传导，最终伤害到人民群众的实际经济利益。从风险传播的角度来看，互联网金融中的信用风险演化指的是互联网金融中的参与主体由于不确定环境中的某些风险因子在相关事件的诱导下形成动态风险流，并随着复杂交易网络中某些特定载体传播，当该风险流冲破网络中的节点风险阈值时，就会沿着价值链进行演化。

与传统金融不同的是，互联网金融中单笔交易的金额普遍很小，且对于债权人或者债务人的准入资格审查机制都不完善。尽管单笔违约并不会对互联网金融企业产生重大影响，但由于审核机制不完全，故出现违约的可能性相对较大，当大量信用违约集中爆发时，风险承受能力不足的互联网金融企业就会出现信用危机。因此，有研究认为，互联网金融信用风险的传导路径可以归纳为：缺乏对债权或债务人的资格审查→出现个别贷款信用违约现象→互联网金融企业出现信用风险→互联网金融企业之间发生风险交叉传导→风险由互联网金融传导至实体经济→对社会稳定产生影响。

除了信用风险传导路径外，国内外不少学者也通过模型实证的方式对互联网金融信用风险演化机理进行了研究。刘菲等（2018）从演化博弈的角度出发，构建借款人与互联网金融平台的动态博弈模型来分析互联网金融信用风险的生成及演化机制。张佩（2019）利用传染病模型 SIRS 分析了交叉金融业务中的信用风险传播路径，发现当市场恐慌情绪和"羊群效应"共同作用时，市场中的信用风险会加剧，并传播更长的路径。陈新岗等（2017）、MAGEE J. R.（2011）、FREEDMAN S. M. 等（2011）则利用互联网金融机构委托—代理模型、博弈模型等，分析了互联网金融中信用风险在互联网金融用户间与互联网金融机构间的不同传导路径，信用风险的演化过程与其资金流动过程一致，即一部分信用风险传导至传统金融机构，如银行、基金、保险等，另一部分信用风险则在互联网金融平台间相互演化并可能形成共振，规避难度比传统金融更大。

对于互联网金融而言，所涉及资金的容量和范围较传统金融更广，这种情况的发生无疑导致了资金需求范围和数量上的扩张。显然，如果只是某一家互联网金融企业发生信用风险，带来的损失并不会太大；但若其信用风险继续传导至其他互联网金融机构甚至实体金融机构或者企业，将会引发严重的风险，甚至对实体经济带来巨大的损失。

7.2.4　互联网金融与系统性金融风险

系统性金融风险是指金融市场内机构倒闭等极端信用事件通过一系列关联交易或股权关系将风险传递，引发多米诺骨牌效应，导致经济损失不断加大，违约行为蔓延，甚至造成市场崩溃。当个别互联网金融机构受外部宏观因素影响或者内部自身经营不善等带来的冲击时，其自身的违约行为有可能会造成行业内大面积违约，从而发生系统性金融风险。

互联网金融本质上依旧是"金融"，传统金融的信用风险特性融合了互联网的"长尾"特性后，一方面是融资渠道上的"虚拟化"和"脱媒化"会加剧信用风险，另一方面是互联网金融创新诞生的更复杂的金融工具和融资形式会使得信用风险打破时空限制。这种混合式经营容易利用监管的漏洞进行监管套利，跨机构、跨市场、跨时空关联交叉感染的可能性增大，互联网金融引发系统性风险的可能性更加显著。

国内外很多学者对互联网金融可能会导致系统性风险的因素进行了研究。例如，CORSETTI G. 等（1999）构建了道德风险模型，通过定性研究论证了当金融机构缺乏必要的监管或者得到政府隐性担保时，产生的道德风险会使得金融机构承担的风险过度，从而诱发系统性风险。温博慧等（2009）讨论了影响系统性风险扩散的因素，发现违约、负面消息、外部溢出等均具有显著的解释力。也有研究利用 AR-GARCH-CoVaR 等工具，定量研究了传统金融与互联网金融之间的双向系统性风险溢出效应，结果表明与传统金融相比，互联网金融的信用风险不仅最大，而且传染性也最强，并且与传统金融行业具有不对称的风险促进作用，互联网金融对传统金融行业的风险总溢出效应显著高于传统金融行业的风险总溢出效应。

7.3　我国互联网金融市场的信用评估及其管控机制建设

毫无疑问，在互联网金融时代，"信用为王"。但互联网金融本身并不具备全面管理信用风险的能力。互联网金融公司往往以手续便捷、审核要求低为吸引客户的亮点，而其对客户信息的了解有局限性，容易造成客户违约事件频发。此外，互联网金融公司自身也缺乏行业监管，自我风险管控缺失，一旦客户违约达到一定比例，公司资金周转不灵时，往往就会卷款跑路，从而诞生了对互联网金融信用市场的需求。

7.3.1　我国互联网金融市场信用评估现状分析

互联网金融信用市场，即引入第三方的信用评估机构，对互联网金融市场中的主体（包括借款人、互联网金融公司、互联网金融产品等）进行信用评价。互联网金融信用市场的出现改变了原有的征信行业格局。从西方发达国家的实践经验来看，如 Lending Club、Prosper. com 等无不借助互联网金融信用市场（例如 Equifax、TransUnion、Experian 等专业评级公司）来获取客户的信用信息，从而降低交易费用，并形成有效的金融资产价格。这些全球化的专业评级机构为互联网金融市场的发展提供了强有力的支持。

近几年我国互联网金融征信机构也得到了迅速发展，主要可以分为三类：第一类是传统征信机构，即以中央银行征信中心为主的向银行等大型金融机构提供信用服务的机构；第二类是市场化征信机构，主要利用网络征信系统从事商业征信业务；第三类是新兴个人征信企业，主要利用自身电子商务平台数据进行征信评估，如芝麻信用、腾讯征信等。目前三者之间仍未构建起信息共享机制，三者各自提供的征信服务难以满足互联网金融的征信需求，这也极大地制约了互联网金融领域信用风险的有效防范。

随着互联网金融市场各参与主体对征信需求的持续增加，我国互联网金融市场蓬勃发展，征信体系建设也日益完善。目前，我国互联网金融信用市场上的评级机构主要有两大类：一类是以阿里巴巴、腾讯为代表的互联网平台公司建立的征信机构，它们采集个人或者企业网上交易等行为数据进行风险分析，并将风险评估结果提供给互联网金融机构使用，为信用评价工作提供更完备的数据基础；另一类是以宜信为代表的网络借贷平台建立的征信机构，它们通过评估客户提供的信息来建立针对特定客户的信用评价体系，为平台自身的相关业务提供数据支持。

就具体的评估方法而言，以 ZestFinance 为代表的大数据评分模型是当前互联网金融行业主要借鉴和模仿的信用评估方法。它不仅继承了传统征信体系中的决策变量，重视深挖授信对象的信贷历史；同时还捕捉了会影响用户信贷水平的一些行为，如用户的社交网络信息和网上购物信息等，从而实现了以大数据技术为基础的多源数据融合。ZestFinance 采取集成学习的办法，在 5 秒内即可实现对单个申请人近万条数据的分析，生成超 7 万个与信贷行为有关的测量指标，最终通过模型投标得出结论。事实表明，这种基于大数据的风险评估框架远远好于业界专家的平均评估水平。如今，这种方法已被包括美国的 Kabbage、德国的 Kreditech、我国的闪银（Wecash）在内的国内外多家互联网金融机构采用。

7.3.2 我国互联网金融市场信用机制建设所面临的问题

信息网络技术的大范围普及，使互联网金融作为一项新兴的金融业务逐步成为金融市场发展的重要内容。一方面，个人借贷、融资的途径相比之前更加多元化，金融行业的活跃度也提升了很多，这都源于网络金融业务的广泛普及；另一方面，信用机制的部分缺失，也导致金融平台的风险预防与管理难度加大。在此基础上，互联网金融业稳定和谐的重要任务是对互联网金融行业信用机制的建立和完善。

传统金融与互联网金融的快速发展对征信提出了迫切的需求。目前，不同类型的互联网金融机构大多建立了各自的征信系统。但是，这些征信系统之间存在相互独立、信息缺乏共享、信息不全面等方面的问题，出现部分用户在多家互联网金融机构违约的情况。因此，需要建立统一的标准化的规章制度，促进互联网金融的良好运行。目前我国互联网金融市场信用机制建设还面临以下几个方面的问题：

7.3.2.1　建设标准不统一

目前互联网平台种类繁多，征信系统均有各自的标准，未能构建统一的标准。在征信数据的采集、分析和使用等各个方面都没有统一的标准和规范，远未达到中央银行征信体系的标准要求。

7.3.2.2 信息不能直接互通和共享

各个互联网平台从自身角度考虑，难以实现数据的共享，互联网金融的征信系统仍未能与中央银行的征信系统实现互联互通。这在一定程度上造成了信息分散和信息孤岛的局面。这不仅造成了资源的浪费，也不利于征信系统的快速发展和建设。

7.3.2.3 征信法律法规不完善，监管不到位

政府行政监管和行业自律监管是征信业监管的两个重要方面。目前，在互联网征信方面，对相关企业的行政监管尚未做出明确的规定。在行业监管方面，我国虽已成立了中国互联网金融协会进行自律管理，但是，如何保护用户隐私、如何安全有效地处理用户信息等问题还处于探索阶段。

7.3.3 互联网金融的风险监管框架

自中国人民银行等十部门在 2015 年发布《关于促进互联网金融健康发展的指导意见》后，银保监会、最高法院以及互联网金融机构行业协会等先后审议并通过了《互联网保险业务监管暂行办法》《非银行支付机构网络支付业务管理办法》《关于审理民间借贷案件适用法律若干问题的规定》等法律法规和政策文件。基于这一系列规范化的文件，逐步形成了我国互联网金融监管细则，其总体框架内容主要包括以下三点：

（1）健全监管制度，规范互联网金融市场监管秩序。互联网金融监管首先要细化管理制度，切实营造好市场健康发展的良好环境，包括：①互联网行业的准入管理，如规定互联网金融机构最低注册资本、建立机构的信息披露制度、履行好风险提示职责等；②严格执行合格投资者制度，提升投资者保护水平，规范互联网投资者的保护水平；③积极鼓励有意义和价值的互联网金融创新，整合大数据优势实现统计数据和信息共享，切实提升国家对互联网金融机构的精准扶持能力，从而促进互联网金融创新走向正轨，建立良好的研发氛围。

（2）分类指导，明确互联网金融监管职责。按照"依法监管、适度监管、分类监管、协调监管、创新监管"的原则，确定以网络支付、P2P 借贷、众筹融资、互联网理财、互联网保险为主的互联网金融业态监管对象，落实监管责任和业务边界，分业监管和综合监管并重，分工明确避免多头监管，综合协调预防监管死角。

（3）成立行业自律协会，充分发挥自我监督的主动性。充分发挥互联网

金融协会等行业自律组织在规范市场行为和保护市场主体合法权益方面的积极作用，明确行业自律惩戒机制，切实提高行业自律的约束力。同时，行业自律协会还应树立互联网行业服务经济社会建设的积极形象，弥补政府监管上的不足。

7.3.4　互联网金融信用风险防范决策支持

国务院办公厅于 2016 年 4 月印发了《互联网金融风险专项整治工作实施方案》，明确指出要鼓励和保护真正有价值的互联网金融创新，严肃整治各类违法违规金融乱象，防范风险，建立监管长效机制，不断促进互联网金融健康稳定发展。其中，防范互联网金融信用风险恶化、支持其健康发展的重要保障举措是建立智能化的互联网金融信用风险防范决策系统。就其实现内容来看，互联网金融信用风险防范决策支持主要包括风险评级、风险预警、动态风险管理等一系列全流程、智能化的决策支持系统。

当前，传统金融行业已将大数据技术广泛应用于信用评估、贷前贷中贷后管理、欺诈检测等各个信贷监管环节中，体现出了广泛识别多样风险类型、快速识别风险且风险识别结果精准等许多优点，对金融风险的防范起到了显著作用。大数据技术本是以互联网为支撑的行业，用基于互联网的技术来解决互联网金融的问题是个很好的思路。互联网金融企业普遍内控薄弱、消费者保护意识欠缺，寄希望于企业自律监管是不现实的，必须依赖于行业监管。但同时，互联网金融中的"混业跨界式"经营模式风险隐蔽性强，给行业监管带来了很大难度，这对风险防范的技术手段和技术水平也提出了更高的要求。

从国外发达国家的实践来看，有关互联网金融信用风险防范决策支持的应用研究热度逐渐攀升，一方面金融监管当局指定专门机构，通过加强政策研究规划来统筹、协调、促进相关产业应用发展；另一方面民间金融监管创新百花齐放，大批金融科技型企业应用大数据技术手段来监控金融创新的潜在风险。

我国的有关应用研究也在如火如荼地开展。例如，栾江霞等（2018）通过采集接入公开互联网数据、业务存证数据和线下举报等第三方数据，设计了针对不同行业的风暴指数模型，以实现对互联网金融企业风险的实时评估。许泽玮（2017）通过构建互联网金融风险警情、警兆、警源及变动趋势等指标，提出了建设全国性的互联网金融风险监测预警平台的建议。

7.3.5　互联网金融信用风险控制体系

目前我国还未建立有效的专门针对互联网金融的风险监管体系，行业风险伴随着互联网金融的快速发展而频繁发生。从国外的发展经验来看，互联网金融监管一般基于现有金融监管制度而来，例如英国的互联网金融监管制度沿用了综合监管，而美、法等国则沿用了分业监管机制。虽是沿用，但其中也有创新。以英国为例，在中央银行的领导下，分别设置有金融政策委员会、审慎监管局和行为监管局以取代原来的金融服务局。其中，行为监管局重点负责以网络支付、P2P 借贷、众筹融资等为代表的互联网金融业务，并逐步纳入其他互联网金融主体。美国由于是分业监管，因此是按互联网金融的业务类型进行监管的，例如互联网金融中的网络支付业务就被纳入货币转移业务监管中，并由联邦存款保险公司履行监管职责，而 P2P 网络借贷、众筹融资等业务则被纳入证券监管结构中，并由证券交易委员履行监管职责。此外，为了保护互联网金融消费者的权益，促进行业的健康发展，自 2010 年起，按照《多德-弗兰克法案》的要求，美国还设立了金融保护局。同时，美国执行的还是联邦和州的双重监管体制，除了前述的分业监管部门外，各州政府还成立了专门的互联网金融监管机构，将监管功能落到实处。

总体而言，在互联网金融企业的监管实践中，相比于分业监管，综合监管能够更有效地避免监管真空地带、减少灰色空间，避免多头监管、监管套利等现象，节省监管成本。但综合监管也存在一些不足，例如过度监管、缺乏监管机构之间的约束等。因此，就当前的实践经验来看，各国采取的主要措施是综合监管与分业监管并重的手段，以便更好地实现互联网金融风险控制的目标。

7.3.6 对互联网金融市场信用评估及其管控机制建设的建议

互联网金融市场的主体是互联网金融企业，其与传统金融企业不同之处在于，互联网金融企业的风险要同时面对金融行业和互联网行业的交叉性，故其风险比传统风险要高得多。在其面对的众多风险类型中，信用风险又尤为突出。从风险全面管控的角度来看，其管控机制无外乎内部控制和外部监管两方面。内部控制指的是基于全面风险管理的互联网金融企业内部风险控制，外部监管则是指政府等监管部门对互联网金融行业的风险监管。

7.3.6.1 互联网金融企业内部风险评估及控制

（1）建立完备的风险控制流程。通过科技的进步、技术的创新，打造一支专业的风险管理团队来管控企业内部风险。既包括传统金融机构项目流程上的内控管制，也包括互联网技术带来的信息安全管控，能够抵御网络上的各种攻击和威胁，确保互联网金融运行所需的各种软硬件的安全性。

（2）完善信用评价体系。互联网金融企业自身的风险控制依赖于社会信用体系的建设，征信体系的建立可以有效减少信息不对称造成的互联网金融交易中的违约、欺诈等行为，有利于互联网金融企业完善对客户的信用风险管理。同时，公开透明的信息也有利于促进互联网金融企业的规范化，有利于行业健康可持续发展。

（3）加强行业自律。当前互联网行业环境整体鱼龙混杂，相对于外部监管而言，行业自律对互联网企业主动加强自我约束往往更有根本价值。因此，建议充分利用互联网金融业协会的引导作用，尽快规范行业自律标准，创建公平的市场环境，进而有效促进互联网金融行业健康持续发展。

7.3.6.2　互联网金融行业风险评估及控制

与传统金融相比，互联网金融行业具有更强的脆弱性和负外部性，加上信息不对称带来的逆向选择问题，会引发投资人对互联网金融的不信任，因此仅依靠企业自身的风险内控是远远不够的。在这种市场缺陷下，良好的监管机制可以从外部帮助互联网金融企业降低信用风险。监管机构对互联网金融行业实施有效的风险评估及监管是非常有必要的。

（1）健全互联网金融法律法规体系。建议充分吸取国外先进经验，健全我国互联网金融相关法律体系。欧美发达国家普遍通过不断修订和完善传统金融法律体系，使之能够适应互联网金融行业的监管要求。我国可以借鉴这方面的经验，例如加快证券法、票据法等传统金融法律体系的修订工作，出台类似于"放贷人条例""网络购物条例"的法律法规等。

（2）构建符合中国国情的互联网金融监管机制。基于互联网金融的业务发展特点，明确监管主体，促进监管合作。在我国分业监管的背景下，针对所涉及的不同领域，打造统一的数据平台。也要按照明确分工又相互合作的监管原则，对监管层次和监管内容等进行更为细致的划分，同时加强监管机构间的密切合作。

（3）完善互联网金融行业的市场准入和退出机制。在互联网金融的众多业务模式下，目前只有第三方支付业务的准入标准规则制定得较为详细，其他领域尚较模糊。根据金融机构自身对风险的承受能力进行层次划分，逐步建立互联网金融行业准入细则，防止不符合要求的企业进入而扰乱了市场。同时，需要通过建立健全市场退出机制，来保障当互联网金融企业经营过程中出现重大风险、遭遇损失或者发生违法行为时，投资者的合法权益能够得到继续保护。

（4）构筑符合中国舆情的监管机制。目前，我国需要参考发达国家的相关监管经验来不断提升自身的舆情监管能力。美国早在2008年就要求在美国本土运营的P2P平台必须依照证券法的规定进行产品的登记，同时，不符合美国证监会（SEC）要求的 P2P 平台不能进行业务交易。因此，美国已具有非常丰富的 P2P 舆情监管实践经验。通过如此严格的监管，美国境内运营的 P2P 平台几乎没有出现过舆情危机，大大促进了互联网金融的规范发展。

7.4 互联网金融信用风险评估与管控的技术应用

7.4.1 互联网金融风险与舆情挖掘

金融舆情一般是指社会群体针对某一金融事件表达出的情绪、意见与看法等。与一般舆情相比，金融舆情传播速度快、影响范围广，且传播者呈现显著的情绪化特点，极易出现非理性行为。例如，董志学（2017）研究了 P2P 金融舆情呈现出的地域性特征，即不同地区出现的金融舆情影响范围和恶劣程度不同，同时金融机构之间的相互波动关联性会使得金融舆情出现"以点带面"的扩散特点，因而舆情预防与处理难度极大。

除此之外，互联网金融中显示出羊群效应，与舆情风险叠加，后果更为严峻。谢平等（2012）、刘海二（2015）论证了互联网金融所具有的虚拟性特点增强了信息不对称性，这种特性继而又推动了羊群效应的出现。若互联网金融中的羊群效应超过了一定的界限，就会引发市场上持续的过度反应，如发生挤兑等，加快危机的生成脚步，扩大信用风险的影响范围。

对互联网金融中的金融舆情进行挖掘分析是个跨学科的交叉领域，单靠某一个学科的理论或知识往往会捉襟见肘。以往的研究表明，应对金融舆情风险，至少需要金融学、互联网、新闻学、传播动力学等学科的理论与实践的共同支持。

国外在这方面的研究相对比较丰富，以 Vega C. 为代表的一批学者关注主流媒体等渠道释放的舆情对投资者行为的影响，他们从投资者的视角分析资本市场的舆情信息传播及投资者情绪的变化带来的影响，取得了一些令人瞩目的研究成果。随着互联网应用的不断深入，主流媒体的舆论影响地位逐渐被自媒体等渠道取代，新媒体的影响力日益提高。国内近年来有关文献剧增，主要是基于舆论动力学来分析金融舆情发生与传播的机理、演化规律、影响等内容。

为了将舆情风险纳入互联网金融平台风险的整体评价，王梦佳（2015）将网贷之家中网民的评价作为一个舆情指标对 P2P 平台的信用风险进行建模，利用 logistic 回归预测了 P2P 企业违约风险，通过实证研究证明该模型能够达到预警 P2P 企业违约的目的。贾南宁（2017）将舆情作为金融企业声誉指标的评价来源，通过风险来源分析、利益相关分析、极端舆情事件压力测试等方式构建评估框架。

7.4.2 互联网金融风险与社会网络分析技术

近年来，社会网络分析方法与技术被广泛应用于经济管理和社会研究等多个学科领域。将经济行为嵌入社会网络结构中进行研究的视角最早由美国斯坦福大学的学者 Mark Granovetter 于 1985 年提出。基于此，经济行为带来的金融风险也需要被纳入社会网络结构分析才能获得更全面的认识。此外，互联网金融下的风险表现与传统金融下的表现形式有很大不同。互联网金融中的风险不仅是外在风险，而且每个参与主体的内生风险都会经过多重耦合嵌入社会网络结构中，从而造成了"社会风险放大"。

互联网金融中的社会网络与传统金融相比，具有节点多、密度高等特征。以银行为例，传统金融中的关系相对简单，一般只在银行与客户间发生金融关系，而客户与客户间一般不会发生直接金融关系；但是，互联网金融的兴起使得各类金融机构与客户间，甚至客户与客户间都呈现出错综复杂的社会网络关系。从监管层面来看，互联网金融中的这种社会网络特性使得互联网金融具有单笔风险分散、群体风险聚集的两面性。不同于传统金融"太大而不能倒"，互联网金融中的"太多链接而不能倒"和"太快速而不能倒"的现象对监管也提出了更高的要求。

此外，从化解个体风险的角度来看，互联网金融可以利用社会网络中的义务、责任、激励的统一来增进网络中的信任。互联网金融中的关系大多为弱关系，对于交易双方而言意味着更大的不确定性。投资者和互联网金融平台都希望通过可信渠道获得借款人的信用信息，来增进彼此的信任，有利于市场中各方交易主体。这种"互惠、共赢"的机制对网络中的社会关系同时施以义务、责任约束和利益激励。依托网络中的链接为载体，义务、责任、激励在社会网络中得以扩散传播。李琦（2015）证实了在互联网金融中，社会网络对改善信贷交易信息不对称问题的积极意义。例如，阿里在其 B2B 平台上，设定了组团担保体制作为信贷义务约束；在其线上 P2P 中，也增加了基于社会关系的责任和义务约束，从而提高了交易主体之间的信任度。

7.4.3 互联网金融风险与跨平台信用演化分析

互联网金融是互联网技术与金融产业全面结合的结果，在其风险演化方面，延续且放大了传统金融中的信用风险、流动性风险、市场风险等；加之受利益驱使，互联网金融存在将资金流向高风险投资的倾向，片面强调高收益、风险披露不足等一系列问题。互联网金融开辟了传统金融投资领域以外更多的投资方向，给市场上的投机者带来了更多的投资机会，但资金的大规模流动，也加剧了金融风险传播的可能性。此外，股市、汇市、期市相互关联，跨平台的关联交易在给金融市场带来波动的同时，其跨平台的风险演化也不利于社会经济发展的稳定性。

从互联网生态圈的角度来看，互联网金融生态圈是在信息高度分散又互有关联的互联网背景下发展起来的，并沿着多边市场和全产业链不断延伸，故其风险具有显著的关联性和动态性。关联性主要表现为随着经济的发展变化，由于内在业务的相互关联等，互联网金融生态圈中的各个主体风险存在较高的相互传染可能性。而动态性则表现为互联网金融中的风险特征会随着互联网生态圈的结构或组织形态上的变化而发生变化。例如，某个互联网金融平台在 PC（个人电脑）端平台和手机端平台的产品会存在平台生态系统内利率同质的竞争风险，同时其中任意一个端口的账户信息泄露风险会通过系统框架的内在关联性传染到另外一个端口上，这种风险的相互传染带来的危害通常比传统金融要深远和广泛。

云佳祺（2017）构建了基于 Diamond&Dybvig 模型的互联网金融风险传导模型，理论分析验证了当互联网金融机构的风险传导至其他行业或金融机构，将会导致行业乃至整个金融市场的风险，还可能引发系统性风险，最终给实体经济带来重大损失。杨玉波等（2015）基于平台经济学组织演化的视角，系统地分析了互联网金融平台组织生态圈，提出互联网金融风险兼具内外双源结构。而其中内生风险植根于互联网金融的核心，将导致互联网金融平台在结构上出现塌方式断裂，从而引起其出现功能性萎缩，甚至生态死亡。

7.4.4 互联网金融风险的区块链融合控制技术

区块链技术是以"去中心化"和"去信任化"为核心的共享数据库，具有不可伪造、全程留痕、可以追溯、公开透明、集体维护等特征，从而创造了可靠的合作机制，奠定了信任的基础。

区块链对互联网金融风险的融合防范主要以区块链征信系统为基础。区块链征信系统可以解决信用数据共享与征信企业经济利益间的矛盾，通过组建"网络信贷服务企业联盟"等形式构建"共享金融"。区块链技术保证了成员企业可以随时访问客户征信数据，也保证了数据库中数据的安全与不可篡改。同时，数据采用节点同步的方式也保证了这种数据共享的及时性。此外，区块链技术通过加密手段或者分布式的特征还能够对互联网金融交易的过程进行追溯，从而保证了交易安全，降低了互联网金融平台的信用风险。

除此以外，区块链技术在金融信息处理、金融资源配置、第三方支付等方面也展现出其特有的优势。例如，2018 年，AlipayHK 已经实现通过区块链技术向菲律宾钱包 Gcash 直接汇款，链上 3 秒即可完成跨境支付。据悉，区块链技术被引进电子钱包后，不仅大大提升了跨境转账的速度，降低了交易成本，同时使得整个交易过程的透明且可追溯，大幅降低了洗钱风险。同期，基于区块链技术的金融衍生工具，例如 Ethereum、SIA、比特股等纷纷粉墨登场，并呈现出外溢趋势。目前，由世界银行开发的跨境支付 Ripple 也已经开始了实验性应用。截至 2019 年 1 月底，其已与超过 200 家金融业客户签订了合作协议，提供基于区块链协议的外汇转账方案。与其他区块链平台类似，Ripple 同样能够为利益相关方提供透明且实时的交易可见性，互联网金融中的交易风险几乎可以减小到零。Goldman Sachs、JPMorgan、UBS、Barclays Bank 等著名的国际金融机构在票据交易、票据签发和票据赎回等金融业务上也引入了区块链技术。随着区块链技术在资产认证等领域的落地，资产信息、凭证也将以区块链的形式来得到社会认可，形成数字化资产。在这一模式下，信用风险管理模式将发生翻天覆地的变化，社会征信体系将可能由中心化向分散化转化，推动互联网由单一的信息网络向价值网络演化，进而促进互联网金融的快速发展。

目前，区块链技术在我国互联网金融中的上述应用尚未完全真正落地，项目开发和市场研究还处于起步阶段。以腾讯征信、芝麻信用为代表的互联网征信机构正在积极探索区块链技术的应用。毫无疑问，区块链技术所带来的信息共享、不可篡改的信任机制等技术对普惠金融的发展意义深远，可有效缓解互联网金融中的信息不对称问题，有效降低信用违约事件发生的可能性，从而促进互联网金融行业健康发展。

7.5 互联网金融风险案例

7.5.1 互联网金融平台的信用风险——"e 租宝"事件

"e 租宝"系安徽钰诚集团全资子公司，于 2014 年 2 月成立。2014 年 7 月 21 日，"e 租宝"互联网金融平台上线。自上线以来，"e 租宝"进行了声势浩大的宣传，利用当时国家支持融资租赁和互联网金融的政策优势，其交易规模迅猛扩大。2015 年 12 月 8 日，投资"e 租宝"平台的人数达 90.95 万人，总投资额也超过人民币 750 亿元。

"e 租宝"平台快速扩张的同时也积累了众多的风险隐患。2014 年 6 月至 2015 年 12 月期间，"e 租宝"的母公司——安徽钰诚控股集团在不具备银行业金融机构资质的情况下，虚构融资租赁债券项目，并伪装成若干个理财产品的形式，以高收益为诱饵向公众大规模销售，构成了变相集资。不仅如此，"e 租宝"还违规采取借新还旧、平台"自我担保"、超额担保等形式，反复向社会公众吸收了大量资金，共非法融资达 762 亿元，涉及被诈骗的投资人超过 115 万，造成了极为恶劣的社会影响。

近几年，以 P2P 网贷为主的互联网金融在疯狂发展过程中爆发了大量风险事件，"e 租宝""玖融网""网信普惠""小狗钱钱"等平台相继"爆雷"。部分平台资金链断裂、兑付困难、倒闭跑路，一些平台还涉及非法集资等违法行为，对行业发展的破坏不容小觑，让社会公众对互联网金融产生了怀疑和抵触。当前，如何对互联网金融的野蛮发展进行监管，让互联网金融回归金融本质成为当下的一个重要问题。

7.5.1.1 互联网金融平台风险交叉传染

"e 租宝"事件的爆发对整个 P2P 网贷行业产生了显著的负面效应，市场情绪急剧变冷。互联网金融企业和公众之间存在信息不对称，这一点与金融风险叠加，表现出来的现象就是整个 P2P 行业的融资规模、借款人数、投资人数等重要指标都显著走低，同样也表明了互联网金融新兴市场上存在着风险交叉传染的现象。对此，李苍舒等（2018）认为平台信息披露程度越低，出现违约风险的可能性就越大；风险缓释机制越不充分的平台，出现违约风险的可能性也越大。

为削弱单个互联网金融平台出现风险对整个市场风险交叉传染的影响，需要建立健全第三方保障系统。在"e 租宝"事件中，平台资金的托管方系安徽钰诚集团旗下的一个子公司，因为这层关联关系，实质上资金并未受到有效监管，平台可以很方便地挪用资金。通过引入第三方资金托管等保障机制，例如把银行作为第三方资金托管机构，则可以有效避免此类情况的出现，同时增强互联网金融企业的风险承受能力，降低风险在市场上交叉传染。

7.5.1.2 互联网金融平台舆情处理能力不足

互联网金融平台募集资金量大，且牵涉的投资人数量巨大。在当前信用服务市场体系建设不完善的背景下，任何风吹草动导致资金兑付不及预期时都极易引起市场恐慌，从而引发金融舆情。此类金融舆情的爆发在一定程度上真实地反映了当前风险，又随着羊群效应的折射，反过来加重了金融风险。互联网金融平台上的投资人资格审核不严，相对缺乏风险教育，易受舆论影响，产生恐慌，丧失对其他互联网金融企业的信心，同时在互联网上通过情绪宣泄、态度表露等方式继续扩散恐慌，进而影响到整个互联网金融行业。互联网上，各类理性和非理性的言论交织并存，而投资人并不具备鉴别能力，此时舆论引导就特别重要。当前，我国互联网金融行业在快速发展的同时舆情大量爆发，凸显了政府监管不足、行业自律欠缺、舆情处置能力匮乏等制约行业持续健康发展的一系列问题。

为防范及化解互联网金融舆情传染，具体应对措施包括加强舆情警示机制、建立舆情沟通机制以及聘请第三方担保公司履行担保职责等。加强舆情警示机制是指新闻媒体、监管部门、互联网金融企业等多方合作，及时觉察到危机事件发生的迹象，进而有效控制金融风险潜伏期间的舆论传播。建立舆情沟通的有效机制指加强投资人和互联网金融企业、监管部门之间的沟通，例如互联网金融企业建立 24 小时咨询热线，监管部门及时发布监管调查情况，及时制止一些不负责任的虚假言论，引导正确的网络舆论。此外，还可以通过聘请第三方担保公司履行担保职责，例如通过合作银行发表担保声明等形式稳定市场情绪，维护市场信心。

7.5.2 互联网金融借款主体的信用风险——"撸"网贷事件

"下款就卸 APP，没有钱嘛，肯定要逾期啊，凭本事借的钱为什么要还？下了款就像发工资，逾期的感觉比正常还款的感觉好多啦……"难以想象，这是 2017 年知乎平台上的一个匿名回复。从该留言来看，这位网友声称自己在 55 家互联网网贷平台共贷款 187 000 元，不仅坚持欠款不还，还用借款付首付，在当地县城买了房。拆东墙补西墙后，这位网友欠款越积越多，不得不跟家人坦白。谁料家人都支持他不还款，而且家里的亲朋好友还都纷纷来询问如何借钱，他干脆从中收取 2 个点的"咨询费"，带领大家"共同致富"。就这样，全村 500 来号人都干起了"撸"网贷的活儿。村里一栋栋小洋楼拔地而起，这位网友感到非常自豪。后来据有关自媒体报道，该村系广西玉林某个偏僻农村，全村 500 多人借了数十个 P2P 平台，不仅分文未还，平台的讨债队伍上门催收还被村里人集体打跑，甚至讨债队伍的车都被推到了田里……

通常我们都认为，"欠账"会让人寝食难安，而为什么该村群众借钱不还，却还如此有恃无恐呢？一来他们一开始就没打算还，这种"还款意愿"低下的群体在需要严格授信审批的传统金融中多半是无法获得贷款的，而互联网金融的初衷则在于服务这些传统金融无法服务的"长尾客户"。互联网金融平台业务发展虽快，但信用评价建设跟不上，某些借款人的实际风险远超平台对其的风险评价，这也是平台对借款主体信用评价有严重偏差的后果。二来大家都知道，当时互联网金融平台普遍没有被正式纳入社会征信体系，导致违约惩戒手段非常有限，这与银行等传统金融可以依法强制清收等没法相提并论。互联网金融平台找来的催收公司的人本来就不合法，只要敢上门，村里500来号人就敢把他们打得"屁滚尿流"。三来互联网金融行业整体形象欠佳，各平台或多或少都存在一些违规的问题，于是就有心存侥幸的借款人打起了这方面的主意，认为"只要赖到平台倒闭就不用还钱"，这也暴露了互联网金融平台退出机制不健全的问题。

诚然，从2013年至今，互联网金融的疯狂发展先后经历了被"神化"然后被"妖化"的过程，的确出现了一些野蛮发展带来的乱象，"暴力催收""辱母案"等侵犯人们权益的案件频发。不良资产清收自古有之，要管控暴力催收，首先还在于要让借款主体远离多头借贷、恶意借贷、不法借贷等暴力催收产生的源头。这一方面反映出互联网金融快速发展，互联网金融企业不规范经营，亟待整治；另一方面也折射出在当前社会征信体系不够完善的情况下，互联网金融中某些借款主体信用风险极大，不少"老赖"会钻征信信息不畅通的空子，出现恶意逃债等严重失信的行为。针对以上现象，可从三方面予以解决。

7.5.2.1 构建互联网金融个人信用评价体系，逐步完善社会征信体系

互联网金融企业本身拥有大量的用户数据，但这些数据与金融信用信息基础数据库运行机构、百行征信等征信机构中的数据不共享，且往往都是与信贷弱相关的金融变量，如何准确评估互联网金融中借款人的信贷风险是个棘手的问题。此外，互联网金融中的借款人很大部分属于"白户"，即没有与传统金融打过交道的那类人群，社会征信体系中个人信用一片空白。如何清晰地了解这类借款人真实的信用情况，也是当前社会征信体系建设中的一大难题。

在大数据和云计算技术的支撑下，构建互联网金融领域个人信用评价体系的主要措施有三个方面：①共享互联网金融行业内的信用记录信息，既便于互联网金融企业快速审核借款人信息，也避免了某些个人信用严重透支的借款人利用平台间信息不共享在多个平台上借款，有利于互联网金融企业间实现征信记录共享，降低违约率。②互联网金融企业接入中央银行征信系统，获得征信支持。目前，在传统金融领域，中央银行的征信系统作为规模最大、录入人数最多、覆盖范围最广泛的信用信息数据库，依然具有很强的实用性，但当前互联网金融企业与中央银行征信系统的对接仍在建设中。③借鉴美国的发展模

式，落实我国《征信业管理条例》中的要求，通过对现有的征信系统整合、积极鼓励和引导民间资本发展第三方征信机构、引进国外先进的第三方征信机构等方式完善我国社会征信体系，从而造福互联网金融行业。

7.5.2.2 互联网金融中的"恶意逾期"被逐步纳入社会征信体系

相关监管部门于 2018 年 8 月下发了《关于报送 P2P 平台借款人逃废债信息的通知》，该通知要求各地上报借风险事件恶意逃废债的借款人名单，并将其纳入征信系统和"信用中国"数据库。随后，同年 10 月，第一批 P2P 平台上的恶意逃废债借款人信息接入中央银行征信系统，包括上海、深圳、北京等多地的网贷失信人信息，其总逾期金额近 2 亿元。

截至 2019 年 9 月底，据不完全统计，已有超过 60 家 P2P 平台对接百行征信等社会征信体系，这些平台会定期上报失信人信息，这意味着这些"老赖"们钻信息不共享空子的"好日子"到头了。同时，监管对这些"老赖"的惩治手段也在逐渐丰富，比如限制乘飞机等高消费、多渠道实名制曝光等。这些对失信人不诚信的处罚措施将有利于平台的正常催收，保护互联网金融投资者的合法权益。

7.5.2.3 完善互联网金融企业退出机制，保护投资人合法权益

一个成熟的金融市场必然有市场的自然更迭和优胜劣汰，因此需要正确处理互联网金融企业退出问题，防止风险连锁波及带来破坏。当前的监管政策正在逐步明晰，针对互联网金融行业层出不穷的业务模式，因地制宜地采取合适的监控方式，构建动态风险监测预警机制，监测运营资金安全、期限错配等风险动向，及时发出警示信号，提前"清场"，防止风险集中暴露。此外，还应针对性地完善互联网金融行业法律法规，对于互联网融资平台，尽快出台相应的法律法规，明确借款人、投资人、互联网金融企业之间的权责关系，在市场准入与退出、合同签订、信用管理等方面明确具体规范措施，避免平台解散跑路后投资人的利益无法保障。

8 基于信用的区域系统性金融风险智能监测与预警

8.1 区域系统性风险防控的背景和意义

当前，在我国地方金融活动蓬勃发展的同时，也暴露出非常严重的风险问题，例如资本系（链）崩溃、巨额非法集资和金融机构违规经营等。这些地方金融风险在金融系统中有着错综复杂的关联关系，容易向全国蔓延并受国际环境影响，从而造成系统性金融风险并威胁国家金融安全，特别需要对其进行金融风险的识别、监测、预警和防控。

金融安全是治国理政的一件大事。习近平总书记在第五次全国金融工作会议上强调了防止发生系统性金融风险的重要性和紧迫性。在国家金融安全体系中，地方金融风险管理具有特殊的重要性，具体表现在两个方面：

（1）地方金融风险管理是一个崭新的挑战。地方金融系统微观主体类别很多，包括金融机构、上市公司、非上市公司、家庭/个人和地方政府。其中，地方金融机构具有特殊性，除了纳入中央监管机构监管的大型金融机构及其分支机构外，还包括根据中央要求纳入地方金融监管范围的 11 类地方金融主体，包括小额贷款公司、融资担保公司、区域性股权市场、典当行、融资租赁公司、商业保理公司和地方资产管理公司七类金融机构，以及投资公司、农民专业合作社、社会众筹机构和地方各类交易所四类金融机构。大多数地方金融活动不被纳入中央监管机构的监管范围，主要由地方金融办兼职监管，缺乏专门监管机构，是金融监管的薄弱地带。同时，传统金融风险管理理论和技术不适用于地方金融机构的风险管理。这是由于传统金融风险管理依赖于完善的财务数据和风险内控流程，但地方金融机构财务数据和风险内控体系大多缺乏规范，这给地方金融机构的风险管理带来了新的挑战。

（2）地方金融风险容易向全国蔓延而造成"边缘革命风险"。地方金融系统中各微观主体形成了一个复杂的关联网络，使得金融风险会在复杂网络中传导和蔓延。地方金融活动处于缺乏专门监管机构进行专业监管的边缘薄弱地带，容易发生重大金融风险事件。比如，一些地方企业的非法集资活动往往结合网络传销手段进行疯狂扩展，从一个地方向全国蔓延；但在监管方面，中央监管机构没有监管权限和数据，地方金融管理机构又缺乏足够的专业力量且不能在全国范围进行监管，于是非法集资得以野蛮生长，一旦风险爆发，则会造成极为严重的金融风险事件，例如"e租宝""钱宝网"事件。又如资本系风险，地方上市公司往往通过控制地方金融机构作为进行资本扩展的融资渠道，一旦风险爆发，不但对地方金融经济造成极大冲击，更对全国金融市场系统造成严重威胁，例如"德隆系""海航系"等风险。但作为上市公司监管主体的证监会和交易所又不具有地方金融机构的监管权责和缺乏有关数据，难以对资本系风险进行识别和监测。这种地方金融风险造成的重大风险可称之为"边缘革命风险"，即在复杂金融网络系统中，导致危机的风险往往从比较边缘和薄弱的地方爆发，由小变大，不断蔓延，最后导致全局崩塌。"边缘革命风险"不局限于社会风险，金融风险也存在同样的规律。例如我国股市 2015 年异常波动（俗称"股灾"）的重大金融风险事件就起源于游离在中央监管体系之外的场外配资和伞形信托等高杠杆融资活动。可见，"边缘革命风险"是一种严重的系统性风险。如何防止地方金融风险通过复杂金融网络进行积累和蔓延，是维护国家金融安全面临的重大课题。

习近平总书记在第五次全国金融工作会议上对地方金融安全管理提出了明确指示：强化属地风险处置责任。为落实中央指示精神，各地提出要把主动防范和化解系统性风险放到更加重要的位置上，牢牢守住不发生系统性、区域性风险的底线。

大数据与人工智能这两个前沿技术的融合成为必然的趋势，而金融是大数据和人工智能融合的重要领域，特别是在金融安全问题上，更是一个重要的突破口。因此，在国家金融安全上升为治国理政大事、实施大数据战略和新一代人工智能发展规划等国家重大战略支持下，大数据与金融安全、人工智能的交叉融合面临重大机遇，有望在以下几个前沿领域取得突破：

（1）推动大数据与人工智能深度融合的计算金融技术取得突破。大数据在金融领域的应用已经成为金融行业的基本趋势，金融大数据分析正走向深度发展阶段，例如用户画像、知识图谱等。金融大数据又为人工智能提供了数据引擎，计算智能通过与大数据的深度结合，例如与知识图谱的结合，在金融的风险控制、投资研究等很多金融场景得到了很好的应用，取代了很多重复性、经验知识性工作。但是，金融是一个复杂演化系统，风险特征会由于微观主体和环境的变化而演化。因此，如何将金融大数据与人工智能深度融合，在金融知识图谱基础上构建反映金融系统动态关系的事理图谱，推动人工智能"感知"甚至"认知"金融复杂环境的变化和金融风险的复杂演变，将是本项目推动计算金融技术取得重要突破的方向。

（2）推动超级计算技术与大数据、人工智能和计算实验的融合发展。对地方金融安全智能预警防控系统而言，对金融大数据进行人工智能分析和风险情景演化的计算实验模拟分析，都需要强大的计算能力支撑。超级计算技术能够提供计算引擎，促进四者的相互融合发展。需要指出的是，通常超级计算机的设计初衷是面向科学计算的，在面向金融大数据分析和风险管理方面，还面临很大的挑战。一方面，金融数据的敏感性特征，对数据的安全性要求很高，并导致数据与计算资源的分离，急需超级计算机提供数据资源访问的安全性控制技术支持；另一方面，在计算实验模拟的风险情景分析中，需要对超大规模具有人工智能的行为主体进行仿真，虚拟的金融系统又具有时间顺序依赖性、多重复杂网络关联性等特点，这对多主体智能算法的并行化提出了新的挑战。因此，需要基于超级计算机，推动超级计算技术与金融大数据可信安全存储和访问控制、基于人工智能的金融大数据分析核心算法和超大规模主体智能并行算法等方面的融合发展。

综上所述，区域性系统风险的防控，是面向国家金融安全的重大战略、面向地方金融风险监测防控的迫切需求、面向金融科技和监管科技领域的发展前沿，力图在地方金融大数据采集、清洗、融合方面取得突破进展并构建地方金融大数据平台，并在掌握地方金融系统的复杂演化规律的基础上，利用超级计算机的计算和存储资源，促进超级计算与金融大数据、人工智能和计算实验的相互融合发展，在地方金融风险的监测、预警和防控方面取得重大突破，建立领先的地方金融安全智能预警与防控系统，并在地方金融风险监测防控平台和地方金融机构进行示范应用，满足地方在金融风险监测防控方面的迫切需求，为维护国家金融安全提供理论和技术支持。

8.2 基于金融大数据的地方金融系统复杂网络特征与风险演化规律

8.2.1 地方金融复杂网络的构建与关联关系度量

区域性金融系统是一个复杂的开放系统，系统内微观主体关联关系复杂，行为特征相互影响。在互联网和大数据环境下，金融系统数据来源广泛、结构多样，为地方金融风险防控既带来了机遇也造成了挑战。因此，需要做好以下几个方面的工作：

（1）多源异构数据的采集与清洗。金融大数据的采集和清洗应当包含数据采集、数据分析和系统开发三个基本环节。首先，针对大数据的采集，国内外的科研机构和科技公司均开展了相应的研究工作，并提供了各自的解决方案。例如，有研究人员针对网页客户端浏览器的脚本解析，提出了一个基于浏览器内核开发的深网采集方法——DeepBot，该方法的领域定义集合需要依赖人工提供，需要接受一组领域定义集合作为输入，指导深网资源的采集。

数据分析面临的三个主要挑战包括如下三个方面：首先，数据格式的异构性意味着分析手法必须能够针对不同的数据类型。其次，数据连接和相关性分析是大数据应用的一个典型思维。最后，数据源的海量性、多源性决定了数据表示对象属性的多维性。除了这些挑战之外，金融大数据分析还需要强调金融领域的知识应用，例如，不同金融风险个体有关字段之间的钩稽关系，缺失数据的补全需要结合金融个体的特征并进行交叉验证，等等。

（2）区域外部风险因素的冲击研究。除了前述内生的风险外，境外或域外的风险冲击和传导机制如股（票）债（券）（外）汇三市的联动效应颇受国内外学者的关注。近几年，已有相关学者以不同地域的同类市场间联动为研究对象。然而，从现有研究可以看出，国内外关于股（票）债（券）（外）汇三市跨市场的联动研究由于受数据和模型的影响而存在较大差异。在研究内容上，多数研究集中在市场收益与波动的联动性检测上，而对市场收益与波动联动性的影响因素探讨（尤其是定量分析）较少，而且还缺少在复杂网络背景下，利用大数据分析股（票）债（券）（外）汇三市之间的联动效应及其境外金融冲击的影响。

（3）金融系统性风险监测与协调监管研究。金融科技（FinTech）的不断发展催生了大量新生金融业态，跨界业务和交叉性金融产品不断涌现。科技进步不但对金融创新提出了新的需求，也对金融监管提出了新的挑战。面对错综复杂的经济金融环境，监管层需要顺应金融科技发展趋势，充分运用监管科技（RegTech），特别是运用大数据、机器学习、数据挖掘和云计算等新兴信息技术，构建系统的、完善的数字化监管体系，提高监管的动态性、实时性和准确性，有效地解决监管滞后的问题，促进金融科技的健康发展和广泛应用。针对我国的金融监管现状，已有部分研究人员对协调监管问题进行了初步的探索。除此之外，FinTech 发展所催生的"监管沙箱"能够促使监管模式发生转变，能够有效应对监管过程中的不确定性，降低监管过程中可能存在的风险，可以建立安全可靠的 FinTech 企业所需的测试环境，同时能够更好地维护消费者的相关权益。然而，现有研究对如下问题的研究还很鲜见：如何利用先进的信息系统和大数据技术，及时检测金融市场与企业的风险特征及网络传染演化动态，有效地降低监管的搜索成本；如何利用多渠道的信息数据降低监管面对的信息不对称难题，实现对诸如涉及对方监管受众、目标或工具，加强沟通与协调以便形成政策合力；如何利用机器学习等先进信息技术手段构建智能监管监测系统，实现全信息的风险识别和风险指标，建立"穿透式"的金融监管协调机制。

（4）突出的地方金融风险隐患研究。针对地方金融系统的各类"灰犀牛"风险，如地方政府债务、互联网金融平台、影子银行、房地产泡沫和国有企业高杠杆等，目前集中于风险的形成、影响因素和风险评估研究方面。然而，围绕突出的地方金融风险隐患的分析目前多基于单一数据源，采用传统计量方法进行研究。在多源异质大数据条件下，风险隐患的产生与传染源于复杂的地方金融网络。因此，研究大数据和复杂网络下突出的地方金融风险隐患理论体系，是实现地方金融安全需要重点解决的关键问题。

8.2.2 复杂网络特征提取

当前，研究人员针对微观主体的风险特征的研究，着重分析个体/家庭的非理性行为偏差，例如代表性偏误、自我归因、过度自信、处置效应、过度负债、羊群行为、赌博行为等。针对金融机构，则主要关注其信用风险、市场风险、操作风险、合规风险、违约风险、金融案件风险等。类金融机构主要的风险特征表现为以顺周期效应和非法集资风险为主。国有企业和重要民企的风险特征集中体现为高杠杆和过度负债。地方政府的风险特征主要体现为过度负债。然而，现有的研究方法局限于单一数据源以及单一风险主体，忽视了多个主体之间的风险特征关联，难以全面刻画风险主体所体现的风险特征。

这些微观主体构成的金融系统是一个典型的复杂系统，主体之间立足于资金往来、债务关系、股权关系、社会关系等维度形成了金融主体复杂网络。因此，风险监控必须采用复杂网络方法的系统性风险视角来进行研究。复杂网络是公认的能够很好地度量和描述复杂系统的建模工具和方法。金融复杂网络理论旨在描述金融市场中的参与者在微观上的相互作用关系，以揭示微观复杂性。有研究人员提出对金融网络的性质和结构的深入研究将会为我们更好地理解金融系统的动态演化提供新的方向。这其中包括用户行为的复杂网络分析、金融市场网络以及社会复杂系统研究。相关研究认为网络具有临界点特征，金融机构作为金融市场网络的节点，在一定范围内网络的连通度为网络中的节点（金融机构）提供了相互保险的机制。如果超过这一范围，金融市场网络的风险和系统的脆弱性将会随该范围的扩大而增大。此外，也有较多文献对金融复杂网络的形成机制进行了研究。然而，现有文献未能在全面刻画金融微观主体风险特征的基础上，对地方金融系统网络风险的演化和传染规律进行深入的研究。

8.2.3 基于观点演化和舆情动力学的地方金融风险演化

8.2.3.1 舆情动力学与观点演化

我们生活在充满信息的时代，每天人们从不同互联网平台、不同的社交圈子接收着大量的信息，这些信息经过人们的认知而形成自己的观点。同时，每个个体也是观点、舆论、信息的传播者，通过线下的交流互动，或者线上的转发、跟帖等行为，传播自己的观点和信息。这个系统形成一个庞大的社交网络，不同的观点和信息在这个复杂网络上进行传播。研究观点在复杂网络中的传播与演化，对舆情进行适当的监控和传播，是舆情管理的主要内容，也是社会和谐的必要条件之一。

舆论动力学的主要研究对象是观点，主要研究群体（复杂网络）中每个个体的观点的相互影响，共识达成、意见分化等过程。舆情动力学主要通过数学模型和仿真等方式来刻画个体之间的意见交互，从而得出舆论的动态演化过程、群体中的共识达成过程等内在机制。目前已有很多舆情动力学模型，这些模型通常基于不同的假设。例如，Galam S. 基于人群的从众心态，提出了多数裁定原则的舆情动力学模型。另一些模型主要基于群体中个体的社会影响力，诸如社交网络中的中心节点、拥有海量粉丝的用户等，研究群体的观点演化。近年来很多学者开始研究有限信任规则，即个体在决策时，更容易接受与自己观点相近的观点。通过这一规则，分析观点传播的内在机制。目前主要有两种有限信任规则，Deffaunt－Weisbuch 模型（DW 模型）和 Hegselmann－Krause 模型（HK 模型）。这些模型都可以扩展到社交网络中，即同时考虑有限信任原则和网络拓扑结构对观点和意见达成共识的作用。此外，现实情境下，通常有意见领导者和意见跟随者的角色存在，以及环境带来的噪声对观点传播的影响。如何综合地考虑这些情况，建立能够更好地拟合现实情境的舆情动力学模型也是目前的研究热点。

8.2.3.2　地方金融风险演化

从广义上来说，地方金融系统主要由地方政府、银行、保险等金融机构、企业和个体工商户等实体组成。不同机构之间通常有着复杂的借贷关联，形成复杂的资金流动网络。网络中某一核心节点的违约或者破产都会影响整个地方金融系统的稳定性。此外，地方金融机构受自身资金量规模限制，通常比较脆弱。对于这些机构来说，即使很小的风险也可能会影响其生存和发展。近年来，P2P 等网上借贷平台迅猛发展，这些以互联网为依托的金融机构也成为地方金融系统的重要组成部分。这些平台的发展吸引了大批民间资金，非法集资、圈钱跑路等现象频发，使得地方性金融风险问题突出，为地方金融监管带来了很大的挑战。同时也让整个金融网络的连接更加复杂多变，风险演化过程中充满不确定性。如何在复杂的地方金融系统中，进行风险传播和演化的推演，找出影响金融系统稳定的关键节点，在危机发生时，政府进行针对性的救市，是控制地方金融风险和审慎监管的重要前提。

舆情动力学中的很多概念和理论可以被用来进行地方金融风险演化的推演和仿真，例如基于有界信任原则的观点演化模型，观点相近的个体之间更容易进行观点的传播。而在金融系统中，连接更紧密的实体之间，也更容易受到彼此的违约等风险的传导。此外，与观点演化相同，金融系统中也存在影响力很大的中心节点，这些节点通常在整个系统的风险传导和演化过程中起着决定性的作用。当然，将这些理论完美地应用于地方金融风险的演化研究也充满了挑战。首先，地方金融系统中的个体具有非同质性，不同类型的个体在系统中的作用也各不相同。而在舆情传播中，参与者只有个人，在观点传导过程中发挥的作用相对同一。如何分析异质结构系统的风险传播与演化是将舆情动力学理论应用在复杂金融网络中必须要解决的问题。其次，地方金融机构的脆弱性、机构之间关联的复杂性和隐秘性，使得整个系统充满了不确定性。如何在具有噪声的复杂网络中推演金融风险，也是一项挑战。最后，与舆情监控不同，金融风险具有多样性的特征，不同类型的金融风险的传播模式和传染力度也会有所差异。因此，针对不同的风险，进行有针对性的监控和防范是十分有必要的。

8.3 地方金融系统运行监测与风险预警指标体系

8.3.1 地方金融系统运行监测与风险预警指标体系的建设目标

（1）加强金融数据基础设施建设。金融系统包含丰富的多源异构超高维大数据。例如，在数据来源方面，有来自金融机构的交易数据、运营数据，也有来自企业的财务数据，以及反映企业活动的税务、市场监管数据，反映经济环境的政府经济运行数据、互联网信息披露数据、行业发展数据和投资者舆情数据等；同时，这些数据又是异构的，例如交易数据和运营数据一般是结构化的数字数据，投资者舆情数据一般是非结构化的文本数据。金融数据具有敏感性特征，金融机构数据存在隐私和保密要求，这增加了金融大数据融合的难度，也对金融数据资源的基础建设和数据协调提出了较高要求。

实现地方金融运行动态及区域性系统风险智能监测和预警，必须首先做好金融数据基础设施建设工作，涉及金融数据层面的资源部署、存储优化、安全保护等方面。金融系统涉及丰富的数据源、海量的数据、超高数据维度以及多样化的数据格式等，针对金融数据的价值挖掘和知识挖掘面临诸多挑战。数据集成和融合就是解决这些挑战的关键之一。因此，必须建设满足风险监测和预警需求的数据采集、处理、存储和融合的基础设施，建立金融数据的集成管理平台，实现金融数据的融合、处理、访问和可视化等。

（2）建立科学的金融系统风险指标体系。要实现风险的智能监测与预警，首要的工作是要建立完善、准确的风险指标体系。地方金融风险指标体系的建立，需要借鉴国外的做法，并结合我国国情和地方金融运行动态的实际，坚持全面性、准确性、科学性、互补性和显著性的原则，建立一套符合国际惯例和地方实际的指标体系。

在指标体系的构建过程中，可以基于大数据的多维度角度进行风险特征指标构建，指标体系可以涵盖以下几大种类：主体（企业）信息详情、主体（企业）关联信息、主体（企业）经营信息、主体（企业）司法信息和主体（企业）知识产权信息等。在大数据框架下，对主体（企业）进行金融风险的系统性分析，其中也包含"风险预警"和"风险传染指标"等方面，从而建立对主体（企业）的动态监测与全面的风险预警系统。

我们需要从金融大数据与复杂网络关系视角，研究金融机构、公司（企业）、政府监管部门的网络图谱数据库，结合金融领域积累的财务和风险分析知识，运用知识图谱研究传统财务风险指标的表征和选取，以描绘微观个体的风险情况。同时，需要基于舆情大数据，发现和提取舆情数据中的关键风险指标，并对影响网络舆情传播过程的因素进行分析与梳理。此外，还需要建立一套融合企业债务网络与高管社会关系网络结构的金融风险传染评价指标与防控体系。在上述金融市场的微观主体网络、舆情网络和社交网络研究的基础上，我们还需要充分考虑地方金融风险在各个网络内的关联性和传导性，研究多个异构网络结合与传统财务指标体系的差异，并将多方面指标进行综合集结。

（3）构建实时动态的金融市场运行监测与预警系统。要实现地方金融运行动态及区域性系统风险智能监测与预警，必须在计算环境和计算能力的基础上，结合先进的算法，构建动态的监测和预警系统。因此，需要从金融大数据的结构上探讨其数据量大、多源异构及快速更新的特点，依托超级计算机的计算能力，搭建涉及金融风险指标和异常事件的流数据处理和大数据挖掘平台，研究金融风险指标和异常事件等实时流数据的传输、存储和数据挖掘并行化算法设计等。另外，通过数据和算法接口，在计算平台上实现基于金融大数据的地方金融风险指标和异常事件实时动态获取和快速挖掘，我们还需要研究金融风险指标流数据在演变、转化中的科学原理和处理方式，分析流数据中隐藏的金融风险指标获取过程中的科学规律和数据结构需求，并设计适合金融大数据风险指标动态快速分析的智能算法，基于人工智能和机器学习的方法，实现金融市场运行的实时动态监测。

同时，我们还需要建立金融风险的应急处置与快速响应机制。重点分析地方债务、互联网金融平台、影子银行、房地产泡沫、国有企业高杠杆、地方金融机构和交易所违规经营等方面存在的风险隐患点，控制风险隐患可能的蔓延和扩散路径，谨防"灰犀牛"风险；研究不同种类风险隐患和不同风险水平下的影响，提出对应的应急处置流程和方案，建立健全金融风险隐患处置应急管理体系；研究基于决策理论和人工智能的应急方案动态评估模型，监控金融风险隐患处置措施的有效性，并落实各责任主体的处置执行情况，建立动态问责追责机制。

（4）促进区域系统性风险防控方式的转变。传统的金融风险管理理论和技术基于历史数据的数理建模或者统计分析，基于静态系统做出的"预测—应对"无法刻画地方金融风险传导和演变的特点。因此，需要促进区域系统性风险防控方式的转变，由静态的"预测—应对"方式转变为实时动态的

"情境—应对"方式。我们必须依靠人工智能、大数据、计算实验等关键技术，针对具有典型性的金融系统主体，对系统主体的适应性行为建模，进行金融系统网络关联特征建模，构建"情景—应对"型区域系统性风险智能防控系统，提出基于地方金融风险情景演化分析的合理防控机制。

（5）完善区域系统性风险防控中的数据共享机制。对地方金融微观主体进行画像研究是实现风险智能监测和预警的重要前提。针对地方金融系统中的11类微观主体的特征，需要全面采集不同类别微观主体的基本情况信息、财务信息、市场监管、税务数据、网络舆情等数据，基于大数据融合技术，使用大规模、多维度的多源异构数据对微观主体进行全息画像分析，从而实现多维度微观主体全息画像，包括微观主体工商注册信息、市场行业信息、法人治理、公司关联方信息、公司金融财务风险管理、财务数据、非财务数据、媒体数据、产权信息和其他维度等。另外，要想实现各类信息的共享，需要完善数据共享机制和隐私保护机制。

8.3.2 面向系统性风险监测与预警的传统金融指标选择、修正与衍生

8.3.2.1 金融风险监测方法

目前，国内外已经开展了基于大数据的金融市场和预警系统、信用体系中的系统性风险等方面的理论和实证研究。这些研究可分为：科创型企业信贷市场监测，非银行金融机构信贷风险监测以及完善金融安全防线和风险应急处置机制等。

科创型企业信贷市场是实体经济发展的重要支撑，也是供给侧结构性改革中产业结构改革的有力保障。现代金融网络是金融市场发展形成的主要行业特征，研究基于网络的科创型企业信贷风险是当前理论研究的主要分支之一，该领域的研究可以分为信用风险研究和网络风险研究。研究人员建立了一种网络模型，在相互关联的银行资产负债表的基础上暴露系统性风险，并提出了风险宏观审慎方法的系统价值。同时，有研究人员利用非齐次导图研究了金融网络中的级联过程和渐近传染，并提出了在管制政策中对传染性风险敞口最小的资本比率。

非银行金融机构又称影子银行，主要包括政府融资平台和民间借贷机构。哈尔滨工业大学的研究人员总结了包含金融的风险与监管在内的与互联网金融有关的国家战略需求和关键科学问题。已有的众多研究工作分析了宏观市场风险的传染和网络传播模型。学者们主要通过市场网络之间的风险传染和传播机

理，研究市场风险点识别和应对，研究对象包括金融复杂网络（complex network）、金融生态系统（ecology for bankers）、金融监管以及跨境资本流动风险等。还有研究人员演绎了金融系统网络风险形成过程，对于民间融资平台风险同样存在网络风险传播问题。有研究人员指出了 macro prudential（宏观审慎）的两个框架，明确了金融机构对系统性风险贡献进行鉴别的重要性，特别是指出了金融监管和理论研究的主要挑战，提出了关于金融机构资本充足率管理的原则。

8.3.2.2　基于机器学习和深度学习的金融数据挖掘

近年来，基于深度学习的自然语言处理技术的文本处理能力得到了很大的提升，可以很好地识别、抽取和分类此类非结构化文本信息，为金融风险评估领域引入了大量新型数据指标。

对中国互联网金融举报信息平台上的非结构化举报数据进行智能获取和挖掘的关键是通过基于深度学习框架的自然语言处理技术提取举报中的结构化数据信息。研究人员使用基于注意力机制的 CNN 模型，在一个情感分类的标准数据集上取得了很好的效果，超越了几个该数据集上表现较好的模型。此外，还可以使用双向语言模型去强化 LSTM+CRF 的组合模型，使得该模型在两个标准数据集上都获得了最优的效果。在金融舆情评价方面，评论的情感极性指标及句子情感分析是一个研究热点，包括研究情感的极性以及强度。而另一些研究人员则使用了基于混合特征的 CNN 模型，实现了情感的强度分析，他们的模型具有很强的鲁棒性，能够在多个领域的强度分析中取得很好的效果。

8.3.3　基于网络舆情的地方金融风险监测预警指标的构建

网络是广大投资者和网民发表意见、展现态度和情感，进行观点传播与互动的核心载体，也是树立企业形象、增加企业影响力的主要渠道。不同的社交平台和论坛例如微博、微信朋友圈、雪球网等，每时每刻都会产生大量的信息。这些信息通常为文本形式的数据，其表达的内容包括对市场的看法、对某某公司的态度等个人观点，并通过点赞、评论和转发等形式进行观点传播和演化。在这一小节，我们将探讨如何利用这些网页文本信息构建地方金融风险的预警指标，并将这些指标按照提取方式的不同分为基于深度学习的风险指标和其他文本特征指标。

8.3.3.1　基于深度学习的风险指标

近年来，深度学习尤其是循环神经网络和注意力机制在自然语言处理方面取得了长足的发展。与传统的文本特征提取不同，基于深度学习的文本处理不需要对文本信息进行人工提取，直接将文本信息作为模型的输入即可。常用的深度学习工具有 word2vec、LSTM 和 Attention 机制等。其中，word2vec 直接将文本数据映射为欧式空间的向量表达，使得映射后的向量能够反映词与词之间的相似性。LSTM 和 Attention 机制则根据标签进行端对端的学习。目前已有很多被预训练好的模型，例如 transformer 等，只需根据特定任务进行模型微调，即可实现基于网络文本信息的金融风险发现和识别等任务。

8.3.3.2　其他文本特征指标

这一类指标主要指除深度学习之外的方法提取的指标。基于深度学习提取的风险指标通常具有不可解释性的缺点，而传统的文本特征具有很好的可解释性，这种优势尤其是在金融类应用中十分重要。在提取相应风险属性前，首先需要对文本进行分词和停词过滤等预处理。为了提取文本的关键词语，需要对词进行权重计算，例如基于词频、文本频率和 TF-IDF 指标衡量词在文本中的重要性。此外，还有许多基于统计指标构建的特征，例如基于互信息、信息增益率、x2 统计量等方法衡量词的重要性。除了基于文本已有的词提取关键特征外，还可以提取文本的主题词，例如基于 LDA 的主题提取可以提取文本中的投资者情绪等潜在信息。

8.3.4　基于社交网络的地方金融风险监测预警指标的构建

地方金融系统是由不同部门和法人主体构成的复杂的异质网络结构。首先，地方金融关系网络图是异质的，不同类型、不同功能属性的个体组成了网络的节点。其次，地方金融网络是多关系的网络图，即相同类型之间、不同类型之间都有关联，且关联属性多种多样，不仅包括个体之间的借贷关联、企业之间的供应合同关联，而且也包含个人或企业之间的股东、高管等关联。最后，地方金融网络是动态的网络结构，随着时间的推移，新个体不断产生，旧个体不断退出，个体之间的关系也会不断更新。如何在异质多关系网络图中构建风险指标、进行风险传播的推演是金融风险监管的重要步骤，也是目前学术研究的热点和难点。下面从个体固有信息、网络图局部和全局信息以及图嵌入和深度学习三方面特征探讨金融风险监测和预警指标的构建。

8.3.4.1　基于个体固有特征

这部分特征主要指个体与网络图不相关的特征，例如：企业的财务报告数据、政府部门的招商引资信息、银行的贷款存款等金融相关信息。通过对这些信息的搜集和提取，构建个体特征，形成比较全面的企业或用户画像，从而了解系统中个体的运营情况和预防金融相关风险。

8.3.4.2　基于网络图的局部与全局指标

网络图局部风险指标主要包括节点及相邻节点等的金融风险传染。其中的节点指标主要包括节点在网络图中的统计特征等，例如节点的中心度（出度和入度等）、与相邻节点连接的边的权重信息，相邻节点、相同社区中的风险等，这些特征能够比较全面地反映节点在局部的风险特征。网络图的全局特征则包括整个网络图的分布特征和风险在网络图中的传染信息。其中网络图的分布特征主要指网络图的生成服从什么分布，例如小世界网络等特性。比较常用的指标有 pagerank、HITS、debtrank 等，这些指标通常基于金融风险会在相邻节点之间传染的特性而建立，通过不断迭代，得到每个节点的重要性指标，从而为后续的风险建模和监控提供指导。

8.3.4.3　基于图嵌入和深度学习的风险指标

深度学习是近几年的研究热点，尤其是在文本、图片、视频等非结构化数据的处理方面，深度学习取得了显著的成效。与传统的机器学习算法相比，深度学习在处理非结构化数据上面，不需要进行人工的特征提取，而是直接将这些数据作为输入，通过不断加权和激活函数的处理，得到数据中隐含的特征，最后被用于分类、异常检测等任务。近年来，深度学习的框架也被用在了网络图数据的处理中，常见的模型有图嵌入、图卷积等。这些基于深度学习的图计算技术可以被用于地方金融风险指标提取和风险发现，例如欺诈检测等。在特征提取方面，基于深度学习的图计算主要提取网络图的嵌入表示特征。著名的算法有 Node2vec、SDNE 等，这些算法将非结构化的网络图数据和金融风险传播路径等信息映射到欧式空间，使得映射后的特征既能反映网络图的结构等特征，又能反映信用风险传播与演化信息，方便后续机器学习等任务。基于图嵌入的金融风险表示特征可以比较全面地反映节点的网络位置等信息。此外，通过标签引导的图嵌入特征也能很好地反映节点的可能的标签属性。除了图嵌入学习外，图卷积、图注意力机制等（半）监督式模型可以实现端对端的地方金融风险监控。在实际应用中，可以设计不同的风险标签，例如企业破产、银行挤兑、财务欺诈等标签，分别用不同的图卷积网络模型训练，最后得出每个个体的不同风险评级，从而实现综合评估个体金融风险的目的。

8.4 基于大数据技术的地方金融系统性风险识别与预警系统

8.4.1 大数据分析算法及其并行化

大数据具有数据量大、价值密度低的特点,因此需要有效的数据挖掘算法和分析系统对海量数据中的价值进行挖掘。在诸多大数据分析中,机器学习和人工智能方法是被广泛采用的基础算法。

大数据分析算法可以进一步细分为聚类、分类、关联分析和深度学习等算法。大数据分析技术在解决实际问题的过程中,往往面临算法效率问题,因此需要基于并行计算的框架进行数据挖掘,并设计各种基于并行框架的分析算法。特别是在处理大规模数据时,数据处理和模型训练往往会耗费大量的计算资源。所以,需要对数据挖掘和机器学习等方法进行并行化设计和研究。

8.4.2 基于地方金融大数据挖掘的风险模式识别与评估

在 20 世纪 90 年代,商业银行主要根据财务指标比率来评估企业贷款的信用风险,基于各种关键财务比率构建分析模型,找出财务比率数据与信用风险之间的映射关系,然后根据信用风险的发生情况,得出财务比率的临界值,从而判断贷款是否存在风险,其中常用的分析方法有 Z-score 模型、Logit 模型、probit 模型等。20 世纪 90 年代以后,许多商业银行运用数学方法和金融理论,建立了信用风险定量分析的统计模型,主流的模型有 KMV 法、信用度量、信用风险等。然而由于这些统计模型存在财务假设严格等缺点,而且银行贷款信用风险分析本身是一个非线性问题,为此,许多学者考虑应用神经网络等非线性模型进行分类和预测。这些神经网络模型通常在一台机器上运行,并且在没有严格的财务假设的情况下被成功地应用于相对较小样本数据集的管理。

随着金融风险评估数据库处理量的不断增加,利用大数据技术解决海量金融数据集的分类与预测已成为必然趋势。有学者利用大数据技术和算法实现了一个线性混合模型来计算金融公司的信用风险。结果表明,可以使用大数据技术充分提取数据的价值,从而做出更好的决策。此外,还有学者利用可替代的大数据源,将客户详细通话记录、信用卡和借记账户信息等数据集进行独一无二的组合,为信用卡申请者创建计分卡。结果表明,在信用评分模型中,将详细的通话记录与传统数据相结合可以提高其性能。

还有学者采用 BP 神经网络模型,构建了商业银行信用风险评价模型。通过对历史信用数据的学习，评价模型的连接权重被调整，确定信用风险评价指标与信用评级的映射关系，使得评价模型能够对新的信用数据进行分类。通过该模型的信用风险评价，弱化了人为因素对指标权重的影响，提高了评价的科学性和准确性。

在大数据中，许多风险评估取决于行为数据的搜集和自动生成。数据和搜索引擎可以在很大程度上降低信息的不对称性，并根据企业或个人的历史记录来计算其默认概率和评估风险。专家将数据库技术和挖掘技术有机地集成在一起，智能地计算风险指数，衡量不同客户的潜在价值和风险程度，并自动为管理决策提供有用的信息。如果能够首先将各种源系统数据加载到数据库中并实现其强大的数据提取和加载能力，则可以有效地节省风险数据提取时间，提高数据搜集的处理效率。

8.4.3 基于复杂网络风险演化规律的地方金融风险动态分级预警

大数据、云计算、人工智能等先进的数据处理、储存和计算技术的面世，为金融风险预警提供了新的途径。互联网+金融使得经济飞速发展，传统的数理统计方法难以满足海量数据的深度挖掘，大数据和机器学习方法已成为新的应用方向。金融大数据的实时处理和智能化数据分析方法为金融风险预警带来了诸多优势。

金融大数据处理涉及上述诸多学科。为了采集并分析金融大数据，一方面要开展采集金融大数据的研究，重点研究多源异构数据融合算法和清洗技术，形成适合数据分析的风格，这为金融风险预警提供了基础；另一方面，针对金融大数据预警分析的实时性和延迟性需求，构建不同的大数据计算框架、实时风险预警算法，深入探讨复杂网络与风险预警的关系，基于大数据的信用风险分析能够帮助金融业提供更准确的信用风险预警。

Hadoop 是一个简单的分布式储存和管理平台，适合处理大数据。它是开源的，具有成本低、可靠性高、处理速度快等优点，这使得 Hadoop 非常适合于信用风险分析和预警系统。

有学者在格兰杰因果关系网络和主成分分析的基础上，构建了金融机构的因果复杂网络，并利用集中度指标对网络拓扑结构特征进行分析。从时间维度和空间维度的角度，分析了金融机构间因果关系网格，并且分析了系统风险的动态变化。他们采用了 CAPM 来过滤掉市场风险，此外，通过三种众所周知的系统性风险度量方法研究了单个金融公司对系统性风险的贡献，包括系统性风险指数、边际预期缺口和条件风险价值。还有学者在运用主成分分析法对金融安全指数进行计算的基础上，利用 BP 神经网络的风险预警模型对结果进行检验，进而实现我国金融安全状况的预警，并且还对金融风险预警提出了以下政策建议：

在我国经济进入新常态的背景下，金融风险预警技术的发展稍显滞后。许多金融领域无法及时发出预警，也没有有效的风险防范措施。当前，中国金融风险的来源不仅来自资本市场，利率市场化改革还存在加速银行业整体非标准竞争的风险；银行业经营成本的提高使利润下降甚至亏损；人民币汇率改革加剧了汇率波动，导致人民币贬值和资金外逃；以互联网金融为特征的各种非法融资平台存在风险，各种非法民间融资和金融欺诈活动带来了巨大的金融风险。

为了适应混合经营的需求，必须改革当前的金融监管模式。通过对中国的金融风险进行全面调查，学者们发现金融混业经营与现行金融法规之间的不和谐模式在中国金融创新中飞速发展，是影子银行发展中股票市场异常波动和出现非法融资平台风险的重要原因。面对可能由所有金融机构的创新工具和业务造成的潜在风险，监管机构的监管手段和措施似乎无能为力。进入 2017 年以来，中国一委一行两会+地方金融监管局新格局逐步形成。金融监管体系的总体规划和监管协调的加强，成为金融监管改革和防范系统性金融风险的重中之重。

一委一行两会在不断完善监管手段和技术的基础上，目前要加强部门间的协调，增强金融监管的联合力量。当前，中国的金融监管面临严峻形势。首先，影子银行等创新业务带来了许多不确定的风险。其次，随着地方债务规模的增加，存在债务风险转移到商业银行的风险，因为当前的商业银行是单一购买者。最后，在新常态下，一些行业产能过剩，企业生产经营困难增加，并且出现了一些经济和金融风险，特别是区域性和系统性金融风险。今后，中国的一委一行两会将在不断完善监管手段和技术的基础上，加强部门间的协调，增强金融监管的联合力量。

8.5 "情景—应对"型区域系统性金融风险防控系统

8.5.1 基于地方金融大数据的系统性风险"情景"生成

全球金融危机爆发后，金融系统性风险管理面临重大变革。科学家们纷纷在《自然》（*Nature*）和《科学》（*Science*）等顶尖期刊撰文，全面反思传统的

"预测—应对"型金融安全管理理论，并指出单一依赖历史数据的数理建模或者统计分析的预测手段无法刻画风险在金融复杂系统的传导和演变，亟须利用计算实验构建"情景—应对"型金融安全管理理论与技术。这些革新的理念得到了决策者的高度认同，如欧洲中央银行主席 Trichet 在 2010 年反思欧盟应对危机的不足时指出，需要利用计算实验方法将金融市场的参与者复杂行为以及国际金融市场之间、虚拟经济与实体经济之间的复杂网络结构整合到金融系统及宏观政策决策模型中。为此，在欧洲中央银行的支持下，欧洲 11 所顶尖大学的科学家们联合起来开发了一个以计算实验为主要支撑的金融风险与宏观经济决策系统 CRISIS，并取得了一系列研究进展。需要指出的是，计算实验方法需要以金融大数据对系统行为主体特征和关联关系进行准确刻画，并对构建的虚拟系统进行校准为前提。因为欧盟国家间金融数据资源难以整合，所以至今该项目尚未能充分融合金融大数据。因此，需要利用各个地方在金融大数据资源整合和集成的有利基础，构建金融大数据平台，并与计算实验模拟的风险情景分析深度融合，才能在"情景—应对"型金融安全管理理论和技术上取得重大突破。

8.5.2　基于计算实验的金融风险情景模拟

上市公司是金融市场的基本组成部分，具有完善的金融风险预警机制。但是，当前大多数金融风险预警依赖财务报表和其他形式，很难形成良好的预警机制。我们必须提前预测企业的财务状况，这将有助于管理者做出投资决策并规避风险。必须提高财务风险预警的准确性，以提高收敛性。因此，有的学者提出通过 SVM（支持向量机）模型来更好地处理非线性分类。然而，SVM 模型的准确性需要提高其核心算法，主要包括网络算法、性能评估方法和进化算法。为了进一步提高精度，需要改进布谷鸟搜索方法，这可能是一种更好的启发式智能算法。布谷鸟搜索算法具有更多的优点，如简单、高效、随机搜索路径等，已被应用到工程优化中。在自然界中布谷鸟是一种通过随机或类似的随机方式寻找其宿主巢的生物，科学家由此得到启发并将其应用于数学算法中。通过布谷鸟搜索算法，可以抽象出布谷鸟搜索其宿主巢的行为，这需要三个假设。SVM 具有很强的非线性映射能力，近年来在态势评估中发挥了重要作用。随着布谷鸟搜索智能算法的不断发展，人们已将其应用于金融风险模拟评估。通过结合布谷鸟搜索和支持向量机，可以提高财务风险预测的准确性。通过这种方法，可以提高预测的收敛性，从而改善金融时间序列的回归预测。

有学者介绍了系统性风险度量的概念，并且将其行为用 Copula 函数描述出来，Copula 代表了网络中机构的损失变量。进一步，他们定义了 Copula 上的随机序关系，并将它们与系统性风险度量联系起来。还有学者基于计算实验构建了一个人工金融系统，通过模拟过程，分析了金融系统复杂的网络形态特征及其对系统风险的影响。仿真结果表明，人工金融系统显示了真实金融系统中存在的无标度属性。此外，较大的网络规模和网络异构性可以有效地抵抗网络结构方面的系统性风险。

8.5.3　金融风险的应急处置与决策支持

随着互联网、通信技术、云计算技术的飞速发展，信息社会已经进入大数据时代。大数据呈现出大规模、多模式、快速增长的特点，传统的数据分析理论、方法和技术在海量信息的有效挖掘、处理和决策中面临着巨大的挑战，如可计算性、有效性和及时性。在传统的两层决策中，只有接受或者拒绝、是或否两种选择。但是在解决许多实际问题时，人们被迫接受或拒绝决策，这可能会导致不必要的成本增加且造成严重后果。比如，在获得的有效信息或者证据不足时，不宜判断监控中的可疑人脸是小偷还是公司的员工。换句话说，接受或者拒绝的风险大于不做决定的风险。为了做出风险更低的决策，有的学者将三支决策理论引入了决策信息系统，也就是说，当无法准确做出决策时，将选择未提交的选项。

三支决策理论的引入和发展在智能信息处理和决策领域引起了广泛的关注。目前，它们不仅被应用于金融领域，还被应用于医疗诊断、石油勘探、人脸识别等领域。在未提交的决策中，通过搜集和更新决策信息，可以进行准确的决策。决策过程被认为是从粗粒度到细粒度的转变。多粒度决策粗糙集理论通过多个二元关系推导多个粒度空间进行建模，从中可以挖掘出有用的知识，并形成有效的决策。因此，基于多粒度空间分析的三支决策方法可以最大限度地降低风险。

结合基于金融风险最小化的多粒度三支决策模型，主要包括两个阶段：多粒度分析和三支决策。针对决策问题，有的学者从单一的知识粒度层次出发，以决策权重作为启发式信息，寻求最优的粒度水平，使决策活动的风险最小。决策行为主要包括接受决策、拒绝决策和不承诺决策。然而在现实世界中，面对一些紧迫的决策问题，如果不做出决策，可能会错过最佳决策期。因此，在基于金融风险最小化处理的多粒度三支决策中，增加了决策过渡阶段，通过分析决策随时间变化、决策粒度变化等因素，最终选择风险最小作为决策粒度。

8.6 区域系统性金融风险监测与预警的应用与实践

8.6.1 地方中小金融机构信用风险智能管控——山东省城市商业银行的实践探索

8.6.1.1 项目背景

随着银行业务品种不断增加、规模不断增大和经营环境的日益复杂化，来自人员、自动化技术、互联网技术等方面的交易风险亦呈迅速上升之势。近年来，我国银行卡、网银、第三方平台账户盗刷案件频发。2017年初相关机构发布的《2016年国内银行卡盗刷大数据报告》显示，2016年全网统计银行卡盗刷共7 095次，累计造成客户损失1.83亿元。

为强化银行卡受理终端的规范使用，加强银行卡磁条交易风险管理，2017年5月31日，《中国人民银行办公厅关于强化银行卡磁条交易安全管理的通知》（银办发〔2017〕120号）要求银行机构建立基于大数据技术的风险防控机制，建立一个主要基于高风险交易特点和持卡人行为特征的风险评估模型，根据风险等级实施差异化风险防控，期望在分析交易行为、机器学习等基础上不断优化风险评估模型，提高欺诈交易拦截成功率，切实提升银行卡交易安全防护能力。

在这样的背景下，可以通过交易行为分析构建银行卡交易风险评估模型，识别异常的交易行为和不同等级的交易风险。针对管理部门的各项要求，以及识别出的不同等级的交易风险和重要规则，银行可以进行差异化的风险管理操作。除此之外，基于机器学习算法支撑模型正在被不断优化。在本应用中，主要的目的是识别异常的刷卡行为，而不是搜寻盗刷记录。此举有助于降低盗刷风险，提高欺诈交易拦截成功率，实现增强风险报警能力、降低检查监测成本，提升风险监控的科学化管理水平的目标。

8.6.1.2 项目总体框架

模型构建的总体思路主要包括模型建立和训练、利用模型进行风险评估以及模型测试几大部分，如图8-1所示。

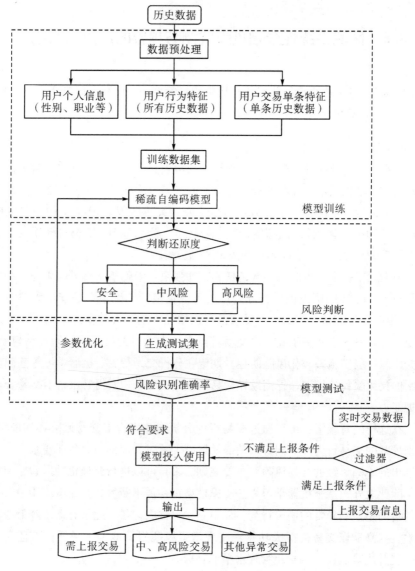

图 8-1　项目总体方案

8.6.1.3　项目具体方案

1. 过滤器

表8-1为业务部门提供的磁条卡交易风险规则,根据业务部门的要求,违反这部分规则的交易记录必须上报。这里存在的主要问题是违反这部分规则的交易特征与从数据中学习到的坏样本特征可能存在不一致,因为违反了这些规

则的交易并不一定就是盗刷。因此，在使用机器学习模型进行风险判断之前，有必要利用表 8-1 中的规则设置一个过滤器，将这部分需要上报的交易筛选出来。

表 8-1　磁条卡交易风险上报规则描述

风险主题	规则名称	规则描述
交易金额	境内大额现金交易	同一对私客户，同一天境内大额现金交易单笔或者累计人民币 5 万元以上、外币等值 1 万美元以上
	境外大额现金交易	同一对私客户，同一天境外大额现金交易单笔或者累计人民币 5 万元以上、外币等值 1 万美元以上
	境外大额转账交易	同一对私客户，同一天跨境大额转账交易金额人民币 20 万元以上、外币等值 4 万美元以上
	境内大额转账交易	同一对私客户，同一天境内大额转账交易当日单笔或者累计人民币 50 万元以上、外币等值 10 万美元以上

2. 稀疏自编码模型

基于数据特征，我们采用的是无监督学习中的稀疏自编码模型，其中的编码解码类似于文件的压缩和解压。稀疏自编码的主要思想是通过抑制大部分神经元的激活，得到一个能够用最稀疏的单元表达原始数据特征的数据结构，其基本过程见表 8-2。在这样的自编码过程中，安全数据的还原度高，而风险数据的还原度低。基于样本还原度，我们将样本分为安全类、中风险、高风险三类。

表 8-2　模型计算过程

输入： ($Layer1 = n$)	训练集 $D = [X]$，$X \in \mathbb{R}^{m \times n}$，不包含样本的标签 Y；
编码过程： ($Layer2 < n$)	将输入数据压缩到更低的维度，从而获得更高级的特征；
编码结果：	$Encoded = X^*$，得到输入数据的紧凑表达；
解码过程： ($Layer3 = Layer2$)	将编码得到的 X^* 还原到 X；
输出：	经过编码，解码过程后得到的训练集数据表达 $\hat{X}$；
评估：	$\min L\ (X, \hat{X})$

过程描述如下：

（1）首先在自编码的过程中输入训练数据 X，经过编码过程变换得到 X^*。

中间层编码得到的 X^* 比输入的数据维度低，但是能够完整地还原输入数据 X。因此，X^* 中包含了 X 中所有有用的信息，并且具有不同的数据结构。换句话说，X^* 就是提取到的特征。

（2）在解码阶段，模型以 X^* 作为输入，通过 $\min L(X, \hat{X})$ 得到 $\hat{X}$。目标函数起到的作用是使得最终得到的 $\hat{X}$ 与 X 尽可能地相似。

$$L(X, \hat{X}) = \frac{1}{n} \sum (X - \hat{X})^2 \qquad (8-1)$$

因为训练样本中好样本的数量远远多于坏样本，在训练过程中，为了达到风险最小化的目的，必须在算法中充分地去拟合好样本之间的共同特征。同时，由于坏样本的数量极少，拟合坏样本中不同于好样本的特征将导致目标函数上升。

（3）风险识别。训练得到的自编码算法能够达到这样的效果：好样本还原度高，坏样本还原度低。

$$\delta_i = (X_i - \hat{X}_i)^2 \qquad (8-2)$$

利用式（8-2）作为还原度的判断依据，则能够对好样本和坏样本进行区分，如表 8-3 所示。

表 8-3　样本划分标准

$\delta_i < \underline{\delta}$	安全
$\underline{\delta} < \delta_i < \bar{\delta}$	中风险
$\bar{\delta} < \delta_i$	高风险

（4）加入稀疏性限制。稀疏自编码的思想是通过抑制大部分神经元的激活，得到一个能够用最稀疏的单元表达原始数据特征的数据结构。由于神经网络具有极强的拟合能力，因此需要通过稀疏自编码防止模型在整个数据集合上出现过拟合，否则将无法观察到好样本和坏样本之间的还原度差别。

计算中间层的平均激活度：

$$\hat{p} = \frac{1}{m} \sum \sigma(Z)$$

在目标函数中加入惩罚项，逼迫隐藏层所有节点的平均激活度接近 0，其中 β 为惩罚系数：

$$\beta \sum p \cdot \log\left(\frac{p}{\hat{p}}\right) + (1 - p) \cdot \log\left(\frac{1 - p}{1 - \hat{p}}\right)$$

（5）模型测试：

通过构造包含安全样本和中、高风险样本的测试集，对模型的准确度进行测试。

3. 数据

基于每条交易记录，通过数据清洗、转换等操作，从原始数据中提取出四个类别的变量：用户个人信息 x_i^{per}、本次交易之前 t 天内交易特征统计量 x_i^{bef}、本次交易之前当天内交易特征统计量 x_i^{day}、本次交易基本信息 x_i^{cur}，然后合并成行向量作为单次交易数据。

（1）用户个人信息 x_i^{per}。用户的个人信息是在银行卡办理时采集的，包括用户的身份证号码、性别、年龄、办卡时间、工作性质等。这部分数据表明了用户的基本状态，时变特性非常小，在利用以往一段时间的数据进行分析时，可以认为它们是不变的。显然，在一年的时间范围内，年龄属性也是不变的量，即使更新也很方便。

数据 x_i^{per} 的作用在于能够作为人群划分的重要依据，包含了风险判断所需的相关信息。举例来说，某些职业相对于其他职业可能更容易暴露银行卡的信息，某些年龄段的人群更容易成为不法分子的目标，因此，发生盗刷的风险也更高。详尽的个人信息采集，对于提高风险识别准确度具有重要意义。

（2）本次交易之前较长一段时间的交易信息 x_i^{bef}。用户以往的交易信息是对银行卡每一次使用的记录，包含了银行卡的使用时间、地点、发生金额、余额变化等信息，对用户过去较长一段时间的交易记录进行分析能够挖掘出用户对银行卡的基本使用习惯。显然，当新的交易记录与以往的使用习惯发生偏离时，就是一个值得关注的风险信号。如果没有以往的交易记录作为依据，模型判断风险的鲁棒性会非常差。例如，假设只考虑交易发生时间这一个因素，用户 A 习惯在凌晨交易，用户 B 从不在凌晨交易。那么当用户 A 和 B 同时产生一条在凌晨时段的交易记录时，缺少用户习惯信息的系统只能对两条信息给出相同的结果，即都是安全的或者都具有风险，而实际上用户 B 的交易信息透露出了风险信号。

理论上来说，x_i^{bef} 包含的数据时间跨度越长，记录的数量越多，则识别的准确度越高。但是时间跨度过长可能会导致在生成训练样本时，因整体数据集时间跨度不足，导致生成的训练集数量不足。同时，过长的时间跨度会影响预测过程中实时交易特征向量的生成效率，因此需要选择一个适中的数值。令时间跨度为 t，单位为天，根据目前历史数据集时间跨度为 1 年的情况，可设 t = 180。

（3）本次交易之前当天的信息 x_i^{day}。本次交易之前当天的信息 x_i^{day} 可刻画出本次交易之前短时间内客户的交易行为，更有利于体现出客户在一天的时间周期内不同交易类型的频次、频率、金额等特征，可作为历史特征更小粒度的补充。举例来说，假设某个客户突然在某一天内频繁发生多次不同类型的交易，则很有可能存在被盗刷的风险。

（4）本次交易信息 x_i^{cur}。本次交易信息 x_i^{cur} 是即时产生的数据，也是需要判断的数据。x_i^{cur} 是与以往交易信息 x_i^{bef} 相似但不相同的数据，两者在数据结构上相同，具体数值上存在差异。结合用户的基本信息 x_i^{per}，并考察 x_i^{cur} 和 x_i^{bef} 的差异，最终系统才能够对风险做出判断。

用户个人信息和本次交易行为的基本信息显然是非常重要的变量，特别需要说明的是关于之前的交易信息，我们引入了本次交易之前 t 天内交易特征统计量 x_i^{bef}（以下简称"用户以往的交易信息"）和本次交易之前当天内交易特征统计量 x_i^{day} 这两类变量。用户以往的交易信息是对银行卡每一次使用的记录，包含了银行卡的使用时间、地点、发生金额、余额变化等信息，对用户过去较长一段时间的交易记录进行分析能够挖掘出用户对银行卡的基本使用习惯。

8.6.1.4 项目结果

我们基于 3 336 035 条样本数据，识别出疑似高风险样本 832 个、疑似中风险样本 645 个，共计 1 477 个。经模型识别的风险样本数不到总样本数的 4.43‰，高风险样本约占 2.49‰，这将大大减轻银行工作人员进行追踪和筛查的工作量。

1. 稀疏自编码的有效性分析

本项目使用稀疏自编码方法检测银行的异常交易数据，但在完成异常数据的检测之后，如何向业务人员和客户解释相关数据被检测为"异常"的原因，是本项目的难点之一。我们提出了异常数据集子模式特征的可解释性方案，并已在 Spark 平台上完全实现。实验表明，该方案能够有效检测异常交易数据中的各个子模式，并解释每个子模式中的数据共性特征。

（1）异常数据的模式分析。为厘清"正常"数据与"异常"数据的分布特征，本项目从 300 多万个"正常"数据中抽样了 10 000 个数据点，外加已经检测出的 1 290 个高风险与中风险数据点（删掉数值重复数据），组成分析的样本数据。将以上数据点使用流行学习方法降维为 2 维后，如图 8-2 所示。

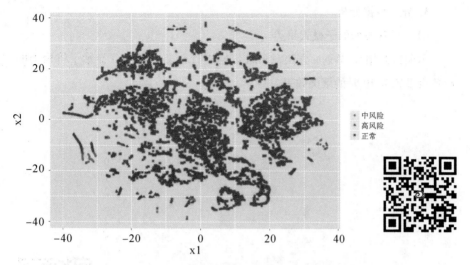

图 8-2　数据分布情况（基于流行学习方法降维为 2 维）

　　如图 8-2 所示，异常数据绝大部分分布于正常数据的四周，但是异常数据分布较为分散，具有多个子模式。如果直接对所有异常数据进行统一解释，很难找出具有共性的数值特征。因此，需要对各种不同的子模式加以检测，并分别加以分析和解释。

　　（2）稀疏自编码模型的有效性验证。稀疏自编码模型采用的是无监督学习方法，在缺乏有效样本集的情况下，为了验证模型的有效性，只能采用模型交叉验证的方法。其基本原理如下：

　　①稀疏自编码获取的高风险和低风险样本为正样本，其余抽样 10 000 个数据点为负样本。

　　②利用支撑向量机、决策树、随机森林、贝叶斯网络等方法进行学习。

　　③分别利用上述模型对数据集进行预测，获得标号为正的结果。

　　④将标号为正的结果与稀疏自编码模型的正样本进行比较，其重合度为稀疏自编码模型对于不同模型的鲁棒性验证。

　　结果表明，最低重合度达到 95%，具体结果如表 8-4 所示。

表 8-4　重合度比较

模型	支撑向量机	决策树	随机森林	贝叶斯网络
重合度	95%	96%	98%	98%

3. 异常数据分析

（1）异常数据的子模式聚类

本项目使用 k-Means 方法对异常数据进行聚类。图 8-3 显示了将聚类的簇数量设置为 10 时的聚类效果。

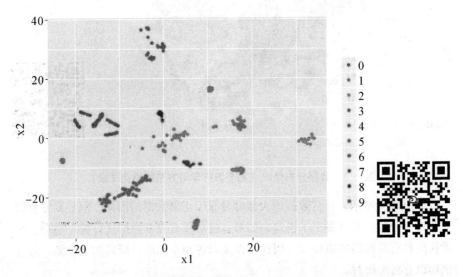

图 8-3　异常值子模式聚类结果（基于流行学习的降维）

聚类完成后，在原数据集上标记了各个异常数据点所对应的簇编号，然后对各簇中的数据分别加以分析。

（2）异常子模式的数据特征分析

数据进行聚类之后，簇内部的数据将具有较高的相似度，这时就容易分析子模式中数据的共性。在绝大多数数据中，数据的维度可能很高，但数据的秩是低的，即数据中大量存在着行、列方向的线性相关性，数据进行奇异值分解后，大的奇异值数量通常很少。数据秩的大小和大奇异值数量完全对应。

设数据集为 $X_{m \times n}$，m 为数据维度，n 为数据点数量，数据点均为列向量 x。数据集的奇异值分解为：

$$X_{m \times n} = U_{m \times m} \Sigma_{m \times n} V_{n \times n}^T \tag{8-3}$$

其中，Σ 为奇异值矩阵，U 为自相关矩阵的特征向量矩阵，原式两边同乘 $U_{m \times m}^T$，可得：

$$U_{m \times m}^T X_{m \times n} = U_{m \times m}^T U_{m \times m} \Sigma_{m \times n} V_{n \times n}^T = \Sigma_{m \times n} V_{n \times n}^T \tag{8-4}$$

通过式（8-4）可推导出原数据集的正交线性变换：

$$x \rightarrow U_{m \times m}^{T} x \tag{8-5}$$

基于以上数据集的奇异值分解原理，本项目通过以下步骤对异常子模式聚类后每个簇的数据特征进行解释。

步骤 1：子模式如果能被很好地聚类，则簇内部的数据应该很相似，即簇内部的数据有很高的线性相关性，数据的秩会很低，分解后大的奇异值数量应该极少。设数据的秩为 r，通过仅保留最大的 r 个奇异值，可以将原数据集降维为 r：

$$U_{r \times m}^{T} X_{m \times n} \approx U_{r \times m}^{T} U_{m \times r} \Sigma_{r \times r} V_{r \times n}^{T} = \Sigma_{r \times r} V^{T}_{r \times n} = \tilde{X}_{r \times n} \tag{8-6}$$

如表 8-5 所示，各个子簇中的数据分别进行奇异值分解后，所对应的大的奇异值都较少。对数据进行标准化后，每个子簇中奇异值大于 0.1 的个数记录在了表中的第三列。另外，图 8-4 中显示了部分簇中数据的奇异值分布情况。

表 8-5　各个子聚类簇所包含的实例数及所对应的奇异值大小分布情况

单位：%

簇号	实例数	选取奇异值数	奇异值 1	奇异值 2	奇异值 3	奇异值 4	奇异值 5
0	172	2	0.629 1	0.206 6	0.073 7	0.054 0	0.019 3
1	340	4	0.276 1	0.233 2	0.125 3	0.107 5	0.081 4
2	80	1	0.841 8	0.080 6	0.036 1	0.024 6	0.009 5
3	212	2	0.601 6	0.346 9	0.043 2	0.006 6	0.001 2
4	232	1	0.799 4	0.059 5	0.057 5	0.039 5	0.008 7
5	64	2	0.804 8	0.180 0	0.014 0	0.000 9	0.000 2
6	70	1	1	0	0	0	0
7	60	3	0.502 6	0.306 1	0.129 3	0.026 5	0.020 2
8	46	1	0.932 1	0.049 6	0.011 0	0.003 5	0.002 3
9	14	3	0.605 8	0.254 7	0.101 4	0.030 3	0.006 7

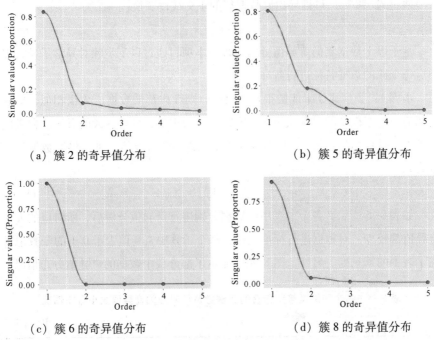

(a) 簇 2 的奇异值分布

(b) 簇 5 的奇异值分布

(c) 簇 6 的奇异值分布

(d) 簇 8 的奇异值分布

图 8-4　子模式奇异值分布情况

步骤 2：若数据奇异值分解后仅有一个大的奇异值，如簇 6、簇 8，说明数据中仅有一个主成分，数据被降为 1 维即可近似代表原数据集，降维的投影矩阵为最大奇异值所对应的第一个左奇异特征列向量的转秩。由于原数据的每个维度已经被标准化（均值为 0，标准差为 1），各个维度完全平等，那么投影向量中的元素的数值能够代表所对应的原数据维度的权重。即：在已经标准化了的数据集（列代表数据实例）上进行奇异值分解后，若只有一个极大奇异值，则左奇异特征向量第一列中的元素能够近似地代表原数据中各维度的权重。表 8-6 列出了通过步骤 2 算出的具有单个大奇异值的簇中部分变量的权重。

表 8-6　具有单个大奇异值的子聚类簇所对应的可解释性的变量（部分）权重

簇号	acct_age	amount	S3	S4	X3	X4	S6
2	−0.008 0	0.695 8	0	0	0	0	0
5	−0.000 2	−0.000 2	0	0	0	0	0
6	0	0	0	0	0	0	0
8	−0.002 9	−0.001 6	0.001 3	0	0.000 1	0	0

步骤 3：若数据奇异值分解有多个大的奇异值，说明数据中有多个主成分，如簇 1。此时不能仅使用一组原数据维度的线性组合来解释簇中数据的全部特征。此时的投影矩阵是 r 行 n 列，其中 r 表示保留的大奇异值数量。在此种情况下，本项目中各个维度的权重由保留的 r 个左奇异特征向量乘以所对应的奇异值加总获得：

$$w = \sum_{1}^{r} \lambda_i C_i$$

其中，λ_i 表示第 i 大奇异值，C_i 表示对应的左奇异特征向量。此时原数据集并不能由各维度直接线性组合表出，但各个维度上的权重仍代表了此维度在表出原数据的多个主成分时的相对重要性。

本项目在实施中保留了所有标准化后大于 0.1 的奇异值。表 8-7 列出了通过步骤 3 算出的具有多个大奇异值的簇中部分变量的权重。

表 8-7　各个子聚类簇所对应的可解释性的变量（部分）权重

簇号	acct_age	amount	S3	S4	X3	X4	S6
0	−0.011 6	−0.173 7	0	0	0.008 4	0.099 9	0
1	−0.000 4	−0.222 5	0.003 5	0.132 2	0.000 4	0.009 6	−0.005 1
3	−0.004 7	−0.000 1	−0.268 1	−0.039 3	−0.597 6	−0.005 1	0
4	−0.000 1	−0.002 8	0	0	0.000 3	0.000 1	0
7	−0.002 4	−0.000 7	0	0	0	0	0
9	−0.019 9	−0.013 4	0	0	0	0	0

图 8-5 中显示了部分子簇中变量权重的分布情况。

（3）结果解释

结合以上的结果，我们还可以分析出银行异常交易的如下模式：

①四类由单一因子解释的异常交易，可能与套取手续费和洗钱有关。

主要由 S21 解释，非发卡地 POS 机交易次数异常；

主要由 X16 解释，POS 机发卡地消费金额异常；

主要由 S13 解释，夜间 ATM 非发卡地交易金额异常；

主要由 S10 解释，夜间非发卡地 POS 机平均消费金额。

②三类由双因子（因子差异）解释的异常交易，可能与盗刷有关。

S3 与 X3 差异，当天夜间 POS 机消费次数差异；

S37 与 X37 差异，当天境外 ATM 机取现次数差异；

S41 与 X41 差异，境外 POS 机消费次数差异。

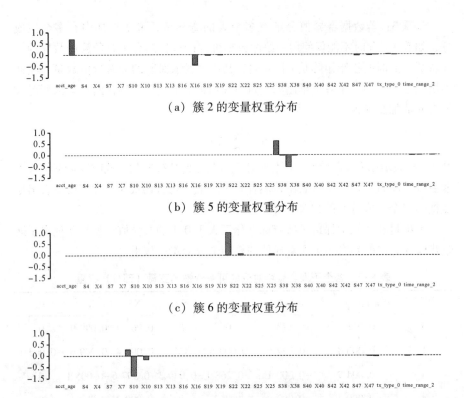

（a）簇 2 的变量权重分布

（b）簇 5 的变量权重分布

（c）簇 6 的变量权重分布

（d）簇 8 的变量权重分布

图 8-5　部分异常数据子模式簇中各变量的权重分布

8.6.1.5　应用与优势

模型主要支持三部分的工作，如图 8-6 所示。首先基于监管部门要求的上报规则，评估交易信息，满足条件的直接标记高风险上报；其次基于稀疏自编码模型，识别出高风险和中风险交易，并结合相关因子分析，给出所属的异常交易类别，银行后台进行跟踪或干预；此外，对于模型未识别的交易风险，上述因子得分超过预警阈值（如历史数据前千分之一的阈值），提出预警，并给出异常交易类别，银行后台进行跟踪或干预。

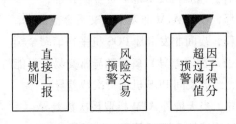

图 8-6　模型功能

我们构建的模型主要有四方面的优势：第一，大大缩小了风险样本集，降低了银行工作成本；第二，基于机器学习方法识别的风险记录，展示了风险样本的基本数据特征，方便银行掌握风险变化趋势；第三，基于异常交易数据分析了异常用户行为，方便银行进行客户识别和管理；第四，模型具有高度的可拓展性，随着数据样本的不断补充，能不断提高预测的准确性，提高欺诈交易拦截成功率。

8.6.2　金融风险监测与预警在广东省的应用示范——金鹰系统

近年来，以互联网金融为代表的金融业态不断创新，非法洗钱等金融风险呈现出线上化、智能化等特点，使得金融风险更加隐匿，传播速度更快，影响范围也更广。如何防止金融风险，及时发现和处理金融风险，关乎地区金融的发展和稳定。在互联网时代，防范和化解金融风险，必须依靠金融监管法规和监管科技的支撑。为了防范和化解地区金融风险，广东省率先尝试，于2017年6月成立了全国首家省级智能化地方金融风险监测防控中心——广东省地方金融风险监测防控中心（简称"防控中心"）。防控中心充分利用人工智能、大数据、区块链、云计算等技术，建立了一套功能齐全、运行可靠、模式创新的地方金融风险监控系统——金鹰系统，利用信息化、智能化的手段，及时发现、实时监控，实现金融风险的高效率处置。

金鹰系统由主动识别平台、监测预警平台、金融广告监测平台等10个平台组成，各个平台之间各司其职，形成一张金融风险防护网，实现对地方金融风险的全方位、多角度的全面预警与监控。其中，①主动识别平台依托大数据和人工智能，采集实时数据，构建金融风险的指数模型，可以及时主动地发现非法金融活动和金融风险。最后利用大数据可视化技术，对这些金融风险和非法金融活动实现精准防控和打击。②检测预警平台主要使用了舆情、工商登记、投诉与法律处置等数据，从企业个体信息到互联网相关舆论信息，全方位刻画企业风险，实现企业相关风险的评级和动态评分，实时监控企业动态，做到企业风险的早预防、早发现和早处理。③非现场监管平台主要搜集了地方金融机构的资本信息、高管与股东信息、投融资信息和资金流动信息，利用人工智能等技术手段，分析和发现地方金融机构的总体运营情况、金融风险管理情况和合规情况，同时评估金融机构应对风险的能力和稳健性。④舆情监测平台主要负责分析网络舆情走向。通过分行业搜集网络舆论信息，利用文本处理技术，对重点舆情信息、专题信息和热点信息以及其传播与演化走势进行全面展示，发现潜在金融风险，为金融监管提供相关舆情动向。⑤金鹰投诉举报平台主要通过相关微信小程序采集数据。基于微信的庞大用户量，搜集用户反馈的非法金融活动信息。平台兼具查询功能和随手拍功能，用户可以将疑似非法融资广告或微信朋友圈的链接进行拍照截图（屏），上传到后台服务器，再移交给相关部门进行针对性调查。⑥非法集资信息报送平台是集发起报送、在线填报与审批、信息汇总与统计、实时追踪于一体的平台。它搜集的数据及时准确、安全保密。⑦风险处置管理平台集线上信息更新和线下现场核查于一体。用户可以根据该平台查询相关的风险线索，再进行现场考察进行核实，从而不断优化风险预警模型，提升模型的及时性和准确性。⑧金融广告检测平台包含备案登记、数据搜集和存储、统计分析、协同工作管理、随手拍APP和电子存证6个功能模块，实现从广告数据的备案、采集到分析预警和处置的全流程职能。⑨电子合同平台主要利用了区块链核心技术，例如电子签名、时间戳和加密技术，合同具有法律效力、具有不可篡改性，签订后通过加密传输进行同步和保存。⑩资金监管平台主要负责监测交易所的资金流转，对交易所的资金进行集中监管、统一清算、登记与交叉比对，最大限度地降低交易风险和保护投资者合法权益。

另外，由防控中心推出的金鹰防控一体化APP，打通了多个子平台之间的数据孤岛，整合了企业信息查询系统、监测预警系统、舆情分析系统、行业监管系统、风险处置系统五大金融风险管理系统的数据，将数据搜集、风险监测与分析、处理等数据在APP上呈现给用户。该APP一共有6个模块，其中咨询模块展示了行业热点新闻、舆情信息和相关报告等，数据模块给出了金融行业包括运营和风险等监管数据，预警模块可以及时提示用户关注的企业的风险变更情况，案例模块则提示了如何对非法金融活动进行检测分析与处置，最后还有系统设置和后台管理模块，方便用户进行账户设置和后台数据管理。

金鹰系统在广东省地方金融风险防控化解方面取得了阶段性的成效：①构建了"监测预警+主动发现+分析研判+协助处置"全链条管理流程，实现了监管流程的全覆盖。②充分利用移动端口等技术手段，将风险防控纵向延伸，实现了全省从市县到村的多层次监管地域全覆盖。③实现了全省交易平台、P2P平台、融资租赁和商业保理等数据的全监控和监管业态全覆盖。④积极与中山大学等高校合作，建立联合实验室，推动产学研合作和金融监管政策优化。⑤强化了和金融管理部门的协同合作与风险处置，成功预警了某些网贷平台的风险，挽救了投资人的损失。

9 社交网络用户征信及其应用

9.1 社交网络用户征信概述

9.1.1 社交网络用户的行为特征

社交网络是社交网络服务（social network services，SNS）的简称，指帮助人们构建社会性网络的互联网应用服务。社交网络服务萌芽于 1997 年创建的 SixDegree.com 网站，该网站创造性地将创建个人主页、添加好友列表、公开交友等功能综合地提供给用户。社交网络服务走红于 2002 年创建的 Friendstar 网站，网站创建的第一年就吸引了 800 多万注册用户。到 2004 年前后，Myspace 和 Facebook 上线，社交网络服务迅速崛起，成为最重要的互联网应用服务之一。如今，全球范围内涌现了一大批知名社交网络服务，其中包括 Facebook、LinkedIn、Intragram、Tumblr、Google、Pinterest、Twitter 等。

一般而言，社交网络服务主要向用户提供三种基本功能：①用户可以在社交网络上公开个人信息；②用户可以创建和维护链接关系以及内容分享；③用户可以浏览和评价其他用户的内容分享。具体而言，社交网络用户可以在格式化网页上输入性别、年龄、籍贯、毕业学校、兴趣爱好等个人信息，在社交网络上分享文字、图片、网站网址、音乐、视频等多种内容。我们依据极光大数据发布的《2019 年社交网络行业研究报告》、艾媒大文娱产业研究中心发布的《2019 年中国移动社交行业研究报告》，以我国目前用户数量最大的社交网络服务软件微信和微博为例，从用户的好友关系、用户的交流行为、用户的分享行为、用户的兴趣领域四个方面总结社交网络用户的行为特征。

（1）社交网络用户的好友关系：①微信用户的好友数量多，但是关系亲密的好友数量少。70.1%的微信用户拥有 50 人以上的微信好友，其中 10.1%的微信用户甚至拥有 500 人以上的微信好友。但是，62.8%的微信用户每周交流的好友数不超过 20 人，其中 38.4% 的用户每周交流的好友数甚至不到 10 人。②年轻微信用户的好友数量高于年长微信用户的好友数量，但是关系亲密的好友数量反而更少。60 后和 70 后的微信好友数量平均为 209.1 人，每周微信交流的人数平均为 26.8 人。80 后、90 后和 00 后的微信好友数量平均为 286.0 人，每周微信交流的人数平均为 20.1 人。

（2）社交网络用户的交流行为：①不同用户对熟人和陌生人的表达意愿存在差距。与对待陌生人相比，超过 6 成的用户对待熟人具有更高的主动性，近 3 成的用户具有一致的主动性，不到 1 成的用户具有更低的主动性。②与女性用户相比，男性用户在熟人或陌生人面前均更为主动。男性用户在熟人之间表现主动的比例则略高于女性用户，在陌生人之间表现主动的比例显著高于女性用户。③用户年龄越大，对熟人越主动，对陌生人越被动。相比于其他年龄阶段，50～60 岁左右的用户最愿意向熟人表达，但对陌生人的表达意愿则最低。

（3）社交网络用户的分享行为：①社交网络用户的内容发布频率存在较大差异，4 成微信用户每天发布朋友圈，2 成微信用户发布朋友圈的频率低于每月 1 次。②男性用户比女性用户更爱发布内容。在微信和微博的使用过程中，男性用户发布内容的频率均高于女性用户。③不同年龄用户发布的内容有所区别。超过 6 成的 60 后、70 后用户喜欢转发分享，80 后用户喜欢发布自己的状态。

（4）社交网络用户的兴趣领域：①女性用户的兴趣相对较为集中，男性用户的兴趣相对较为分散。女性用户兴趣除了在美食领域占比超过 6 成、在影视娱乐、时尚、运动健康等领域占比超过 4 成外，在其他各领域的占比均较小；男性用户兴趣占比最大的领域为时事新闻和军事领域，占比超过 4 成，而在其他大部分领域占比均只有 3 成左右。②不同年龄阶段用户的兴趣领域存在差异。各年龄阶段均对美食和影视娱乐感兴趣。此外，90 后、00 后爱好游戏，60 后、70 后和 80 后爱好时事新闻和运动健康。

9.1.2 社交网络用户数据对征信的价值

用户在对社交网络服务的使用过程中留下了大量数据，国内外已有多家企业机构将其用于征信评估，包括 Lenddo、Demyst data、Kreditech、腾讯征信等。社交网络用户数据对于征信评估的价值体现在三个方面：第一，社交网络用户数据可以弥补中国人民银行征信系统覆盖人群不全的问题；第二，社交网络用户数据可以从更多维度对中国人民银行征信系统进行补充；第三，社交网络用户数据可以被用于个人基础信息的交叉验证。

首先，社交网络服务用户基数大，可以针对中国人民银行征信系统无法覆盖的人群进行信用评估。截至 2015 年 4 月底，中国人民银行征信系统仅收录 8.64 亿自然人和 2 068 万户企业及其他组织，且其中 5.03 亿自然人没有信用记录、1 045 万户企业及其他组织没有中征码。我国的社交网络服务发展如火如荼，在网民中有着极高的渗透率。据中国互联网络信息中心（CNNIC）发布的《第 45 次中国互联网络发展状况统计报告》，到 2020 年 3 月底，我国的网民规模已达到 9.04 亿，微信朋友圈、微博使用率分别达到了 85.1%、42.5%。因此，在中国人民银行征信系统中无信用记录的用户可能通过社交网络服务留下大量有价值的数据。征信机构可以利用社交网络数据对上述用户进行信用评估，有效弥补中国人民银行征信系统覆盖人群不全的问题。

其次，社交网络用户数据的维度多，可以帮助征信机构完善用户画像，对中国人民银行征信系统的信用评估进行有效补充。中国人民银行征信系统的信息主要来自银行信贷系统以及社保、公积金、民事裁决与执行等公共信息。社交网络用户在使用社交网络服务的过程中产生了大量数据，为信用评估提供了丰富的资源。以微信为例，可获得的数据包括性别、地区等人口属性信息，微信好友、微信群等关系链信息，公众号、小程序等兴趣信息，朋友圈文字图片等分享信息，朋友圈点赞、评论等互动信息，活跃时间、活跃位置等时空信息，交易支付、储蓄理财等金融信息。

特别值得一提的是，社交网络数据中蕴含了丰富的关系型数据，能够在一定程度上反映现实社会中的人际关系，有利于征信机构结合人脉网络、社会关系、群组共性进行信用评估。征信机构可以通过社交网络服务了解用户的朋友数量、类型、特点，进一步分析用户的社会关系和人脉网络，并将其应用于信用评估。征信机构也可以分析同一群组的用户共性和规律，作为评价用户信用的依据。总的来说，在社交网络使用过程中产生的用户数据有利于征信机构通过统计分析、数据挖掘等技术构建用户画像，进一步分析用户的还款能力和还款意愿。社交网络数据能够从数据维度的角度对中国人民银行征信系统进行有效补充，完善信用评估的相关工作。

最后，社交网络用户数据伪造难度大，在反欺诈方面有着天然优势，征信机构可将个人信息与社交网络数据进行交叉验证，在传统征信的基础上进一步提高信用评估的可靠性。社交网络数据记录了用户长期以来使用社交网络服务的情况，包括用户的登录行为、好友关注行为、内容分享行为、交流互动行为等。通过模拟正常社交网络用户行为以骗取高信用评分是十分困难的，因此，征信机构可以将个人信息数据和社交网络数据进行交叉验证，确保用户所填写个人信息的可靠性。例如，征信机构可以利用好友关系链、好友分组名称、好友备注名称、微信群或 QQ 群等验证用户学历、用户职业、工作年限等相关信息并进行信用评估。

9.1.3　社交网络用户征信应用的发展概述

社交网络用户征信是一个典型的应用需求推动技术发展的领域。社交网络用户征信的核心思想——"社会信用"思想出自 1983 年创建的孟加拉乡村银行——格莱珉银行构建的"团结小组+连带责任"的基于社会网络的担保体系。该担保体系主要为贫困而无法获得传统银行贷款的创业者提供资金。这种担保体系开创了小额融资贷款的现代模式，为社会底层的经济发展做出了卓越贡献。其创始人穆罕默德·尤努斯与孟加拉乡村银行共同获得了 2006 年的诺贝尔和平奖。

自 2005 年全球第一家 P2P 网络贷款公司 Zopa 上线，以及 2007 年国内首家 P2P 网络贷款平台"拍拍贷"成立以来，网络借贷行业曾在一段时间内获得迅猛发展。网络贷款对贷款人信用评估的实际应用需要和网贷平台本身的网络化属性共同推动了社交网络用户征信的发展。成立于 2009 年的 Kabbage 是一家面向中小型网络店铺和个人的网络贷款平台，它是第一家将社交网络分析纳入信用评价的金融服务机构。它发现，如果客户将 Facebook 或 Twitter 的社交数据接入 Kabbage，用户的贷款违约率会减少 20%。此后，各金融服务商越来越多地使用用户的手机通话记录和社交网络数据对用户进行信用评估以提供服务。例如，成立于 2011 年的 Lenddo 公司采用社交媒体和手机通话记录进行用户征信评估，成立于 2013 年的 Trusting Social 公司也使用社交网络数据和通信数据评估用户征信。

随后，除了金融服务机构外，社交网络服务商、互联网平台公司也意识到了社交网络数据的重要性，纷纷开始应用社交网络数据构建用户信用评估模型，并将征信服务的场景从金融领域逐步外延到经济、社会等多个领域。Facebook 公司于 2015 年申报了与社交网络用户征信相关的专利。

但是，国内网络贷款准入门槛低，经历了发展初期的短暂兴盛后，在缺乏监管的情况下成为网络诈骗、用户隐私泄露和违法犯罪的重灾区。在 2018 年多家 P2P 贷款公司"爆雷"后，公众普遍对 P2P 网络贷款持消极负面的观点，而社交网络用户征信与 P2P 网络贷款存在一定关联，且存在用户隐私泄露的隐患，所以这在一定程度上阻碍了国内社交网络用户征信的发展。

2015 年，国内的阿里巴巴、腾讯、前海等 8 家征信机构进行了个人征信业务试点。由于自身具备数据方面的优势，阿里巴巴和腾讯在社交网络用户征信上的表现抢眼。2018 年，8 家个人征信试点机构结束试点任务，与中国互联网金融协会共同组建了百行征信。百行征信是中国目前唯一一家具有市场化个人征信机构牌照的单位，承担着统一、规范、全面覆盖征信业务的重任，也推动着社交网络用户征信的规范化发展。

9.1.4　社交网络用户征信技术的发展概述

社交网络用户征信的应用需求持续推动着社交网络用户征信技术的进步和发展。早期的社交网络用户征信技术主要是指把社交网络数据融入传统的信用评估模型中进行信用评估。依据评估对象的不同，传统的信用评估模型主要分为个人信用评估模型、企业信用评估模型、职业信用评估模型。传统的信用评估模型的数据来源主要是用户的人口统计数据、历史贷款行为数据、第三方机构信用记录等，不包括用户的社交网络数据。所以，将社交网络数据融入传统信用评估模型中，是社交网络用户征信技术应用的起点。

社交网络的数据源没有严格的定义，数据采集过程中会尽可能搜集所有的相关信息，因此，社交网络数据具有数据量大、噪声多、数据质量参差不齐等特点。为了解决社交网络数据应用中存在的问题，国内外互联网金融服务机构在评估模型中广泛采用大数据技术和人工智能模型。由于人工智能学习得到的模型可解释性差，许多企业都在探索结合人类知识和人工智能模型的混合模型方法以提高模型的可靠性。将大数据技术和人工智能模型运用到社交网络征信中是社交网络用户征信技术发展的一个新阶段。

随着社交网络大数据用户征信的发展，数据所有权、数据安全性、数据可靠性的问题越来越突出，使用区块链等前沿信息加密技术建立社交网络信息的采集、存储、共享机制在解决上述问题上具有技术可行性。许多互联网金融服务机构都在探索利用区块链技术发展社交网络用户征信的具体应用。由于技术的成熟度问题，目前基于区块链技术的大数据征信系统还处于早期的探索阶段，尚未进入实际应用中。

9.2　社交网络用户的信用评估

移动互联网的普及使得社交网络服务进一步深入我们的日常生活，社交网络的出现为用户的日常社交带来了极大的便利，人们对它的依赖程度也与日俱增。用户通过社交网络平台不仅可以交友，上传自己喜欢的各种图片、视频、文字，记录和分享自己生活的点滴，还可以进行各类商品和服务的交易及金融活动。社交网络用户账号中不仅保留了用户的真实身份等各项基本信息，还逐步积累了用户的各种观点、消费记录、活动空间位置等大量客观的行为偏好信息。比起传统媒介，社交网络中信息的传播更加迅速即时，用户既是信息的接受者，也是信息的制造者和传播者，这使得社交网络兼具有公众信息媒体的属性，社会影响力也更为显著。社交网络主体通过即时传播充分表现自我，网络表达形式的丰富和灵活更有助于人们充分表达情绪与感受，展现最真实的想法与自我人格，能更准确地体现出用户复杂微妙的价值取向。为此，将社交网络用户的相关数据作为传统信用评价体系的补充，从而构建一个全面、科学、合理的社交网络用户信用评价体系，对各类用户进行信用评估，既具有可行性又具有可靠性。

9.2.1 社交网络个人用户的信用评估

社交网络使得个人用户之间可以及时共享信息、构建并维持联系。尤其是随着移动互联网智能终端的普及，社交网络上个人用户的信息及行为记录，例如浏览记录、聊天记录、支付记录等得以沉淀下来，可以更好地全方位刻画用户画像、了解用户的诚信行为，使得社交网络大数据成为个人信用评估领域非常重要的征信数据来源。

基于社交网络个人用户的信用评估不仅可以获取到更加广泛、真实的数据源，构建更多维度的数据模型，更重要的是，可以深入挖掘到社交网络上个人用户真实准确的心理和行为，建立适合不同生活场景的数据模型，得到比传统征信业务更加丰富、更加精准的服务场景解决方案。几类典型的个人用户信用评估应用场景如下：

9.2.1.1 个人消费信贷评价

个人消费信贷属于无抵押贷款，金融机构仅根据申请者的个人信用情况来发放贷款。陈文等（2016）指出基于传统个人信用报告来开展消费金融业务的主要缺陷是其数据来源和针对的信贷服务覆盖面过窄，而通过提取社交网络空间中隐藏的个人信息、消费偏好等能够最大化用户的虚拟信息空间，从而更好地对个人信用风险进行评价。

现在的主流模型是在经典的"5C"信用分析模型基础上改进提出的基于社交网络的"5C"信用分析模型，它将社交关系视为用户的"软抵押资本"，其评价要素包括品质、能力、资本、社交、条件五个方面。表9-1对五个方面的评价要素所衡量的特质及相应的数据来源进行了说明。

表 9-1 基于社交网络的 "5C" 信用分析模型

信用要素	用户特性的衡量	数据来源
品质	个人素质、还款意愿	即时通信、搜索引擎、网络新闻、网络视频、网络音乐、网络游戏、网络文学、网络直播、微博、在线教育
能力	个人能力、还款能力	网络购物、网络游戏、旅行预订、网上订外卖、网络直播、在线教育、互联网理财
资本	个人财力、还款财力	网上支付、网上银行、互联网理财
社交	个人的社交关系	即时通信、网络游戏、网络直播、微博、在线教育、短视频
条件	经济环境对个人的影响	网络购物、旅行预订、网上订外卖、网约快车或专车、网约出租车、互联网理财

"5C" 信用分析模型是在大量实践的基础上总结形成的专家模型之一，有较强的可靠性，但评价过程中主观性略强，无法及时地跟进数据的更新和时代的发展，常会把一些信用良好、潜力大但个别信用要素存在细微缺陷的申请人拒于门外。

为了克服 "5C" 信用分析模型的不足，基于机器学习的个人消费信贷评价模型正逐步普及。这类模型主要利用 Logit 回归、支持向量机、随机森林、神经网络等模型实现从海量多维度的社交大数据中自主学习个人用户的信用特质，能够不依赖专家经验挑选特征，并随着时代变迁不断进化，从数据中发现价值，实现自动决策。WANG Y 等（2018）利用 MicroBlog 数据对个人消费信贷信用评价进行了探索性研究，提取了 "基本用户信息" "推文内容" "用户间关系结构" 三个主要特征，分别使用了支持向量机（SVM）、朴素贝叶斯（NB）、逻辑回归（LR）和 AdaBoost 分类算法对实际问题进行建模，其中 AdaBoost 的效果最佳。WANG S 等（2017）以个人消费在线借贷为例，除了常规的个人财务和基础信息外、还引入了借款描述文本信息、社交网络信息和宏观经济信息，通过特征工程从非结构化数据中提取信用风险特征，并在 Prosper.com 的数据集上通过传统的逻辑回归模型验证了提取特征的有效性。YU X 等（2020）则引入豆瓣网上的社交数据，提取了个人用户登录时间间隔指标、用户活跃度指标及用户在网络结构中的度指标等，并用于对个人信贷评价数据中 "虚假数据" 的筛选，然后使用逻辑回归建模。豆瓣网的社交数据显著影响了评价排序结果，说明使用社交媒体数据对建立可靠的个人信用评估系统、降低消费信贷风险非常重要。GUO G 等（2016）也通过实际例子证明了基于社交数据的个人信贷评价方法可以比传统信用评分方法的准确度高出 17%。

总体而言，社交网络信息对于个人用户消费信贷评价具有十分积极的意义，个人用户的登录频次、社交结构、信用习惯、支付习惯等线上信息都可以作为扩充其信用评估维度的依据。然而，当前的研究，无论是国内还是国外，对这部分信息的挖掘都还不够充分，既需要提升以文本挖掘为主的非结构数据挖掘算法，也需要在法律、政策层面上对基于社交网络的个人消费信贷评价予以完善。

9.2.1.2 个人租赁信用评价

个人租赁属于生活出行场景，主要指的是商家面对诚信客户时，可以对客户做出"享受租押金减免""极速返利""极速退款""先用后付"等承诺来吸引用户，在风险可控的情况，使得商家的差异化定价成为可能，从而促进社会消费、增加商家利润。

这个场景下的信用评价应用是将征信业务从金融领域向经济领域、社会生活领域延伸。但遗憾的是，目前该场景下的征信应用主要是直接从消费信贷等经济场景下的征信产品迁移过来，除了社交网络的信息外，用户的支付行为、信用历史等指标在模型中仍占有很大的比重。例如，支付宝的"芝麻信用分"从身份特质、履约能力、淘宝/天猫/饿了么等平台上的购物行为偏好、信用历史、支付宝社交网络中的人脉关系五大维度运用大规模机器学习算法量化评估个人信用状况。当个人用户的芝麻信用分达到 600 时就能获得免押金入住超过 5 500 家酒店的"信用住"特权，该特权包括一系列简便快捷的服务：先入住后付款、无须押金，无须查房直接退房，系统将自动从支付宝账户扣费。用户还可以利用"芝麻信用分"享受"信用签证"服务，无须再提交资产证明、在职证明等各类复杂繁琐的资料；广东省甚至还推出了"信用就医"，大约可以帮患者节省 3/4 的排队付费时间。又如，微信也开通了类似的"微信支付分"征信产品。根据微信官网的介绍，该产品是基于微信用户的支付数据，对个人的消费能力、履约信用等行为通过大规模机器学习的方法来计算综合得分。"微信支付分"可以支持"免押金借充电宝""免押金租玩具""免押金骑车"等服务。在信用越来越普及的时代，用户正享受着诚信所带来的各种生活场景的便利，它也逐步成为个人的隐形资产。

如上所述，当前用于生活场景的个人租赁信用评价体系仍属于衡量经济信用风险的量化指标，在社会生活等非完全经济信用风险领域上尚不能保证预测的准确性。在未来的研究中，还应建立更贴近具体应用场景的个人社会生活信用风险评价体系，依托社交网络大数据构建信用评价和信用展示的平台，为金融行业的健康发展奠定基础。

9.2.1.3 个人用户网络诚信评价

社交网络在给人们的生活和工作带来便利的同时，也成为一些不法分子开展非法活动的平台。诈骗信息、网络谣言无处不在，恶意透支社会信用，严重增加了社会管理成本，例如，"广元柑橘蛆虫""盐城化工厂爆炸"等谣言给社会造成了极大恐慌；冒充公检法人员，以涉案、反洗钱等为借口，诈骗受害者向所谓的安全账户汇款，给人民群众带来了巨额经济损失。"人无信不立，国无信不强，网无信不清。"网络诚信是国家诚信体系的一个重要组成部分，它是现实社会诚信在网络领域的延伸，关系到社会的安定与个体的安全。近年来，《中华人民共和国网络安全法》《党员干部使用微信微博十条禁令》《网络购物诚信服务体系评价指南》等相继出台，彰显了国家在大力推进网络诚信建设、打造文明安全互联网环境上的决心。以前，维持互联网环境主要是发动群众监督、依靠广大用户人工举报，通过"删帖""限制发言"等方式净化互联网社区环境，但这属于"被动式"处理，无法对用户信用进行整体评价，也缺乏可信度，造成用户流失，互联网信用危机不断加深。

有针对性地对社交网络用户的网络诚信评价进行深化研究迫在眉睫。学者们普遍认为在社交网络中，个人的社交网络关系、网络声誉等会对个人网络行为有着显著影响。ARAL S（2014）通过调查社交网络中的影响力传播机制，证实了社交网络的结构信息对谣言的传播有显著影响，从而可以建立更有效的网络干预社会政策及诚信评价策略。LIM J S 等（2015）基于韩国流行的"Me2day"在线社交网络数据，随机采样了 573 位活跃用户，验证了账号的流行程度与"真实的自我""真实的表达"两项衡量真实性的指标均负相关。这些研究为网络诚信评价体系的构建提供了一定的理论支撑。基于此，ZHANG Y 等（2016）利用基于离群点检测的方法来识别潜在谣言，从而识别出那些发布谣言的不诚信用户。而 MOTURU S. T. 等（2011）提出了一个无监督的文本挖掘模型，通过对用户言论的真实性评估来对社交平台 Wikipedia 和 Daily Strength 上的用户进行诚信评价。JAHO E 等（2014）则提出了 Alethiometer 框架，以统一地评估社交媒体的真实性，通过可信度、声誉、受欢迎程度、影响力和真实性等特征标签对社交网络用户的诚信度进行评价，并基于 1 000 万 Twitter 用户数据进行了这个框架检验。在充分借鉴国外信用评价机构对社交网络用户进行信用评价所采用的方法后，我国学者基于国情进行了进一步的深入研究。例如，徐昕虹等从身份辨识、行为分析、信用关联以及诚信历史这四个维度展开，使用 AHP 层次分析法、模糊综合评判法等方法建立了基于网络论坛的信用评估综合模型。李向华和杜鹃等分别根据内、外部评价要素与社交用户本身的亲疏关系对每个评价维度进行了细化，提出了相应的信用评估指标体系。王心怡则以三维信用论为基础，基于微博用户数据，对诚信度、合规度、践约度进行了扩展，构建了社交网络用户信用评价指标体系。

2016 年 1 月，微博"阳光信用"上线。阳光信用是全球第一个亿级用户网络社交平台的用户诚信行为评价体系，它参考国际通用体系的社交媒体平台用户评价体系，从内容贡献（微博发布频率及内容）、身份特征（个人资料是否完善、真实）、信用历史（综合考量言论健康程度）、社交关系（关注互粉好友的质量）和消费偏好（使用微博过程中表现出的消费行为偏好）五个维度构建算法，综合评判用户的网络诚信度。

9.2.2　社交网络企业用户的信用评估

众多利益相关者持有企业经营活动的各类信息，通过社交网络聚合而成的信息能够真实地反映企业资信和发展前景，有利于对企业信用状况进行精确、全面的刻画。

9.2.2.1　企业信贷评价

目前，国内外关于企业信贷评价的理论研究和实践应用，主要是采取定性和定量相结合的分析方法，把企业的数据分为财务类与非财务类，从而对企业的信贷信用做出综合评价。企业社交网络的大数据属于非财务类数据，将它与金融数据相结合能够减少信息不对称，增强信息透明度，提高企业信贷评价体系的合理性和客观性。

上市公司等大型企业，由于可供信贷评价的数据来源多、财务指标丰富、评价指标相对透明，且大型企业融资渠道多样，获得信贷资金的难度尚不是太大。相比之下，中小微企业由于公开信息少、财务数据不健全，通过传统信贷评价体系对其进行信用评估不仅操作起来困难，评价结果也很不客观。大量优质的中小微企业无法通过合理的价格从银行等正规金融渠道获得资金，不得不转向昂贵的民间借贷。融资难且融资贵是中小微企业长远发展面临的难题，迫切需要对传统的企业信贷评价体系做出改进。

陈晓红指出，企业的信息传播网络和社交网络相互嵌套，它所传播的企业家品质和声誉、企业交易信誉和生产状况、企业与政府关系、企业间关系等软信息影响着企业融资的效果。国外的学者也证实了这种社会软资本带来的团体声誉压力有利于行为监督并提高还款率。之后的研究进一步证明，社交网络数据可以被用于中小微企业借贷，提高中小微企业的融资可得性。我们通过社交网络平台，获取中小微企业的各类公开信息，通过对这些数据的有效组织，能够真实、客观地反映企业的信用水平，进而为解决中小微企业融资难题提供了新的视角和无限可能。邹江波在三维信用理论的基础上，围绕投资关系和任职关系两个维度，结合社交网络信息与社会资本因素，构建了动态信用价值度量模型。但由于企业信用数据既包括线上社交数据也包含线下经营数据，那么线上与线下数据的映射精度、部分数据的缺失、社交网络的结构特征等都将显著影响企业信用评估的结果，模型稳定性有待提升。

9.2.2.2 企业诚信经营评价

社交网络中的企业用户，一般是企业搭建的对外公众形象的通道，其言论直接影响了企业品牌的口碑，例如新浪微博中的企业微博账号；也有的是为了促进企业员工之间的协作，让企业内的员工在一个内部社区中互相沟通，而非一对一的交流，例如 Facebook 开发的 Facebook at Work 社交网络平台。

无论是哪一种类型，企业用户在社交网络中的出现都彻底颠覆了过去企业与客户、企业与员工之间的信息交流方式，企业在社交网络中与客户之间的互动极大地影响了口碑传播的机制和效果。社交网络服务向用户提供了丰富的社交功能和良好的互动体验，而且用户在使用社交网络服务的过程中，通常对企业用户的信任度较高。但当下网络诈骗案频发，一些不诚信的企业用户账号就成了他们的保护伞。2020 年 3 月 13 日中消协发布的《直播电商购物消费者满意度在线调查报告》显示，"夸大其词""假货太多""鱼龙混杂""货不对板"是消费者当前对通过以直播为主的社交网络购买商品的集中诟病，社交网络中的电商等企业用户频现"虚假宣传"，严重损害了消费者权益。因此，需要对企业用户是否诚信经营进行信用评价。

对企业用户是否诚信经营的评估不同于企业信贷主要基于经济方面的评估，而主要是从企业诚信交易行为方面进行评价。ZHANG J 等（2010）研究了一种基于社交网络的信任框架，在客户的社交网络中共享企业的信誉等级，从理论上证明了该机制能够使得诚信的企业赚取更多利润，并通过实验证实了其在动态环境中的鲁棒性。在实践应用中，美团推出的商户评价诚信分，列出了"骚扰消费者扰乱评价客观性""提供虚假证据申诉""评价炒作""仿冒官方活动"等 10 个违规行为，基于客户的评价对商家进行违规处罚、降低商家的诚信分，让客户看到的企业账号有个真实、客观的诚信评分，从而维护消费者的权益。但企业诚信交易涉及很多方面的行为，目前所采用的这种违规扣分的简单线性模型设置的权重主要来源于平台的主观设定，其客观性和通用性都受到一定应用场景的制约。

此外，还有跨平台的诚信经营评价应用。2016年1月，阿里、新浪微博联合推出了企业诚信体系服务。"诚信通"是阿里集团针对1688.com中小型企业打造的综合诚信标准体系，评价数据维度包括身份认证、诚信交易、入驻时间等，通过多个机器学习模型对企业是否诚信经营进行综合评价。征信良好的"诚信通"用户可以开通认证微博，其企业微博将出现"诚信通"标识，有利于其提升在线声誉，这也是企业信用评价体系从经济信贷领域向社会生态输出的初步探索。

9.2.3　社交网络非营利机构的信用评估

非营利机构指的是不以市场化的营利目的为宗旨的组织机构，如慈善机构、基金会、宗教协会、动物保护者协会等。随着互联网的日益普及，绝大多数非营利组织都会通过社交网络增加知名度、筹取善款。根据马萨诸塞州达特茅斯大学市场研究中心的调查，早在2014年，美国就有98%的慈善机构和非营利组织至少使用了一种社交媒体，这个比例远高于学术界和商业界使用社交媒体的比例。近年来，中国非营利机构大量涌现，各式各样的公益账号在社交网络上也如雨后春笋一般蓬勃发展。

非营利机构在社交网络上的行为，例如发表状态、评论、转发等，可以被总结为以下三种核心功能：信息传播功能、动员促进功能及社区建设功能。有研究分析表明，非营利机构对社交网络中的"信息传播"功能使用频率相当高。但比起传统意义上的信息传播路径，非营利机构能够通过网络中的"社区建设"和"动员促进"功能更有效地与公众沟通互动，产生价值认同和情感连接，进而成为社交网络中的"意见领袖"，创造了非营利机构与大众互动的新范式。但在这种公益互动的过程中，某些机构的过度炒作与渲染远离了慈善的初衷，甚至存在虚假传播的现象。这有可能引起普通民众的反感情绪，从而削弱公众参与的积极性。这些过度或浮夸甚至虚假传播的现象也是不诚信行为的一种表现，长此以往，不利于非营利机构功能的发挥。因此，对社交网络中非营利机构进行信用评估也是必不可少的。

9.2.3.1　对非营利机构真实性的评估

一些虚假的"非营利机构"出于背后不法的目的，存在以公益为幌子，套用名字，利用互联网技术，大肆诈骗的犯罪现象。例如，2017年，广东警方查处的人人优益网络科技有限公司，建立所谓"人人公益"网络平台（冒充"人人公益新媒体平台"），借助爱心公益、金融互助、慈善互助、慈善基金、高科技生物产品等形式进行传销活动，涉案资金高达数十亿元。又如，2015 年，广西警方查处的王某，以个人名义开设"百色助学网"，并以之为幌子，蒙蔽爱心人士，滥用公众善心，9 年时间里强奸了十几名小学生，其行为造成了极端恶劣的社会影响。当然，更常见的虚假现象是谎称处境困难，通过虚假捐款信息敛财。

透明化是助推非营利机构健康发展的核心驱动力，如何对社交网络上的非营利机构真实性进行评估，是一个重要但又困难的课题。尽管社交网络上的互动信息相比于传统的信息传播过程，已经大大提升了透明度，通过社交媒体上采集的信息可以在一定程度上对非营利机构的真实性进行评估、识别虚假账号，但由于对非营利机构的真实性评估没有个人信用、企业信用那样能直接产生可供商用的征信产品，因此针对基于社交网络的非营利机构真实性评估方面的理论研究及实践应用尚少。

有研究通过对过去研究的总结和归纳，从非营利机构的财务和非财务指标中提取出了可能存在诈骗的"警告信号"，包括战略指标、运营指标、合规指标和财务指标四类，但研究者并未利用这些指标进行进一步的模型构建，仅阐述了监管层可以利用这些信号来进行风险的初步筛选。BRADLEY J. M. (2015) 则引入了群众监督的思想，正直、敬业、有能力的员工不太可能参与诈骗活动，从而可以利用同事社交圈的影响力扩散功能，设计了非营利机构合规运营监督程序。DONG W 等（2018）基于文本挖掘，利用来自有关社交媒体平台上的非结构化数据来评估机构进行欺诈的风险，模型能够自动地提取出情绪特征、主题特征、词汇特征等特征信息，并输入机器学习分类器中进行诈骗风险预测。

9.2.3.2 对非营利机构公信力的评价

尽管社交网络改变了信息的单向流动模式，加强了公益性质的非营利机构与公众的互动交流，但是，我国非营利机构的信息公开周期较长，常常不能及时有效地回应公众质疑，2011 年的"郭美美"案件更是引起了大家对慈善活动中信用问题的关注。

根据国外的经验，对非营利机构公信力的评价主要从内部信息公开和外部公众监督两方面来考虑。在内部信息公开方面，以基金会为例，截至 2018 年 5 月 20 日，全国基金会透明指数（FTI）均分为 34.7，仅占总分的 35%，远远低于西方发达国家。我国非营利机构整体信息公开严重不足，当前还有不少工作要做，需要强化政府监督职能，依靠行政手段，从立法、行业制度健全上面提升整个非营利机构行业的内部信息透明度。

在外部监督方面，利用社交网络可有效发挥社会问责对非营利机构的监督作用。但与一般的基于社交网络的商户评价不同，公益活动经常是一次性订单，这使得支持者无法获得活动的评论信息，只能通过非营利机构项目的介绍来进行决策。我们的调研也发现，当前我国非营利机构公信力评价体系较为匮乏，NPO 信息咨询中心于 2003 年发起制定的"中国非营利组织（NPO）公信力标准"是目前业界唯一一个较为完整的通用框架，但具体的评价细则及定量内容都还尚未有统一标准。

当前，对非营利机构公信力评价体系的研究主要基于专家模型。国内的学者根据我国实际情况，在国际流行的非营利机构评估理论——"3E"和"3D"理论上改进提出了"APC"理论，对非营利机构的组织问责（Accountability）、绩效（Performance）、组织能力（Capacity）进行了全方位的评估。也有学者利用平衡计分卡的原则提出了非营利机构绩效的综合评价法，采用模糊评价的方法对上述指标进行量化处理和评估，并利用层次分析法确定权重，得到综合评价指标。还有学者采用主成分分析法，通过调研数据，研究了影响非营利机构公信力的主要因素，但未对非营利机构的评价体系做出详细说明。

综合而言，目前我国对非营利机构公信力的评价主要以经济方面的绩效为主，忽略了非营利性机构公益性、社会性的特性。因此，需要增加评价数据来源，充分利用社交网络的监督作用，系统性地对非营利机构公信力评估中涉及的伦理道德、价值观点、服务成效等影响力进行评估。

9.3　社交网络用户征信的应用与实践

社交网络用户征信具有很强的应用价值，诸如保理业务这类金融创新产品基于人与企业关系，提供多方共赢的金融产品。国内外已经有多家公司开始使用或试点社交网络用户征信，成果是可观的。成立于 2009 年的 Kabbage 是第一家将社交网络分析纳入信用评价的金融服务机构。随后，国内外金融服务机构（如 ZestFinance）、社交网络服务商（如 Facebook）、互联网平台公司（如阿里巴巴）等纷纷开始尝试构建社交网络用户征信，并将征信服务的场景从金融领域逐步外延到经济、社会等多个领域。

9.3.1　国外的应用与实践

国外社交网络用户征信发展起步较早，尤其是在小额贷款领域，已有较成熟的应用。

早在 1983 年，由孟加拉国经济学家、诺贝尔经济学奖获得者穆罕默德·尤努斯主导成立的格莱珉银行就首次构建了"团结小组+连带责任"的担保体系。尽管"团结小组"的形式并非完全意义上社交网络数据在征信体系中的应用，但其中蕴含的"社会信用"的思想对信用评价体系的发展产生了深远的影响。而后，随着互联网社交网络的迅猛发展，尤其是在 2010 年前后，互联网公司、金融机构等都纷纷意识到社交网络数据的重要性，并开始涉足征信领域。

9.3.1.1 "乡村银行"的社交网络征信实践

孟加拉国的乡村银行（格莱珉银行）专门为穷人提供贷款服务。它创造了一种特殊的信用结构，借贷者组成"团结小组"，"团结小组"需要参加一个为期一周的培训，使小组成员都清楚了解银行贷款的有关制度及借款人的义务规范。培训完毕后，"团结小组"成员参加银行组织的考试，若全部通过考试，那么该小组成员就能获得申请贷款的资格。进一步地，若申请贷款的事由合理、贷款获批后，"团结小组"的成员还要相互监督贷款的偿还情况，同时还要承担连带担保责任。如果所有人都按时还款，那么小组所有成员的信用都会增加，下一次贷款更容易获批；若小组中任何一位成员违约，其余成员的信用均会受到损害。基于这种建立在"社会评价+连带责任"基础上的担保体系，依靠"团结小组"社会网络产生的社会信用，弥补了基于个人经济指标方面信用评价数据的不足，能够让没有信用记录的人享受信用服务，也降低了银行信用审查的成本。更为重要的是，这种社会信用给格莱珉银行带来了 98%的高水平贷款偿还率，这一比率远高于普通商业银行。

9.3.1.2 金融服务机构的社交网络征信实践

Lenddo 成立于 2011 年，是一家基于社交网络的新兴贷款公司。其创始人斯图尔特坚信网络声誉可能比 FICO 评分更能够反映一个人的可信度，即"人的信誉能成为一种财富"。会员要在 Lenddo 上借款，须授权其进入自己的 Twitter、Facebook、Hotmail、LinkedIn、谷歌和雅虎等社交媒体，并且邀请至少 3 位好友在 Lenddo 平台上成立一个"信任社区"，然后才能申请贷款。Lenddo 通过挖掘用户的社交网络数据，不仅可以发现用户的受教育和职业信息（Linkin）、好友和好友信息、关注者数量（Twitter、Facebook 等），以及会员成为 Lenddo 用户的时间长短（历史信用），从而给用户从 1 分到 1 000 分的基础信用评分。

"信任社区"即 Lenddo 建立的同伴执行机制，这是 Lenddo 信贷的一个重要特点。"信任社区"的成员明确知道自己会对借款人承担"信用连带责任"，即知道借款人不还钱将影响到自己的信用评分。若借款人逾期，Lenddo 会首先通知"信任社区"中的其他好友，通过人际声誉对其施压；若该借款人继续不还款直至违约，那么"信任社区"中的其他成员的信用评分也会受损。这套"亲密"的信用捆绑方式取得了不错的效果，Lenddo 的拖欠率一直保持在个位数。

9.3.1.3 Facebook 的社交网络征信实践

2015 年 8 月，Facebook 推出基于社交大数据征信的信贷方法——贷款方会审查贷款申请者的社交网络好友信用等级。只有好友的平均信用等级达到要求，贷款方才会继续处理贷款申请。但这个评判过于武断。例如，当某些朋友有不良的信用记录时并不代表借款人自己也是信用欠佳的，何况 Facebook 上还有大量"陌生"好友的情况，借款人可能对其好友的信用情况一无所知。据了解，Facebook 的这项信贷方法会使大约 5 100 万美国民众受到不公正的评价。此外，这项信贷方法涉及贷款歧视等敏感话题，在实际应用中频频受阻，至今尚未诞生成熟的商用征信产品。例如，美国最大的 P2P 平台 Lending Club 一直致力于研发一套基于社交网络的算法，曾尝试通过用户在 Facebook 上的表现来确定其信用度，结果惨遭滑铁卢。其主要原因是金融机构的信用体系大多数指标仍基于传统的经济类信用记录，然而 Facebook 用户相对年轻、信用记录有限，因而难以满足 Lending Club 的贷款条件。

综合来看，在国外发达国家，社交网络数据等非传统数据接入征信的综合信用评价技术已经成为信用风险管理的有效工具，并广泛服务于个人贷款、中小企业贷款、小额贷款、信用卡和保险业务等。但由于社交数据往往具有弱变量特质，社交网络数据在信用评价体系中也只能作为一个辅助因素。如何提高社交网络数据在信用评价模型中的准确度和有效性，还需要进一步的深入研究。

9.3.2 国内的应用与实践

中国社交用户数量庞大，微博、微信公众号等几乎完全公开信息，为搜集社交网络数据提供了可能。腾讯微信和阿里支付宝均有 10 亿上下的用户，通过分析这些用户的社交行为可以增大征信服务的覆盖面。

相比于西方发达国家，我国社交网络用户征信发展起步稍晚，直到 2015 年初，以"芝麻信用分"的公测为标志，我国的"社交信用时代"才拉开序幕。我国的社交网络用户信用体系是在汲取国外经验、立足本国国情的基础上构建起来的。与国外的情况略有不同的是，我国的社交大数据信用体系是由几家互联网巨头各自主导、在实践业务中摸索建设的，并且由于商业利益的原因，难以打通各家数据壁垒，造成了评价模型应用场景存在局限性。

9.3.2.1 芝麻信用评估体系

阿里巴巴旗下的芝麻信用是国内首款利用用户在互联网服务上积累的相关信息（包括社交网络信息）进行个人征信评估的产品，评估体系按照经典的"5C"模型构建，其中，"社交"维度评分数据来源于以阿里旺旺和新浪微博为主的社交平台。

芝麻信用的主要特点是基于阿里巴巴在金融消费数据上的优势，包括网络购物、支付、支付宝好友、蚂蚁花呗等数亿级的与信用评价有强相关关系的数据来源，通过身份特质、人脉关系、行为偏好、信用历史及履约能力五大维度建立多个机器学习模型对用户进行信用评价。综合来看，芝麻信用在经济方面的信用评价结果准确度较高。芝麻信用目前主要针对消费端，在蚂蚁金服生态体系内应用广泛。相比于传统征信，它除了服务于阿里小贷下的金融服务场景，还有凭借信用打车、入住酒店、短租房等生活中的征信使用场景，丰富了信用产品使用外延。

9.3.2.2 腾讯征信

隶属于腾讯集团的腾讯征信，以社交数据为最重要的来源。腾讯征信以微信、QQ 等近十亿用户的社交数据为基础，挖掘用户个人信息、用户言论、信息传播途径等，形成用户画像。以用户登录行为、互动交流行为等作为依据，从安全、消费、财富、社交四个维度对用户信用进行评价。腾讯征信的主要特点是社交数据异常庞大，但难点是社交数据与信贷评级的直接关联较弱，仅依赖社交数据进行信用评价的模型准确性还有待提升。此外，与芝麻信用主要服务于生活场景不同，腾讯征信主要的征信产品仍服务于金融领域，其目前已经与多种类型的金融机构开展征信合作，在贷前、贷中、贷后提供风险管理解决方案。

综上所述，以阿里、腾讯为代表的互联网企业基于各自的数据积累构建数据模型并开展征信业务。但从另一个角度来看，这种"各自为政"的社交网络用户征信体系也有各自的局限性，导致应用场景不够全面，因此很有必要打通数据壁垒。

9.3.2.3 百行征信

百行征信是国内第一家获得个人征信牌照的全覆盖征信机构，于 2018 年 5 月在深圳正式挂牌，由中国互联网金融协会及其他 8 家单位联合发起。它们分别为：芝麻信用、腾讯信用、前海征信、鹏远征信、中诚征信、考拉征信、中智诚征信、北京华道征信。引人瞩目的是，这8家联合发起人都是互联网征信机构，在征信领域拥有海量的可用自有数据。例如，阿里旗下的芝麻信用拥有大量的天猫（淘宝）等电商平台的用户行为数据、支付宝上的用户支付数据及新浪微博上的用户社交数据；腾讯征信则凭借QQ、微信、腾讯会议等社交媒体沉淀了大量有价值的活跃用户信息，通过社交行为、支付行为等多维度数据综合评价个人信用风险；平安集团旗下的前海征信依托平安集团覆盖的综合金融产品线，积累了海量的线上和线下高质量个人交易数据；华道征信本身并未拥有用户信息，但其作为独立第三方数据运营商，建立了相应的数据规范，可以为个人数据隐私提供"防火墙"功能。

百行征信的目的在于打通这些数据孤岛、信息孤岛，这对于我国开创"信用时代"具有深远影响，因此被寄予了厚望。2019年1月，百行征信首期三款征信产品上线测试；截至2020年5月底，百行征信收录了超过8 500万人的个人信息，签约的信贷数据共享机构近1 000家，主要服务对象是小额贷款公司，如苏宁小贷、拍拍贷等。当前，百行征信还在不断扩充产品类型、服务场景等。

对比国外的实践，我国在信用评价方面的研究起步较晚，但需求迫切，发展速度很快。目前，我国社交网络征信尚处在萌芽阶段，在数据来源打通壁垒、评分模型构建理论依据、智能评分模型的构建、产品应用场景的拓展等诸多方面还在探索研究。建议监管层逐步规范行业环境，既鼓励信用评价机构在保险、公共事业缴费、房屋租赁、缴税、医疗等日常生活的领域积累信息数据，但也要保证信息采集的过程是安全、合法、合规的，才能助力行业健康良性发展。

越来越丰富的征信应用场景、巨量的信贷评价需求与高维、稀疏、高度非结构化的数据造成了征信体系的困境，社交网络用户征信应运而生。经过学术界和工业界坚持不懈的追求，社交网络大数据正被逐步引入金融领域、生活领域、社会领域的信用评价服务中。当前无论是国内还是国外，对这部分数据的挖掘都还处于起步阶段，挖掘出的特征不够显著，社交网络数据尚不能作为直接的评价参考，因此目前的实践大多把其作为参考变量加入征信模型中。一个重要的研究方向就在于对这些变量（例如聊天文本信息）进行更进一步的挖掘，提取出更多、更有价值的特征信息。显然，这些数据的全面合理应用要以社交网络征信相关的法律监管体系的逐渐完善、构建社交数据源之间的共建共享为基础和依据。

9.4　社交网络用户征信发展面临的问题及对策

9.4.1　数据的真实有效性

社交网络数据已经超出了传统的信用数据范畴，当今社会中用户不必对社交网络数据的真实性负责。而基于不完整、不准确的社交数据进行征信评估无法取得令人满意的评估结果。因此，社交网络数据缺乏真实有效性的问题饱受诟病，成为社交网络用户征信发展面临的问题之一。

具体而言，对社交网络数据真实性的质疑主要针对以下两个方面：一是对社交网络数据完整性和客观性的质疑。社交网络用户在虚拟的网络世界中倾向于美化自己，呈现自己优秀的一面，规避对自身形象不利的一面。因此，社交网络数据不能全面客观地反映用户的真实属性，难以形成真实的用户画像。二是对社交网络数据可靠性的质疑。如果社交网络数据被正式纳入信用评估体系，用户就有动机进行社交网络朋友圈的伪造和完善，以达到获益的目的。甚至有可能催生一条出于获益目的的社交网络账号美化的产业链，对社交网络数据进行人为操纵和篡改。

因此，用户征信评估系统使用的社交网络用户信息中可能包含混乱的、充满噪声的非真实数据，分析这样的数据不可能形成有效的信用评估结果。这就导致了基于社交网络数据进行信用评估存在争议，社交网络数据难以成为信用评估的有效参考依据。

为了保障社交网络数据的真实有效性，推动基于社交网络数据征信的健康发展，可采取以下两个措施解决问题：第一，完善相关法律，要求被征信者对用于征信的社交网络数据真实性负责，严厉打击社交网络数据的伪造和篡改行为。第二，联合数据提供机构对网络平台上产生的数据进行保护和备份，利用大数据技术对用户征信数据的真实性进行审查。随着法律法规的不断完善、数据采集标准的规范化、数据采集技术的进步，社交网络数据的真实有效性将得到保障，社交网络数据会在征信评估中发挥越来越重要的作用。

9.4.2　隐私侵犯

隐私权指个人对私人信息享有完整的所有权。目前，网络征信行业搜集和使用的大部分信息来自未被个人披露的隐私信息。与其他领域应用加总数据或匿名数据的情况不同，将社交网络数据用于征信很容易涉及个人属性的敏感信息。除用户个人信息外，社交网络数据还包括与用户有社交关联的第三方信息。因此，基于社交网络数据的征信评估十分容易造成用户个人信息及第三方信息泄露，带来侵犯隐私的风险。

征信机构与被征信方之间信息不透明，在信息搜集过程中可能出现隐私侵犯问题。由于采集的信息量大、涉及面广，征信机构无法完全确定被征信方是否同意信息采集，也无法完全确定所采集的信息是否涉及敏感内容。对于被征信方而言，他们往往不知道征信机构会采集、存储和使用哪些隐私信息。在监管缺位的情况下，很多 P2P 网络贷款网站甚至要求贷款人提供社交网站登录账号和密码以扫描贷款人的全部活动信息。类似的行为严重侵犯了用户的隐私，也使得这些网络贷款公司游走在法律的边缘，进一步影响了征信行业的发展。

征信行业对用户隐私保护不力，用户个人信息也容易被出售、盗取、非法使用。在利益驱动下，征信机构有可能将其存储的个人信息出售给包括广告公司在内的第三方。第三方依据用户信息定向投放广告，可能对相关个人造成困扰，甚至使其怀疑征信系统的可靠性，使征信行业难以持续发展。

目前，我国关于隐私保护的立法相对滞后，与隐私侵犯有关的违规违法行为十分普遍。为了促进征信行业的健康发展，应当采取以下措施缓解社交网络征信的隐私侵犯问题：首先，结合我国当下的实际情况，完善和细化社交网络信息的隐私保护法律。其次，建立信息分级机制，区分个人隐私信息、脱敏信息和公共信息。最后，利用区块链技术帮助征信机构以智能合约的方式和用户签订数据采集和使用合约，用公开、透明、合法的方式获取相应数据。

9.4.3　数据的共建共享

许多企业和征信机构等都掌握着一部分社交网络用户的相关信息。但是，考虑到用户隐私问题、数据资产的独特价值、各征信机构之间的竞争关系等，组织之间可能不愿意共建共享数据，由此形成了一座座信息孤岛。即使部分企业或征信机构有合作意愿，数据共建共享过程中依然面临诸多难题，包括如何保证数据共建过程中贡献者的付出与收益对等，如何解决数据交易过程中的信任问题，如何针对动态变化的用户数据建立高效的共享机制等。

实现社交网络用户数据的共建共享能够提升征信评价系统的有效性和可靠性，因此政府应当有意识地引导企业建设统一的社交网络数据平台。具体而言，需要统筹考虑前面提到的数据真实有效性和用户隐私问题，在完善相关法律法规和制度建设的基础上，利用前沿的大数据技术和区块链技术，建设统一的社交网络数据采集、存储、共享平台。

首先，制定统一规范的社交网络信息采集标准。政府发挥主导作用，引导有关部门和企业共同制定社交网络信息的采集标准，规范数据采集的内容和格式。在制定标准时，既要保护用户隐私，又要保证数据的全面性、完整性、有效性和共享性等效率问题。

其次，使用区块链等信息加密技术建立社交网络信息的采集、存储、共享系统。区块链技术的发展为数据的共建共享提供了解决方案，区块链技术中的先进加密技术、智能合约技术、时间戳技术等能够在保护隐私的基础上，实现数据的交易、共享和追溯。

最后，健全监管机制，借助大数据技术提高监管能力。政府应该严格管理数据共享流程，鼓励数据共建共享。同时，政府应当利用大数据技术手段进行实时监控，建立预警系统和机制，增强金融机构的风险防控和危机应对能力。

9.4.4 贷款歧视

贷款歧视指贷款的发放或发放利率不完全取决于贷款申请者的信用水平，而是和申请者的其他非信用特征关联。在个人层面上，这些非信用特征包括性别、种族、民族、地域、宗教、社会出身等。例如，美国存在着种族相关的住房抵押贷款歧视现象。在美国，黑人及其他少数族裔的住房抵押贷款发放比例远低于其占总人口的比例，住房抵押贷款机构倾向于拒绝向白人社区的黑人家庭发放购房贷款。上述贷款歧视现象可能导致不同种族的居住隔离以及社会阶层的分化加剧，使得社会长期存在不平等、不安定的因素。

在企业层面上，这些非信用特征包括企业的所有制、规模、地域等。例如，中国存在着与企业所有制相关的贷款歧视现象。大型国有企业处在计划经济向市场经济转型的特殊时期，政府为支持其发展而提供了必要的保护性补贴，国有企业获取贷款容易且贷款利率较低。上述贷款歧视现象势必会挤占民营企业的贷款供给，恶化民营企业的生存环境，降低其通过信贷抵御冲击的能力。考虑到企业规模问题，小微企业尤其面临着"融资难、融资贵"的问题。

在基于社交网络数据的征信评估中也存在贷款歧视问题。社交网络数据包含着人际网络关系、社会出身等大量的非信用特征数据。基于社交网络数据的用户征信评估导致不愿维持线上社交网络关系的个人、不处于网络优势地位的小微企业更难获得贷款。上述征信行为使申请人显著感受到差别性的歧视待遇，导致基于社交网络数据进行征信评估的相关机构面临用户的贷款歧视诉讼，进而影响社交网络大数据征信的发展。

在利用社交网络数据进行征信评估时，应当明确以下两点：一方面，根据我国银行法审慎经营和控制风险的要求，基于社交网络数据进行征信评估的主要目的是对贷款人的还款意愿和还款能力进行科学合理的评估，而非对其社会关系的评估；另一方面，从社会网络理论来看，微观个体在内外部环境的影响下动态演化形成了各自的网络群体。群体中的个体具有一定的共性是客观规律，是得以利用社交网络数据进行征信评估的基础。与此同时，群体中的个体也会具有差异性，这也是人们对于贷款歧视的争议所在。

发展和应用社交网络征信，不应该违背人类社会公正平等的客观需要。为此，我们可以采取一些措施缓解贷款歧视问题。首先，相关法律法规应该明确有可能导致贷款歧视的社交网络数据的使用权限，从源头上限制贷款歧视的来源。其次，信用评估机构在进行评估体系的构建和应用时，应该始终坚持社交网络数据只能用于控制贷款风险而非用户歧视的原则，审慎地对待模型中可能产生贷款歧视的部分。最后，信用风险评估应完善多轨制，在社交网络数据征信评估失去评估效力的特定群体上应用其他评估机制以保证每个群体都能享受平等的贷款服务。

10 大国信用展望

10.1 对我国信用体系建设的审视和反思

10.1.1 对我国信用体系建设的审视

2002 年，党的十六大报告第一次提出"社会信用体系"的概念。2014 年，国务院印发了我国首部国家级信用体系建设规划《社会信用体系建设规划纲要（2014—2020 年）》，明确地把社会信用体系定位为社会主义市场经济体制和社会治理体制的重要组成部分。在党和国家的高度重视以及社会各方的大力支持下，经过多年的积极探索和实践，我国社会信用体系建设取得了巨大的进展，形成了以政府为主导，信用服务机构、行业协会和企业等社会力量全面协同，全方位整体推进、加速发展的局面。从社会信用体系建设的推动力量来看，我国主要是政府推动为主，信用服务机构、行业协会和企业等社会各方力量共同参与，并逐步向市场化运作过渡。从信用信息数据库建设来看，我国从行政执法、司法等部门行业信用信息数据库建设开始，并在此基础上建设全国信用信息共享平台，实现了政府内部数据的整合，建立了多部门、跨地域、跨领域信息联享、信用联评、守信联奖、失信联惩的共享机制。从社会信用体系建设领域来看，我国选择最关键、影响最大的企业信用体系作为重难点和突破口，并逐步向公共信用体系和个人信用体系延伸。从社会信用体系建设思路来看，遵循"以点带面，逐步推进"的发展思路，选择部分城市和信用服务机构，进行社会信用体系建设试点，开展示范创建工作。如 2015 年将成都、南京、杭州等 11 个城市列入首批全国创建社会信用体系建设示范城市；2018 年选择百融金融信息服务股份有限公司、成都数联铭品科技有限公司、鹏元征信有限公司、考拉征信服务有限公司、中诚信国际信用评级有限责任公司等 27

家机构进行综合信用服务机构试点；通过部分地区和机构先行先试，在探索中寻找突破口，不断改革创新，提高社会信用体系建设实效。从信用联合奖惩来看，选择司法、税收等重点领域作为突破口，制定了 40 余项国家联合奖惩备忘录，建立了信用联合奖惩机制，并不断扩大奖惩范围。从信用大数据应用来看，我国信用大数据应用主要集中在商务诚信领域，在政务诚信、社会诚信和司法公信等领域应用较少。总体来说，社会信用体系建设的发展有以下几个方面的特点：

10.1.1.1　社会信用体系建设呈现协同推进态势

近年来，我国社会各界对社会信用体系建设重要性的认识普遍提高。我国政府、业界、学界等各个层面已经形成了共识："加快社会信用体系建设是完善社会主义市场经济体制、加强和创新社会治理的重要手段，对增强社会成员诚信意识，营造优良信用环境，提升国家整体竞争力，促进社会发展与文明进步具有重要意义。"

目前，我国社会信用体系建设全面推进，取得了重要进展：建立健全了组织体系和推进机制，成立了社会信用体系建设部际联席会议；编制了《社会信用体系建设规划纲要（2014—2020 年）》以及一系列相关文件；搭建了全国信用信息共享平台，实现了信用信息的归集和共享；强化信用标准建设，大力推进统一社会信用代码制度；出台了一系列信用联合奖惩文件，建立健全信用联合奖惩机制；大力开展诚信宣传教育，营造社会诚信氛围等。随着我国社会信用体系建设的全面推进，企业和个人的信用意识开始逐渐觉醒，开始积极进行自身信用管理，诚实、自律、守信、互信的良好社会氛围初步形成。与此同时，信用服务机构和信用行业协会等社会组织也积极参与到社会信用建设工作中。社会信用体系建设是一项系统工程，我国政府从宏观的角度统筹推进，逐步整合政府、社会组织、企业和个人等各方面的力量，一起推进社会信用体系建设。社会信用体系建设呈现出政府主导、全面协同、整体推进的良好发展态势。

10.1.1.2　地方和部门是信用制度建设的先行者

完善的信用法律法规体系是保障社会信用健康发展的根本。我国的信用立法是从地方开始的。随着社会信用体系建设的深入推进，31 个地方陆续出台了信用相关的规范性文件，并以此作为社会信用体系建设的主要依据和准则。北京、上海、天津、重庆、广东、浙江、河北、山西、辽宁、湖南、贵州、陕西、甘肃、山东、吉林、江苏、江西、内蒙古、四川、宁夏、福建、河南、湖北、安徽、黑龙江、广西等 20 余个地方出台了公共信用信息归集、共享和使用的地方法规。其中，2007 年 7 月，广东省出台的《广东省企业信用信息公开条例》是全国首部社会信用体系建设的地方法规。2011 年 11 月，陕西省出台的《陕西省公共信用信息条例》是我国首部关于公共信用信息的地方性法规。2017 年 10 月，上海市率先出台的《上海市社会信用条例》是全国首个综合性地方信用立法。同时，各部门从各行业特点和实际出发，探索制定了信用方面的政策法规。例如，国家发展和改革委员会会同交通运输部等部门制定了《关于加强交通出行领域信用建设的指导意见》，最高人民法院发布了《关于公布失信被执行人名单信息的若干规定》，财政部发布了《关于加强会计人员诚信建设的指导意见》，原国家工商行政管理总局发布了《严重违法失信企业名单管理暂行办法》，国家邮政局发布了《快递业信用管理暂行办法》等，规范了各行业信用信息采集、评定、应用和监督管理，加强了各行业信用体系建设，促进了各行业健康发展。

在国家层面，国务院颁布了《征信业管理条例》《企业信息公示暂行条例》等法律法规。但是，目前出台的法律和政策法规大多是地方性和行业性的，全国性、综合性信用规章制度的制定相对滞后，严重阻碍了社会信用体系建设的深入推进。这些地方性和行业性政策法规是对信用立法的有益探索，可能还需要在实际操作中进一步完善，但是为全国性规章制度的制定和出台奠定了良好基础。

10.1.1.3　地区社会信用体系建设各具特色

我国部分地区在国家统一部署下开展试点，根据各地区的实际情况，积极探索地区社会信用体系建设发展路径，形成了各具特色的地区社会信用体系建设模式。上海市以政府为主导，积极推进个人征信试点，大力扶持信用服务机构发展，培育信用服务市场需求，支持第三方征信机构建设企业和个人联合征信数据库，形成了以个人信用征集为起点、市场化运作为主要特征的"上海模式"。浙江省大力推动建设全省统一的信用信息共享平台，整合各行业和社会机构的信用信息；努力推进信用制度建设，依法推动浙江信用体系建设；同时，根据本省中小企业多、信贷需求强烈的情况，选择企业信用建设作为突破口，形成政府主导、以企业信用为突破口的"浙江模式"。深圳市以政府为主导，建立了社会信用体系建设基本框架以及运行机制，如制定了社会信用体系建设工作方案和法律法规等；建成了个人、企业和信贷三大信用信息平台；整合信用服务机构和信用行业协会等社会力量参与信用体系建设工作，由深圳鹏元征信有限公司开发了个人信用征信系统，并开展个人征信查询服务；深圳市信用协会积极参与个人和企业的信用评级和信用体系建设工作，形成了政府推动、社会参与、市场化运作的"深圳模式"。成都市围绕"诚信成都"建设，以政府为主导，专业机构参与，建成全市统一的信用信息共享平台，逐步构建以信用为核心的市场监管体系，探索推进了"1+N"信用评价模式、"科创贷""青创宝""创业贷""农贷通"等具有成都特色的信用创新，形成了信用体系建设主体从企业到公民再到整个社会，着力点从加强顶层设计到完善组织架构再到搭建统一平台、研发信用产品、推广信用应用的"成都模式"。

10.1.1.4 企业信用体系建设好于个人信用体系建设

企业信用体系和个人信用体系建设是社会关注的焦点。相较于个人信用体系建设，我国企业信用体系建设起步较早，已经取得较大的进展。从政府层面来看，在 2006 年，中国人民银行成立了征信中心，专门负责企业和个人征信系统的建设、运行和维护，并为企业和个人提供信用报告等信用产品；在 2014 年，原国家工商行政管理总局建成了国家企业信用信息公示系统，覆盖全国 31 个省（自治区、直辖市），提供全国企业、农民专业合作社、个体工商户等市场主体信用信息的填报、公示、查询和异议等功能。从信用服务市场来看，从 2014 年我国实行征信企业备案制开始，我国征信企业数量增长迅速，由 2014 年 6 月的 26 家增长至 2019 年 1 月的 151 家，之后累计注销机构 23 家。截至 2019 年 12 月末，有 128 家企业征信机构在中国人民银行分支机构完成备案，涉及企业信贷、企业投资、贸易往来、招标、租赁、保险、市场营销等领域。2015 年 1 月 5 日，中国人民银行印发《关于做好个人征信业务准备工作的通知》，在芝麻信用、腾讯征信、前海征信、考拉征信、鹏元征信、中诚信征信、中智诚征信、华道征信 8 家机构进行个人征信试点，涉及个人贷款、信用卡申请、就业、出国、租房等领域。而我国首家市场化个人征信机构百行征信直到 2018 年 3 月才成立。百行征信是由中国互联网金融协会与芝麻信用、腾讯征信、前海征信、考拉征信、鹏元征信、中诚信征信、中智诚征信、华道征信 8 家机构共同发起组建的个人征信服务机构，标志着我国个人征信体系建设迈出了重要的一步。总体而言，我国企业信用体系建设起步早，发展快，更完善；企业征信市场在制度建设、征信机构数量、市场规模等方面都比个人征信发展得更好。

10.1.1.5 区域性信用联合奖惩合作机制逐步形成

目前，国家各级行政主管部门都在积极推动信用联合奖惩的建设，并取得了一些成效与经验。各行业部委联合多部门签署信用联合奖惩合作备忘录，确定奖惩对象、奖惩措施和责任部门来推动信用联合奖惩的实施。截至 2019 年 6 月底，由国家发展和改革委员会牵头，民政部、科技部、生态环境部、住房和城乡建设部、交通运输部等 60 多个部门发布了 44 个信用联合奖惩合作备忘录，推出信用联合奖惩措施 100 多项，覆盖旅游、家政服务、婚姻登记、工程建设、拖欠农民工工资等多个领域，守信联合激励和失信联合惩戒制度体系基本建立。

在联合奖惩合作上，区域性信用联合奖惩合作机制正逐步形成。长三角国家社会信用体系建设区域合作示范区建立起跨区域的旅游行业守信激励和失信惩戒联动机制。2017 年 9 月，杭州、成都、宁波、无锡、湖州、嘉兴、绍兴、德阳和泸州 9 个城市共同签署了信用城市联盟合作协议，以"开放、自愿、共享、安全"为基本原则，在公共信用信息共享、信用奖惩联动机制、信用服务市场协同发展、跨区域联合宣传等方面进行合作，通过交换纳税信用等级为 A 的红名单（企业）、严重税收违法黑名单（企业）、失信被执行人（企业）等，探索建立跨区域联合奖惩机制，真正构建"一处失信、处处受限"的信用惩戒大格局。2018 年 6 月，浙江省、江苏省、安徽省、上海市信用办及环保部门签署了《长三角地区环境保护领域实施信用联合奖惩合作备忘录》，明确环保领域区域信用合作内容，建立和完善区域信用合作机制，发布首个区域严重失信行为认定标准、联合惩戒措施。

经过多年的积极探索和实践，我国社会信用体系建设取得了阶段性成果。但是，我们也要看到，我国社会信用体系建设发展与我国经济发展水平和社会发展的需要之间还存在一定差距和许多问题。这些问题主要包括顶层设计规划缺乏，各地区、各部门、各行业各行其是，导致大量低水平、重复性建设，没有形成全国一盘棋的大格局；信用立法滞后，信用法规体系不健全，信用体系建设推进缺少相关法律的支撑；信用服务市场不发达，征信行业整体发展水平低，征信成果应用场景偏少；信用联合奖惩机制不健全，尚未形成覆盖全国的跨区域的联合奖惩机制，联合奖惩落实不到位等。

10.1.2 对我国信用体系建设的反思

从以上所述关于我国社会信用体系法律法规、信用信息系统建设、信用服务市场、监管体系及信用主体诚信建设五个方面的发展历程和现状可以看出，改革开放后，随着我国经济的迅速发展，我国的社会信用体系在政府的助推下得到了蓬勃发展，对信用信息的需求显著增加。但不论是相应的法律法规、监管等基本的保障系统，还是信用信息系统及服务市场的建设等实践应用和供需状况，都存在很多需要我们进一步思考、探索以及解决的问题，其主要表现为信用体系建设顶层统筹不足、思路不清晰。

2014 年，国务院印发的《社会信用体系建设规划纲要（2014—2020 年）》明确指出：选择重点领域和典型地区开展信用建设示范。2015 年 8 月，国家发展和改革委员会与中国人民银行联合发文，将沈阳、青岛、南京、无锡、宿迁、杭州、温州、义乌、合肥、芜湖、成都 11 个城市列入首批全国创建社会信用体系建设示范城市。2016 年 4 月 6 日，国家发展和改革委员会、中国人民银行联合印发《国家发展改革委 中国人民银行关于同意北京市海淀区等 32 个城市（城区）创建社会信用体系建设示范城市（城区）工作方案的复函》（发改财金〔2016〕769 号），批复了 32 个城市创建全国第二批社会信用体系建设示范城市工作方案。2018 年 1 月 9 日，国家发展和改革委员会办公厅、中国人民银行办公厅明确杭州市、南京市、厦门市、成都市、苏州市、宿迁市、惠州市、温州市、威海市、潍坊市、义乌市、荣成市 12 个城市为首批社会信用体系建设示范城市。社会信用体系建设示范城市创建工作的开展，推动了各个城市积极探索社会信用体系建设，以用促建，先行先试，形成了一系列各具特色的可复制、可推广的地区社会信用体系建设经验。例如，上海市形成了以个人信用征集为起点、市场化运作为主要特征的"上海模式"；浙江省形成了政府主导、以企业信用为突破口的"浙江模式"；深圳市形成了政府推动、社会参与、市场化运作的"深圳模式"；成都市形成了信用体系建设主体从企业到公民再到整个社会，着力点从加强顶层设计到完善组织架构再到搭建统一平台、研发信用产品、推广信用应用的"成都模式"。

在创建社会信用体系建设示范城市过程中，各地区根据实际情况，积极探索地区社会信用体系建设发展路径，取得了一定的成绩，进一步推动了我国社会信用体系建设，但也产生了一些问题。虽然各地区、各部门和各行业都根据国家的政策文件相应地提出了具体的建设方案，但因为社会信用体系建设的目标和具体任务等在一些地区仍未得到准确充分的理解，以至于在建设过程中某些地方出现了信用体系建设规划与本地实际情况脱节且存在重复定位和重复工作的情况。而且各地区、各部门、各行业信用信息系统建设标准、信用评价标准不统一，导致信用信息没有实现共享互通，形成了数据孤岛。之所以出现这种问题，是因为我国社会信用体系建设顶层设计规划思路不清晰，统筹力度不足，没有形成全国一盘棋的大格局。

10.2 "大国信用"的内涵及其战略地位

近年来，我国在社会信用体系建设上不断推进，不仅努力在国内创造优质的信用环境，也在努力创造具有国际影响力的信用大国形象。例如，习近平总书记牵头的"一带一路"建设项目作为我国近年外交中的代表，在维护本国利益的同时注重与其他国家的互利共赢，提升了国家信用水平，反映了我国作为全球第二大经济体的大国正在创造符合中国特色社会主义的大国信用。

10.2.1 大国信用的内涵

"大国信用"是中国人民大学吴维海教授首次提出的一个概念，其内涵包括两个方面：一是信用，表达的是信用主体之间相互信任的关系。二是大国信用，即一方面需要在一个大国内，包括政府、企业、个人的所有信用主体所对应的信用体系能够比世界大多数国家（地区）更加完善与成熟；另一方面，指一个大国作为信用主体，在与其他国家（地区）交往中形成的比其他国家（地区）更能够让其他国家（地区）信任并能够信任其他国家（地区）的一种关系。

其中，大国不仅仅指国土面积大、人口数量庞大的国家（地区），还指在世界范围内各方面具有相对优势的国家（地区）。因此，一个国家（地区）想要真正立足于世界强国之林，在信用方面也不能落于其他国家（地区）之后，需要创造出相对于世界其他国家（地区）具有优势的信用水平和环境。

中国自古以来将诚信作为衡量一个人最重要的道德标准之一，"人无信不立"。但一个成熟的信用大国，需要从制度和文化上都充满信用的元素，基础设施与上层建筑并重。大国信用除了自身需要具备成熟的信用体系外，还需要在国际社会中具有不被其他国家（地区）信用体系所影响以及具有影响其他国家（地区）信用体系的能力，获得信用主权与信用强权。

10.2.2 大国信用的战略地位

信用是国家的重要资源。诚实守信自古以来就是我国人民重要的道德修养的一部分，也是党在领导国家时的一贯宗旨。在经济全球化背景下，各国的经济、政治、文化等方面交流密切，没有任何一个国家（地区）能够在此背景下保持经济、政治和文化的完全自主，但在全球化的洪流中，保持本国（地区）的地位与合法权益，这需要我国的信用体系建设具备国际视野和大国风范。

构建大国信用对于我国在以国家为单位的信用活动中占据主动地位具有重要意义，具体表现在以下方面：

第一，在经济层面，构建大国信用有利于我国和世界经济的发展。一方面，构建大国信用有利于我国创造新的经济增长点。经济增长的要素是投资、出口和消费。中国作为世界上人口最多的发展中国家，具有较高的生产和消费潜力。在经济全球化背景下，没有任何一个国家（地区）的经济发展不依赖于世界其他国家（地区）。但没有良好的信用水平，和其他国家（地区）的合作将会受到限制，影响一个国家（地区）生产和消费能力的发挥。促进与其他国家（地区）的交易就是促进出口和消费。构建大国信用，有利于减少我国与其他国家（地区）之间经济活动的交易成本，促进我国和世界各国（地区）达成更深入的贸易合作，在国际市场上大显身手。在良好的信用支撑下，我国生产的产品更容易取得国内外消费者的信任，且具有更高的品牌溢价，在国内获取更高的消费量，在国外能够被世界各国（地区）所接受，带来更多的出口。良好的信用环境使人们更具有创新创业的意愿，提升投资量。

另一方面，构建大国信用有利于维护我国和世界的经济稳定。中国作为世界第二大经济体，在世界经济的正常运行中贡献着重要力量，对于维持世界经济平稳起到了支撑作用。构建大国信用对维持经济稳定和提升国际经济影响力的作用主要体现在以下方面：首先，在成熟的大国信用体系约束下，各经济体按照一种更符合世界发展规律的方式平稳上升，信用风险显著减少，大大降低了金融危机出现的可能性；其次，构建大国信用使我国信用机构具备更强的国际公信力、竞争力和影响力，使得我国具有自主参与所有信用活动的自信心，减少外来信用机构的干预，维持国内经济稳定；最后，构建大国信用使我国具有影响他国信用活动的能力，在世界信用互动中占据主动，对于维持世界经济稳定具有能动性。以货币发行为例，当今世界，货币的发行不再依赖黄金，一国的信用水平成了衡量货币价值的关键。在国家的信用水平不变的情况下，发行的货币过多，则会出现通货膨胀；发行的货币过少，就容易出现通货紧缩。对于信用水平较高的国家来说，它们具备货币强权，发行过多的货币会造成世界范围内的通货膨胀，发行过少的货币就会造成世界范围内的通货紧缩，对世界经济影响巨大。因此，如果一个国家具有更高水平的国家信用，它的货币更具有世界影响力，它也能够在合理的范围内发行更多的货币，具有货币自由权，在货币强权国家干扰世界经济运行的情况下具有一定程度的保持稳定的能力，它发行的货币也具有影响其他国家经济的能力。

第二，在政治层面，构建大国信用有利于创造良好的外交环境。在经济全球化背景下，一个国家的治理虽然是以本国政府为主导的，但不可避免会受到他国的影响。单一国家的法律制度对世界的影响很小，但信用可以显著提升国家的世界影响力，帮助一个国家立于不败之地，使之从规则的遵守者成为规则的制定者，在外交活动中占据主动。一个成熟的信用大国，在全球外交中，能够保持国家主权的相对完整，具备更多的话语权。构建大国信用，有助于提升我国的政治地位。"得道多助，失道寡助。"一个不守信用的国家，在国内，它的公民对它缺乏信任，人民离心离德；在国外，它在外交中地位被动，缺乏盟友，当面临其他国家的软侵略时，很容易分崩离析。各个加盟国家和人民对政府和制度失去信任是苏联解体的一个重要原因。相比于一个不守信用的大国，其他国家更愿意与一个诚信的国家建立稳固的外交关系。因为一个信用大国，它在与其他国家进行外交时，实现互利共赢是它的唯一目标，一定不会为了自身利益而损害他国的利益。同时，一个国家如果很容易与其他国家建立稳固的外交关系，就相当于拥有了稳固的盟友，建立多个国家的利益共同体，在全球政治活动中，成为一股不可忽视的力量。任何国家想要侵犯信用大国的利益，就是与整个利益共同体相对抗，必将付出惨痛的代价。

第三，文化层面，构建大国信用有利于提升国家文化软实力。文化是一个民族内在精神和智慧的综合。诚信自古以来就是我国衡量一个人的道德标准之一，是我国的优秀文化之一。但没有成熟的信用体系，守信缺乏足够的鼓励，而失信没有制约，人们容易为了利益而失信。这使得诚信这种优秀文化成为无根之木、无源之水。没有成熟的信用制度做支撑，就无法形成稳固的信用文化。构建大国信用不仅能够从制度上使利益与诚信协调统一，守信就能获得利益，失信就会损失利益，通过信用体系的力量约束公民的道德水平，还能够从意识形态上将诚信上升为公民骨子里固有的优良品质，从而提升我国全民族的道德水平，将我国的诚信文化树立为国家形象。大国信用将自内而外、自下向上提升国家的整体信用水平。这将进一步提升我国信用文化的世界影响力和本国人民的文化自信，提升我国的文化吸引力，将中国由一个人才出口国转变为人才进口国，提升国家创新能力。

10.3　构建"大国信用"体系的路径和举措

大国崛起，信用当先。随着国务院《社会信用体系建设规划纲要（2014—2020年）》、民政部等八部门《关于推进行业协会商会诚信自律建设工作的意见》、国家发展和改革委员会、中国人民银行、中央编制办公室《关于在行政管理事项中使用信用记录和信用报告的若干意见》等相关规划和政策出台，我国社会信用体系建设已经进入快速发展的轨道。当前，经济全球一体化趋势愈发明显。为了在国际合作信用体系中站稳脚跟，我国应当逐步构建和完善"大国信用"。

10.3.1 构建"大国信用"体系的路径

吴维海等人提出建设"信用强国"，引领"信用地球"的三大理由：信用是立国之本、信用是强国之源、信用是发展之魂。对应"信用地球"建设的三大路径：①构建全球信用新架构。习近平总书记在中央政治局第三十五次集体学习时，着眼国际力量对比消长变化和全球性挑战日益增多，做出重要论断："加强全球治理、推动全球治理体系变革是大势所趋"，为我国信用体系建设和引领"信用地球"建设指明了行动方向。②实施信用建设"三步走"战略，分为引导推动（2016—2018年）、聚集提升（2019—2025年）和融合共建（2026年起），基本建成"信用地球"的总体架构和运行体系。③引领全球信用新规则，传承与借鉴相结合，推动建立世界信用评级组织，共同完善全球经济治理，优化和重塑国际信用规则和依托国际合作机构。结合我国现状，应以推进社会治理信用化、信用建设国际化和信用建设标准化实现"大国信用"。

10.3.1.1 推进社会治理信用化

1596年，受到阿姆斯特丹商人资助的荷兰船长威廉·巴伦支带领着17名水手，驾驶小船开始远航，试图通过北极前往亚洲。在路途中，他们遭遇了极寒、断粮，8名船员病死或冻死。但即使如此，船员们也没有动过阿姆斯特丹商人委托给他们运输的货物。船只归来后，震动欧洲。也正是这宝贵的信誉，帮助荷兰成为称霸世界的"海上马车夫"。这令我们能够一窥西方金融发展史的核心：信用。目前，我国社会信用体系建设向全面纵深发展，除了传统的金融信用，信用内涵逐渐扩展到城市治理中。例如中国人民银行征信中心的个人征信报告既包含了个体的信用贷款记录又涵盖了司法、政务等信息，市场主体诚信档案、行业黑名单制度和市场退出机制则记录了各行各业的经营信息。应势而谋、顺势而为，稳妥有序推动社会治理信用化，个体认识到"守信一路畅通，失信寸步难行"，主动维护信用承诺，监管部门合理使用信用报告可以降低社会运行成本、维护公平竞争的经济和社会环境。

10.3.1.2 推进信用建设国际化

近年来，我国正积极加强全球治理、推动全球治理体系变革。例如，"一带一路"倡议、亚洲基础设施投资银行、金砖国家开发银行和人民币加入特别提款权（SDR）。坚持共商共建共享，推动构建人类命运共同体得到了全球的积极响应。但由于文化的差异等原因，信息不对称在深入合作中逐渐暴露出来。跨国贸易中，国际信用体系的缺位，使得交易成本增加。因此，构建良好的政治互信、诚信的商业环境、畅通的协调机制非常有必要。深化国际信用合作，促进信用信息共享，共建信用互认体系和行业信用识别系统，实施跨地域联合奖惩，大力弘扬诚信文化，打造信用国际品牌，具有迫切需求和重要意义。

10.3.1.3　推进信用建设标准化

目前，我国还没有形成全面完善的征信立法体系，也缺乏统一且被普遍接受的信用信息采集、汇总及使用标准。在制度与立法方面，国家层面涉及信用体系建设的立法较少，其中相对重要的法律法规主要包括《征信业管理条例》《征信机构管理办法》《企业信息公示暂行条例》等，在大方向上涵盖了对信用信息拥有者权益的保护和信用信息使用者的监管内容，但在具体细节上如不同环节信用信息使用规定还存在不足，且没有涵盖信用服务市场的激励机制。推进信用建设标准化，需要形成统一的尺度，建立共享共建机制，加强政府部门和机构的信用数据整合，打破信息孤岛，从而更好地促进社会公平守信环境的建设。

10.3.2　构建"大国信用"体系的具体举措

我国经济社会目前处于转型关键期，社会信用环境的好坏不仅会影响到国民经济的发展，对于社会有序运行、民众安居乐业乃至企业创新发展也会发生重大影响。完善立法与监管、统一规范标准体系、保护信息主体权益、健全失信惩戒与守信激励机制，才能够建立起覆盖全社会的征信系统，并应推进征信市场化发展，加强社会诚信教育宣传、提升民众信用意识，从而构建"大国信用"。

10.3.2.1　做好顶层设计，完善协调机制

2007 年，国务院成立了社会信用体系建设部际联席会议（以下简称"联席会议"）制度，由国务院办公厅牵头负责，共有 15 个成员单位。2008 年调整为由中国人民银行牵头。2012 年进一步调整为由国家发展和改革委员会与中国人民银行牵头，成员单位增加至 17 个。截至 2018 年底，部际联席会议成员单位已经增加至 47 个。联席会议制度从建立至今，在协调推动社会信用体系建设各项工作中起到了非常重要的作用，并取得了一系列工作成果，如出台《社会信用体系建设规划纲要（2014—2020 年）》，建设全国公共信用信息共享平台，初步建立联合奖惩机制等。

社会信用体系建设部际联席会议办公室设在国家发展和改革委员会与中国

人民银行。中国人民银行设立征信管理局，主要负责征信业管理和组织推动社会信用体系建设。国家发展和改革委员会在财金司下设立了信用处，专门负责统筹协调推进全国社会信用体系建设工作。从单位职责来看，中国人民银行与国家发展和改革委员会都是推进社会信用体系建设的主导单位。但是，从我国信用实践情况来看，我国地方社会信用体系建设工作主要由各地方发展和改革委员会（经信委）下属的信用办牵头推进；而中国人民银行分支机构主要负责征信业的管理，对社会信用体系建设的主导作用不明显。社会信用体系建设人力资源严重不足。国家发展和改革委员会财金司信用处承担着协调推进全国社会信用体系建设工作的重大任务，但是编制只有4人。在省级层面，大部分地方没有设置专门机构来负责社会信用建设工作，目前只有北京、上海、天津、山东、四川、内蒙古等部分地方设立了信用管理处和信用中心，专门负责协调推进社会信用体系建设工作。然而，社会信用体系建设是一个庞大复杂的系统工程，随着体系建设工作的持续深入，涉及面越来越广、任务越来越重、工作量越来越大，设立专门负责信用体系建设工作的管理机构和工作机构显得非常有必要，更有利于充分谋划推进社会信用体系建设工作。

第一，要加强顶层设计，进一步完善联席会议制度，加强国家发展和改革委员会与中国人民银行的协调合作，充分发挥"双牵头"作用，提高社会信用体系建设的效率。

第二，建议国家在省级层面设立专门的社会信用体系工作机构，扩大社会信用体系建设工作的人员编制规模，增强社会信用体系建设工作的推进力度。

第三，关注国内外信用体系的最新动态和发展经验，结合我国国情对一系列重大问题和重大项目等事项进行有效的论证和规划。

第四，加强中央与地方的协调发展。中央机构及部门主要加强顶层设计和组织领导。首先，在中央层面，基于对全国社会信用体系建设的全盘考虑，整合资源进行合理分配，及时出台国家立法及政策等。其次，中央应合理引导并指导地方开展社会信用体系的相关工作，由上而下逐步推动和规范社会信用体系建设。最后，各地方政府要重视相互之间的交流和学习，充分调动地方政府的积极性。

10.3.2.2 加快信用立法，健全法律法规体系

西方信用发达国家的经验表明，社会信用体系的建设和发展必须以健全完善的信用法律法规体系作为根本保障。对于我国这样一个地域差异大、多民族、多文化融合的国家，协调好中央与地方之间的立法事权关系是稳定有序地推进我国社会信用体系建设，建立健全信用法律法规体系的根本举措。

2018 年 9 月，全国人大常委会召开立法工作会议，社会信用方面的立法项目被归在第三类项目中，属于立法条件尚不完全具备、需要继续研究论证的立法项目。从我国实际情况来看，我国信用立法存在着困难，难以在短时间内取得实质性进展，而社会信用体系建设工作亟须完善的信用法律法规体系来保障。面对这样的现实困难，我们应从以下三个方面来推进信用立法：

第一，我国信用立法面临着现实的困难，在此情况下，国家社会信用体系建设牵头部门和联席会议应发挥建设性作用，应将信用立法作为重要的工作任务来推动，结合我国国情和现实需要，加强信用法律法规的规划、组织、协调和研究工作，加快推动信用立法的进程。

第二，我国信用立法难以在短时间内取得实质性进展，而社会信用体系建设又亟须完善的信用法规体系来支撑。在这种信用法规缺位的情形下，应该根据社会信用体系建设的实际需要，先制定信用相关的行政法规、部门规章或者指导意见等来指导和规范信用体系建设，构建以信用基本法律为龙头，由多部配套的法律、部门规章、行政法规和地方性法规组成的结构合理、功能完善、层次清晰、动态开放的信用法律体系。一是在行政法规层面，为了加强信息安全管理，规范社会信用信息公开和应用的范围，行政执法部门亟须研究制定信息安全条例和政务信用信息管理条例，为征信机构依法采集相关信息提供依据。而对于已有的征信方面的行政法律条文，也需要不断根据环境变化和实际需要扩大其规定范围，更新相关内容。二是在部门规章层面，国务院可以以决定或命令的形式，授权有关金融监管机构制定关于征信服务行为规范、征信标准的规章制度，督促其出台有关政策，不断完善企业信用和个人信用的权利与义务。三是地方性法规，各省、自治区、直辖市可以借鉴一些发展较快较好的大城市已取得的相关经验，结合本地的现实状况和征信体系发展的实际需要，制定各具特色，合理有效的地方性法规。四是根据互联网金融时代背景下科学技术的发展和变化，适时地对现有征信法规进行修订和完善，规定互联网金融的行业范围，加强对新型征信业务模式的规范管理，禁止信用信息滥用或造假。与此同时，应充分考虑互联网环境下征信活动的大数据特征，提高后续相关法律法规制定的前瞻性，将互联网金融信用信息等一些新型信息产生及获取的途径和方式纳入管理范围。

第三，国家层面应借鉴国外和地方立法的先进经验，加快推进信用立法工作。一是要尽快出台全国性的综合性信用法律法规。《征信业管理条例》是征信行业法规，我国尚缺少与信用管理直接相关的综合性法律，来规范信用主体的行为，为我国信用管理提供相应的法律依据。二是要加快征信方面的立法。

目前我国大多数地方出台了关于公共信用信息归集、共享和使用的地方法规。但是，对于信用信息的范围、信用信息的采集、披露和使用等缺少全国统一的标准，严重地阻碍了信用信息的共享和应用。目前，我国在逐步完成信用体系顶层设计后，要加快相关法律法规具体实施细则或实施意见的制定，将信用信息的采集、整理、加工等整个过程以法律法规的形式进行规范和标准化。除此之外，为了加强市场监管，规范市场化运作，还要加快信用服务行业的相关立法工作。三是要加快制定社会信用标准体系。加速推进出台包括信用服务标准、信用数据采集和服务标准、信用修复标准、城市信用标准、行业信用标准等在内的多层次标准体系，为社会信用体系建设提供基础保障和技术支撑。

10.3.2.3 建立健全覆盖全社会的征信系统，完善信用信息共享平台

我国作为全球第二大经济体，不论是个人还是企业都拥有很大的基数，总和后的整个社会信用信息更是真正的大数据。从中央到地方，不同部门和不同领域都是社会信用体系建设中不可缺失的一部分。国家社会信用体系覆盖范围极大，是需要大家协同合作才能完成的一项系统性、综合性工程。因此，为了保证社会信用信息数据的全面准确、标准规范和及时有效，政府进行顶层设计时需要重视协调各方面的关系，引导不同层次、不同主体积极参与。

第一，加快建立健全市场主体诚信档案、行业黑名单制度和市场退出机制。我国建立了全球规模最大的征信系统，其在防范金融风险、维护金融稳定、促进金融业发展等方面发挥了不可替代的重要作用，在改善营商环境方面赢得了国内外的广泛认可。截至 2019 年 6 月底，我国的征信系统累计收录 9.9 亿个自然人、2 591 万户企业和其他组织的有关信息，个人和企业信用报告日均查询量分别达 550 万次和 30 万次。

第二，推进信息共享，完善信用信息共享平台。社会信用信息平台的质量是决定社会信用体系建设和发展的基石。为了保证社会信用信息数据的全面准确、标准规范和及时有效，进行顶层设计时需要重视协调各方面的关系，引导不同层次、不同主体积极参与。我国信用信息系统主要包括行业信用信息系统、企业征信机构的信用信息系统和全国信用信息共享平台。其中，全国信用信息共享平台是由国家发展和改革委员会牵头、国家信息中心承建的，于2015 年底初步建成并上线运行。截至 2018 年 9 月初，在 3 年时间内全国信用信息共享平台的信用信息从不到 2 000 万条增加到超过 259 亿条；其中，中央部委共享 67.68 亿余条，地方平台共享 107.5 亿余条，其他社会机构提供信息84 亿余条；累计归集黑名单信息约 1 364 万条，红名单信息约 243 万条，重点关注名单信息约 1 017.4 万条，行政许可信息 8 226 万条，行政处罚信息 2 747

万条，统一社会信用代码信息 8 736.6 万条。

我国信用信息共享平台建设进展很快、效果显著，但部门分割、缺乏合作、行业垄断等现象在信用体系建设过程中仍然较为突出。我们建议从以下几个方面完善信用信息系统，促进信用信息共享：

一要加强信用信息平台共建共享，按照统一的公共信用信息共享标准，整合各行业的信用信息资源，进一步强化行业信用信息系统与国家公共信用信息共享平台的数据交换机制。

二要建立信息合作共享机制，确立金融信息的强制报送机制，统一银行、证券、保险及其他金融机构的信用信息征集系统，规范金融领域统一的信息接口；推动非银行金融机构接入信用信息共享平台，全面及时地了解各类信用主体的状况；推动信用行业的市场化运作模式，在法律法规允许的范围内，政府引导鼓励商业征信机构公正、有偿地获取信用信息主体经济和商业相关的信息，弥补金融类信息基础数据库的不足。

三要加大政府公共信用信息开放力度。法律明确规定信用信息开放共享的具体范围和内容，稳妥有序地对外开放公共信用数据，以充分利用信用信息资源。打通政府和信用服务机构间的信息沟通渠道，建立信用数据共享和交换机制。在保护国家机密、商业秘密和个人隐私的前提下，依法逐步向信用服务机构和社会开放公共信用信息数据。逐步开放信用服务、医疗卫生、社保就业、公共安全、城建住房、交通运输、教育文化、科技创新、资源能源、生态环境等重点领域的公共信息资源。除了政府提供公共数据外，更需要搜集相关企业和个人的私有数据以及互联网上开源的数据。

四要运用科学的数据挖掘手段。在法规体系的保障和征信大数据的基础之上，还需要运用先进的数据挖掘手段进行精准的科学分析，从而保证为社会提供科学并且有价值的征信服务。而科学的数据挖掘手段的应用则需要以大力发展数据科学相关学科为基础，同时关注基础理论、技术手段、应用算法等方面的创新。

五要保护信息主体的权益，保护数据隐私安全。市场主体严格按照法规制度和监管要求开展业务活动，切实维护信息主体的同意权、知情权、异议权、更正权、投诉权、诉讼权等合法权益，规范信息采集程序和方式。立法禁止采取不正当、不合理的征集手段和程序进行信用数据的获取和搜集，明确规定只能通过直接可见透明的方式获取和使用信息，严禁采取买卖、欺诈等非法或不合理的渠道获取信息，并且信息的使用必须事先得到信息主体的同意。

10.3.2.4 建立健全守信激励机制和失信惩戒机制

信用联合奖惩机制是社会信用体系建设的关键，也是创新社会治理体制，提高经济社会管理水平的重要手段。建立健全信用联合奖惩机制，守信者一路绿灯，失信者处处受限，激发社会大众的信用意识，提高信用的约束力和影响力，形成守信光荣、失信可耻的社会氛围。

2019年7月，《国务院办公厅关于加快推进社会信用体系建设 构建以信用为基础的新型监管机制的指导意见》发布。习近平总书记强调，要建立和完善守信联合激励和失信联合惩戒制度，加快推进社会诚信建设，充分运用信用激励和约束手段，建立跨地区、跨部门、跨领域联合激励与惩戒机制，推动信用信息公开和共享，着力解决当前危害公共利益和公共安全、人民群众反映（应）强烈、对经济社会发展造成重大负面影响的重点领域失信问题，加大对诚实守信主体激励和对严重失信主体惩戒的力度，形成褒扬诚信、惩戒失信的制度机制和社会风尚。

第一，建立健全守信激励和失信惩戒制度体系。目前，我国统一社会信用代码基本实现全覆盖，在30多个领域出台了失信联合惩戒备忘录或守信联合激励备忘录近40个，制定了100多条惩戒和激励措施，守信联合激励和失信联合惩戒制度体系基本建立。应继续加强信用联合奖惩制度建设，实现信用联合奖惩制度重点领域全覆盖，为构建守信激励和失信惩戒机制提供制度保障。

第二，加快建设守信联合激励和失信联合惩戒信用信息管理系统（信用联合奖惩子系统）。2017年10月，国家发展和改革委员会与中国人民银行联合发布《关于加强和规范守信联合激励和失信联合惩戒对象名单管理工作的指导意见》，要求"地方各级发展改革（社会信用体系建设牵头）部门要依托信用信息共享平台，加强信用联合奖惩子系统建设，及时记录和统计联合奖惩效果并共享至全国信用信息共享平台"。信用联合奖惩子系统是推动联合奖惩措施落实落地的基础设施和技术支撑，也是推进我国信用体系建设的抓手。由于推行时间短，部分地方和领域的信用联合奖惩子系统还未开始建设。需要大力加强国家和地方各层面信用联合奖惩子系统建设，将子系统嵌入政府部门审批和监管工作流程中，用技术手段推进信用联合奖惩机制的落地实施。

第三，强化信用联合奖惩措施的深入落实。目前，信用联合奖惩措施落地初见成效。截至2018年4月底，全国法院累计公布失信被执行人1054.2万人次，累计限制购买飞机票1114.1万人次，限制购买高铁动车票425万人次，市场监管总局累计吊销市场主体1848万户，公布经营异常名录457万户、严重违法失信企业3.3万户，在法院公布的失信被执行人中，有近250万人慑于信用惩戒主动履行了义务。但是，目前信用联合奖惩措施落地主要集中在司法、税收等重点领域，覆盖范围较窄，还需要在其他领域进一步强化落实，将近40余项联合奖惩备忘录、100多项联合奖惩措施逐一落到实处。

第四，推进跨区域、跨领域联合奖惩合作机制。目前，我国部分地方政府探索建立了跨区域、跨领域联合奖惩合作机制。如长三角国家社会信用体系建设区域合作示范区建立起跨区域的旅游行业守信激励和失信惩戒联动机制，沪、苏、浙、皖信用主管部门、旅游主管部门共同签署了信用联动奖惩合作备忘录，同程旅游、驴妈妈、凭安征信、上海资信等11家单位签署了长三角旅游信用合作联盟公约等。但是，大部分地方尚未建立跨区域、跨领域联合奖惩合作机制。我国应加快推进跨区域、跨领域联合奖惩合作机制，实现联合奖惩在各地区、各领域的联防联控，并鼓励专业机构、企业和行业组织参与到市场、行业联合奖惩机制建设中，实现联合奖惩机制全面覆盖的目标。

10.3.2.5 加强政策扶持，培育现代信用服务市场体系

近年来，我国信用服务市场发展迅速，信用服务机构不断发展壮大，信用需求不断扩大。但是，我国信用服务市场发展仍然不足，如信用服务机构实力较弱、公信力不强，信用服务和产品需求不足，信用专业人才缺乏等。因此，需要采取有效措施，促进我国信用服务市场快速发展。

第一，加大政府扶持力度。政府应加强对信用服务产业的政策扶持，将信用服务产业作为重点扶持对象，通过政策优惠、税收减免、专项基金、人才培育与引进等激励方式促进信用服务机构的发展。我国各地方在信用体系建设推进进度、信用基础设施以及信用环境等各方面差异很大。因此，必须发挥地方政府主导作用，依照各地方的实际情况，有序推进信用服务市场建设。在社会信用体系发展较成熟的地区和行业先行培育和发展信用服务市场，然后逐渐向其他地区和行业进行扩展。比如，从金融、税务、市场监管等领域逐渐向其他领域市场推进。考虑到市场主客体尚无经验可循的实际，政府必须以点带面进行试点工作，防止不完善不充分的信用市场发育，从而不断稳固和扩大整个市场基础，提高社会影响力。

第二，优化信用产业结构。我国目前得到较普遍认可的信用服务机构基本上是由政府相关机构或金融部门组织而成的，它们的设立带动了整个信用服务市场的发展。除了发挥政府及相关机构直接参与作用的同时，还应创造市场条件，调动社会资本的积极性，逐步建立一批具有一定规模、专业化、规范化的信用服务企业，培育一批具有较高水平、经营规范、各具特色的信用服务机构品牌。引导信用服务机构聚集发展，形成完整的征信产业链，构建健康的信用产业生态圈，构建起布局合理、层次多样、结构完整的信用产业体系。为了保证社会征信系统的公正性、科学性特别是中立性，应当成立独立于政府之外的

第三方非营利机构负责社会征信系统的规划、设计、建设与运营。可以首先以相关科研机构或重点实验室为载体，广泛吸收数据资源、分析资源与研究力量，逐步建立中国征信系统建设的主体单位。

第三，培育信用服务需求。首先，政府部门要在行政审批、政府采购、招投标等社会管理和公共服务重点领域率先使用信用服务和产品。其次，鼓励和支持企业和商业机构在交易活动中查询和使用信用服务和产品。最后，鼓励信用服务机构将大数据、区块链和人工智能等技术与信用行业深度结合，创造出新的业务模式，为市场提供多样化、高质量的信用服务和产品。

第四，培养信用服务专业人才。为了推动社会信用体系持续快速发展，专业人才的供给是必备条件之一。目前，不论是人才的质量还是数量，我国信用服务人才的培养均无法满足社会的需求，供需之间存在巨大缺口，这严重制约了我国社会信用体系的建设。为此，我们需要不断完善信用服务人才培养体系，通过构建多层次多维度的信用服务人才培养教育体系来不断满足市场的需求。一是各高校开设与信用相关的专业，加强信用学科建设，创新信用知识体系，培养大量满足社会需求的信用服务专业人才。同时推动国内高校与国外大学联合办学，联合培养具有国际视野的信用服务专业人才。二是加强信用服务行业从业人员的教育和培训工作。在政府的引导下，规范标准化人员的从业资格，设置专门的社会信用职业资格考试，并相应地设立专门机构负责信用从业人员的资格培训和考试，定期有序地鼓励和推动各级政府部门和机构信用管理人员、信用服务机构从业人员及各行各业信用管理人员积极参加相关培训和考试，不断提高信用服务从业人员职业素养和道德水平。随着时代变化和科技的发展，社会信用体系当中也会随时遇到新问题、新情况。为了保证整个体系持续稳定地发展，需要定期或不定期地对信用服务管理人员和信用服务从业人员进行培训和教育，逐步形成层次丰富的信用人才培养体系。三是重视对社会信用体系建设相关问题的科学研究。为了鼓励更多的科研学者和专业人才对社会信用体系建设进行研究，建议设立专项研究经费，设立较高层次的学科专业。四是积极引进信用管理高级人才，加强与欧美发达国家和地区的交流合作，培养一支具有国际视野、熟悉市场的专业化信用服务人才队伍。

第五，加强国际交流合作。加强我国信用服务机构管理部门与国外征信管理机构的交流和合作，鼓励和支持我国信用服务机构、评级机构"走出去"，积极参与国际市场竞争和评级标准制定，扩大国际话语权。还应通过政策优惠、营造良好市场环境吸引国外知名第三方信用服务机构来我国开展信用服务业务。

10.3.2.6 强化宣传教育，完善社会诚信教育文化体系

随着社会信用体系建设的持续推进，需要进一步加强诚信宣传教育和诚信文化建设，夯实我国社会信用体系建设的思想基础。

第一，加强公务员信用教育。公务员的行为代表着政府的形象，要充分发挥公务员的带头模范作用。应大力开展公务员诚信教育，组织公务员进行信用学习。建立公务员、国家企事业单位职工入职仪式教育，对公务员入职进行征信审查，禁止严重失信者入职政府部门和国家企事业单位。加大对公务员的诚信管理，对失信的公务员进行诚信教育，情节严重的应驱逐出政府部门。

第二，开展企业信用教育。通过法律知识讲座、专题培训的方式，组织企业中高层管理者进行信用学习，在企业内部大力宣传信用知识和诚信理念。促进企业加强诚信制度建设，将诚实守信原则制度化、规范化。引导、教育各类企业遵循"不制售假冒伪劣、不欺诈消费者、诚实缴纳税费、信守合同承诺条款、不拖欠职工工资"等合法经营行为规范。

第三，抓好中小学生信用教育。信用教育要从小孩抓起，教育部门应将信用教育作为中小学生道德教育的重要内容。诚信教育活动要根据中小学生的生理、心理特点和认知规律，组织形式多样、丰富多彩的诚信教育活动。同时，要高度重视对教师的诚信教育，充分发挥教师言传身教的示范作用，让学生在教师的带领下学会诚信。

第四，强化信用宣传和引导。充分利用广播、电视、图书、报刊、网络等现代传播工具，运用群众喜闻乐见的微博、微信等传播手段，广泛开展主题鲜明、形式多样的信用宣传、诚信品质普及活动，在全社会形成诚实守信的社会风气。

参考文献

（一）中文文献

[1] 阿西夫·道拉，迪帕尔·巴鲁阿. 穷人的诚信：第二代格莱珉银行的故事 [M]. 朱民，译. 北京：中信出版社，2007.

[2] 艾媒大文娱产业研究中心. 2019 年中国移动社交行业研究报告 [EB/OL]. https://www.iimedia.cn/c400/63737.html，2019-03-01.

[3] 白云峰，金融领域信用信息服务体系构建与运行机制研究 [D]. 长春：吉林大学，2011.

[4] 白云峰. 地方社会信用体系建设现状与路径选择：以吉林省为例 [J]. 征信，2015（10）：51-54.

[5] 百家号. "老赖"注意了! P2P 恶意逾期也将被纳入征信了! [EB/OL]. https://baijiahao.baidu.com/s? id = 1616851132023692589&wfr = spider&for = pc，2018-11-11.

[6] 毕强，齐志，白云峰. 信用信息服务主客体关系研究 [J]. 图书情报知识，2008（2）：45-48，81.

[7] 蔡丽华. 我国个人征信体系立法的现状及对策探讨 [J]. 中国房地产金融，2012（9）：12-15.

[8] 蔡燕瑜. 我国上市公司信用风险评估：基于遗传算法优化的 BP 神经网络模型 [D]. 泉州：华侨大学，2009.

[9] 曹亚廷. 社会信用体系中的公共信息与征信系统 [J]. 征信，2015（2）：43-46.

[10] 曾刚，何炜. 中国普惠金融创新报告（2019）[M]. 北京：社会科学文献出版社，2019.

[11] 曾光辉. 江苏、浙江社会信用体系建设经验对福建的启示 [J]. 发展

研究, 2016 (8): 89-94.

[12] 柴静, 谢鸿飞. 非营利组织公信力及其影响因素研究 [J]. 现代商业, 2017 (34): 40-42.

[13] 陈力明, 陈锦然. 农村信贷支持对农村居民消费支出的影响: 基于省级面板数据的实证分析 [J]. 西部论坛, 2015 (2): 17-24.

[14] 陈琦. 发挥社会问责对重塑非营利组织公信力的作用 [J]. 智库时代, 2020 (2): 269-270.

[15] 陈为民. 基于支持向量机的信用卡信用风险管理模型与技术研究 [D]. 长沙: 湖南大学, 2009.

[16] 陈文, 雷禹. 大数据应用: 推进消费金融业务的利器 [J]. 新金融, 2016 (1): 32-35.

[17] 陈晓红. 中小企业集群融资 [M]. 北京: 经济科学出版社, 2008.

[18] 陈新岗, 李梓旗. 基于互联网金融视角的网络信用风险传导机制研究 [J]. 创新, 2017, 11 (1): 80-90.

[19] 陈银娥, 师文明. 中国农村金融发展与贫困减少的经验研究 [J]. 中国地质大学学报 (社会科学版), 2010 (6): 100-105.

[20] 陈颖. 大数据技术下企业信用体系建设的研究: 以建设企业信用大数据平台为例 [J]. 当代经济, 2015 (23): 14-17.

[21] 陈郁城. 普惠金融国内外发展现状及比较分析 [J]. 新经济, 2016 (11): 64-66.

[22] 成都市人民政府. 成都市人民政府关于推进中小企业信用制度建设的意见 [EB/OL]. http://www.pidu.gov.cn/pidu/c135779/200803/05/content_6bdbf6e61895407391044eab08a3850c.shtml, 2006-02-24.

[23] 成都市人民政府. 成都市企业信用信息管理办法 [EB/OL]. https://www.creditchina.gov.cn/hangyexinyong_824/faguiguifanbiaozhun/difangrenminzhengfu/201803/t20180309_110346.html, 2014-03-01.

[24] 成都市人民政府. 成都市社会信用体系建设规划 (2015—2020 年) [EB/OL]. http://gk.chengdu.gov.cn/govInfoPub/detail.action? id=74086&tn=6, 2015-04-17.

[25] 成都市中小企业管理局. 关于印发成都市中小企业信用评级管理暂行办法的通知 [EB/OL]. http://credit.shaanxi.gov.cn/318/94369.html, 2005-10-18.

[26] 程鑫. 金融舆情与金融业稳健发展 [J]. 中国金融, 2015 (11): 85-86.

[27] 程砚秋. 基于支持向量机的农户小额贷款决策评价研究 [D]. 大连：大连理工大学，2011.

[28] 戴宏伟，随志宽. 中国普惠金融体系的构建与最新进展 [J]. 理论学刊，2014 (5)：48-53.

[29] 戴建兵. 话说中国近代银行 [M]. 天津：百花文艺出版社，2007：271-279.

[30] 邓国胜. 中国公益项目评估的兴起及其问题 [J]. 学会，2009 (11)：5-7，25.

[31] 邓舒仁. 互联网金融监管的国际比较及其启示 [J]. 新金融，2015 (6)：56-60.

[32] 丁晓蔚，高淑萍. 互联网金融典型事件舆情研究——基于对 e 租宝、中晋系等事件舆情大数据的分析 [J]. 编辑之友，2016 (12)：36-42.

[33] 董杨柳，苗敬臣. 大数据时代精准扶贫思考 [J]. 合作经济与科技，2016 (14)：189-190.

[34] 董云飞，李倩，张璞. 我国普惠金融发展对农村居民消费升级的影响分析 [J]. 商业经济研究，2019 (20)：135-139.

[35] 董志学. 互联网金融舆情风险防控理论研究 [J]. 中国集体经济，2017 (16)：57-61.

[36] 杜宁，孟庆顺，沈筱彦. 监管科技发展现状及实施 [J]. 中国金融，2017 (19)：71-73.

[37] 杜晓山，张睿，王丹. 执着地服务穷人：格莱珉银行的普惠金融实践及对我国的启示 [J]. 南方金融，2017 (3)：3-13.

[38] 杜晓山. 小额信贷与普惠金融体系 [J]. 中国金融，2010 (10)：14-15.

[39] 段芳. 政务诚信制度建设研究 [J]. 兰州教育学院学报，2016，32 (6)：61-62.

[40] 樊舒颖. 我国村镇银行的潜在风险及对策探究：来自孟加拉乡村银行的启示 [J]. 中国集体经济，2018 (2)：86-87.

[41] 范香梅，彭建刚. 国际小额信贷模式运作机制比较研究 [J]. 国际经贸探索，2007 (6)：50-54.

[42] 方健. 基于平台经济学视角下的共享经济制度需求研究 [J]. 对外经贸，2017 (10)：106-108.

[43] 冯果，吴双. 技法融合：应用区块链实现金融精准扶贫的法治进路 [J]. 上海政法学院学报，2018 (2)：24-32.

[44] 傅长安，李红刚，杨航. 肯尼亚 M-PESA 手机银行发展经验及其对我国普惠金融发展的启示 [J]. 武汉金融，2015（10）：50-52.

[45] 高广春. 信用交易市场的缺位是中国互联网金融发展的一个重要短板 [J]. 银行家，2015（3）：40.

[46] 高守. 重大利好：P2P 纳入征信，"老赖"将无处可逃 [EB/OL]. https://baijiahao.baidu.com/s? id = 1643764641305194657&wfr = spider&for = pc，2019-09-05.

[47] 高维. 第一个五年计划期间的农村信用合作 [J]. 金融研究，1958（4）：52-58.

[48] 戈思聪. 加强 P2P 网络信贷政府监管的对策研究 [D]. 上海：上海交通大学，2019。

[49] 工信部中小企业司. 2016 年中国中小企业运行报告 [EB/OL]. http://lwzb.stats.gov.cn/pub/lwzb/gzdt/201707/t20170728_4258.html，2017-05-24.

[50] 苟银明，郑政. 浅谈普惠金融在农村地区的发展：以四川省凉山州为例 [J]. 金融经济，2019（4）：173-174.

[51] 顾思航. 普惠金融视角下边疆少数民族地区减贫效应分析 [D]. 昆明：云南财经大学，2019.

[52] 顾一琼. 沪志愿服务发展调研结果出炉，信用激励机制最受青睐 [N]. 文汇报，2018-03-05.

[53] 广州市人民政府. 广州市社会信用体系建设规划（2014—2020 年）[EB/OL]. http://drc.gd.gov.cn/fzgh5637/content/post_844710.html，2014-07-30.

[54] 郭清马. 社会信用体系建设：概念、框架与路径选择 [J]. 征信，2009，27（5）：10-13.

[55] 郭田勇，丁潇，杨帆. 普惠金融离中国有多远：基于金融服务可得性的国际比较视角 [J]. 金融市场研究，2016（6）：49.

[56] 郭卫. 大理院判决例全书 [M]. 上海：会文堂新记书局，1932：30.

[57] 郭阳. PSO-BP 神经网络在商业银行信用风险评估中的应用研究 [D]. 厦门：厦门大学，2009.

[58] 国家发展和改革委员会. 关于加强和规范守信联合激励和失信联合惩戒对象名单管理工作的指导意见 [EB/OL]. http://www.gov.cn/zhengce/zhengceku/2018-12/31/content_5435152.htm，2018-01-19.

[59] 国家发展和改革委员会. 国家发展改革委办公厅 人民银行办公厅 关于印发首批社会信用体系建设示范城市名单的通知 [EB/OL]. https://www.

creditjx.gov.cn/art/2018/1/10/art_58809_3463438.html，2018-01-10.

［60］国家工商行政管理总局. 网络交易违法失信惩戒暂行办法［EB/OL］. https://www.creditchina.gov.cn/zhengcefagui/zhengcefagui/zhongyangzhengcefagui1/201806/t20180625_118891.html，2018-06-25.

［61］国家工商行政管理总局. 严重违法失信企业名单管理暂行办法［EB/OL］. https://credit. lanzhou. gov. cn/301. news. detail. dhtml？news _ id = 107518，2015-12-30.

［62］国务院办公厅. 国务院办公厅关于社会信用体系建设的若干意见［EB/OL］. http://www.gov.cn/zhuanti/2015-06/13/content_2879028.htm，2007-03-28.

［63］国务院办公厅. 国务院关于积极发挥新消费引领作用 加快培育形成新供给新动力的指导意见［EB/OL］. http://www.gov.cn/zhengce/content/2015-11/23/content_10340.htm，2015-11-23.

［64］国务院办公厅. 国务院关于印发社会信用体系建设规划纲要(2014—2020 年) 的通知［EB/OL］. http://www. gov. cn/gongbao/content/2014/content_2711418.htm，2014-06-14.

［65］国务院办公厅. 国务院关于印发实施国家中长期科学和技术发展规划纲要（2006—2020 年）若干配套政策的通知［EB/OL］. http://www.gov. cn/gongbao/content/2006/content_240246.htm，2006-02-01.

［66］国务院办公厅. 国务院印发关于建立完善守信联合激励和失信联合惩戒制度 加快推进社会诚信建设的指导意见［EB/OL］. http://www.gov.cn/xinwen/2016-06/12/content_5081251.htm，2016-06-12.

［67］国务院办公厅. 融资担保公司监督管理条例［EB/OL］. http://www.gov.cn/zhengce/2020-12/27/content_5574459.htm，2017-06-21.

［68］国务院办公厅. 国务院办公厅关于建立国务院社会信用体系 建设部际联席会议制度的通知［EB/OL］. https://www.creditchina.gov.cn/zhengcefagui/zhengcefagui/zhongyangzhengcefagui1/201903/t20190304_148552.html，2007-04-18.

［69］虢政银. 企业微信营销分析［J］. 合作经济与科技，2020 (11)：86-87.

［70］韩晓宇. 我国普惠金融发展的影响因素及减贫效应研究［D］. 天津：天津财经大学，2017.

［71］郝俊恽，邹新阳. 普惠金融的国际比较对我国的启示［J］. 特区经济，2016 (12)：79-82.

［72］何德旭，董捷. 中国的互联网保险：模式、影响、风险与监管［J］.

上海金融，2015（11）：64-67.

[73] 何山权. 论职务犯罪侦查工作转变观念的现实需要和基本路径 [J].
长江大学学报，2016，39（2）：52-54.

[74] 胡腾月. 普惠金融体系构建的国际经验及其对我国的启示 [J]. 南方
农业，2019，13（22）：44-47.

[75] 胡国文，帅旭. 巴西的代理银行制度 [J]. 中国金融，2012（5）：43-44.

[76] 胡兵，赖景生，胡宝娣. 经济增长、收入分配与贫困缓解：基于
中国农村贫困变动的实证分析 [J]. 数量经济技术经济研究，2007（5）：34-37.

[77] 胡卫东. 金融发展与农村反贫困：基于内生视角的分析框架 [J].
金融与经济，2011（9）：60-64.

[78] 黄新春. 关于商业银行信用风险及其度量的探讨 [J]. 商场现代化，
2006（12Z）：360-361.

[79] 极光大数据. 2019 年社交网络行业研究报告 [EB/OL]. https://
www.jiguang.cn/reports/381，2020-06-12.

[80] 贾南宁. 互联网环境下中小银行声誉风险管理研究 [D]. 济南：山东
财经大学，2017.

[81] 江泽民. 在中国共产党第十六次全国代表大会上的报告 [N]. 人民
日报，2002-11-08（1）.

[82] 姜丽明，邢桂君，朱秀杰，等. 普惠金融的国际经验及借鉴 [J].
国际金融，2014（3）：17-22.

[83] 蒋子然. 对贵州省普惠金融发展情况的调查与思考 [J]. 区域金融
研究，2014（8）：76-79.

[84] 焦瑾璞. 普惠金融的国际经验 [J]. 中国金融，2014（10）：68-70.

[85] 杰奥弗雷·G. 帕克，等. 平台革命 [M]. 志鹏，译. 北京：机械
工业出版社，2017：35-59.

[86] 金运. 中国农村金融改革发展历程及改革思路 [D]. 长春：吉林
大学，2015.

[87] 兰跃林. 如何进一步加强基层检察院执法规范化建设 [J]. 中国
检察官，2015（11）：12-13.

[88] 李博，董亮. 互联网金融的模式与发展 [J]. 中国金融，2013（10）：
19-21.

[89] 李苍舒，沈艳. 风险传染的信息识别——基于网络借贷市场的实证
[J]. 金融研究，2018（11）：98-118.

［90］李东侠，郝磊.企业信用体系建设的法治化思考［J］.国家行政学院学报，2015（3）：50-54.

［91］李会丽.网络互动对腾讯公益平台传播的影响研究［D］.郑州：河南大学，2019.

［92］李惠萍，俞燕.基于模糊综合评判的非营利组织绩效评价体系设计［J］.廊坊师范学院学报（自然科学版），2010，10（3）：76-78.

［93］李建军，冯雪.互联网金融系统性风险度量研究［J］.华北电力大学学报（社会科学版），2019（2）：1-12.

［94］李君.数据挖掘技术在信用信息分析评价（中的）应用初析［J］.信息技术与信息化，2016（1）：30-32.

［95］李可.普惠金融促进农村减贫问题研究［D］.北京：中央民族大学，2016.

［96］李克穆.互联网金融的创新与风险［J］.管理世界，2016（2）：1-2.

［97］李敏.金融科技的监管模式选择与优化路径研究：兼对监管沙箱模式的反思［J］.金融监管研究，2017（11）：21-37.

［98］李楠桦，仝宗莉.让失信者寸步难行！1 114.1 万人次被限制买飞机票［EB/OL］.https://baijiahao.baidu.com/s？id＝1600596218076101491&wfr＝spider&for＝pc，2018-05-16.

［99］李琦.互联网金融领域信用与风险的理论与实证分析［D］.重庆：重庆大学，2015.

［100］李硕.普惠金融发展的国际实践与借鉴研究［J］.经济研究导刊，2019（32）：141-144.

［101］李向华，杜鹃.社交网络用户信用评价指标体系研究［J］.标准科学，2015（1）：76-78.

［102］李延敏，焦倩雯.印度尼西亚农村金融联结制度的实践及启示［J］.世界农业，2015（8）：32-42.

［103］李英锋.加强诚信建设 政府先行［J］.产权导刊，2017（2）：79.

［104］李友元，寇纲.我国大数据征信的挑战及对策［J］.大数据，2017（1）：27-34.

［105］李政道，任晓聪.区块链对互联网金融的影响探析及未来展望［J］.技术经济与管理研究，2016（10）：75-78.

［106］连云港市政府.连云港市政务信息资源共享管理暂行办法［EB/OL］.http://www.lyg.gov.cn/zglygzfmhwz/szfwj1/content/zwgk_ec1b786ae817487ba8a9c2

f3162de5fd.html, 2017-12-04.

[107] 梁晓涛, 汪文斌. 社交网络服务 [M]. 武汉: 武汉大学出版社, 2013: 1-380.

[108] 廖彩荣, 陈美球. 乡村振兴战略的理论逻辑、科学内涵与实现路径 [J]. 农林经济管理学报, 2017, 16 (6): 795-802.

[109] 林诚二. 民法理论与问题研究 [M]. 北京: 中国政法大学出版社, 2000: 8-9.

[110] 蔺帅. 遗传神经网络在商业银行信用风险评估中的应用研究 [D]. 桂林: 桂林电子科技大学, 2007.

[111] 刘菲, 陈婷婷. P2P 网贷信用风险演化机制: 基于演化博弈视角的分析 [J]. 金融经济, 2018 (12): 124-126.

[112] 刘海二. 互联网金融的风险与监管 [J]. 经济与管理研究, 2015 (10): 54-61.

[113] 刘海飞, 柏巍, 李冬昕, 等. 沪港通交易制度能提升中国股票市场稳定性吗: 基于复杂网络的视角 [J]. 管理科学学报, 2018 (1): 97-110.

[114] 刘坤. 电信诈骗屡禁不止, 严重威胁社会诚信 [N]. 光明日报, 2018-07-09.

[115] 刘梦雨, 何玲. 长三角区域信用合作将主打三张牌 [N]. 中国改革报, 2016-11-16.

[116] 刘倩. 共享经济的经济学意义及其应用探讨 [J]. 经济论坛, 2016 (9): 152-154.

[117] 刘荣, 崔琳琳. 大数据技术在中小企业信用体系建设中的应用 [J]. 征信, 2015 (4): 40-43.

[118] 刘士余. 秉承包容与创新的理念, 正确处理互联网金融发展与监管的关系 [J]. 清华金融评论, 2014 (2): 20-23.

[119] 刘世鹏. 数字普惠金融发展对我国居民消费支出的影响研究 [D]. 武汉: 华中师范大学, 2019.

[120] 刘新海, 丁伟. 大数据征信应用与启示: 以美国互联网金融公司 ZestFinance 为例 [J]. 清华金融评论, 2014 (10): 93-98.

[121] 刘岩. 当代社会风险问题的凸显与理论自觉 [J]. 社会科学战线, 2007 (1): 213-217.

[122] 刘毅. 网络舆情研究概论 [M]. 天津: 天津人民出版社, 2007.

[123] 刘玉丽, 马正兵. 乡村振兴中农民转型的普惠金融支持及其福利

效应 [J]. 西北民族大学学报（哲学社会科学版），2019（6）：163-175.

[124] 刘园园. 全国第二批创建信用体系建设示范城市出炉 [N]. 科技日报，2019-08-15.

[125] 刘园园. 全国信用信息共享平台：打破信用信息孤岛 [N]. 科技日报，2018-08-28.

[126] 刘志洋. 印度金融扶贫的实践经验及教训：普惠金融视角 [J]. 西部经济管理论坛，2020，31（1）：13-20.

[127] 卢慧萍. 社会信用专题询问的"四个首次" [J]. 上海人大（月刊），2017（8）：18-19.

[128] 卢盛羽. 地方公共信用信息平台建设模式选择探析 [J]. 征信，2015（5）：24-27.

[129] 陆健. 浙江志愿服务可享受特殊"待遇" [N]. 光明日报，2016-08-31.

[130] 陆岷峰，徐博欢. 普惠金融：发展现状、风险特征与管理研究 [J]. 当代经济管理，2019，41（3）：73-79.

[131] 路高飞. 基于遗传算法改进 BP 神经网络的信用风险研究 [D]. 郑州：郑州大学，2019.

[132] 栾江霞，王仁斌，黄三强，等. 大数据技术在金融领域的实战应用 [J]. 信息技术与标准化，2018（9）：13-15.

[133] 罗宾·蔡斯. 共享经济：重构未来商业新模式 [M]. 王芮，译. 杭州：浙江人民出版社，2015：40-76.

[134] 罗敏. 机遇、挑战与选择：大数据时代的精准扶贫 [J]. 当代经济管理，2018（12）：31-36.

[135] 罗书俊，刘旻慧. 社交媒体的公益传播研究：以微博为例 [J]. 今传媒，2016，24（7）：47-49.

[136] 罗斯丹，陈晓，姚悦欣. 我国普惠金融发展的减贫效应研究 [J]. 当代经济研究，2016（5）：84-90.

[137] 罗伟伟. 共享单车的信用问题与信用体系建设 [J]. 中外企业家，2018（12）：223-225.

[138] 马骋. 信息不对称理论概述 [J]. 中国外资，2010（14）：79-79.

[139] 马俊. 四川省普惠金融发展对乡村振兴影响的动态效果研究 [J]. 河南农业大学学报（社会科学版），2020，22（2）：55-63.

[140] 马玉宝. "解码"成都大数据 [N]. 成都日报，2016-06-14.

[141] 缪江影，廖萍萍. 基于共享经济三要素的信用机制思考和启示

［J］. 经济视野，2018（13）：175-176.

　　［142］莫光辉，张玉雪. 大数据背景下的精准扶贫模式创新路径［J］. 理论与改革，2017（1）：119-124.

　　［143］莫光辉. 大数据在精准扶贫过程中的应用及实践创新［J］. 求实，2016（10）：87-96.

　　［144］穆会军. 我国公共信用信息平台建设的基本模式：以上海、浙江、江苏三地为例［J］. 信息系统工程，2016（2）：84-85.

　　［145］南京市农村金融学会课题组. 普惠金融发展与风险防范问题研究［J］. 现代金融，2017（6）：26-27.

　　［146］南长亮，赵芬，张景峰. 我国网络金融的风险防范措施初探［J］. 中国商论，2020（2）：48-49.

　　［147］牛娟娟. 夯实系统建设，做好征信服务［N］. 金融时报，2010-07-28.

　　［148］潘功胜. 建设发达的中国征信业市场［J］. 征信，2014（11）：1-4.

　　［149］戚佳伟. 基于PSO-BP模型的P2P平台信用评估研究［D］. 杭州：浙江工商大学，2018.

　　［150］前海征信. 中国社会信用体系发展报告（2017）［EB/OL］. https://www.docin.com/p-2086394039.html，2016-10-15.

　　［151］乔鹏程. 回归金融本质：互联网金融创新与"e租宝"案［J］. 财经理论与实践，2018（1）：19-26.

　　［152］任亚杰，陈树文，曹阳阳，李帅彤. 大数据时代精准扶贫实践探析［J］. 大连民族大学学报，2018，18（6）：575-576.

　　［153］芮晓武，刘烈宏. 中国互联网金融发展报告（2014）［M］. 北京：社会科学文献出版社，2014.

　　［154］上海市人大常委会. 上海市社会信用条例［EB/OL］. https://www.shqp.gov.cn/stat/tjzwgk/ml/20200602/658384.html，2017-06-23.

　　［155］邵义. 民律释义［M］. 北京：中华书局，1917：2.

　　［156］深圳市人民政府. 深圳市公共信用信息管理办法［EB/OL］. http://www.sz.gov.cn/szsrmzfxxgk/zc/gz/content/post_9452852.html，2017-08-10.

　　［157］沈翠华. 基于支持向量机的消费信贷中个人信用评估方法研究［D］. 北京：中国农业大学，2005.

　　［158］帅理. 个人信用风险评估理论与方法的拓展研究［D］. 成都：电子科技大学，2015.

　　［159］四川省人民政府办公厅. 四川省人民政府办公厅关于印发四川省社会

信用体系建设工作实施方案的通知 [EB/OL]. https://www.ndrc.gov.cn/xwdt/ztzl/gdqjcbzc/sichuan/201801/t20180119_1209728.html? code = &state = 123, 2016-08-25.

[160] 四川新闻网. 成都信用评估协会荣获中国社会信用体系建设先进单位 [EB/OL]. http://huanbao.newssc.org/system/20160520/001928036.htm, 2016-05-20.

[161] 宋雄伟. 构建社会信用体系的路径探析 [J]. 行政管理改革, 2015 (12): 31-35.

[162] 孙墨琳. 迎接互联网金融时代: 对我国互联网金融行业的思考与展望 [J]. 山东社会科学, 2013 (S2): 77-78.

[163] 孙天琦, 汪天都, 蒋智渊. 国际普惠金融指标体系调查: 进展、比较和启示 [J]. 金融监管研究, 2016 (4): 32-45.

[164] 孙天琦. 国际主要普惠金融指标体系解析 [N]. 金融时报, 2016-08-08 (010).

[165] 孙亚南. 中国个人信用管理体系建设研究: 兼论个人信用评分理论与实践 [D]. 北京: 中国人民大学, 2008.

[166] 孙宇青. 信息不对称条件下的P2P借贷平台研究 [D]. 苏州: 苏州大学, 2018.

[167] 谭东岸. 基于PP-DADI模型的基金会信息公开机制研究 [D]. 武汉: 华中科技大学, 2018.

[168] 唐成芳. 我国电子商务领域的诚信体系建设研究 [D]. 广州: 暨南大学, 2018.

[169] 唐亚晖, 刘吉舫. 普惠金融的理论与实践: 国内外研究综述 [J]. 社会科学战线, 2019 (7): 260-265.

[170] 田蓉, 郭晓鸣, 邓谊, 等. 加快推进成都企业信用体系建设对策研究 [J]. 中国市场监管研究, 2016 (1): 43-46.

[171] 万静. 实现信用信息共享"质""量"双赢 [N]. 法制日报, 2018-07-12.

[172] 汪尚. 中美个人信用档案管理体系比较研究 [D]. 合肥: 安徽大学, 2018.

[173] 王博, 张玉旺. 虚拟社会资本与我国互联网信用生态治理 [J]. 管理世界, 2018, 34 (3): 174-175.

[174] 王东胜, 等. 社会信用体系原理 [M]. 北京: 中央广播电视大学出版社, 2011: 34-40.

[175] 王海英. 增量改革及产业政治：中国银行业金融形态变迁的历史制度分析（1984—2015）[D]. 上海：上海大学，2016.

[176] 王宏杰，蔡兰，杨晓宇. 乡村振兴战略背景下农村普惠金融发展面临的现实问题与解决之策 [J]. 新东方，2020 (1)：36-41.

[177] 王晋之，胡滨. 互联网消费信贷风险分析与应对：基于"京东白条"案例的分析与思考 [J]. 金融与经济，2017 (3)：41-45, 53.

[178] 王君. 普惠金融与金融精准扶贫的关系研究：基于湖南湘西州的实践 [J]. 武汉金融，2017 (3)：84-87.

[179] 王来华. 舆情研究概论：理论、方法与现实热点 [M]. 天津：天津社会科学出版社，2007.

[180] 王岚. 浙江省企业信用评价和预警研究 [J]. 中国物价，2020 (6)：32-35.

[181] 王留群. 企业信用评级方法及途径分析 [J]. 中国市场，2015 (47)：68, 70.

[182] 王梦佳. 基于 Logistic 回归模型的 P2P 网贷平台借款人信用风险评估 [D]. 北京：北京外国语大学，2015.

[183] 王望龙，肖毅，聂笑. 共享经济信用制度建设 [J]. 视角，2018，24 (3)：52.

[184] 王伟. 政务诚信建设：理念传承与制度创新 [J]. 中国产经，2017 (2)：58-60.

[185] 王晓青，等. 小额信贷商业化运行机制之探讨：基于印度尼西亚人民银行 BPR 实践的检验 [J]. 农村经济，2011 (2)：126-129.

[186] 王心怡. 在线社交网络用户信用评价体系研究 [D]. 大连：大连理工大学，2019.

[187] 王秀红，王良. 公益机构微博社会网络中心性分析 [J]. 湖北工业大学学报，2013，28 (6)：14-16.

[188] 王旭，洪学智，宋旭升，等. 我国社会信用体系建设初探 [J]. 中国卫生监督杂志，2017，24 (6)：530-533.

[189] 王璇. 中美非营利组织信息披露的比较研究 [D]. 武汉：华中科技大学，2016.

[190] 王雪，何广文. 县域银行业竞争与普惠金融服务深化：贫困县与非贫困县的分层解析 [J]. 中国农村经济，2019 (4)：55-72.

[191] 王炎龙，刘叶子. 基于社会网络分析的公益机构微博信息传播网络

研究 [J]. 新闻界, 2019 (8)：21-26.

　　[192] 王豫刚. 金融工作会议传递的信号 [J]. 中国经济信息, 2017 (15)：60-61.

　　[193] 王卓娅, 王彬彬, 刘源. 基于人工智能的互联网金融信用评分模型研究 [J]. 中国市场, 2018 (13)：39-40.

　　[194] 王子冉. P2P 网络借贷运营模式研究：以陆金所和 Lending Club 为例 [J]. 中国商贸, 2019 (10)：45-48.

　　[195] 温博慧, 柳欣. 金融系统性风险产生的原因与传导机制：基于资产价格波动的研究评述 [J]. 中南财经政法大学学报, 2009 (6)：76-81.

　　[196] 温信祥, 王昌盛, 张晓东. 从肯尼亚移动货币看移动支付在中国农村金融服务的应用前景 [J]. 国际金融, 2014 (11)：19.

　　[197] 吴崇伯. 印度尼西亚农业发展成就、政府扶助农业的主要政策措施及存在的问题 [J]. 南洋问题研究, 2009 (1)：1-11.

　　[198] 吴辉. 你的信用值多少钱 [J]. 理财, 2018 (10)：74-75.

　　[199] 吴晶妹. 2011—2012 年中国征信业回顾与展望 [J]. 征信, 2011 (6)：1-7.

　　[200] 吴晶妹. 2018 年展望：征信面临突破 [J]. 征信, 2018, 36 (1)：4-11.

　　[201] 吴晶妹. 未来中国征信：三大数据体系 [J]. 征信, 2013, 168 (1)：4-12.

　　[202] 吴媚, 闫子薇. 非营利组织信息披露问题及完善对策 [J]. 财会学习, 2019 (21)：191、193.

　　[203] 吴媚. 浅谈非营利组织信息披露存在的问题 [J]. 中国农业会计, 2019 (4)：76-79.

　　[204] 吴维海, 张晓丽. 树立"大国信用"理念, 全面探索建设"信用强国" [J]. 全球商业经典, 2017 (1)：83-85.

　　[205] 吴维海, 张晓丽. 大国信用：全球视野的中国社会信用体系 [M]. 北京：中国计划出版社, 2017.

　　[206] 吴晓求. 互联网金融：成长的逻辑 [J]. 财贸经济, 2015 (2)：5-15.

　　[207] 武逸. 美国信用评级监管体系改革对我国的启示 [J]. 征信, 2010, 28 (1)：14-17.

　　[208] 向忠德. 我国普惠金融发展的金融基础设施建设研究 [D]. 长沙：湖南农业大学, 2012.

[209] 项卫星. 印度尼西亚金融体制：结构性缺陷及其教训 [J]. 国际金融研究, 2000 (1)：44-47.

[210] 谢平, 邹传伟, 刘海二. 互联网金融监管的必要性与核心原则 [J]. 国际金融研究, 2014 (8)：3-9.

[211] 谢平, 邹传伟, 刘海二. 互联网金融模式研究 [J]. 金融研究, 2012, 12 (11)：3-52.

[212] 谢平, 邹传伟. 互联网金融模式研究 [J]. 金融研究, 2012, 12 (12)：11-22.

[213] 谢迎春. 印度普惠金融政策选择对我国的启示 [J]. 国际商务财会, 2018 (10)：70-73.

[214] 忻艺珂. 我国非营利组织对社交网络的利用状况分析 [J]. 现代经济信息, 2015 (14)：329-330.

[215] 新华社. 国务院印发《推进普惠金融发展规划 (2016—2020 年)》[EB/OL]. http://www.gov.cn/xinwen/2016-01/15/content_5033105.html, 2016-01-15.

[216] 新华社. 习近平主持中共中央政治局第十三次集体学习并讲话 [EB/OL]. http://www.gov.cn/xinwen/2019-02/23/content_5367953.htm, 2019-02-23.

[217] 星焱. 普惠金融的效用与实现：综述及启示 [J]. 国际金融研究, 2015 (11)：26-28.

[218] 徐博欢. 普惠金融的风险特征和管理研究 [J]. 华北金融, 2019 (2)：61-67.

[219] 徐璨. 成都获批首批全国创建社会信用体系建设示范城市 [N]. 成都日报, 2018-01-12.

[220] 徐定鑫. 基于深度学习的微博情感分析 [D]. 长春：长春工业大学, 2019.

[221] 徐贵庆. 我国普惠金融的实施效果 [D]. 长春：吉林大学, 2018.

[222] 徐立辉. 规范司法行为, 提升司法公信：河北省晋州市人民检察院工作综述 [J]. 公民与法治, 2017 (15)：35-36.

[223] 徐绍史. 加快推进社会信用体系建设, 着力构建信用联合奖惩大格局 [J]. 中国经贸导刊, 2017 (4)：4-7.

[224] 徐昕虹, 张保稳, 孔凌宇, 孔国栋. 一种论坛的网络用户信用评价体系 [J]. 信息安全与通信保密, 2013 (1)：60-62.

［225］许多奇. 互联网金融风险的社会特性与监管创新 ［J］. 法学研究，2018，40 (5)：20-39.

［226］许荣，刘洋，文武健，等. 互联网金融的潜在风险研究 ［J］. 金融监管研究，2014 (3)：40-56.

［227］许为民. 农村信用体系建设的难点问题及解决路径 ［J］. 征信，2015 (3)：49-52.

［228］许雯. 互联网金融的风险及其防范研究 ［D］. 北京：中共中央党校，2015.

［229］许泽玮. 互联网金融：多举措推进行业合规健康发展 ［J］. 中关村，2017 (4)：78-79.

［230］闫真宇. 关于当前互联网金融风险的若干思考 ［J］. 浙江金融，2013 (12)：42-44.

［231］严新龙. 论"互联网+"时代失信惩戒行政法治化 ［J］. 社科纵横，2020，35 (4)：85-90.

［232］晏海运. 中国普惠金融发展研究 ［D］. 北京：中共中央党校，2013.

［233］杨福明. 中小企业融资难的机制研究 ［M］. 北京：经济科学出版社，2014.

［234］杨光. 互联网金融背景下普惠金融发展研究 ［J］. 征信，2015 (2)：21-24.

［235］杨立，赵翠翠，陈晓红. 基于社交网络的 P2P 借贷信用风险缓释机制研究 ［J］. 中国管理科学，2018，26 (1)：47-56.

［236］杨丽，易昆. 政府信用法制化初探 ［J］. 学理论，2013 (22)：141-143.

［237］杨柳. 企业非正规债务融资中的信用服务研究 ［D］. 长沙：湖南大学，2011.

［238］杨群华. 我国互联网金融的特殊风险及防范研究 ［J］. 金融科技时代，2013 (7)：100-103.

［239］杨太康，吉宏. 信任、信用与信用经济：房地产业规范发展的经济学分析 ［J］. 商业研究，2005 (17)：168-171.

［240］杨玉波，胡啸兵. 互联网金融平台演化机制与风险构成研究 ［J］. 价格理论与实践，2015 (1)：91-93.

［241］姚华林. 我国贫困地区普惠金融发展影响因素实证研究 ［J］. 区域金融研究，2016 (4)：25-29.

［242］叶丹. 余额宝人均投资额仅 3 800 元，远低于最高持有额 25 万元

［EB/OL］. http://static.nfapp.southcn.com/content/201705/26/c448172.html, 2017-05-26.

［243］叶志强, 陈习定, 张顺明. 金融发展能减少城乡收入差距吗：来自中国的证据 ［J］. 金融研究, 2012（11）：116-127.

［244］易观. 中国个人征信市场专题研究报告 2016 ［EB/OL］. https://max.book118.com/html/2017/0606/112087893.shtm, 2016-06-06.

［245］易观. 中国信用服务市场专题分析 2017 ［EB/OL］. https://new.qq.com/rain/a/20210208A077RF00, 2017-11-14.

［246］易观. 中国信用服务市场专题分析 2018 ［EB/OL］. https://www.sohu.com/a/250775942_483389, 2018-08-29.

［247］于健宁. 我国互联网金融发展中的问题与对策 ［J］. 人民论坛, 2014（8）：104-106.

［248］于楠, 冉晓东, 杨雪. 印度尼西亚的农村金融互联实践及启示 ［J］. 三农金融, 2010（12）：64-67.

［249］云佳祺. 互联网金融风险管理研究 ［D］. 北京：中国社会科学院研究生院, 2017.

［250］张波. 大数据技术及其在互联网金融风险监测领域的应用 ［J］. 金融科技时代, 2020（5）：43-49.

［251］张晨韵. 河南省普惠金融治理贫困问题研究 ［D］. 郑州：河南大学, 2019.

［252］张福双, 郭强. 我国个人征信体系分析 ［J］. 中国商界, 2010（2）：25.

［253］张海峰. 商业银行在普惠金融体系中的角色和作用 ［J］. 农村金融研究, 2010（6）：18-24.

［254］张浩, 朱佩枫. 共享经济下的信用风险控制研究 ［J］. 征信, 2018（9）：8-9.

［255］张坚卿. 互金行业中借贷用户信用评级模型研究 ［D］. 上海：上海大学, 2018.

［256］张猛. 互联网金融：成长的逻辑 ［J］. 商讯（公司金融）, 2018（3）：38.

［257］张佩. 商业银行交叉金融业务风险问题研究 ［J］. 上海金融, 2019（5）：78-82.

［258］张瑞锋, 张世英, 唐勇. 金融市场波动溢出分析及实证研究 ［J］. 中国管理科学, 2012（5）：14-22.

［259］张玮, 耿燕, 康凌宇. 疫情防控中网络虚假信息传播与治理探究

［J］. 新闻与写作, 2020 (6)：101-103.

［260］张献. 论我国个人信用征信中隐私权的保护 ［J］. 行政与法, 2008 (11)：97-101.

［261］张小溪. 普惠金融在扶贫中的经典案例研究 ［J］. 金融视线, 2018 (2)：24-25.

［262］张晓. 互联网金融与传统金融的双向系统性风险溢出效应研究：基于 AR-GARCH-CoVaR 模型分析 ［J］. 中南财经政法大学研究生学报, 2016 (2)：64-70.

［263］张娅娜. 川内金融信用体系已初步建立 ［N］. 成都日报, 2014-07-21.

［264］张扬. 从孟加拉小额信贷成功模式解析我国小额信贷的困境 ［J］. 商业研究, 2009 (9)：138-141.

［265］张玉明. 共享经济学 ［M］. 北京：科学出版社, 2017：107-128.

［266］赵兴朝. 基于 BP-PSO-AdaBoost 模型的 P2P 网贷借款人信用风险评估研究 ［D］. 成都：西南财经大学, 2018.

［267］赵志冲. 基于违约损失率的小企业信用风险评级研究 ［D］. 大连：大连理工大学, 2017.

［268］证券时报网. 海外互联网金融三大模式领风骚 ［EB/OL］. http://www.chinanews.com/fortune/2013/12-27/5672477.shtml, 2013-12-27.

［269］郑联盛. 中国互联网金融：模式、影响、本质与风险 ［J］. 国际经济评论, 2014 (5)：6, 103-118.

［270］中国保险行业协会. 2014 互联网保险行业发展报告 ［M］. 北京：中国金融出版社, 2014.

［271］中国共产党第十六届中央委员会. 中共中央关于制定国民经济和社会发展第十一个五年规划的建议 ［EB/OL］. http://www.nea.gov.cn/2005-11/03/c_131215099.htm, 2005-10-11.

［272］中国共产党第十七届中央委员会. 中共中央关于深化文化体制改革推动社会主义文化大发展大繁荣若干重大问题的决定 ［EB/OL］. http://www.most.gov.cn/zxgz/jgdj/djyw/201111/t20111102_90591.html, 2011-10-18.

［273］中国共产党十六届三中全会. 中共中央关于完善社会主义市场经济体制若干问题的决定 ［EB/OL］. http://www.gov.cn/test/2008-08/13/content_1071062.htm, 2003-10-14.

［274］中国互联网络信息中心. 第 44 次中国互联网络发展状况统计报告 ［EB/OL］. http://www.cac.gov.cn/2019-08/30/c_1124938750.htm, 2019-08-30.

[275] 中国互联网络信息中心. 第 45 次中国互联网络发展状况统计报告 [EB/OL]. http://www.cnnic.net.cn/hlwfzyj/hlwxzbg/hlwtjbg/202004/P020200428 596599037028.pdf, 2020-04-28.

[276] 中国人民银行. 设立经营个人征信业务的机构许可信息公示表 [EB/OL]. http://www.pbc.gov.cn/rmyh/105208/3485339/index.html.

[277] 中国人民银行. 人民银行印发关于做好个人征信业务准备工作的通知 [EB/OL]. http://www.gov.cn/xinwen/2015-01/05/content_2800381.htm? from= androidqq, 2015-01-05.

[278] 中国人民银行. 个人信用信息基础数据库管理暂行办法 [EB/OL]. http://www. pbccrc. org. cn/zxzx/zhengcfg/201401/dd01521a067f4cbcbf9279f79 fa0332d.shtml, 2005-10-01.

[279] 中国人民银行. 征信业务管理办法 [EB/OL]. http://www.gov.cn/ zhengce/zhengceku/2021-10/01/content_5640685.htm, 2021-09-17.

[280] 中国人民银行. 中国金融稳定报告 (2019) [EB/OL]. http://www. doc88.com/p-1136165079249.html, 2019-11-29.

[281] 中国人民银行征信中心. 全国集中统一的企业和个人征信系统简介 [EB/OL]. http://www. pbccrc. org. cn/zxzx/zxzs/201506/d708068ce66c4cd6bbd5 c37884b93c05.shtml, 2015-06-08.

[282] 中国人民银行征信中心. 征信系统建设运行报告 (2004—2014) [EB/OL]. http://www.pbccrc.org.cn/zxzx/zxzs/201508/f4e2403544c942cf99d3c71 d3b559236.shtml, 2015-08-15.

[283] 中国银保监会, 中国人民银行. 2019 年中国普惠金融发展报告 [EB/OL]. http://www. jzjrw. gov. cn/data/201911/01/5549f9056daed002b7828ba 892456de5.pdf, 2019-09-29.

[284] 中国营销传播网. 第一家全球网上银行诞生 [EB/OL]. http:// www.emkt.com.cn/article/30/3014.html, 2000-08-24.

[285] 中华人民共和国国家统计局. 中国统计年鉴 (2016) [EB/OL]. http:// www.stats.gov.cn/tjsj/ndsj/2016/indexch.htm, 2016.

[286] 周华富. 贯彻实施《公共信用信息管理条例》, 全力打造信用浙江 升级版 [J]. 浙江经济, 2018 (1): 8-9.

[287] 周娟. 互联网金融: 现状、风险及对策 [J]. 当代经济, 2015 (12): 11-13.

[288] 周民, 吕品. 国家信用信息共享交换平台建设关键问题初探 [J].

电子政务，2015（10）：42-46.

［289］周毅，叶会.农业产业化发展的融资困境与金融支持体系建设探索 ［J］.中国农业通报，2010，26（13）：438-442.

［290］周针竹，陈璐，牛霞.基于"三维信用论"的小微企业信用评价指标体系研究 ［J］.征信，2017（1）：15-21.

［291］朱才广.我国个人征信发展模式研究 ［D］.广州：暨南大学，2016.

［292］朱丹丹.个人征信牌照仍未落地 芝麻信用企业征信业务开始内测 ［N］.每日经济新闻，2016-03-11.

［293］朱悦.大数据征信中数据主体的同意权研究 ［J］.证券法律评论，2018：231-241.

［294］邹江波.互联网环境下融入在线社会关系的信用价值度量研究 ［D］.杭州：浙江工商大学，2018.

［295］左友典.商业银行个人征信系统运用中存在的问题与对策 ［J］.金融与经济，2009（4）：94-95.

［296］GREGORY D SAXTON，郭超，邱宜轩，冯博.社交媒体与社会公益：非营利组织如何使用"脸书"与公众沟通 ［J］.中国第三部门研究，2011，1（1）：40-54.

（二）英文文献

［1］ANDRIANSYAH W, WINARNO A. Prospek Gagal Sukses Pinjaman Umkm Melalui Peer-To-Peer Lending Pada Lending Club ［J］. Ekonomi Bisnis, 2019, 24 (1): 21.

［2］ARAL S, WALKER D. Tie strength, embeddedness, and social influence: A large-scale networked experiment ［J］. Management Science, 2014, 60 (6): 1352-1370.

［3］ARSHAD R, ASYIQIN W A, RAZALI W M, et al. Catch the "warning signals": The fight against fraud and abuse in non-profit Organisations ［J］. Procedia Economics and Finance, 2015 (28): 114-120.

［4］BELLOTTI T, CROOK J. Support vector machines for credit scoring and discovery of significant features ［J］. Expert systems with applications, 2009, 36 (2): 3302-3308.

［5］BRADLEY, JOHN M. Empowering Employees to Prevent Fraud in Nonprofit Organizations ［J］. Cardozo Public Law, Policy and Ethics Journal, 2015 (13): 711.

[6] COLEMAN J S. Social Capital in the Creation of Human Capital [J]. Knowledge and Social Capital, 2000 (1): 17-41.

[7] CORSETTI G, PESENTI P, ROUBINI N. Paper tigers? A model of the Asian crisis [J]. European Economic Review, 1999, 43 (7): 1211-1236.

[8] CRONIN M J. Banking and finance on the Internet [M]. New York: John Wiley & Sons, Inc., 1997.

[9] CROSBY M, PATTANAYAK P, VERMA S, et al. Blockchain technology: Beyond bitcoin [J]. Applied Innovation Review, 2016 (2): 6-19.

[10] DONG W, LIAO S, ZHANG Z. Leveraging Financial Social Media Data for Corporate Fraud Detection [J]. Journal of management information systems, 2018, 35 (2): 461-487.

[11] DUARTE J, SIEGEL S, YOUNG L. Trust and credit: The role of appearance in peer-to-peer lending [J]. The Review of Financial Studies, 2012, 25 (8): 2455-2484.

[12] ENGELBERG J E, REED A V, RINGGENBERG M C. How are shorts informed: Short sellers, news, and information processing [J]. Journal of Financial Economics, 2012, 105 (2): 260-278.

[13] EVERETT C R. Group membership, relationship banking and loan default risk: The case of online social lending [J]. Banking and Finance Review, 2015, 7 (2): 15-54.

[14] FANG L, PERESS J. Media coverage and the cross - section of stock returns [J]. The Journal of Finance, 2009, 64 (5): 2023-2052.

[15] FELSON, MARCUS, JOE L SPAETH. Community structure and collaborative consumption: A routine activity approach [J]. American behavioral scientist, 1978, 21 (4): 614-624.

[16] FREEDMAN S, JIN G Z, Learning by Doing with Asymmetric Information: Evidence from Prosper. Com [EB/OL]. NBER Working Paper, No. w16855, Available at SSRN: https://ssrn. com/abstract=1776790, 2021-03-07.

[17] GIBELMAN M, GELMAN S R. A loss of credibility: Patterns of wrongdoing among nongovernmental organizations [J]. International Journal of Voluntary and Nonprofit Organizations, 2004, 15 (4): 355-381.

[18] GINÉ X, KARLAN D S. Group versus individual liability: Short and long term evidence from Philippine microcredit lending groups [J]. Journal of development Economics, 2014, 10 (7): 65-83.

[19] GUO G, ZHU F, CHEN E, et al. From Footprint to Evidence: An Exploratory Study of Mining Social Data for Credit Scoring [J]. Acm Transactions on the Web, 2016, 10 (4): 22-38.

[20] HAMARI J, SJKLINT M, UKKONEN A. The sharing economy: Why people participate in collaborative consumption [J]. Journal of the association for information science and technology, 2016, 67 (9): 2047-2059.

[21] HARDY JR W E, ADRIAN JR J L. A linear programming alternative to discriminant analysis in credit scoring [J]. Agribusiness, 1985, 1 (4): 285-292.

[22] HE J, LIU X, SHI Y, et al. Classifications of credit cardholder behavior by using fuzzy linear programming [J]. International Journal of Information Technology & Decision Making, 2004, 3 (4): 633-650.

[23] HO C T B, WU D D. Online banking performance evaluation using data envelopment analysis and principal component analysis [J]. Computers & Operations Research, 2009, 36 (6): 1835-1842.

[24] JACK W, SURI T. Mobile Money: The Economics of M-PESA [EB/OL]. National Bureau of Economic Research, https://www. nber. org/papers/w16721, 2011-01-01.

[25] JAHO E, TZOANNOS E, PAPADOPOULOS A, et al. Alethiometer: a framework for assessing trustworthiness and content validity in social media [EB/OL]. https://doi.org/10.1145/2567948.2579324, 2014-04-07.

[26] KVAMME H, SELLEREITE N, AAS K, et al. Predicting mortgage default using convolutional neural networks [J]. Expert Systems with Applications, 2018, 10 (2): 207-217.

[27] KWAK H, LEE C, PARK H, et al. What is Twitter, a social network or a news media? [EB/OL]. http://snap. stanford. edu/class/cs224w - readings/kwak10twitter.pdf, 2010-04-26.

[28] LARRIMORE L, JIANG L, LARRIMORE J, et al. Peer to peer lending: The relationship between language features, trustworthiness, and persuasion success [J]. Journal of Applied Communication Research, 2011, 39 (1): 19-37.

[29] LIM J S, NICHOLSON J, YANG S U, et al. Online authenticity, popularity, and the "Real Me" in a microblogging environment [J]. Computers in Human Behavior, 2015 (52): 132-143.

[30] MAGEE J R. Peer-to-peer lending in the United States: surviving after Dodd-Frank [J]. NC Banking Inst., 2011 (15): 139.

[31] MALDONADO S, PETERS G, WEBER R. Credit scoring using three-way decisions with probabilistic rough sets [J]. Information Sciences, 2020, 50 (7): 700-714.

[32] MARK G, Society and Economy: Framework and Principles [M]. Cambridge: The Belknap Press of Harvard University Press, 2017.

[33] MERCADIER M, LARDY J P. Credit spread approximation and improvement using random forest regression [J]. European Journal of Operational Research, 2019, 277 (1): 351-365.

[34] MOTURU S T, LIU H. Quantifying the trustworthiness of social media content [J]. Distributed and Parallel Databases, 2011, 29 (3): 239-260.

[35] POPE D G, SYDNOR J R. What's in a Picture? Evidence of Discrimination from Prosper. com [J]. Journal of Human Resources, 2011, 46 (1): 53-92.

[36] ROBERTSON B W, KEE K F. Social media at work: The roles of job satisfaction, employment status, and Facebook use with co-workers [J]. Computers in Human Behavior, 2017 (70): 191-196.

[37] SHANE S, CABLE D. Network Ties, Reputation, and the Financing of New Ventures [J]. Management Science, 2002, 48 (3): 364-381.

[38] SHI Y, PENG Y, XU W, et al. Data Mining via Multiple Criteria Linear Programming: Applications in Credit Card Portfolio Management [J]. International Journal of Information Technology and Decision Making, 2002 (1): 131-151.

[39] SHI Y, WISE M, LUO M, et al. Data mining in credit card portfolio management: a multiple criteria decision making approach [M] // M KOKSALAN, S ZIONTS (eds). Multiple Criteria Decision Making in the New Millennium. Berlin: Springer, 2001: 427-436.

[40] SUYKENS J A, VANDEWALLE J. Least squares support vector machine classifiers [J]. Neural processing letters, 1999, 9 (3): 293-300.

[41] SWAN M. Blockchain: Blueprint for a new economy [M]. O'Reilly Media, Inc., 2015.

[42] TURNER A. The Turner Review: A regulatory response to the global banking crisis [EB/OL]. Financial Services Authority, London, http://www.esocialsciences.org/GMU_Programs/Data/The% 20turner% 20review% 20 -% 20A% 20regulatory% 20response%20to%20the%20global%20banking%20crisis.pdf, 2009-03-01.

[43] UNANGST L, DE W H. Non-profit Organizations, Collaborations, and Displaced Student Support in Canada and the USA: A Comparative Case Study [J].

Higher Education Policy, 2020, 33（2）：223-242.

[44] VEGA C. Stock price reaction to public and private information [J]. Journal of Financial Economics, 2006, 82（1）：103-133.

[45] WANG S, FU B, LIU H, et al. Feature Engineering for Credit Risk Evaluation in Online P2P Lending [J]. International journal of software ence and computational intelligence, 2017, 9（2）：1-13.

[46] WANG Y, YANG J, SAIFUDING D, et al. Applied Analysis of Social Network Data in Personal Credit Evaluation [EB/OL]. https://doi.org/10.1007/978-3-319_94361-9_17, 2018-07-21.

[47] YA B U, FANG W . Research on Profit Model of P2P Online Loan Platform：Taking Yirendai and Lending Club as an Example [J]. Value Engineering, 2019, 38（9）：17-19.

[48] YU, XI, et al. Data cleaning for personal credit scoring by utilizing social media data：An empirical study [J]. IEEE Intelligent Systems, 2020, 35（2）：7-15.

[49] ZHANG J, COHEN R, LARSON K . Leveraging a Social Network of Trust for Promoting Honesty in E-Marketplaces [EB/OL]. https://doi.org/10.1007/978-3-642-13446-3_15, 2010-07-16.

[50] ZHANG Y, CHEN W, YEO C K, et al. A distance-based outlier detection method for rumor detection exploiting user behaviorial differences [EB/OL]. https://doi.org/10.1109/ICODSE.2016.7936102, 2017-07-01.

[51] ZIETLOW J, HANKIN J A, SEIDNER A, et al. Financial management for nonprofit organizations：policies and practices [M]. New York：John Wiley & Sons, 2018.